KB233182

道德
禮運

새 시대를 위한

禮記 1

새 시대를 위한 禮記 1

서정기 譯註

한국학술정보(주)

머리말

어이쿠, 예절은 천리(天理)를 밝혀 만물의 조리질서를 세워서 진리의 세계를 구현하며, 성리(性理)를 밝혀 인간의 심리(心理)체계를 바로잡아 지선(至善)의 인격을 완성하며, 윤리(倫理)를 밝혀 사회의 화합규범을 제정하여 아름다운 풍속을 건설하는 원리이다.

그러므로 성인(聖人)이 예절을 제정함에, 첫째는 태극(太極)의 대통일원리를 본체(本體)로 하며, 하늘과 땅을 만물의 근본으로 하며, 음양(陰陽)을 운동의 발단으로 하며, 4시(四時)를 경영의 시기로 하며, 일시(日時)를 작업의 시간으로 하며, 달[月]을 공적 평가의 기간으로 하며, 귀신(鬼神)을 수호사도(守護使徒)로 하며, 5행(五行)을 본질속성으로 하여 천도(天道)의 공명정대(公明正大)함을 본받아 확연대공(廓然大公)의 자연질서를 구현하였으니 이것이 예절의 근본이넘이다.

둘째는 인간성(人間性)의 지극히 착한 인의예지(仁義禮智)를 본성(本性)으로 하고, 총명예지(聰明睿知)한 지각(知覺)을 인식(認識)의 주체(主體)로 하며, 측은(惻隱), 수오(羞惡), 사양(辭讓), 시비(是非)의 4단(四端)을 양지양능(良知良能)으로 하며, 희로애구애오욕(喜怒哀懼愛惡欲)의 7정(七情)을 삶의 정서(情緒)로 하여 천덕(天德)의 중정화평(中正和平)함을 본받아 거룩하고 신성(神聖)한 인격 주체를 확립하였으니 이것이 예절의 자체 성능이다.

셋째는 천하국가사회의 안녕을 보장하고 억조만민의 융성(隆盛)한 생활터전을 개척하며, 부자(父子), 군신(君臣), 부부(夫婦), 장유(長幼), 붕우(朋友)의 5륜(五倫)을 밝히며, 생로병사(生老病死)에 서로 경조(慶弔)하며, 우주만상이 쾌활하게 하며, 만물을 일체로 사랑하며, 봉린용귀(鳳麟龍龜)가 노는 복지낙원(福祉樂園)의 대동세계(大同世界)를 건설하여 천륜(天倫)의 정체(正體)와 인륜(人倫)의 주체(主體)가 순조롭게 계승 발전토록 하나니 이것이 예절의 역할과 기능이다.

그리하여 예절의 범위는 천계(天界)와 신계(神界)와 인계(人界)와 물계(物界)에 두루 미치지 않은 곳이 없어 그 광대(廣大)함을 다하였고, 예절의 종류는 길례(吉禮), 흉례(凶禮), 빈례(賓禮), 군례(軍禮), 가례(嘉禮)의 5례(五禮)를 갖추었으니 그 미세(微細)함을 다하였다. 주례(周禮) 춘관(春官) 태종백(大宗伯)에 말하기를 길례(吉禮)는 천지신명(天地神明)과 조상신(祖上神)에게 제사 지내는 제례(祭禮)요, 흉례(凶禮)는 초상 치고 장사 지내는 상례(喪禮)요, 빈례(賓禮)는 빈객(賓客)을 대접하는 조근(朝覲), 회동(會同), 사상견례(士相見禮), 빙례(聘禮)요, 군례(軍禮)는 군진(軍陣)의 의례(儀禮)를 갖추는 예절이요, 가례(嘉禮)는 경사스러운 일에 친목하는 사관례(士冠禮), 사혼례(士昏禮), 향음주례(鄕飮酒禮), 향사례(鄕射禮), 대사(大射), 연례(燕禮), 공사대부례(公食大夫禮)라고 하였으니 가정에서 거행하는 관혼상제(冠昏喪祭)를 가례(家禮)라 하며, 사회에서 거행하는 사상견례(士相見禮)와 향음주례(鄕飮酒禮), 향사례(鄕射禮)를 향례(鄕禮)라 하며, 나라에서 거행하는 것을 국례(國禮)라 하며, 천하에서 거행하는 것을 천하례(天下禮)라고 하였다.

일찍이 요(堯)임금과 순(舜)임금이 예절과 음악으로 인민을 가르쳐 어진 정치를 베풀어 봉황이 노래하는 태평성대(太平聖代)를 건설하였으니 하(夏)나라의 우(禹)임금과 은(殷)나라의 탕(湯)임금 및 주(周)나라의 문왕(文王)과 무왕(武王)이 거듭 이어받아 인정(仁政)을 베풀고 예치(禮治)를 숭상하여 정치적 대통(大統)과 학문적 도통(道統)을 계승하여 인륜도덕을 준수하는 사회제도를 정착시키고, 청렴정직을 숭상하는 정치제도를 수립하고, 예의염치를 지키는 교육제도를 구비하여 소강사회(小康社會)를 통해서 대동세계(大同世界)로 들어가는 길을 활짝 열었다.

이에 주공(周公)이 정한 의례(儀禮)와 주례(周禮)에서는 예절의 등급을 나누어 천자례(天子禮), 제후례(諸侯禮), 대부례(大夫禮), 사례(士禮)로 분류하였으니 모두 자율규범으로 인격의 향상에 따라 더욱 아름다운 규범을 갖추도록 배려한 것이다. 무릇 서민대중은 타율규범인 국법(國法)의 질서를 지키되 향상 발전의 길로 인도하기 위하여 서민례(庶民禮)는 만들지 않고, 가능하면 힘써 사례(士禮)를 거행하게 하였으니 이것은 서민을 낮추지 않고, 모두 선비가 되도록 권장하기 위함이나. 그리고 선비는 조급지식인으로서 하급관료의 신분이고, 또한 나이가 젊은 세대인 까닭에 활달하고 번듯한 생활예절과 인류의 보편적인 의례(儀禮)를 따르게 하니 상례(喪禮)의 5복(五服)을 시마(緦麻)까지 모두 입게 하였다. 따라서 인간은 태어나면서부터 고귀한 사람이 없으므로 관혼(冠昏)은 오로지 사관례(士冠禮), 사혼례(士昏禮)뿐이요, 왕세자관례(王世子冠禮)나 제후혼례(諸侯昏禮)는 아예 없었는데 후세에 전제군주(專制君主)가 속임수로 날조한 것이다.

대부례(大夫禮)는 고급지식을 체득한 군자(君子)로서 고급관료의 신분이고 또한 나이를 먹고 경험이 풍부한 까닭에 가지런하고 엄숙한 생활예절과 사회의 지도자적인 의례(儀禮)를 실천하게 하였다. 따라서 상복(喪服)도 자최(齊衰)까지만 입고 대공(大功) 이하는 면제하였으니 국사(國事)에 전념토록 배려함이며, 특히 향음주례(鄕飮酒禮)와 향사례(鄕射禮)를 거행하도록 하였는바 지역문화발전에 기여할 사명이 있는 까닭이다.

제후례(諸侯禮)는 나라를 지도하는 어진 이로서 위로 천자(天子)를 받들고 아래로 민심(民心)의 공론(公論)에 따라 일백 관료를 거느리고 나라를 다스리는 까닭에 성대하고 훌륭한 생활예절과 나라의 모범적인 의례(儀禮)를 실천하게 하였다. 따라서 상복(喪服)도 3년복(三年服)만 입고 1년복(一年服) 이하는 입지 않도록 하였으니 임금의 직무에 전념토록 배려함이며 특히 연례(燕禮), 제후대사(諸侯大射), 빙례(聘禮), 공사대부례(公食大夫禮), 근례(覲禮)를 부지런히 거행하여 국가문화 발전에 기여하면서 국제교류 협력에 힘쓰도록 하였다.

천자례(天子禮)는 천하를 다스리는 신성(神聖)한 자리에 올라 위로 천명(天命)을 받들고 아래로 억조만민(億兆萬民)을 다스림에 인류의 사표(師表)가 되고 정치의 모범을 보여야 하는 까닭에 그윽하고 거룩한 생활예절과 천하의 모범적인 의례(儀禮)를 실천하게 하였다. 따라서 상복(喪服)도 3년복만 입고 1년복 이하는 입지 않도록 하였으니 천자의 직무에 전념토록 배려함이며, 특히 예악사어서수(禮樂射御書數)의 국민교육을 장려하여 문덕(文德)과 무예(武藝)와 기술(技術)을 진작(振作)하고, 5례(五禮)를 아름답게 다듬어 문명(文明)을 널리 보급하여, 병기(兵器)를 쓰지 않고도 세계평화를 길이 보장하고, 형벌(刑罰)을 쓰지 않고도 사회안녕을 널리 보장함으로써 상서(祥瑞)로운 기운이 우주에 가득하여 지평천성(地平天成)의 새 시대를 창조하도록 하였다.

공자(孔子)는 춘추(春秋)의 어지러운 시대에 성인(聖人)의 예악정치(禮樂政治)가 무너지고 난신적자(亂臣賊子)가 횡행(橫行)하므로 고례(古禮)를 찾아 세상을 바로잡기 위하여 예절의 대의(大義)를 밝히고 제자들에게 가르쳤으니 제자들이 그 기록을 모아서 예기(禮記)를 편집하였다.

아, 예기(禮記)는 49편이 남아서 2,500년의 긴 세월 동안 전해 오거니와 그 뜻이 깊고 그 말이 간결하여 파악하기 어려운데다가 전제군주(專制君主)시대에 왕권신성화(王權神聖化)작업에 함몰한 지성(知性)의 몰락으로 착각 오인한 내용이 적지 않고 또한 어리석은 사람들이 자의적으로 해석까지 하여 그 실체를 발견하기 쉽지 않았다.

이에 내가 평생 동안 쉬지 않고, 세계 속의 한국문화를 연구하여 주역(周易), 춘추(春秋), 시경(詩經), 서경(書經)을 역주(譯註)한 경험을 쌓아 마침내 6년을 집필하여 『새 시대를 위한 예기(禮記)』를 빠짐없이 역주하였으니 예기(禮記)의 대동세계를 건설하는 위대한 가치가 태양처럼 빛나도다.

단기 4343년 1월 17일
동양문화연구소장 대구 서정기 삼가 씀

새 시대를 위한 禮記

차 례

제1권

제5권

일러두기

1. 이 책은 명(明)나라 한림원에서 칙찬(勅纂)한 예기집설대전(禮記集說大全)을 대본으로 하였다.

2. 원문 앞에 고유번호를 넣었는데 앞자리의 수는 편을 나타내고, 가운데 자리의 수는 장을 나타내고, 끝자리의 수는 절을 나타내서 찾아보기 쉽게 했다. 다만 편의 분류는 원전을 따랐고 장절의 분류는 내가 처음 나누었으나 원문의 순서를 그대로 따랐다.

3. 현토(懸吐)와 구두법은 우리나라 민족문화추진회에서 국역연수원의 교재로 영인한 『예기집설대전』에 옛사람이 구결(口訣)로 토를 달아 놓았기 때문에 참고하고 문법에 어긋난 것은 내가 바로잡았다.

4. 원문의 한글번역은 『 』 표기 안에 간명하게 직역하였으며 성인의 말씀이므로 옛 말투를 그대로 살려 두었다.

5. 주해는 ☯ 표를 넣어 역주자의 『새 시대를 위한 예기』임을 밝히고 원칙적으로 한글로만 설명하고 고유명사나 꼭 필요한 곳에만 괄호 속에 한자를 넣어서 한글세대가 알기 쉽게 하였다.

6. 『예기집설대전』의 49편 가운데 대학(大學)과 중용(中庸)은 주자(朱子)가 이미 분리 독립하여 사서(四書)로 표창하였고 예운(禮運)은 내가 역주하여 분리 독립해서 『새 시대를 위한 大學·中庸·禮運』(한국학술정보(주) 刊, 2006)을 단행본으로 출간하였음을 알린다.

7. 이 책은 먼저 원문을 읽고 경전의 진수를 음미할 수 있도록 한글 음을 붙였으니 한자는 뜻에 따라 음이 다른 것이 있으므로 바르게 읽도록 돕기 위함이고, 또한 한문을 몰라도 쉽게 읽을 수 있게 함이다.

8. 원문을 존중한다는 뜻에서 원문을 먼저 넣고 번역문을 뒤로 넣었으나 한글세대는 번역문과 주해를 먼저 읽고 글의 뜻을 파악한 다음에 원문을 읽으면 암기하기 쉬울 것이다.

새 시대를 위한 禮記

제 1 권

란도(鸞刀): 난새의 소리가 나는 방울이 칼의 머리와 중간과 끝에 달려 있어 칼을 쓸 때 상단부와 중간부와 하단부가 모두 같은 소리를 내어 일을 결단하여 착수하고 끝냄을 상징. 민주적인 화합 경영을 하라는 뜻

예치(禮治)의 전장(典章)

Ⅰ. 예치(禮治)의 기원(起源)

　자고로 나라를 다스림에는 하늘의 도덕(道德)을 밝혀서 자율규범으로 다스리는 예치(禮治)와 국가의 정사(政事)를 베풀어 타율규범으로 다스리는 법치(法治)가 있었으니 공자가 말하기를 "정치사업으로 인도하고 형벌로 가지런히 하면 인민이 구차하게 형벌만 면하려 하면서 부끄러움이 없고, 도덕으로 인도하고 예절로 가지런히 하면 인민이 부끄러워함이 있어서 또한 바르게 되느니라"(論語: 爲政)고 하여 자율규범으로 다스리는 예치(禮治)가 타율규범으로 다스리는 법치(法治)보다 더욱 완벽한 정치제도임을 설파하였다.

　무릇 예절이란 성인(聖人)이 제정한 천연적(天然的)인 화합질서이다. 그러므로 예기(禮記)의 상복4제(喪服四制)에서 말하기를 "무릇 예절의 대체는 하늘과 땅을 본받고 4시(四時)를 법받으며, 음양(陰陽)을 본받으며, 인정(人情)을 따르나니 그러므로 일컬어 예(禮)라고 하니 예절을 비난하는 사람은 이에 예절이 말미암아 생기는 바를 알지 못하는 것이라"고 하였다.

　그리고 공자는 말하기를 "예(禮)라는 것은 이(理)요, 악(樂)이라

는 것은 절(節)이니 군자는 이치가 없으면 움직이지 아니하고, 절도
가 없으면 하지 아니하니라"(禮記: 仲尼燕居)고 하였으며 이어서 또
말하기를 "제도(制度)가 예(禮)에 있고 문채(文彩)가 예(禮)에 있으
니 실행함은 그 사람에게 있느니라"(上同)고 하였다.

이와 같이 예절은 성인(聖人)이 창제하고 성왕(聖王)이 실행하는
것이니 예치(禮治)의 기원(起源)도 아득히 요(堯)임금과 순(舜)임금
으로부터 비롯하였다.

(1) 요(堯)임금의 천덕(天德)과 왕도(王道)

요(堯)임금은 인류의 역사상 가장 위대한 성덕(盛德)으로 태평성
대(太平聖代)를 건설하였으니 서경(書經)의 요전(堯典)에 말하기를
"요임금은 경건하고 밝으며 문채 나며 생각함이 저절로 안정하며, 어
여쁘게 공손하고 잘 사양하사 아름다운 광택이 4방의 변두리에 미치
며, 하늘과 땅에 이르시니라"고 하여 스스로 천덕(天德)을 구비하였
음을 밝히고, 이어 말하기를 "큰 덕을 잘 밝혀서 아홉 겨레를 친하게
하신대 아홉 겨레가 이미 화목하거늘, 백성을 고루 반듯하고 맵시가
나게 하신대 백성이 소상하고 명확하며, 일만 나라를 협력하고 화합
하게 하신대 서민대중이 아, 변화하여 이에 온화하게 어울리니라"고
하였다. 이것은 천륜(天倫)과 인륜(人倫)의 대도(大道)를 밝혀 가정
이 화목하고 나라가 문명하며 세계가 평화로운 화합질서를 이룩한
위대한 공적을 현창한 것이다.

그리고 하늘땅의 계절 변화를 계속 관측하여 4시력(四時曆)을 제
정하여 정치사업을 순조롭게 완성하였음을 찬양하였으니 "이에 희

(羲)씨와 화(和)씨를 임명하여 넓은 하늘을 자세히 관측하여 자연법 칙에 따라 날과 달과 시절과 시간을 달력으로 만들고 기상변화를 밝혀 공경하여 인민에게 때를 반포하여 알리라"고 하면서 동서남북의 변방에 기상관측소를 설치하여 마침내 "1년은 366일이니 윤달로 조절하여 네 철을 정해서 한 해의 달력을 완성하여 믿음으로 일백 관료를 다스려 여러 가지 업적이 모두 빛나게 하였다"고 하였다.

요(堯)임금은 90세에 순(舜)에게 선양(禪讓)하신 지 "28년 만에 승하하시니 백성들은 돌아가신 아버지와 어머니의 상복을 입듯이 3년을 슬퍼하고 4해(四海)는 여덟 가지의 악기소리가 그쳐 고요하였다"(書經: 舜典)고 하였으니 요(堯)임금의 하늘같이 밝은 천덕(天德)으로 하늘을 대신하여 다스리는 지공무사(至公無私)한 왕도정치(王道政治)를 길이 그리워하여 잊지 못하는 것이었다.

그러므로 공자가 말하기를 "크도다. 요(堯)의 임금 되심이여! 높고 크고 웅장함이여, 오직 하늘이 크게 하거늘 홀로 요임금이 본받으시니 넓고 아득하여 인민이 말로 표현할 수 없도다. 높고 크고 웅장하도다. 그 공적을 이루심이 있음이여, 밝게 빛나도다. 그 문채가 아롱짐이 있음이여"(論語: 泰伯)라고 극찬하였다.

⑵ 순(舜)임금의 도심(道心)과 7정(七政)

순(舜)임금은 요(堯)임금의 뒤를 이어 그 정치문화를 계승 발전시켜 도심(道心)으로 봉황이 춤추는 태평성대를 건설하였으니 서경(書經)의 순전(舜典)에 말하기를 "순임금은 요임금에게 합하니 깊고 슬기로우며 문채 나고 밝으며, 따뜻하고 공손하며 어여쁘고 착실하여 깊숙이 감추고 나타내지 않는 덕이 위로 올라가서 하늘에 들린대 이에 천명을 받아 임금의 자리에 오르시니라"고 하여 스스로 도덕심을 구비하였음을 밝히고 이어 말하기를 "선기옥형(璇璣玉衡)을 살피어 7정(七政)을 가지런히 하시다"라고 하여 혼천의(渾天儀)를 만들어 지구(地球)가 천체(天體) 속에 떠 있으므로 땅에서 하늘을 관측하면 하늘은 높고 땅은 낮으며 해와 달과 별이 운행하여 밤과 낮이 생기고, 동서남북이 분포하여 수화목금토(水火木金土)의 5행(五行)이 춘하추동(春夏秋冬)의 계절 변화를 일으키는 현상을 살펴서 결국 하늘과 땅과 사람이 우주를 경영하는 세 가지의 재료이고 춘하추동(春夏秋冬) 네 철이 1년을 경영하는 네 가지 사업임을 확인하였다.

그리하여 순임금은 7정(七政)을 가지런히 하였으니 일곱 가지 정치사업을 관장하는 기구는 천문부(天文府), 지리부(地理府), 인도부(人道府), 춘부(春府), 하부(夏府), 추부(秋府), 동부(冬府)로써 정치행정의 기본 골격을 확립하고, 천하를 12주(州)로 나누어 목(牧)을 설치하여 지방행정의 체제를 구비하고 즉시 하늘땅과 명산대천에 제사 지냈다.

그리고 가장 어진 이를 발탁하여 우(禹)를 사공(司空)에, 기(棄)를 후직(后稷)에, 설(契)을 사도(司徒)에, 고요(皐陶)를 사구(司寇)에, 수(垂)를 공공(共工)에, 익(益)을 우(虞)에, 백이(伯夷)를 질종(秩宗)에, 기(夔)를 전악(典樂)에, 용(龍)을 납언(納言)에 각각 임명하고 사방으로 순수(巡狩)하며 철과 달과 날을 바로잡고 음률과 도량형기를 같게 하며 5례(五禮)를 다듬이시니 지평천성(地平天成)의 태평성대를 이룩하였다.

순임금은 재위 33년에 임금의 자리를 우(禹)에게 선양(禪讓)하고 말하기를 "인심(人心)은 오직 위태하고 도심(道心)은 오직 은미하니 오직 정밀하고 오직 한결같아야 어여쁘게 그 중도(中道)를 잡으리라"(書經: 大禹謨)고 당부하고 118세에 승하하셨다.

예기(禮記)의 표기(表記)에서 공자는 순임금의 위대한 공적을 찬양하여 말하기를 "후세에 비록 떨치고 일어나는 사람이 있을지나 순임금은 미치지 못할 것이니라. 천하에 임금 노릇을 하사 살아서는 사사로움이 없으며, 죽어서는 그 아들에게 두텁게 아니 하며, 민중을 양육하기를 부모와 같이 하되 슬퍼하여 마음이 쓰라린 사랑이 있으며, 진실로 이롭게 가르침이 있어 친근하여도 존경하며, 편안하여도 공경하며, 으르면서도 사랑하며, 부유하여도 예절이 있으며, 은혜로우면서도 잘 흩어서 펼치니 그 군자가 인애(仁愛)를 높이고, 정의를 두려워하며, 소비를 부끄러워하고, 실리를 가볍게 하며, 충직하면서도 범하지 아니하며, 정의로우면서도 유순하며, 문채가 있으면서도 고요하며, 너그러우면서도 분별이 있으니 보형(甫刑)에 말하기를 덕으로 으르신대 오직 두려워하고 덕으로 밝히신대 오직 밝으니라고 하나니 순임금이 아니면 그 누가 능히 이와 같으리오"라고 높이 현창하였다.

II. 예치(禮治)의 이상(理想)

무릇 예치(禮治)의 이상(理想)은 천덕(天德)을 스스로 밝혀서 하늘처럼 천연적(天然的)인 질서와 조화를 이룩하여 만물이 자연적으로 생성 변화하며 자기의 존재가치를 드날리게 하는 데 있다.

따라서 예치(禮治)의 자율규범은 임금이 하늘처럼 성대(盛大)한 도덕을 갖추어 소리도 없고, 냄새도 없지만 천하가 화평하여 움직이

지 않아도 공경하고, 말하지 않아도 믿으며, 상(賞)을 주지 아니하여
도 인민이 권장하고, 성내지 아니하여도 인민이 두려워하는 감화력
(感化力)에서 나오는 것이다.

그러므로 일찍이 공자는 말이 없고자 하였으니 말하기를 "하늘이 무
슨 말을 하는가. 네 철이 돌아가며 일백 사물이 생성하나니 하늘이 무
슨 말 하는가"(論語: 陽貨)라고 하여 무위자연(無爲自然)의 공덕(功德)
을 그리워하고 또 말하기를 "자연의 변화는 생각이 없으며 함이 없어
고요히 움직이지 아니하다가 감응하면 천하의 현상을 모두 통달하나니
천하의 지극한 정신이 아니면 그 누가 여기에 참여하리오"(周易: 繫辭
上)라고 하여 무사무위(無思無爲)의 신통력을 찬미하였다.

(1) 천치(天治)의 자연원리

나는 예기(禮記)를 역주(譯註)하다가 월령(月令) 편에 이르러
2,000여 년 동안 군주전제(君主專制)의 암흑 속에 묻혀 버린 요순(堯
舜) 3대(三代)의 밝은 하늘을 다시 찾아서 아름다운 천치(天治)의
자연원리를 뚜렷이 세웠다.

공자는 말하기를 "우주의 변역에는 태극(太極)이 있으니 이것이
양의(兩儀)를 낳고, 양의(兩儀)가 4상(四象)을 낳고, 4상(四象)이 8
괘(八卦)를 낳으니 8괘가 길흉(吉凶)을 결정하고, 길흉(吉凶)이 대업
(大業)을 낳느니라"(周易: 繫辭上)고 하여 태극(太極)과 음양(陰陽)
및 5행(五行)의 형이상학적 본체계가 있음으로써 형이하학적 현상의
자율질서와 자연변화가 나타나는 것임을 밝혔다.

뚜렷이 밝히노니, 천계(天界)에서 하늘의 일을 다스리는 하느님을

본디 제(帝)라고 일컬었고, 우주(宇宙)의 안과 밖을 통틀어 황천(皇天)이라고 하였는데 태극(太極)의 대통일원리로 우주의 만물을 창조하여 주재(主宰)하는 절대유일자(絶對唯一者)를 황천상제(皇天上帝)라고 하였다.

그리고 음양(陰陽)의 상대적 원리로 기능과 역할을 나누어 황천상제를 보필하는 두 하느님이 있으니 양도(陽道)의 원기(元氣)로 만물의 시간적 수명(壽命)을 관장하는 하느님을 천종제(天宗帝)라고 하였고, 음도(陰道)의 정력(精力)으로 만물의 육체적 먹이를 관장하는 하느님을 신농제(神農帝)라고 하였으니 천종제(天宗帝)는 하늘에 해와 달을 운행하여 1년 네 철의 12월 365일을 돌리고, 신농제(神農帝)는 땅에 풀과 나무와 5곡백과의 씨앗을 뿌리고 곤충과 물고기를 길러 새와 짐승을 자라게 하는 것이다.

천종제(天宗帝)가 1년의 네 철을 운행하는 시간표와 신농제(神農帝)가 만물의 먹이를 생산하는 계획표를 황천상제(皇天上帝)에게 올려 재가를 받으면 즉각 5방천(五方天)의 하느님에게 하달(下達)하여 시행하게 하나니 5방천(五方天)이란 동쪽 하늘의 창천(蒼天)과 남쪽 하늘의 호천(昊天)과 서쪽 하늘의 민천(旻天)과 북쪽 하늘의 상천(上天)과 중앙 하늘의 균천(鈞天)이다.

이것은 5행(五行)의 목화토금수(木火土金水)가 상생(相生)하는 체계로 사업을 순리적으로 완성하는 지혜이니 전공(專攻)을 살려서 분업협동(分業協同)함에 교대로 사업을 경영하는 일관 작업인 것이다.

무릇 창천(蒼天)을 주관하는 하느님은 태호제(太皥帝)로 목덕(木德)의 인(仁)을 베풀어 봄이 되면 동풍(東風)을 불어서 새싹을 트게 하여 온 세상을 따뜻하게 하나니 청제(靑帝)라고도 하는바 나무를 관장하는 구망신(句芒神)과 동풍(東風)을 일으키는 동방7수(宿)인각(角), 항(亢), 저(氐), 방(房), 심(心), 미(尾), 기(箕)를 부리며, 입춘(立春)으로부터 입하(立夏) 전까지 3개월 90일 가운데 72일간 천하의 봄을 다스린다.

호천(昊天)을 주관하는 하느님은 염제(炎帝)로 화덕(火德)의 예(禮)를 갖추어 여름이 되면 남풍(南風)을 불어서 만물을 번창하게 하여 온 세상을 덥게 하나니 적제(赤帝)라고도 하는바 불을 관장하는 축융신(祝融神)과 남풍(南風)을 일으키는 남방7수(宿)인 정(井), 귀(鬼), 류(柳), 성(星), 장(張), 익(翼), 진(軫)을 부리며, 입하(立夏)로부터 입추(立秋) 전까지 3개월 90일 가운데 72일간 천하의 여름을 다스린다.

민천(旻天)을 주관하는 하느님은 소호제(少皞帝)로 금덕(金德)의 의(義)를 세워 가을이 되면 서풍(西風)을 불어서 만물을 거두게 하여 온 세상을 서늘하게 하나니 백제(白帝)라고도 하는바 쇠를 관장하는 욕수신(蓐收神)과 서풍(西風)을 일으키는 서방7수(宿)인 규(奎), 루(婁), 위(胃), 묘(昴), 필(畢), 자(觜), 삼(參)을 부리며, 입추(立秋)로부터 입동(立冬) 전까지 3개월 90일 가운데 72일간 천하의 가을을 다스린다.

상천(上天)을 주관하는 하느님은 전욱제(顓頊帝)로 수덕(水德)의 지(智)를 모아 겨울이 되면 북풍(北風)을 불어서 만물을 저장하여 온 세상을 춥게 하나니 흑제(黑帝)라고도 하는바 물을 관장하는 현명신(玄冥神)과 북방7수(宿)인 두(斗), 우(牛), 여(女), 허(虛), 위(危), 실(室), 벽(璧)을 부리며, 입동(立冬)으로부터 입춘(立春) 전까지 3개월 90일 가운데 72일간 천하의 겨울을 다스린다.

균천(鈞天)을 주관하는 하느님은 황제(黃帝)로 토덕(土德)의 신(信)을 지켜서 춘분(春分)을 중심으로 18일간 동천(東天)의 태호제

(太皞帝)를 쉬게 하고, 한봄을 다스리며, 하지(夏至)를 중심으로 18일간 남천(南天)의 염제(炎帝)를 쉬게 하고, 한여름을 다스리며, 추분(秋分)을 중심으로 18일간 서천(西天)의 소호제(少皞帝)를 쉬게 하고, 한가을을 다스리며, 동지(冬至)를 중심으로 18일간 북천(北天)의 전욱제(顓頊帝)를 쉬게 하고, 한겨울을 다스리면서 흙을 관장하는 후토신(后土神)을 부리니 1년에 5방천(五方天)의 하느님이 모두 72일씩을 다스리므로 360일의 사업이 순차적으로 완성되면서 순환 발전토록 하는 것이 하늘이 다스리는 자연원리이다.

(2) 주례(周禮)의 정부조직(政府組織)

주(周)나라의 정부조직에 대한 기록으로 가장 완벽한 것은 주례(周禮)이다.

서경(書經)의 홍범(洪範)과 입정(立政) 및 주관(周官)이 있으나 홍범(洪範)에서는 식(食), 화(貨), 사(祀), 사공(司空), 사도(司徒), 사구(司寇), 빈(賓), 사(師)의 8정(八政)에 대하여 밝혔을 뿐이고 주관(周官)에서는 3공(三公), 3고(三孤)와 총재(冢宰), 사도(司徒), 종백(宗伯), 사마(司馬), 사구(司寇), 사공(司空) 등의 6경(六卿)만을 논하는 데 그쳤으며, 예기(禮記)의 왕제(王制)에서는 천자(天子)에게 3공(三公), 9경(九卿), 27대부(大夫), 81원사(元士)가 있다고 하였고, 또한 혼의(昏義)에서는 옛날에 천자가 6관(六官)과 3공9경(三公九卿)과 27대부(大夫)와 81원사(元士)를 세운다고 하였을 뿐이다.

이에 비하여 주례(周禮)는 크고 작은 관직을 망라하여 그 관직과 직종과 직급과 직책을 기술하였는데 천덕(天德)을 밝히고 천도(天

道)를 따라 천명(天命)을 받아서 천하를 통일하여 다스리는 임금을
천왕(天王) 또는 천자(天子)라고 이름 하여 하늘을 대신해서 천하를
다스리는 것임을 나타내기 위하여 이에 천자(天子)의 관직을 다음과
같이 명명하였다.

중앙정부에 천관총재(天官冢宰), 지관사도(地官司徒), 춘관종백(春
官宗伯), 하관사마(夏官司馬), 추관사구(秋官司寇), 동관고공(冬官考
工) 등 6관(六官)을 두었으니 하늘, 땅과 봄, 여름, 가을, 겨울로 관
직의 이름을 정한 사실에서 천치(天治)를 본받아 천하(天下)를 다스
리는 것을 이상적(理想的)인 정치의 체제로 삼았음을 확인할 수 있
는 것이다.

천관총재(天官冢宰)에는 태재(大宰)와 소재(小宰)를 비롯하여 63
관직을 설치하고 나라의 정치를 관장하여 일백 관리를 거느리고 4해
(四海)를 균평하게 다스리는 것이니 이것은 6경(六卿)의 수장(首長)
으로서 내무(內務)와 외무(外務)를 직접 관장하며 행정을 총지휘하
고 감독하면서 위로 왕의 명령을 받들고 아래로 만민을 다스리는 것
이다.

지관사도(地官司徒)에는 대사도(大司徒)와 소사도(小司徒)를 비롯
하여 79관직을 설치하여 나라의 교육을 관장하여 5륜(五倫)을 가르
쳐서 억조 만민을 분발 노력하게 하는 것이니 이것은 인문주의적 지
성(知性)을 개발하고 재능을 길러서 문명사회를 건설하는 기초를 세
우는 것이다.

춘관종백(春官宗伯)에는 태종백(大宗伯)과 소종백(小宗伯)을 비롯
하여 71관직을 설치하여 나라의 예식(禮式)과 음악을 관장하여 천지
신명(天地神明)과 사람을 다스려 위아래가 화평하게 하는 것이니 이
것은 나라의 풍속을 일으키고 문화를 보급하여 신성(神聖)한 국가를

일으키는 것이다.

하관사마(夏官司馬)에는 대사마(大司馬)와 소사마(小司馬)를 비롯하여 69관직을 설치하여 나라의 군정(軍政)을 관장하고 6사(六師)를 통솔하여 나라의 안전과 국제평화를 보장하는 것이니 이것은 국가를 호위하고 인민의 생명과 재산을 보호하는 국방의 책무를 완수하는 것이다.

추관사구(秋官司寇)에는 대사구(大司寇)와 소사구(小司寇)를 비롯하여 66관직을 설치하여 나라의 법률을 관장하여 사특한 사람을 심문하며 포악하고 음란한 사람을 처벌하는 것이니 이것은 사법부(司法部)로서 공평무사하게 법을 집행하여 나라의 기강을 세우는 것이다.

동관고공(冬官考工)에는 수인(輪人)과 여인(輿人)을 비롯하여 29관직을 설치하여 국토를 개발하고 사농공상(士農工商)의 산업지역을 선택하여 토지의 이용도를 높이고 국토를 균형 발전토록 경영하는 것이니 이것은 도로와 도시를 개척하는 토목공사와 과학기술을 개발하여 산업을 발달하게 하는 것으로 일명 사공(司空)이라고 일컬어 왔다.

무릇 천관(天官)은 천도(天道)를 주장하고, 지관(地官)은 지덕(地德)을 주장하며, 춘관(春官)은 인(仁)을 주체하고, 하관(夏官)은 예(禮)를 주장하며, 추관(秋官)은 의(義)를 주장하고, 동관(冬官)은 지(智)를 주장하니 정치의 이념이 도덕(道德)과 인의예지(仁義禮智)를 구현하여 천지(天地)와 춘하추동(春夏秋冬)의 사업을 아름답게 성공함에 있음을 확인할 수 있는 것이다.

Ⅲ. 예학(禮學)의 원전(原典)

(1) 주례(周禮)

주례(周禮)는 주(周)나라 성왕(成王)시대에 주공(周公)이 요순(堯舜)의 덕치(德治)와 우탕(禹湯)의 예치(禮治)를 헌장(憲章)으로 삼아 새롭게 엮은 주나라의 정치이념과 행정체계 및 시정방침(施政方針)을 총정리하여 집대성한 법전(法典)이다.

중앙정부의 조직을 천부(天府), 지부(地府), 춘부(春府), 하부(夏府), 추부(秋府), 동부(冬府)로 나누고 각 부에 관(官)을 두어 천관(天官), 지관(地官), 춘관(春官), 하관(夏官), 추관(秋官), 동관(冬官)을 두어 천지(天地)에 4시(四時)의 일을 빠짐없이 다스려 아름답게 완성하려는 목적을 담았으므로 주관(周官)이라고도 하였다.

후세에 주(周)나라의 구체적인 정치사업의 체계를 확인할 수 있는 중요한 내용이 갖추어 있는데 중요한 것만 대략 살펴도 천관태재(天官大宰)의 사업에는 6전(典), 8법(法), 8칙(則), 8병(柄), 8통(統), 9직(職), 9부(賦), 9식(式), 9공(貢), 9량(兩)의 제도와 기강을 세우게 하였으며 지관사도(地官司徒)에는 변5물생(辨五物生), 시12교(施十二敎), 변12토명물(辨十二土名物), 변12양지물(辨十二壤之物), 변5물9등(辨五物九等), 이토규지법(以土圭之法), 제기역(制其域), 조도비(造都鄙), 이황정취만민(以荒政取萬民), 이보식6양만민(以保息六養萬民), 이본속6안만민(以本俗六安萬民), 반직사이등만민(頒職事以登萬民), 이향3물교만민(以鄕三物敎萬民), 이향8형규만민(以鄕八刑糾萬民), 이5례방만민지위이교지중(以五禮防萬民之僞而敎之中), 이6악방만민지정이교지화(以六樂防萬民之情而敎之和) 등의 사업으로 만민의 안락한 삶의 터전을 가꾸게 하였다.

춘관종백(春官宗伯)에는 길례(吉禮), 흉례(凶禮), 빈례(賓禮), 군례(軍禮), 가례(嘉禮), 9의(九儀), 작6서(作六瑞), 작6지(作六摯), 작6기(作六器), 작덕(作德) 등의 예의풍속을 일으켜 신성국가(神聖國家)를 건설하여 복지낙원(福祉樂園)을 노래하게 하였으며, 하관사마(夏官司馬)는 군제(軍制)를 편성하고 군대를 양성하여 전략전술을 개발하고 무기를 갖추어 국토를 방위하여 인민의 생명과 재산을 보호하게 하였다.

추관사구(秋官司寇)는 3전(三典)과 5형(五刑)으로 5성(五聲)을 살펴 공평무사하게 형벌을 쓰되 반드시 3심(三審)토록 하였으며, 동관고공(冬官考工)은 지혜롭게 이로운 물건을 연구, 발명하여 일백 가지의 기술을 정통하게 하되 특히 목공(木工), 금공(金工), 피공(皮工), 염색공(染色工), 조각공(彫刻工), 토공(土工), 거여공(車輿工), 주공(舟工), 건축공(建築工), 화공(畵工), 기공(器工), 궁시공(弓矢工), 노창공(刀槍工) 등을 양성하여 산업발전에 기여토록 하였다.

이와 같이 국가의 중대한 사업을 망라하였기에 이 책의 가치를 인식한 한(漢)나라의 정현(鄭玄)은 주(注)를 달아서 의례(儀禮), 예기(禮記)와 함께 3례(三禮)로 현창하였고, 송(宋)나라 주자(朱子)는 소학(小學)을 편집하면서 6덕(德), 6행(行), 6예(藝), 8형(刑)을 인용하여 소학교육의 기본 정신으로 삼았으니 후세에 주례(周禮)를 높이 받들게 되었던 것이다.

(2) 의례(儀禮)

의례(儀禮)는 주(周)나라 성왕(成王)시대에 주공(周公)이 하례(夏禮)와 은례(殷禮)를 기초하여 더욱 세밀하게 정리한 5례(五禮)의 절차와 순서와 동작과 언어와 예물의 기록이니 홀기(笏記)와 같은 것이다.

오늘날 5례(五禮)의 구체적인 절도를 살필 수 있는 것은 오직 의례(儀禮)뿐이니 의식예절(儀式禮節)의 원전(原典)이요, 생활예절(生活禮節)의 기본이 된다.

그 목차는 1. 사관례(士冠禮), 2. 사혼례(士昏禮), 3. 사상견례(士相見禮), 4. 향음주례(鄕飮酒禮), 5. 향사례(鄕射禮), 6. 연례(燕禮), 7. 대사(大射), 8. 빙례(聘禮), 9. 공사대부례(公食大夫禮), 10. 근례(覲禮), 11. 상복(喪服), 12. 사상례(士喪禮), 13. 기석례(旣夕禮), 14. 사우례(士虞禮), 15. 특생궤사례(特牲饋食禮), 16. 소뢰궤사례(小牢饋食禮), 17. 유사철(有司徹)이다.

이상의 의례(儀禮)를 주례(周禮)의 춘관종백(春官宗伯)에서 분류한 5례(五禮)에 의거하여 배속하면 사관례(士冠禮), 사혼례(士昏禮), 향음주례(鄕飮酒禮), 향사례(鄕射禮), 연례(燕禮), 대사(大射), 공사대부례(公食大夫禮) 등은 가례(嘉禮)이고 사상견례(士相見禮), 빙례(聘禮), 근례(覲禮) 등은 빈례(賓禮)이며, 상복(喪服), 사상례(士喪禮), 기석례(旣夕禮), 사우례(士虞禮) 등은 흉례(凶禮)이며, 특생궤사례(特牲饋食禮), 소뢰궤사례(小牢饋食禮), 유사철(有司徹)은 제례(祭禮)로서 길례(吉禮)이니 위로 천자례(天子禮)와 제후례(諸侯禮)로부터 아래로 대부례(大夫禮)와 사례(士禮)를 망라하였다.

옛날의 의복과 그릇을 고증하기 어렵고 또한 영송(迎送), 승강(升降), 배읍(拜揖), 위차(位次), 가곡(歌哭), 벽용(擗踊)의 절도를 알기가 어려운 바가 있으므로 한(漢)나라 정현(鄭玄)이 주(注)를 달았으며 송(宋)나라 주자(朱子)는 간략하게 가례(家禮)를 엮어 집에서 거행하였으니 관혼상제(冠昏喪祭)의 옷과 방위(方位)를 바꾸고 또한 기제(忌祭)와 묘사(墓祀)를 첨가하였는데 우리나라에서는 주자가례(朱子家禮)를 숭상하였다.

(3) 예기(禮記)

예기(禮記)는 공자가 주례(周禮)와 의례(儀禮)를 깊이 연구하여 예치(禮治)의 아름다운 전범(典範)인 예기(禮記)와 악기(樂記)를 다듬고, 제자들에게 예절의 절도와 본의(本義) 및 선성(先聖)의 사적을 가르쳤는데 이에 제자들이 그 들은 내용을 첨가한 책으로, 예절교육의 기본 지침서이다.

그러므로 예기(禮記)와 악기(樂記)는 시전(詩傳), 상서(尙書), 주역(周易), 춘추(春秋)와 더불어 6예(藝)라고 하였는바 뒤에 6경(經)으로 높여서 학문사상을 연구하는 정학(正學)의 교과서로 삼았다.

그러나 소위 진시황(秦始皇)의 분서갱유(焚書坑儒)의 참화로 세상에서 사라졌다가 한(漢)나라 선제(宣帝) 때의 학자인 후창(后倉)의 학통을 이어받은 대덕(戴德)과 대성(戴聖)이 흩어진 예설(禮說)을 수집 편찬하여 대덕은 기(記) 85편을 전했으니 곧 대대례(大戴禮)이고, 대성은 예(禮) 49편을 전했으니 곧 예기(禮記)이다.

정현(鄭玄)은 소대례기(小戴禮記)에 주(注)를 달고 목록(目錄)을 붙여서 원전(原典)의 가치를 존중하니 당(唐)나라 공영달(孔穎達)이 당태종(唐太宗)의 명을 받아 5경정의(五經正義)를 편수하면서 예기에 소(疏)를 썼고 송(宋)나라의 주자(朱子)가 소학(小學)을 편집하면서 예기(禮記)의 문자(文字)를 핵심으로 인용하였을 뿐만 아니라 대학집주장구(大學集註章句) 서문에서 곡례(曲禮), 소의(少儀), 내칙(內則), 제자직(弟子職) 등의 여러 편은 진실로 옛날 소학(小學)에서 가르쳤던 내용이라고 증언하고, 명(明)나라 한림원에서 호광(胡廣) 등이 칙찬(勅纂)한 예기집설대전(禮記集說大全)을 완성하니 널리 유행하였다.

우리나라에는 삼국시대 초기에 이미 수입하여 관리등용시험에 필수과목으로 하였다는 기록이 있으며 조선왕조(朝鮮王朝) 초기에 권근(權近)이 해설한 예기천견록(禮記淺見錄)이 있고, 또한 영조(英祖) 43년 교서관(校書館)에서 간행한 예기대문언독(禮記大文諺讀)이 있으며, 이 밖에 김재노(金在魯)의 예기보주(禮記補註)와 박성원(朴聖源)의 예기류집(禮記類輯) 등이 있어 예학(禮學)이 크게 일어나 동방예의지국(東方禮義之國)을 건설하였다.

Ⅳ. 예악(禮樂)정치의 특징

(1) 예절은 무언(無言)의 신성(神聖)문화

예절은 무언(無言)의 신성(神聖)한 문화이다.

말은 의사를 전달하는 도구로 인간관계에서 없을 수 없는 것이다.

그러나 말의 표현력은 행동으로 표현함만 못하고, 행동으로 표현하는 것은 또한 마음으로 표현함만 못하기 때문에 군자(君子)는 그 존경하는 바에 감히 맞대고 말하지 아니하는 것이다.

대저 말이란 하기가 쉽지만 실행하기는 어려워서 말을 하고도 그 행동이 따르지 않으면 실망스럽기 때문에 차라리 먼저 행동으로 표현한 다음에 말하는 것이 더욱 믿음직한 것이다. 그러나 행동이란 겉으로 표현하기는 쉽지만 마음의 성실성을 갖추지 아니하면 원망스럽기 때문에 차라리 먼저 마음으로 표현한 다음에 행동을 갖추는 것이 더욱 진실한 것이다.

그러므로 성왕(聖王)의 예절은 말로 표현하는 축문과 홀기(笏記)와 청사(請辭)는 모두 다른 사람을 통하여 대신 전달하게 하였고, 행동으로 표현하는 배읍(拜揖)과 승강(升降)과 헌수(獻酬)는 주인과 손님이 몸소 직접 집행하게 하였으며, 마음으로 표현하는 공경심과 정성(精誠)은 스스로 행사 전부터 목욕재계(沐浴齋戒)하여, 깨끗하고, 밝고, 성실한 정신을 한결같이 간직해서 행사를 마진 뒤에까지 계속하게 하였다.

성왕의 예절이 이와 같이 말은 가급적 줄이고 꼭 필요한 말만 하되 반드시 다른 사람으로 대신하게 하여, 지극히 고요하고 엄숙한 가운데 절하고 읍(揖)하며, 권하고 사양하며, 마시지도 않고, 먹지도 않으면서 시종일관 질서 정연하게 행사를 거행하는 것은 신성(神聖)한 인류문화를 일으키기 위함이다.

따라서 5례(五禮)를 거행하는 날을 사람이 임의로 정해서는 안 되고 반드시 조상의 사당에서 산가지점을 쳐서 날을 받았으니 조상을 높이고 자기를 낮추는 공경심이요, 또한 모든 예식을 사당의 당정(堂庭)에서 거행토록 하였으니 정결한 몸과 마음으로 정성을 다하려는 정신이다.

예절의 공경심과 정성은 여기에만 그치는 것이 아니라 의복, 폐백 (幣帛), 그릇, 희생(犧牲), 술, 음식에 이르기까지 미치지 않는 곳이 없게 하였다. 관례에는 관례복(冠禮服), 혼례에는 혼례복, 상례에는 상복(喪服), 제례에 제복(祭服)이 있되 천하가 모두 동일하며, 폐백 (幣帛)은 가급적 아름다운 옥(玉)과 비단으로 하며, 그릇은 질박한 변두(籩豆)를 사용하며, 희생은 온전한 짐승을 쓰며, 술은 물과 단술 과 청주를 쓰며, 음식은 정결하게 새로 장만하되 신분과 가정형편에 따르게 하였으니 통일성과 다양성을 구비하여 인류문화의 장엄한 극 치를 스스로 경영하여 다 같이 누리게 함이다.

사서인(士庶人)은 신분이 낮아 돕는 이가 적고 가정형편이 어려우 므로 모든 일을 손수 집행하면서 조촐하게 예식을 거행하나니 분수 를 지키는 가운데 그 공경심과 정성을 다하는 것이요, 경대부(卿大 夫)는 벼슬이 높고 가정형편이 부유하므로 모든 일을 가신(家臣)에 게 지시하여 엄숙하게 예식을 거행하나니 그 신분을 지키는 가운데 공경심과 정성을 다하는 것이다.

천자(天子)와 제후(諸侯)는 나라의 임금으로, 담당하는 신하가 갖 추어 있고, 재물이 풍족하므로 말로 지시하지 않더라도 성대하게 예 식을 거행하나니 그 자리를 지키는 가운데 공경심과 정성을 다하는 것이다.

이에 천자와 제후는 말을 할 필요가 없고, 또한 말을 해서도 안 되는 것이다. 무릇 덕치(德治)와 예치(禮治)는 위대한 감화력으로 자 율자치(自律自治)의 체제를 갖추어 위로 임금으로부터 아래로 서민 대중에 이르기까지 스스로 자기의 직분을 알아서 능동적으로 사업을 추진하는 것인데 만일 임금이 말을 하여 지시를 한다면 이것은 자율적인 왕도(王道)가 아니고, 타율적인 명령에 따라 추종하는 패도(覇道)로 전락하는 까닭이다.

그러므로 일찍이 요순(堯舜)이 그 신하에게 충성하라는 말을 한 번도 하지 아니하였으며, 성인(聖人)이 그 아들딸에게 효도하라는 말을 한 번도 하지 아니하였으니 요임금은 천덕(天德)을 밝혀 오직 곤룡포를 입고 용상에 앉아 남쪽을 향하여 일백 관료의 보고를 듣기만 하고, 일체 말이 없었기 때문에 후세에 역사가가 이를 의상지치(衣裳之治), 남면지치(南面之治), 무위지치(無爲之治), 불언지교(不言之敎)라고 규정하였던 것이다.

비단 임금만 말이 없는 것을 신성하게 여기는 것이 아니라 또한 예기(禮記) 간전(間傳)에서 말하기를 참최(斬衰) 3년의 상복을 입은 사람은 '네'만 하고 대답하지 아니하며, 자최(齊衰) 1년의 상복은 대답만 하고 말을 하지 아니하며, 대공(大功) 9월의 상복은 말을 하되 의논을 하지 않으며, 소공(小功) 5월과 시마(緦麻) 3월은 의논을 하되 즐거워함에는 미치지 아니한다고 하였으니 일반 사람도 책임이 무겁고 큰일에 임해서는 말이 없는 것을 신성하게 여긴 것이다.

그러므로 논어에서 공자가 말하기를 "강직하고 의연하고 질박하고 말을 더듬는 사람은 인(仁)에 가깝다"(剛毅木訥近仁)〈子路〉고 하였고, "말을 교묘하게 꾸며 대고 얼굴빛을 어여쁘게 꾸미는 사람은 인(仁)이 드물다"(巧言令色鮮矣仁)〈學而〉고 하였다. 말로만 칭찬하고 말로만 자랑하는 것은 도덕을 해치는 까닭에 말이 많고 행동이 없으면 사악한 무뢰배요, 말을 한 뒤에 행동하면 착한 선비이며, 말과 행동이 일치하면 어진 군자요, 행동하고도 말이 없으면 신성한 성현이리라.

⑵ 음악의 화합세계

악(樂)은 성인(聖人)이 인간의 순수한 감정으로 말미암아 하늘과 땅의 맑고 깨끗한 기상을 바탕으로 만물이 융성한 가운데 천하국가가 안락 태평함을 소리로 표현하여 시(詩), 가(歌), 성(聲), 율(律), 음(音), 악(樂), 무(舞)를 창작한 예술로 도덕문화의 정화(精華)요, 화합윤리(和合倫理)의 극치이니, 예절교육의 교재이고, 덕치인정(德治仁政)의 도구이다.

그러므로 성인이 창작한 위대한 악(樂)에는 반드시 보편적인 규범과 준칙이 있는바 시(詩)에는 풍(風), 아(雅), 송(頌)이 있고, 가(歌)에는 독창(獨唱), 제창(齊唱), 합창(合唱)이 있고, 성(聲)에는 궁(宮), 상(商), 각(角), 치(徵), 우(羽)의 5성(聲)이 있고, 율(律)에는 6률(六律), 6려(六呂)가 있고, 음(音)에는 금(金), 석(石), 사(絲), 죽(竹), 포(匏), 토(土), 혁(革), 목(木)의 8음(八音)이 있고, 악(樂)에는 연회악(宴會樂), 제례악(祭禮樂)이 있고, 무(舞)에는 문무(文舞), 무무(武舞), 만무(萬舞)가 있으니 그 성대한 노래와 아름다운 춤은 사람과 귀신이 화합하여 함께 즐기는 경지에 이르게 하였다.

예기(禮記)의 악기(樂記) 편에 성왕(聖王)이 창작한 악(樂)의 이론이 매우 자상하므로 이에 그 논리를 체계적으로 요약하면 다음과 같이 정리할 수 있다.

첫째, 음악은 사람의 감정과 사상을 소리로 표현하는 예술이다. 악기(樂記)의 첫 장에서 말하기를 "무릇 음률(音律)의 기원은 사람의 마음으로 말미암아 생기는 것이요, 사람의 마음이 움직임은 사물이 마음으로 하여금 그렇게 움직이도록 만드는 것이니 사물에 느끼어 움직이는 까닭으로 소리에 나타나고, 소리가 서로 호응하는 까닭으로 변화가 생기나니 변화가 일정한 형식을 이루는 것을 일컬어 음률이라 하고, 음률을 연결하여 악기를 연주하며 방패와 도끼, 꿩 깃을 장식한 피리와 소꼬리기를 들고 춤추는 것을 악(樂)이라고 한다"고 하여 음악의 근원은 사람의 마음임을 명확히 규명하였다.

둘째, 음악은 천지(天地), 음양(陰陽), 4시(四時), 귀신(鬼神)의 구조와 기능을 밝혀 위대한 화합질서를 완성하는 원리이다. 악기(樂記)에 말하기를 "하늘은 높고, 땅은 낮으니 만물이 각각 다르므로 예절제도가 행하는 것이요, 흘러서 그치지 아니하여 한 가지로 합쳐서 변화하므로 음악이 일어나니라. 봄이 경작하고, 여름이 자라게 함은 인(仁)이요, 가을이 거두고 겨울이 저장함은 의(義)이니 인(仁)은 음악에 가깝고, 의(義)는 예절에 가까우니 음악은 화합을 두텁게 하여 신(神)을 따르면서 하늘을 좇고, 예절은 알맞음을 분별하여 귀(鬼)를 지키면서 땅을 좇느니라. 그러므로 성인(聖人)은 음악을 창작하여 하늘에 순응하고, 예절을 제정하여 땅에 짝하나니 예절과 음악은 하늘과 땅의 직분을 밝게 갖추는 것이니라"고 하여 음악의 원리는 천지신명(天地神明)과 태극(太極), 음양(陰陽), 5행(五行)의 자연 변화의 원리임을 설파하였다.

셋째, 음악은 인간의 윤리도덕을 밝혀 문명세계를 이룩하는 지혜의 산물이다. 악기(樂記)에 말하기를 "무릇 음(音)이라는 것은 사람의 마음에서 생기는 것이요, 악(樂)이라는 것은 윤리(倫理)를 통달하는 것이니 이런 까닭으로 성(聲)을 알면서도 음(音)을 알지 못하는 것은 날짐승과 들짐승이고, 음(音)을 알면서도 악(樂)을 알지 못하는 것은 서민대중이니 오직 군자여야 능히 악(樂)을 알게 되나니, 이런 까닭으로 성(聲)을 살펴서 음(音)을 알고, 음(音)을 살펴서 악(樂)을 알고,

악(樂)을 살펴서 정치를 알아 그 정치의 도의를 갖추는 것이니라. 이런 까닭으로 소리를 알지 못하는 사람은 더불어 음(音)을 말할 수 없고, 음(音)을 알지 못하는 사람은 더불어 악(樂)을 말할 수 없나니, 악(樂)을 알면 예절에 가까운 것이니라. 예절과 음악에 모두 잘함을 일컬어 덕(德)이 있다고 하나니, 덕이라는 것은 서로 잘 어울리는 것이니라"고 하여 음악의 본질은 윤리도덕을 밝혀 개별적인 성분(性分)과 직분(職分)을 다하는 가운데 전체적으로 화합하여 지선(至善)의 세계를 구현하는 지혜(知慧)로운 덕성(德性)임을 서술하였다.

넷째, 음악의 종류는 제례악(祭禮樂)과 연례악(燕禮樂) 및 군악(軍樂)이 있으니 각각 구성하는 악기(樂器)의 종류와 연주하는 악곡(樂曲)의 편수와 춤이 다르다.

제례악(祭禮樂)은 종묘(宗廟)에서 조상님께 제사 지낼 때에 연주하는 악무(樂舞)인데 천자를 제사 지낼 때에 당상(堂上)과 당하(堂下)에서 덕음(德音)을 내는 도(鞀), 고(鼓), 강(椌), 갈(楬), 훈(壎), 지(篪) 여섯 악기와 왕성한 원기를 충만하게 하는 종(鍾), 경(磬), 우(竽), 슬(瑟)을 합주하며, 그 악곡은 송(頌)을 위주로 한다. 그리고 제례악에는 특별히 일무(佾舞)가 있어서 문무(文武)는 꿩 깃을 장식한 피리와 소꼬리기를 들고 춤추고, 무무(武舞)는 방패와 도끼를 들고 춤추니, 천자(天子)는 8일무(八佾舞)요, 제후(諸侯)는 6일무이며, 대부(大夫)는 4일무요, 선비와 서민은 2일무이다.

연례악(燕禮樂)은 조정에서 외교사절을 접대하거나 나라의 경사에 연회(宴會)할 때에 연주하는 아악(雅樂)으로 당상(堂上)과 당하(堂下)에서 오직 왕성한 원기를 충만하게 하는 종(鍾), 경(磬), 우(竽), 슬(瑟)만 합주하고, 덕음(德音)을 내는 도(鞀), 고(鼓), 강(椌), 갈(楬), 훈(壎), 지(篪) 등의 악기는 감히 사용하지 못하며, 그 악곡(樂

曲)도 송(頌)은 결코 사용하지 못하며, 천자(天子)가 주최하는 자리에는 대아(大雅)를 연주하고, 제후(諸侯)가 주최하는 자리에는 소아(小雅)를 연주하며, 대부(大夫)가 주최하는 경우에는 향악(鄕樂)을 연주한다. 그리고 연례악(燕禮樂)에는 오직 음악만 노래하고 춤은 없으니 일무(佾舞)를 감히 사용할 수 없는 것이다.

군악(軍樂)은 군대의 의식이나 대사(大射), 향사례(鄕射禮), 투호(投壺) 등의 행사에 쓰이는 음악으로 그 악기는 원기를 왕성하게 하는 악기를 사용하되 비(鼙)와 고(鼓)를 기본으로 하고, 그 악곡은 국풍(國風)을 연주하며, 춤은 없는 것이다.

다섯째, 음악의 작용은 신명(神明)한 덕(德)으로 천지인물(天地人物)을 감화하여 길이 안락(安樂)세계를 보장한다.

악기(樂記)에 말하기를 "소리와 가락으로 나타내면서 거문고와 비파로 문채를 내며, 방패와 도끼로써 움직이며, 꿩 깃과 소꼬리로써 장식하며, 피리와 쌍피리로 따르게 하여, 지극한 덕(德)의 광채를 드날리게 하며, 네 철의 화기(和氣)를 발동하게 하여, 만물의 이치를 뚜렷이 밝히므로 청명한 기상은 하늘을 본받고, 광대한 규모는 땅을 본받고, 끝내고 시작하는 절도는 네 철을 본받고, 두루 돌고 되돌아옴은 바람과 비를 본받아, 5색(色)이 문채를 이루어 난잡하지 않고 8풍(風)이 음률을 좇아 엉기지 않으며, 일백 가지의 법도가 분수를 얻어서 떳떳함이 있으니, 작은 것과 큰 것이 서로 이루며, 시작과 끝이 서로 낳으며, 선창하고 화답함의 맑고 흐림이 교대하여 서로 표준이 되기 때문에 음악이 유행함에 윤리가 맑고 깨끗하여 귀와 눈이 총명하며, 혈기(血氣)가 화평하고, 풍속을 아름답게 하여 천하가 모두 안락하게 되는 것이니라"고 하여 악무(樂舞)의 작용이 인문주의적 지성사회를 건설하여 아름다운 풍속문화를 보급함을 밝혔고, 또 악기(樂記)에서 말하기를 "근본을 모두 연구하여 변화를 아는 것은 음악의 진실한 마음이요, 정성을 나타내서 거짓을 버리는 것은 예절의 대원칙이니, 예절과 음악은 하늘과 땅(땅)의 진실한 마음을 닮으며, 신명한 덕(德)을 통달하며, 위아래의 신명(神明)을 내리고 일어나게 하여, 바른 정신과 물질의 실체를 엉기게 하며, 아버지와 아들, 임금과 신하의 절도를 거느리게 하나니라. 이런 까닭으로 대인(大人)이 예절과 음악을 거행하면 하늘과 땅의 이치를 장차 뚜렷하게 밝히나니 하늘과 땅의 기운이 기쁘게 화합하여, 음(陰)과 양(陽)이 서로 뜻이 맞아서 입김을 불어 주고, 가슴에 품어 주며, 만물을 덮어서 기르나니 그런 다음에 초목이 무성하며, 씨눈이 싹트며, 날개가 펼쳐지고, 뿔과 가지 뿔이 나오고, 겨울잠을 자던 벌레가 밖으로 살아 나오며, 날짐승이 알을 품으며, 들짐승이 새끼를 배며, 태로 낳은 것이 사산하지 아니하며, 알로 태어난 것이 알에서 죽지 아니하나니, 곧 음악의 도(道)가 극치에 이른 결과이니라"고 하였으니, 이것은 음악이 작용하는 극치가 만물의 안락한 삶까지 보장하는 것임을 설파한 것이다.

여섯째, 음악의 교육적 기능은 사람의 마음을 다스려 인간성을 기르고 사회성을 개발한다. 자고로 성왕(聖王)은 음악을 관장하는 장관을 두어 예(禮), 악(樂), 사(射), 어(御), 서(書), 수(數)를 소학(小學)의 교과목으로 삼아 태학(大學)에서까지 가르쳤으니 음악교육의 중요성을 증명한 것이다.

악기(樂記)에 말하기를 "사람이 태어나서 고요함은 천부적인 본성이요, 사물에서 느끼어 움직임은 본성의 하고자 함이니, 사물이 이름에 마음이 지각(知覺)을 주재하나니 그런 뒤에 좋음과 싫음이 나타나니라. 좋음과 싫음을 마음속에서 절제함이 없어서 지각이 사물을 좇아 밖으로 나아가더라도 능히 몸으로 돌아오게 하지 못하면 천리

(天理)가 사라지는 것이다. 대저 사물이 사람을 감동함이 끝이 없거늘 사람의 좋음과 싫음을 절제함이 없으면 이것은 사물이 이름에 사람이 물질의 노예로 변한 것이니, 사람이 물질의 노예로 전락한 것은 천리를 멸식하고, 인간의 욕심을 추구하는 것이다. 이에 어그러지고, 거역하고, 속이고, 거짓으로 하는 마음이 있으며, 음란하고 방탕하고 작란하는 일이 있나니 이런 까닭으로 강한 사람이 약한 사람을 위협하며, 많은 사람이 적은 사람을 포악하게 다루며, 지혜로운 사람이 어리석은 사람을 속이며, 용감한 사람이 겁쟁이를 괴롭히며, 질병을 앓는 사람을 부양하지 아니하여 늙은이와 어린이, 고아와 자식이 없는 독거노인이 그 살 곳을 얻지 못하나니 이것은 크게 어지러운 세상으로 가는 길이니라"고 하여 인간성을 간직하고 사회의식을 개발하는 음악교육의 중요성을 설파하였다.

그리고 또 악기(樂記)에 밝히기를 "군자가 말하기를 예절과 음악은 잠시 동안이라도 몸에서 떠날 수 없나니 음악을 연구해서 마음을 다스리면 평이하여 자유스럽고 너그럽게 사랑하는 마음이 구름처럼 생기는 것이요, 평이하여 자유스럽고 너그럽게 사랑하는 마음이 생기면 즐겁고, 즐거우면 편안하고, 편안하면 오래하고, 오래하면 진실하고, 진실하면 신성하니, 진실하면 말하지 아니하여도 믿고, 신성하면 성내지 아니하여도 두렵나니, 음악을 연구하여 마음을 다스리는 것이니라"고 하였으니 예절과 음악을 생활화하면 진실하고 신성한 인격적 권위를 가지게 된다고 하였다.

일곱째, 음악의 정치적 기능은 민중의 자치풍토(自治風土)를 조성하여 도덕과 윤리와 예절을 일으켜 복지낙원(福祉樂園)을 건설한다.

악기(樂記)에 말하기를 "선왕(先王)이 예절과 음악을 제정함에 사람이 그것을 인연하여 조절하게 하시니 상복을 입고, 삼띠를 매고,

곡하고 흐느끼게 함은 초상집의 기강을 조절하는 원리요, 종 치고 북 치고 방패와 도끼를 들고 춤추게 함은 편안하고 즐거움을 조화(調和)하는 원리요, 혼인하고, 관 쓰고, 비녀를 꽂는 예절은 남자와 여자를 분별하는 원리요, 활 쏘고, 말 타고, 밥 먹이고, 술 드리는 예절은 교제하여 접대함을 바르게 하는 원리니, 예절은 민중의 마음을 조절하고 음악은 민중의 소리를 화합하나니, 정치로써 그것을 실행토록 하며, 형벌로써 그것을 방지토록 하여 예절과 음악과 형벌과 정치가 4방으로 전달하여 어기지 아니하면 왕도정치(王道政治)가 이루어지는 것이니라"고 하여 예절과 음악은 왕도정치에 있어서 민심(民心)을 조절하고 민성(民聲)을 화합하는 필수요건임을 밝혔다.

또 악기(樂記)에 말하기를 "음악은 한가지로 하고, 예절은 다르게 하니, 한가지로 하면 서로 친하고, 다르게 하면 서로 공경하나니 음악만 가지고 하면 추종하여 끝없이 흘러 내려가고 예절만 가지고 하면 간격이 벌어져 떠나가므로 정서를 합치고 용모를 수식하는 것이 예절과 음악의 일이라. 예의가 서면 귀천이 가지런하고 음악의 문채가 같으면 위아래가 화합하고, 좋음과 싫음이 나타나면 어진 이와 같잖은 이가 나누어지고, 형벌은 포악을 금지하고, 관작은 어진 이를 선거하면 정치가 균평하므로 민중이 어진 마음으로 국가를 사랑하고, 민중이 정의심으로 정부를 바로잡나니, 이와 같이 하면 민중의 정치가 실행하는 것이니라"고 하여 음악의 내면적인 동질성과 예절의 외형적인 차별성을 알맞게 배합하여야 균평(均平)한 민중의 정치를 실현하는 기능을 발휘함을 강조하였다.

이어서 또 말하기를 "음악은 마음속을 말미암아 나오고, 예절은 몸 밖으로부터 일어나나니, 음악은 마음속에서 나오므로 마음바탕이 고요해야 하고, 예절은 몸 밖으로부터 일어나므로 몸치장이 아름다워야 하니, 위대한 음악은 반드시 쉽게 하고, 위대한 예절은 반드시 간소하게 하니, 음악이 지극하면 원망이 없고, 예절이 지극하면 다투지 아니하므로 공경하고, 사양하면서 천하를 잘 다스렸다는 것은 예절과 음악으로 다스렸다는 말인 것이니라. 포악한 민중이 나오지 아니하며, 제후가 천자에게 손님으로 복무하여 병기와 갑옷을 시험하지 아니하고 5형(刑)을 사용하지 아니하면 백성은 근심이 없고, 천자는 분노하지 아니하시니, 이와 같으면 음악사회가 이루어질 것이고, 아버지와 아들이 친함이 있음을 합치며, 어른과 어린이의 차례가 있음을 밝혀서 4해(四海)의 안에 사는 사람을 공경하나니, 천자가 이와 같으면 예절이 행하여질 것이니라"고 하여 음악과 예절의 정치적 기능은 천자가 자율 자치하는 이상세계를 건설하려는 큰 뜻을 가지고 예절과 음악을 통달하여 민중으로 하여금 음악생활과 예절생활에 익숙한 풍토를 조성하여야 민중이 자율 자치하는 위대한 정치력이 갖추어짐을 확인하였다.

(3) 음악의 화합원리

음악은 사람의 감정과 사상을 소리로 표현하는 예술이다. 그러므로 성왕(聖王)은 일찍이 음악의 화합윤리(和合倫理)를 통달하여 인간의 정서를 순화하고 사물의 조화를 추구하여 지선(至善)의 경지를 개척하는 고상한 음악을 창작하였으니 국민교육의 기본교양 과목이고 국가경영의 근본이념이다.

예기(禮記)의 악기(樂記)에 말하기를 "음악은 음성의 말미암은 바에서 생기는 것이니, 그 근본은 사람의 마음이 사물에서 느낌에 있는 것이다. 그 슬픈 마음이 느끼는 것은 그 소리가 급격히 낮아지고, 그 즐거운 마음이 느끼는 것은 그 소리가 화평하여 한가롭고, 그 기쁜 마음이 느끼는 것은 그 소리가 높이 드날려서 퍼지고, 그 노여운 마음이 느끼는 것은 그 소리가 거칠어 사납고, 그 공경하는 마음이 느끼는 것은 그 소리가 곧아서 맑고, 그 사랑하는 마음이 느끼는 것은 그 소리가 온화하여 부드러우니 여섯 가지의 마음은 본성이 아니고 사물에서 느낀 다음에 움직임이니라"고 하여 음악이란 인간의 심리적 정서에 기초하여 소리로 나타난 예술임을 밝혔다.

모름지기 음악이란 먼저 인간의 심리적 정서가 순수해야 음률이 조화롭고, 음률이 조화로워야 음악과 무용이 아름답기 때문에 사랑하고 공경하는 마음으로 만물의 소리를 조절하여 사람과 천지신명(天地神明)이 대화합하는 고상한 음악을 창작하였으니 그 원리를 차례로 서술하면 다음과 같다.

첫째, 5성(五聲)을 조절하여 화합을 추구한다. 5성은 소리의 높낮이를 구분한 5음계로 궁(宮)의 음계는 가장 낮고, 길고 중탁(重濁)하니 임금의 소리요, 상(商)의 음계는 궁보다 조금 높으니 신하의 소리요, 각(角)의 음계는 상보다 조금 높으니 민중의 소리요, 치(徵)의 음계는 각보다 더욱 높으니 일하는 소리요, 우(羽)의 음계는 가장 높고 짧고 경청(輕淸)하니 만물의 소리인데, 성왕의 음악은 이러한 화성적(和聲的) 음정(音程)을 모두 종합하여 조화(調和)를 추구하였다.

둘째, 8음(八音)을 개발하여 화합을 추구한다. 금성(金聲)은 씩씩하고, 석성(石聲)은 맑고, 사성(絲聲)은 구슬프고, 죽성(竹聲)은 신바람이 나고, 혁성(革聲)은 충동을 느껴서 움직이게 하고, 포성(匏聲)은 침착하게 하고, 토성(土聲)은 그리워하게 하고, 목성(木聲)은 무거우니, 성왕의 음악은 이러한 여덟 가지의 악기(樂器)를 개발하여 자연의 소리를 모두 화합하였던 것이다.

셋째, 12율(律)을 조절하여 화합을 추구한다. 12율은 자연의 성음(聲音)을 5음으로 구분하고, 그 높낮이와 가락을 지닌 음의 흐름을 다시 12부분으로 나누어 순위를 세웠는데 소리가 가장 낮고 중탁(重濁)하여 떨림이 퍼지고 느린 것을 기본음계로 하여 황종(黃鍾)이라 하고, 소리가 점점 높아지는 순서로 대려(大呂), 태주(太簇), 협종(夾鍾), 고선(姑洗), 중려(中呂), 유빈(蕤賓), 임종(林鍾), 이측(夷則), 남려(南呂), 무역(無射), 응종(應鍾)인데 응종이 소리가 가장 높고 경청(輕淸)하여 떨림이 날카롭고 빠르다. 12율을 양율(陽律)과 음려(陰呂)로 배합하여 황종, 태주, 고선, 유빈, 이측, 무역을 6률(六律)이라 하고, 대려, 협종, 중려, 임종, 남려, 응종을 6려(六呂)라고 하는데 성왕은 율려(律呂)를 조절하여 선율적(旋律的) 음정을 갖추어 가락의 조화(調和)를 추구하였다.

넷째, 가(歌)와 악(樂)을 조절하여 화합을 추구한다. 가(歌)는 시(詩)를 사람의 목소리로 노래하는 성악(聲樂)이고, 악(樂)은 악기(樂器)로 악곡(樂曲)을 연주하는 기악(器樂)인데 성왕의 악가(樂歌)는 조화(調和)를 숭상하여 의례(儀禮)에는 애당초 독창(獨唱), 독무(獨舞), 독주(獨奏)가 없고, 반드시 두 사람 이상이 제창(齊唱), 군무(群舞), 협주(協奏)하거나 많은 사람이 합창(合唱), 만무(萬舞), 합주(合奏)토록 하였을 뿐만 아니라, 가(歌)는 당상(堂上)에 올라가서 앉아서 부르고, 악(樂)은 당하(堂下)에 서서 연주하게 하여 위아래가 조화롭게 하였다.

그리고 음악을 노래하고 연주하는 절차를 매우 조화롭게 순서를 정하였으니 한 마당은 가(歌)와 악(樂)이니 먼저 당상에서 악공(樂工)이 슬(瑟)과 더불어 3편의 시(詩)를 창(唱)하여 마치면 이어서 마당에서 악사(樂士)가 생(笙)과 더불어 세 곡을 연주하여 마친다. 두 마당은 간가(間歌)이니 당상(堂上)의 성악(聲樂)과 당하(堂下)의 기악(器樂)이 서로 다른 가곡을 한 번씩 교대로 세 번 반복하면서 노래하고, 연주하여 마치는 것이요, 세 마당은 합악(合樂)이니 당상악(堂上樂)과 당하악(堂下樂)이 서로 같은 가곡을 동시에 노래하고 연주하여 여섯 곡을 마치는 것이다.

이와 같이 처음에는 각각 노래하고 연주하다가, 중간에는 교대로 돌아가며 노래하고 연주하며, 마지막에는 함께 똑같이 노래하고 연주하게 하는 것은 음악의 궁극적 목적이 조화(調和)에 있음을 웅변한다.

다섯째, 악(樂)과 무(舞)를 조절하여 화합을 추구한다. 향연악(饗燕樂)에는 춤이 없지만 제례악(祭禮樂)에는 춤이 있으니 악무(樂舞)는 곧 제례악을 지칭한다. 무릇 천자의 음악은 대아(大雅)와 송(頌)이 있고, 제후의 음악은 소아(小雅)가 있고, 대부(大夫)의 음악은 국풍(國風)이 있으니 향악(鄕樂)이라고도 한다. 그러므로 천자의 제례악은 송(頌)을 노래하며 8일무(八佾舞)를 춤추고, 제후의 제례악은 6일무를 춤추니 일무에는 문무(文舞)와 무무(武舞)가 있는데 먼저 추는 문무는 꿩 깃을 장식한 피리와 소꼬리기를 들고 춤추고, 다음에 추는 무무는 방패와 도끼를 들고 춤추니, 아름다운 문채가 찬연히 빛나서 장엄하고 씩씩한 기운이 성대하게 넘치는 조화의 광채 속에 인간과 신령이 함께 즐기는 음악의 극치를 연출하는 것이다.

Ⅴ. 예절운동의 발전과제

(1) 예절운동의 조건

무릇 예절은 인문주의적 지성인(知性人)의 심리체계이고, 인생만사에 있어서 모범적인 행동강령이며 인생의 행복을 길이 보장하는 지선(至善)의 헌장이다.

그러므로 천하국가에 예절이 있으면 모든 사람이 자기의 도리와 분수를 알아서 떳떳한 인격주체를 확립하여 스스로 질서를 지키고 화합을 도모하는 역량을 갖추므로 안락한 인생을 보장하지만 만일 천하국가에 예절이 없어지면 사람이 몸을 수양하지 않고 또한 예의 염치를 알지 못하기 때문에 사욕(私欲)을 다투어 방류(放流)해서 결국 난잡하고 혼란스러운 퇴폐풍조가 만연하여 불안한 공포사회로 전락하는 것이다.

성왕(聖王)은 이러한 혼란사회를 두려워하여 일찍이 하늘땅의 도덕을 밝히고 사람의 마음을 바로잡아 대동태평(大同太平)시대를 건설함에 먼저 5륜3강(五倫三綱)의 생활예절과 관혼상제(冠昏喪祭) 등 6례를 제정하여 학교에서 가르치고 선비와 군자(君子)로 하여금 솔선수범케 하는 소강사회(小康社會)의 예절부흥운동으로부터 비롯하였던 것이다.

대동세계(大同世界)는 전체가 공동적으로 예절을 실천하여 자율자치하는 안락한 이상사회이고, 소강세계(小康世界)는 선비와 군자가 개인적으로 예절을 실천하고 보급하면서 집안을 단속하고 고을을 교화하여 모범가정과 모범마을을 일으키는 것이다.

이러한 예절운동을 전개함에는 반드시 사람을 감동시켜서 따르게
하는 감화력이 필요한바 예기(禮記)의 공자한거(孔子閒居) 편에 보
면 공자가 자하(子夏)에게 예절운동의 조건으로 5지(五至)와 3무(三
無)와 5기(五起)를 설파하였으니 오늘날 예절운동의 금과옥조(金科
玉條)라고 할 것이므로 이에 차례로 논한다.

(2) 5지(五至): 다섯 가지의 지극함

5지(五至)는 다섯 가지의 지극한 경지에 이르는 것이니 공자는 말
씀하시기를 "뜻이 지극한 바에 시(詩)가 또한 지극할 것이며, 시가
지극한 바에 예절이 또한 지극할 것이며, 예절이 지극한 바에 음악이
또한 지극할 것이며, 음악이 지극한 바에 슬픔이 또한 지극할 것이
니, 슬픔과 즐거움이 서로 생기나니 이런 까닭으로 눈을 바로 뜨고
보아도 보이지 아니하며, 귀를 기울여 들어도 들리지 아니하고 뜻과
기운이 하늘땅에 가득 차나니 이것을 일컬어 다섯 가지의 지극함이
다"라고 하였다.

예절운동이 사람을 감화시키기 위해서는 먼저 예절을 숭상하는 마
음의 자세가 확고부동하여 초지일관하는 용기가 필요하니, 강인한 의
지력이 없이는 사람을 감동시킬 수 없는 까닭이다.

다음으로 시(詩)는 사람의 뜻을 말로 표현하는 것이니, 인간의 희
로애락을 정서적으로 우아하게 표현해야만 감정을 순화해서 더불어
사는 방법을 알게 하고 인간의 심리를 간파해서 스스로 문제를 해결
하는 기량을 기를 수 있는 것이므로 시에 대한 조예가 없으면 사람
으로 하여금 마음의 문을 열게 하지 못하는 것이다.

자고로 예절은 신분에 따라 각각 지키는 절도가 있으니 선비의 예절과 대부(大夫)의 예절과 제후(諸侯)의 예절과 천자(天子)의 예절이 있는 것이므로 서민대중은 부지런하고 명랑하며, 선비는 활달하고 번듯하며, 대부는 가지런하고 엄숙하며, 제후는 성대하고 훌륭하며, 천자는 그윽하고 거룩해야 사람이 존경하고 사모하는 것이요, 만일 서민대중이 게으르고 침울하며, 선비가 나약하고 조잡하며, 대부가 산만하고 경박하며, 제후가 초라하고 인색하며, 천자가 급박하고 교만하면 사람이 외면하고 따르지 않을 것이다.

논어의 태백(泰伯) 편에서 공자가 말씀하시기를 "시(詩)에서 감흥을 일으키고 예절에서 몸을 세우고 음악에서 도덕을 완성하니라"고 하였으니 시는 뜻을 말로 표현함이요, 노래는 말을 길게 뽑음이요, 소리는 노래를 길게 뽑음에 높낮이를 붙임이요, 가락은 높낮이 소리를 서로 어울리게 함이니, 금(金), 석(石), 사(絲), 죽(竹), 포(匏), 토(土), 혁(革), 목(木) 등의 8음(八音)의 악기를 합주(合奏)하여 협화음(協和音)을 얻어서 귀신과 사람이 함께 더불어 즐겁게 춤을 추는 것이요, 만일 궁(宮), 상(商), 각(角), 치(徵), 우(羽)의 5성(五聲)이 어긋나거나 6률(六律)과 6려(六呂)가 고르지 못하여 8음(八音)에 불협화음이 생기면 귀신과 사람이 모두 불화하여 역정을 내는 것이다.

무릇 전체 구성원이 화합하고 협동하는 공동체 사회에 있어서 사람의 죽음은 자못 개인의 불행일 뿐만 아니라 또한 집단의 불행이 아닐 수 없는 것이다. 그러므로 개인의 죽음을 집단의 슬픔으로 받아들여서 함께 모여 초상을 치는 것이니, 함께 노래하고 춤추는 즐거움이 컸던 만큼 서로 헤어져 저승으로 보내는 슬픔도 지극하여야 사람들이 감격하여 끝까지 믿고 따르는 것이요, 만일 살았을 때에만 함께 일하고 죽은 뒤에는 냉정하게 돌아보지 않는다면 사람이 실망하여 끝까지 믿고 따르지 않게 되는 것이다.

이러한 다섯 가지 지극한 감화력은 눈에 보이지 않고 귀에 들리지 않는 내면의 성실성과 총명한 정신력에서 나오는 것이므로 예절운동을 전개한 사람은 마땅히 힘써 닦아야 할 사항인 것이다.

⑶ 3무(三無): 세 가지가 없는 경지

삼무(三無)는 세 가지가 없는 경지이니 공자가 말씀하시기를 "소리가 없는 음악과 손발이 없는 예절과 상복(喪服)이 없는 초상이라"고 하였으니 원문으로 쓰면 무성지악(無聲之樂), 무체지례(無體之禮), 무복지상(無服之喪)이다.

소리가 없는 음악은 노래를 부르고 악기를 연주하지 아니하여도 즐거움이 온 세상에 충만한 음악이요, 몸이 없는 예절은 손을 들어 읍(揖)하고, 손을 땅에 대고 절함과 발로 나아가고 물러오는 형식예절을 거행하지 않는 때라도 항상 공경하고 사양하는 마음이 하늘땅에 충만한 예절이며, 상복이 없는 초상은 가족관계나 인간관계에서 가까운 사람들이 상복을 입는 5복(五服)에 해당이 안 되는 먼 친척이나 소원한 사람이 죽었다는 부음(訃音)을 바람결에라도 들으면 급히 찾아가서 문상(問喪)하여 초상 치고 장사 지내는 일을 힘써 돕는 것이다.

예절운동은 개인의 안락을 추구한 것이 아니고 전체가 함께 즐거운 세상을 경영하므로 모름지기 예절운동가는 자기의 즐거움을 위하여 음악회나 무도회를 주최해서는 안 되고 반드시 국가사회에 도덕을 깨우치고 윤리를 밝혀 아름다운 풍속을 일으켜 살기 좋은 땅을 만들어 서민대중이 보람 있는 인생을 경영하여 즐겁게 노래하고 춤추는 생활음악을 즐기는 경지에 들어가야 한다.

또한 예절운동은 개인의 권위를 자랑한 것이 아니고 전체가 인간을 완성하여 사람답게 사는 세상을 도모하므로 모름지기 예절운동가는 자기를 과시하기 위하여 사상견례(士相見禮)나 향음주례(鄕飮酒禮)를 개최해서는 안 되고 반드시 천리(天理)의 절도 있는 문채를 밝히면서 인사(人事)의 모범행실을 보급하여 아름다운 질서 속에 두텁게 화합하는 사회를 만들어 서민대중이 낙천열명(樂天悅命)하도록 안락한 삶을 길이 보장하는 생활예절을 일으키는 경지에 들어가야 한다.

끝으로 예절운동은 특정인의 죽음만을 슬퍼하는 것이 아니고 모든 인간의 존엄성을 인식해서 사람의 죽음을 슬퍼하여 주검의 마지막 가는 길을 장엄하게 마무리하므로 모름지기 예절운동가는 참최(斬衰)와 자최(齊衰) 및 대공(大功)과 소공(小功), 시마(緦麻)의 상복만을 소중하게 여겨서는 안 되고 반드시 어렵고 곤궁한 사람의 불행한 죽음에도 따뜻한 동정심으로 찾아가서 애도를 표하며 힘껏 도와서 상례(喪禮)를 갖추어 장사 지냄으로써 세상을 하직하는 마지막 길에 원한에 사무친 영혼이 없게 하는 경지에 들어가야 한다.

이리하여 예절운동가가 서민대중이 노래하고 춤추는 생활음악을 즐기는 소리 없는 음악의 경지에 들어가고, 이어서 서민대중이 안락한 삶을 길이 보장하는 생활예절을 실천하는 손발이 없는 예절의 경지에 들어가며, 마침내 서민대중이 죽어서 세상을 떠나는 마지막 가는 길에 원한에 사무친 영혼이 없게 하는 경지에 들어간다면 예절운동가의 뜻과 기운이 하늘땅에 가득 차서 그 감화력이 미치지 않는 곳이 없게 될 것이다.

⑷ 5기(五起): 예절운동의 5단계

예절운동은 예절운동가의 정신력과 의지력 그리고 실천력과 활동력의 수준에 따라서, 공자는 예절운동의 추진과정을 5단계로 분류하였으니 이른바 5기(五起)이다.

제1단계는 계몽기(啓蒙期)로서 자가정신(自家精神)을 수양하면서 예절의 중요성을 고취하여 사람들로 하여금 학문에 뜻을 세우고 몸을 수양하도록 가르치는 시기이다. 공자는 이 단계에 대하여 말씀하시기를 "정신과 뜻을 어기지 아니하고 위엄 있는 거동을 천천히 갖추게 하며 마음속에 동정심을 느끼도록 하라"고 하였으니 낙천적(樂天的)인 인생관과 신성(神聖)한 자연관 및 존엄한 인간관을 가지도록 계몽하는 것이다.

제2단계는 발전기(發展期)인데 자체정신을 확립하고 예절의 아름다움을 지키면서 사람들로 하여금 학문을 권장하고 몸을 세우도록 이끄는 시기이다. 공자는 이 단계에 대하여 말씀하시기를 "정신과 뜻을 이미 얻고 위엄 있는 거동이 단정하고 엄숙하며 사방의 나라에 미쳐 가도록 하라"고 하였으니 이것은 어진 군자(君子)와 단아한 선비가 예절집단을 형성하여 솔선수범하는 소강세계(小康世界)로서 적극적으로 예절을 보급하여 사회를 혁신하는 발전기이다.

제3단계는 완성기(完成期)인바 예절운동가의 거대한 감화력으로 서민대중이 떨치고 일어나서 새사람이 되고, 새바람을 일으키고, 새세상을 만들어 즐겁게 사양하고 공경하며 명랑 쾌활한 인생을 노래하는 시기이다. 공자는 이 단계에 대하여 말씀하시기를 "정신과 뜻을 이미 따르고, 위아래가 화합하여 협동하나니 세계만방을 교화하라"고

하였는데 이것은 성왕(聖王)의 예악정치(禮樂政治)가 이미 실현된 것이다. 따라서 이 단계는 도덕과 윤리와 예절로 세계평화를 보장하는 대동세계(大同世界)로서 인류의 이상사회가 구현되고 모든 인간이 완성한 시기이다.

제4단계는 융성기(隆盛期)인바 억조만민이 모두 아름다운 예절생활에 충실하여 빠짐없이 인간을 완성하므로 자유롭고 평등한 인격사회를 스스로 경영하기 때문에 선지(先知), 선각(先覺)적인 예절운동가가 더 이상 나와서 활동할 공간이 없게 되는 시기이다. 공자는 이 단계에 대하여 말씀하시기를 "날로 사방에서 명성이 들리며 사람이 날로 달로 새롭게 발전하나니 순수한 인격을 크게 밝히도록 하라"고 하였다. 이것은 천하에 도덕이 있으므로 모든 사람이 인격 향상에 열중하여 서민대중은 선비가 되고, 선비는 군자가 되고, 군자는 어진 이가 되고, 어진 이는 성인이 되고, 성인(聖人)은 하늘처럼 신성한 경지에 올라 온 세상이 융평(隆平)한 사회를 경영하는 시기이다.

마지막으로 제5단계는 지선기(至善期)인데 예설이 자제적으로 역동적인 힘을 발휘하여 대대로 계승 발전하는 전통을 확립함으로써 지선(至善)의 경지에 멈추어 유구한 장엄세계를 건설하는 것이다. 공자는 이러한 단계에 대하여 말씀하시기를 "정신과 뜻이 이미 힘차게 일어났으니 인류 전체에 미쳐 나가서 그 자손만대에 전하게 하라"고 하였다. 이것은 예절과 음악으로 빛나는 찬란한 문화사회를 이룩하여 하늘에는 용이 날고, 들에는 기린이 춤추며, 산에는 봉황이 울고, 물에는 거북이 노는 신령한 세계를 창조하는 시기이다.

⑸ 새 시대 예절운동의 사명의식

자고로 예절운동은 교육운동과 문화운동으로 시작하여 정치운동과
경제운동으로 완성하였다. 따라서 시작단계에서는 개인적인 역량이
어느 정도 능력을 발휘하지만 일정한 수준에 이르면 반드시 집단적
으로 연대·연합하는 세력화가 필수불가결한 것이다.

더욱이 예절은 때가 가장 중대한 것이므로 시대적 사명의식을 가
진 군자(君子)와 선비들이 서로 유대관계를 맺고 공동의 노력을 기
울이는 것이 예절운동이 성공하는 요체임을 잊어서는 안 된다.

바야흐로 새 시대에 예절운동의 사명의식을 가지고 공자가 일찍이
밝힌 5지(五至)와 3무(三無)를 터득하여 5기(五起)에 따라 함께 535
운동을 전개한다면 사소한 문제로 분열 대립하거나 일방적인 논리로
서로 비판하는 여러 가지 분쟁이 저절로 사라질 것인즉, 예절운동을
추진하는 역사적 저력도 얼마든지 발굴할 수 있을 것이다.

나는 이러한 535 논지에 입각하여 모든 예절운동가가 힘을 합쳐서
동방예의지국의 재건을 위한 대단결을 주창한다. 천지가 개벽하는 새
시대가 되어서 세계 속에 한국을 건설하는 중차대한 시기에 한갓 구
태의연한 모습으로 시대의 흐름에 낙오한다면 유림의 존재가치를 어
디에서 찾을 것인가? 시대적 과제를 앞에 놓고 무기력한 책임회피와
부질없는 세력다툼으로 아까운 세월만 낭비하고도 후세에 할 말이
있겠는가?

이제는 대오 각성하여 떨치고 일어나서 동서남북이 모두 손을 잡
고 역동적으로 예절운동을 전개하는 것이 하늘의 지상명령이요, 땅의
깊은 뜻이며, 인류의 간절한 소망임을 사계에 강력히 천명한다.

⑹ 유교인(儒敎人)의 행실

유교인은 도덕을 밝히고 윤리를 바로잡으며 예절을 지키는 학자를 지칭한다.

공자는 어지러운 춘추시대에 사학(私學)을 개설하여 3,000제자를 가르치면서 군자유(君子儒)가 되고 소인유(小人儒)가 되지 말라고 하였으니 이로부터 도덕을 숭상하고 천하국가사회에 강상윤리(綱常倫理)를 바로잡는 예절집단이 출현하여 사상계를 주도하므로 세상에서 이들을 유림(儒林)이라고 일컬으며 성인(聖人)의 도덕학을 높이 받들어 실천하는 모범계층으로 인정하여 가까이 따르며 본받았다.

살피건대 유(儒)는 주례(周禮)에서 처음으로 나오는데 천관태재(天官太宰)의 9량(九兩)에 말하기를 “목(牧)은 영지(領地)로서 민중을 붙좇게 하고, 장(長)은 고귀한 신분으로 민중을 붙좇게 하고, 사(師)는 현명함으로 민중을 붙좇게 하고, 유(儒)는 도덕으로 민중을 붙좇게 하고, 종(宗)은 씨족으로 민중을 붙좇게 하고, 주(主)는 이득으로 민중을 붙좇게 하고, 이(吏)는 다스림으로 민중을 붙좇게 하고, 우(友)는 믿음으로 민중을 붙좇게 하고, 수(藪)는 부유함으로 민중을 붙좇게 한다”고 하였으니, 대개 유(儒)는 국가사회에서 성인(聖人)의 위대한 도덕문화를 길이 받들어 지킴으로써 인민대중으로부터 존경받는 학자이다.

그러므로 공자는 말씀하시기를 “군자(君子)는 세 가지를 두려워함이 있나니, 천명(天命)을 두려워하고, 대인(大人)을 두려워하고, 성인(聖人)의 말씀을 두려워하니라. 소인(小人)은 천명(天命)을 알지 못하므로 두려워하지 아니하며, 대인(大人)을 업신여기고, 성인의 말씀

을 희롱하니라"라고 하여 유교인의 기본자세는 하늘땅의 도덕을 받
들고 대인군자(大人君子)의 행실을 본받아 성인의 말씀을 따르는 것
임을 설파하였다.

공자는 예기(禮記) 유행(儒行) 편에서 유교인의 행실을 구체적으
로 서술하였으니 요약하면 다음과 같다.

① 성학(聖學)으로 가장 존경받는 인격을 확립하여 초빙하여 오기
　를 기다릴 것이요,
② 선왕(先王)이 제정한 의관(衣冠)을 바르게 입고 동작을 신중히
　하여 나아감은 어렵고, 물러남은 쉽게 할 것이요,
③ 거처함에 삼가고 어려워하며, 그 앉고 일어섬에 공경하며, 말은
　반드시 믿음을 앞세우며, 행동은 반드시 원만하고 방정하게 할
　것이요,
④ 금이나 옥을 보배로 여기지 않고 충직함과 신의를 보배로 삼으
　며, 토지를 추구하지 않고 의리를 터전으로 삼으며, 부유함을 추
　구하지 않고 아름다운 문채(文彩)를 부유함으로 삼을 것이요,
⑤ 아무리 돈과 재물을 가져오고, 좋아하는 것을 줄지라도 이익
　앞에 그 의리를 저버리지 아니하며, 아무리 무리로써 겁박하고
　병기로써 위협할지라도 죽음 앞에 그 지킴을 바꾸지 아니하는
　정의의 표상이 되는 것이요,
⑥ 강인한 정신과 늠름한 기상이 있어서 친할 수 있으나 위협당하
　지 않으며, 가까울 수 있지만 협박당하지 않으며, 죽일 수 있으
　나 모욕당하지 않는 것이요,
⑦ 고결한 지조를 지키고 정치사상적으로 확고한 주의주장이 있어
　서 부회뇌동하지 않는 것이요,
⑧ 청렴결백하고 공명정대하게 업무를 처리하는 것이요,

⑨ 시대의 본질적 가치를 실현하기 위해 어떠한 고난도 홀로 극복
하고, 마침내 인민을 고통에서 해방하는 애민(愛民)정신이 충
만할 것이요,

⑩ 현실 속에서 이상세계를 추구하되 인(仁)의 관념으로 관후장자
의 도량이 있는 것이요,

⑪ 공명정대한 통찰력으로 어질고 유능한 사람을 적극 찾아서 선
거(選擧)하는 것이요,

⑫ 함께 벼슬하는 동료와 화합하며 서로 먼저 진급하도록 추천하
는 것이요,

⑬ 임금에게 간쟁(諫諍)함에 절도를 지키는 것이요,

⑭ 천하의 도덕을 스스로 책임지고 인류의 사표가 되는 것이요,

⑮ 유교인을 화합시켜서 즐겁게 도덕세계를 건설하는 것이라고 하
였다.

공자는 유교인의 행실로 이상의 15개 조목을 설파한 다음에 이러
한 행실은 모두 인(仁)의 인간본성에서 말미암은 것임을 밝혔으니
"따뜻하고 어진 것은 사랑의 본질이요, 공경하고 삼가는 것은 사랑의
바탕이요, 너그럽고 여유로운 것은 사랑의 동작이요, 공손한 붙임성
은 사랑의 기능이요, 예절은 사랑의 모양이요, 말하고 이야기하는 말
주변은 사랑의 문채요, 노래와 풍류는 사랑의 화순함이요, 나누어 줌
은 사랑의 베풂이니 유교인은 이것을 모두 아울러 가지고 있되, 또한
감히 인(仁)을 말하지 아니하나니 그 인간을 존중하고 자기의 공덕
을 사양함이 이와 같은 점이 있다"고 하였다.

무릇 이러한 유교인의 행실을 배우면 학유(學儒)이고, 행하면 행유
(行儒)이며, 통하면 통유(通儒)요, 더욱 크게 이루면 석유(碩儒), 홍유
(鴻儒), 대유(大儒)로서 세상에 예절운동을 널리 일으키는 주체가 된다.

그러나 또한 사이비(似而非)가 있어 세상을 어지럽히고 대중을 기만하나니 케케묵은 낡은 사고방식을 가져서 쓸모가 없는 부유(腐儒)가 있고, 식견이나 지행(志行)이 저속하여 현실과 타협하는 속유(俗儒)가 있으며, 아예 이름만 훔치는 향원(鄕原)이 있고, 교활하게 교언영색(巧言令色)하는 영인(佞人)이 있어 유교인 전체가 비난을 받고 욕을 먹으며 멸시를 당하니 크게 경계할 일이다.

(7) 인격(人格)의 등급

자고로 유교인은 그 인격에 따라 등급을 나누었으니 가장 아래에 선량한 민중이 있고, 그 위에 선비가 있으며, 선비 위에는 군자와 현인과 성인 및 신인(神人)이 있으니 맹자가 말하기를 "사랑할 만한 사람을 착한 민중이라고 하며, 자기 확신의 신념이 있는 것을 선비라고 하며, 인격이 충실한 것을 아름다운 군자(君子)라고 하며, 인격이 충실하여 광채가 있는 것을 위대한 현인(賢人)이라고 하며, 거대한 인격을 완성하여 자연스럽게 굳어진 것을 성인(聖人)이라고 하며, 성스러운 인격을 알 수 없는 것을 신인(神人)이라고 하였으니 양민(良民), 선비, 군자, 현인, 성인, 신인은 모두 유교인의 범주에 들어간다고 할 것이다.

이러한 유교인의 품격을 알기 쉽게 높고 낮은 산악의 지형으로 비교 분류하면 평지는 민중이요, 산기슭은 선비이며, 산마루는 군자이고, 산봉우리는 현인이요, 산봉우리 위에 솟은 뫼뿌리의 악(岳)은 성인으로 비교할 수 있다.

그리고 넓고 좁은 생활의 영역을 날짐승으로 비교하여 분류하면 민중은 울안에서 10년을 살며 시간을 알리는 닭과 같고, 선비는 야산에서 30년을 살며 아름다운 몸을 가꾸는 텃새인 꿩과 같으며, 군자는 가족집단의 질서를 지키며 철따라 옮겨 다니며 100년을 사는 기러기와 같고, 현인은 고결하면서도 가장 높이 날아 대륙과 대양을 넘나들며 1,000년을 사는 학(鶴)과 같으며, 성인은 천하가 태평하면 나타나서 극락(極樂)의 세상임을 인증하고 만약 천하가 어지러우면 깊이 숨어서 10,000년을 사는 봉황과 같다고 비유할 수 있다.

또한 크고 작은 공덕(功德)을 현상사물의 기능으로 비교 분류하면 성인은 온 세상에 빠짐없이 내리지만 그 받은 쪽은 있어도 주는 쪽은 보이지 않는 이슬처럼 소리도 냄새도 없이 덕화(德化)를 두루 입히는 것이고, 현인은 온 세상을 널리 비추지만 반드시 햇볕을 받은 양지(陽地)와 그늘지는 음지(陰地)가 있으며, 또한 그 받는 쪽은 물론이요, 그 주는 쪽도 선명하게 나타나는 태양(太陽) 같은 공적을 세우는 것이며, 군자는 일부의 지역만이라도 고르게 가뭄을 해소하고 강물이 흐르게 하여 초목강산을 번성하게 하면서 주는 쪽과 받은 쪽이 분명한 비[雨]처럼 혜택을 베푸는 것이고, 선비는 특정 지역과 그 근방에만 물을 공급하되 그 받은 쪽이 주는 쪽을 찾아가서 얻어먹는 샘물같이 달라고 요청한 쪽에만 은택을 베푸는 것이다. 그리고 민중은 고단하여 가진 것도 없고 책임도 없으므로 베풀 데가 없지만 그래도 자기가 은혜와 공덕을 입었으면 먹자마자 취하는 술처럼 즉각 보답해야 되는 것이다.

이상의 논리를 요약하여 종합적으로 평가하면 인간의 지혜로 도저히 헤아릴 수 없는 신인(神人)은 말이나 글로 표현할 수 없는 신령한 대상이라고 할 것이요, 성인은 천덕왕도(天德王道)로 세계인류문화발전에 크게 기여하여 하늘 같은 사랑의 덕을 베풀되 공명정대하고 자연스럽게 시행하여 만물이 저절로 새롭게 변화해서 떨치고 일어나 쾌활하게 하면서도 그윽이 자기의 덕을 감추고 나타내지 않은 거룩한 인격으로 인류의 사표요, 천하만세의 모범이라고 할 것이다.

다음으로 현인은 대덕공도(大德公道)로 세계인류문화발전에 크게 봉사하여 태양과 같이 정의로운 공적을 세우되 광명정대하고 역동적으로 솔선수범하면서 성대하고 훌륭하게 목적사업을 성공하여 길이 잊을 수 없는 역사적인 신화를 남기는 인물이다.

그다음으로 군자는 성덕직도(成德直道)로 세계인류발전에 부분적으로 협조하여 비[雨]와 같이 순서와 절도를 갖추어 일부 지역에 혜택을 베풀되 자연의 도덕에 철저하고 사회의 윤리에 투철하며 반드시 인본주의(人本主義)에 바탕 하여 가지런히 화합해서 충실하고 엄정하게 추진하여 사람으로 하여금 우러러 사모하여 잊을 수 없게 하는 인물이다.

또 그다음으로 선비는 명덕수도(明德修道)하여 세계인류문화발전에 조금이라도 협력하여 샘물과 같이 지혜롭게 현재의 위치에서 능력이 미치는 곳에는 있는 힘을 다하여 봉사하되 반드시 법도를 지키고 분수를 헤아려 스스로 떳떳한 방법으로 실천해서 보는 사람마다 그 번듯함을 칭찬하고 그 활달함을 부러워하는 인물이다.

끝으로 착한 민중은 지덕학도(知德學道)하여 윤리도덕을 부지런히 배우고 익히며 열심히 일하여 자급자족의 생활을 경영해서 어버이를 봉양하고 처자를 가르치며 국가에 대한 의무를 완수하면서 명랑하게 사는 사람이다.

옛사람의 말에 처음부터 천자(天子)가 되려고 노력해야만 마침내 지방자치단체장이라도 잘한다고 하였다. 그러므로 학자는 마땅히 성인(聖人)이 되기로 뜻을 세워야 한다. 모름지기 착한 민중은 번듯한 선비를 배우고, 선비는 엄숙한 군자를 배우며, 군자는 빛나는 현인을 본받고, 현인은 거룩한 성인을 본받으면 마침내 불가사의한 신인(神人)까지 되는 것이다.

일찍이 공자가 말씀하시기를 "군자 같은 선비가 되고 소인 같은 선비가 되지 말라"고 하였으니 유림은 마땅히 도덕과 윤리와 예절을 높이 받들어서 인민이 존경하는 대상이 되어야지 까막까치처럼 시끄럽게 떠들고 싸우거나 독수리처럼 탐욕을 부리는 소인배가 되어 인민대중으로부터 버림받는 존재가 되어서는 안 된다.

VI. 예절로 들어가는 시 : 장엄한 인생

(1) 탄생의 기쁨

하느님이 점지하시니 상서로운 꿈꾸고,
어버이의 혈육 받아 귀염둥이 태어났네.
예의도덕 지키는 만물의 영장이요,
새 시대를 경영할 주인이로다.

사내아이 울음소리 우렁차구나,
대문에 활을 걸고, 요람에 재우며,
바지저고리 입혀서 옥돌노리개 잡히니
남편 되고, 가장(家長) 되고, 제후(諸侯) 되고, 왕이 된다오.

여자아이 울음소리 맑고 곱구나,
대문에 돌을 걸고, 아랫목에 재우며,
치마저고리 입혀서 도자기 노리개 잡히니,
아내 되고, 안주인 되고, 부인(夫人) 되고, 왕후가 된다오.

100일에 배냇머리 자르고, 아버지 뵈니
아름다운 이름 내려 나라에 출생신고 하거늘
7세에 소학을 배우니 예악사어서수(禮樂射御書數),
15세에 대학을 읽으니 정직하고, 성실하고, 근면하구나.

(2) 축복받은 성인(成人)

사람은 태어나면서부터 고귀한 신분이 없으므로
누구나 선비의 관례(冠禮)와 계례(笄禮)로 성인(成人)이 되나니
20에 어른 옷 입고, 이름을 높여 자(字)를 부르며
어버이와 스승의 축복을 받는도다.

좋은 달, 좋은 날에 스승을 초청하여,
치포관(緇布冠), 피변(皮弁), 작변(爵弁)을 차례로 씌우고,
학자 옷, 임금의 집무복과 제례복을 모두 입히노니
떳떳한 진리를 밝혀, 온 세상 경영하는 주인이 되라는 뜻.

스승의 세 번 경계를 어이 잊으리오.
지성과 덕성을 겸비하여야 사람의 도움이 있고,

예절 지키고 사회에 이바지하여야 늙어서 존경받으며,
화목한 가정을 이루어야 길이 하늘의 복을 받으리라.

머리 빗고, 큰 관을 쓴, 거룩한 옷차림에
늠름하고, 씩씩하여 번듯한 거동으로
사당에 절하고 뵈니, 조상이 빛나거늘
양양한 앞날에 희망이 벅차도다.

(3) 혼인의 경사

인생의 청춘시절은 똑같은 신분이므로
누구나 선비의 혼례로 가정을 꾸미나니
30에 군자와 숙녀는 하늘이 정한 배필,
두 성씨의 결합으로 인류가 번창하네,

신랑은 기러기 들고, 장가를 드니,
질서와 정절을 지키는 우아한 기품과
철따라 낙원을 찾아, 함께 옮기는 가족사랑을
신부의 아버지 어머니 앞에 서약하도다.

신부는 시집사당에 미나리나물 바치니
어느 곳이든지 뿌리내려 네 철에 푸르고,
번창할수록 더욱 크고, 싱싱한 번식력을
시집의 조상님께 서약한다오.

아내는 안방주인이라, 부엌일 관장하고
남편은 바깥주인이라, 논밭일 할제
아들딸을 낳아 기르니 가문의 경사요,
집안이 화목하니 만복(萬福)의 근원이로다.

(4) 벗을 사귀는 즐거움

선비는 뜻을 숭상하며 몸을 닦으므로
사상견례(士相見禮)를 거행하여 벗을 사귀니
학문사상이 같은 동지 사방에 살펴서
고을 선비, 나라 선비를 두루 흠모하누나.

폐백(幣帛)으로 꿩을 들고, 멀리 찾은 뜻,
산기슭 우거진 숲 속에 홀로 숨어서
고운 깃털에 아롱진 무늬 스스로 가꾸어
끄륵끄륵 노래하며, 날고 싶다오.

선비집의 주인과 손님은 서로 평등해
말씀으로 분명히 밝혀야 만날 수 있고,
예절을 지켜 공경해야 마주 보나니
세 번 청하고, 세 번 사양하며, 절하고, 읍(揖)하도다.

번듯한 용모에 생각도 어질거늘
밥 먹이고 술 권하여 마음을 열며,

붕우유신(朋友有信)의 의리를 굳게 맺으니
왕래하며 교제하는 즐거움 끝이 없노라.

(5) 일하는 보람

30대는 튼튼한 몸에 원기 왕성하니,
지혜, 사랑, 용기를 갈고닦으며,
희망찬 내일을 위하여 한때 노력함에
어려운 일, 궂은일을 어찌 마다하리.

40대는 힘차고, 의혹(疑惑)이 없나니,
나라에 벼슬하여 능력을 발휘하되
정치이념이 맞으면 한 몸을 바치고
옳지 않으면 물러나서 지조를 지킨다오.

50대는 반백머리에 천명(天命)을 알거늘
뽑히거든 하늘과 땅을 새롭게 경영하되
나라에 공을 세우고 인민에게 혜택을 베풀어,
청사(靑史)에 빛나는 이름을 높이 드날리네.

60대는 기력이 쇠약해도 들으면 이해하니
억조(億兆)가 융성하고, 천하가 화평토록
불편부당(不偏不黨)한 화합의 중심에 높이 앉아서
문명한 도덕세계를 한 사람이 이끌도다.

⑹ 아름다운 술잔치

젊은이는 고을의 노인을 공경하므로
향음주례(鄕飮酒禮)를 거행하여 술대접하니
주인이 당상(堂上)에 큰 상을 차려 놓고,
장수(長壽)노인을 초청하여 손님으로 모시네.

예절로 논밭을 갈고, 정의로운 씨앗을 심어,
지혜롭게 가꾸어, 사랑으로 거두어서
노래하며 함께 먹어야 몸이 살찌거늘
맛있는 술, 깨끗한 음식이 향기롭구나.

주인이 손님에게 권하는 술은 헌(獻)이요,
손님이 주인에게 권하는 술은 작(酢)이며,
주인이 먼저 마시고 손님에게 권하는 술은 수(酬)인즉
잔을 씻어 권하고 마심에 엎드려 절한다오.

손님도우미와 여러 손님에게 차례로 권한 뒤에
독상(獨床)을 나란히 받아 함께 즐기며, 향악(鄕樂)을 연주하니
장유유서(長幼有序)의 질서가 가지런하여,
노인을 공경하는 풍속이 널리 퍼지도다.

(7) 영화를 누리다

70이면 늙었으니, 영화를 볼 때로세
모든 관직 사퇴하고, 고향으로 돌아가니,
아들딸이 효도하여, 부부해로(夫婦偕老)하며,
푸른 산에 밝은 달을 초연히 읊조리노라.

80은 하수(下壽)니 출입에 수행원 있고,
끼니마다 술과 고기를 갖추어 먹으면서
자최(齊衰) 이하의 상복은 입지 않거늘
비록 죄가 있어도 처벌하지 않는다오.

90은 중수(中壽)로 집에만 있거니와
맛있는 음식으로 곁에서 수반(隨伴)하나니
천왕(天王)이 문안하고자 하면 그 방으로 찾아가며,
선물을 하사하여도 대신 받게 하네.

100은 상수(上壽)라, 먹여 주어야 하나니,
턱으로 지시하고, 눈빛으로 알리거늘
천왕(天王)이 순수(巡狩)함에 그 방으로 찾아와 문안을 한대
영화로운 인간의 5복(福)을 모두 누리도다.

⑻ 슬픈 상례(喪禮)

사람의 목숨은 하늘에 있어,
천명(天命)의 생로병사(生老病死)를 피할 길 없으므로
성왕(聖王)이 일찍이 상례(喪禮)를 제정하니,
저승길에 무궁한 명복(冥福)을 함께 모여서 빌도다.

어버이가 숨을 거두고, 세상을 버릴 때,
아들딸의 슬픈 한을 어찌 말하랴,
울며불며 가슴을 치고 훌훌 뛰어도,
눈을 감고 말이 없으니 하늘이 캄캄,

한 번 가면 못 오는 길을 소홀히 하리오.
주검의 존엄한 신분에 합당해야 신성하니
천자, 제후, 대부, 선비로 격을 달리하되,
상복과 거상(居喪)기간은 모두 똑같다오,

육신이야 땅으로 돌아갈지나, 신주(神主)와 혼백은 집으로 함께
와서 궤연(几筵)에 모시고
3우(虞), 졸곡(卒哭) 지나서 1주기 되면 소상 지내고,
2주기면 상복을 벗고, 대상(大祥), 담제(禫祭) 지내야
효자의 어버이 사모하는 정이 극진하다오.

(9) 제사(祭祀)를 잡수시다

하늘같이 높은 은공을 기리고 갚음에
성왕(聖王)이 길(吉)한 제례(祭禮)를 제정했도다.
해마다 4시정제(四時正祭)에 정성을 드리니
부모와 조상의 신령이 뚜렷이 강림하네.

제사는 자손의 신분으로 지내는 것인즉,
천자는 태묘(太廟), 제후는 종묘(宗廟), 대부(大夫)는 가묘(家廟)요,
선비와 서민은 안방에서 거행하되,
신주(神主)를 모시고, 제기(祭器), 제복(祭服)을 갖추소.

성대한 제사상을 차려서 향기로운 술로 강신(降神)할새
거룩한 신령의 덕을 찬송하고, 춤추면서
맏아들이 첫 잔을 드리면 축문을 읽고,
맏며느리가 다음 잔을 드리며, 손님은 끝잔을 드리노니,

자손의 지극한 정성에 천지와 귀신이 응감하사
유식(侑食), 음복(飮福)의 절도를 엄숙히 마치고,
손님에게 즐거운 잔치를 베풀거늘
하느님이 천복(天福)을 내려 자손이 만대(萬代)에 번창하리라.

1. 곡례(曲禮) 상(上)

　곡(曲)은 마음과 정성을 남김없이 다하는 곡진(曲盡)함과 자세한 사정을 모두 통달하여 조리질서를 명확하게 밝히는 곡창방통(曲暢旁通)의 두 가지 뜻이 있고 예(禮)는 어진 인간성과 정의로운 사회성에 기초하여 지성사회의 안전과 신뢰를 구축하는 개인의 기본 행실이다.

　경(經)에 말하기를 경례3백(經禮三百)과 곡례3천(曲禮三千)이라 하였고 『중용(中庸)』에서는 예의3백(禮儀三百)과 위의3천(威儀三千)이라고 하였으니 300조목의 예의(禮儀)는 천자(天子), 제후(諸侯), 대부(大夫), 사(士)의 관혼상제(冠昏喪祭)와 국가의 조빙군례(朝賓軍禮) 등을 크게 분류한 경례(經禮)이고 3,000항목의 위의(威儀)는 그 경례(經禮)를 거행하는 과정에서 모든 사람이 각각 갖추고 지켜야 되는 구체적인 행동양식이니 곧 곡례(曲禮)이다.

　이 편의 곡례(曲禮)는 옛 예경(禮經)의 편명(篇名)인데 그 내용이 많으므로 뒤에 사람이 상하(上下)로 나누었으나 일반국민이 모두 알아야 될 생활예절의 필수과목이라고 할 것이다.

1-1-1 ──────────────────────
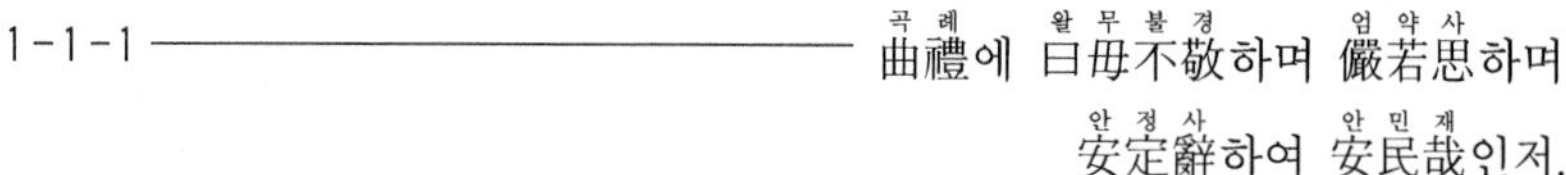

　『곡례에 말하기를 공경하지 않음이 없으며, 생각을 엄숙하고 공순하게 하며, 말씀을 안정하게 하여 민중을 편안케 할진저』

☯ 이 장은 예기의 첫머리에서 예절의 기본자세를 열거하고, 결국 예절의 궁극 목적은 서민대중의 안녕을 도모하는 데 있음을 밝혔으니 곧 예절은 합리주의와 중용사상(中庸思想), 그리고 대동정신(大同精神)에 기초하여 만민이 안락 태평한 이상세계를 건설하기 위한 한결같은 공경심이고, 투철한 민주사상이며, 분명한 의사표현임을 선언하였다. 곡례(曲禮)는 앞에 편명에서 해설하였고, 무(毋)는 금지사이며, 경(敬)은 정신을 한곳에 집중하여 흩어짐이 없는 것이다. 엄(儼)은 엄숙하고 장중함이요, 약(若)은 공순(恭順)함이며, 사(思)는 사상(思想)으로 사회 및 인생에 대한 일정한 주관(主觀)이며, 안정(安定)은 쉽고 명확하여 의혹이 없는 것이요, 사(辭)는 훈사(訓辭), 식사(式辭) 등 공식석상에서 공개적으로 하는 말씀이다. 민(民)은 서민대중이니 사회의 하층계급인 서민대중은 법(法)을 두려워하고, 예(禮)를 좋아하므로 법을 통한 공포정치보다는 예(禮)를 통한 안락사회가 더욱 바람직한 이상세계임을 설파하였으니 모름지기 유교사상가는 법치(法治)보다는 예치(禮治)가 더욱 공민민주주의를 구현하는 요체임을 여기에서 확인하라.

1-1-2 —————————————————————

『오만심을 길러서는 안 되며, 욕심을 좇아서는 안 되며, 뜻을 만족시켜서는 안 되며, 즐거움을 극도로 해서는 안 되니라.』

　　◯ 여기에서는 예절의 사회적 보편성을 설파하여 개인의 사사로운 욕구를 극복해야만 예절을 지킬 수 있음을 밝혔다. 무릇 예절은 인격 수양의 징표이기 때문에 개인이나 가문, 또는 국가의 명예를 과시하기 위하여 극단적으로 추구하려는 경향이 있으나 이것은 예절의 사회적 보편성에 위배되는 까닭에 절대로 예절이 될 수 없고 오히려 반사회적 호화사치에 지나지 못함을 깨달아야 한다.

　　오(敖)는 오(傲)와 같으니 거만함으로 경(敬)의 반대요, 불가(不可)는 결코 해서는 안 된다는 뜻이며, 장(長)은 길러서 자라게 함이다. 욕(欲)은 분수에 넘게 하고자 하는 욕심이고 지(志)는 무엇이고 뜻대로 하려는 지망(志望)이며, 낙(樂)은 기뻐하고 즐거워하는 환락(歡樂)이니 이러한 것을 좇아 만족스러운 극단을 추구함은 모두 사회에 위화감을 조성하고 인간성을 해쳐서 공공의 질서를 어지럽히는 행위이다.

1-1-3 ─────────────────────── 賢者는 狎而敬之하며 畏而愛之하며
愛而知其惡하며 憎而知其善하며
積而能散하며 安安而能遷하니라.

　　『어진 사람은 이므럽게 하면서도 공경하며, 두렵게 하면서도 사랑하며, 사랑하면서도 그 악함을 알며, 미워하면서도 그 착함을 알며, 재물을 모으되 능히 흩어서 나누어 주며, 평안한 모양이되 능히 변천하여 발전하니라.』

☯ 이 절에서는 어진 이의 사회적 인간관계가 매우 지성적이고 도덕적임을 밝혔으니, 예절은 획일적인 것이 아니고 노소(老少)와 현우(賢愚), 그리고 빈부(貧富)와 귀천(貴賤)을 분별하여 각각 알맞게 대우해서 그 적당한 예절이 있음을 논증하였다.

현자(賢者)는 인문주의적 지성과 덕망으로 국가사회에서 가장 모범적인 행실로 인정하여 본보기로 삼는 사람이니 자고로 예절은 이런 현자(賢者)로부터 나와서 일반사회에 전파하여 정착된 것이다. 압(狎)은 스스럼없이 이므러운 것이요, 경(敬)은 존경함이니 어른을 가까이하여 존경함이고, 외(畏)는 두려워하여 언행을 신중히 함이고, 애(愛)는 사랑함이니 어린이를 가르쳐 가까이함이다. 악(惡)은 우악스러움이니 어리석은 사람이고, 선(善)은 마음이 착한 사람인데 사랑하고 미워함에 모두 그 실상을 살펴서 인격적으로 대우해야 됨을 지적하였다. 적(積)은 재물을 생산하여 저축함이요, 산(散)은 가난한 사람에게 나누어 주는 것이며, 안안(安安)은 평안한 모양으로 여유자적(餘裕自適)한 것이며, 천(遷)은 변전함이니 때와 상소와 사람과 일에 따라서 몸가짐과 행동이 바뀌는 것이다.

1-1-4 ——————————————— 

『재물에 임하여 구차하게 얻지 말며, 어려움에 임하여 구차하게 피하지 말며, 사나움에 이기기를 추구하지 말며, 나눔에 많기를 추구하지 말며』

◉ 이것은 앞에 현자(賢者)의 대인관계와 대물처사를 본받는 방법을 기술하였으니 재물로 인하여 인간관계를 해치거나 어려운 일에 책임을 회피하거나 사나운 사람을 기어코 꺾으려고 하거나 분배에 욕심을 부리면 어진 이의 행실이 될 수 없음을 변증하였다.

그러므로 공자가 이익을 보면 정의를 생각하며, 또 죽음으로 착한 도리를 지키라고 하였으니 반드시 사회정의에 투철하고 인간의 품격을 갖추는 데서 예절이 출현함을 알아야 된다.

구(苟)는 구차함이니 몹시 군색스럽고 구구한 것이요, 면(免)은 모면하여 회피함이며, 한(狠)은 사나움이고, 분(分)은 분배하여 나눔이다.

1-1-5 ──────────────── 疑事毋質하고 直而勿有하며
若夫坐如尸하며 立如齊하며
禮從宜하며 使從俗하니라.

『의심스러운 일에 바로잡지 말고, 정직하게 말하되 바로잡지 말며, 공순하여 앉음은 시동(尸童)처럼 하며, 섬에는 가지런한 것처럼 하며, 예식은 식순을 따르며, 사신으로 가서는 그 나라의 풍속을 따르느니라.』

◉ 이것은 앞에 현자(賢者)의 안안이능천(安安而能遷)함을 본받는 방법을 기술하였으니, 공연히 아는 척해서 사단을 일으키지 말고, 공순(恭順)한 태도로 단정하게 앉고, 가지런히 서며, 예식을 거행할 때는 합당한 절차의 식순을 따르고, 사신으로 다른 나라에 갔을 때에는 그곳의

풍속을 따라야 언제나 평안한 모양을 가질 수 있음을 변증하였다.

의사(疑事)는 사실이 밝혀지지 않은 일이요, 질(質)은 질정(質正)이니 사실을 규명하여 책임을 지고 바로잡는 것이며, 직(直)은 정직하게 소견을 말함이고, 유(有)도 질정(質正)하여 바로잡는 것이다. 약(若)은 순(順)의 뜻이니 공순(恭順)함이며, 부(夫)는 어조사이다. 시(尸)는 시동(尸童)이니 제사상의 신위(神位)에 단정히 앉아 있는 어린이이고, 제(齊)는 옷깃이 가지런하게 차렷 자세를 취함이다. 예(禮)는 의례(儀禮)를 거행함이요, 의(宜)는 예문(禮文)에 따르는 의식절차이며, 시(使)는 사신(使臣)이고, 속(俗)은 그 지방의 풍속이다. 사신이 그 지방의 풍속을 따름은 그 지방의 민심을 어기지 않으려는 특별한 배려인즉, 예학자(禮學者)는 여기에서 일에 따라 행동이 달라지는 것을 확인하라.

1-2-1 ──────────────────── 夫禮者는 所以定親疏하며
決嫌疑하며 別同異하며 明是非也니라.

『대저 예라는 것은 친근하고 소원함을 판정하며, 의심쩍음을 해결하며, 같고 다름을 분별하며, 옳고 그름을 밝히는 원리이니라.』

◑ 이 장에서는 예(禮)의 네 가지 기본원리가 자연법칙에 기초하여 사물의 존재와 생성의 실상을 뚜렷이 밝혀 전체적인 화합질서를 구현하는 것임을 논증하였다.

만물은 가지런하지 아니하여 모두 서로 달라서 천차만별하기 때문

에 획일적으로 처리할 수 없는 것이다. 그리하여 가깝고 먼 세대의 항렬 관계를 살피고, 해당자의 자유의지를 확인하여 조직적으로 업무를 분담시켜서 일을 옳게 했는지를 확인하는 준거(準據)틀로 삼았던 것이다.

소이(所以)는 원리이며, 정(定)은 설정(設定) 또는 판정이고, 친(親)은 친근함이요, 소(疏)는 소원함이니, 세대가 가까우면 친근하고 멀면 소원한 것이다. 결(決)은 해결함이요, 혐의(嫌疑)는 알쏭달쏭하여 의심쩍은 것이니, 성년(成年)과 미성년(未成年), 처(妻)와 첩(妾), 장(葬)과 매(埋), 제사(祭祀)와 푸닥거리, 회동(會同)과 우(遇), 정벌(征伐)과 전쟁(戰爭) 등등으로 모두 관혼상제빈군(冠昏喪祭賓軍)의 예(禮)로써 판결한다. 별(別)은 분별함이요, 동(同)은 동등함이니, 백모(伯母), 숙모(叔母)는 백부, 숙부와 같고, 어머니는 아버지와 같으며, 아내는 남편과 같고, 며느리는 자식과 같은 것이며, 이(異)는 고모(姑母)가 고숙 집으로 가고, 자매(姉妹)가 자형이나 매부 집으로 가며, 딸이 사위집으로 가는 것이요, 또 살아 있는 사람은 동(同)이고, 죽은 귀신은 이(異)라고 할 것이다. 시(是)는 사체(事體)를 올바르게 세워서 뒤탈이 없음이요, 비(非)는 일에 질서가 없고, 조화를 잃어서 분열 반목하여 뒤탈이 생긴 것이다.

따라서 예(禮)는 모든 사물의 실상을 바르게 판단하여 각각 그 존재의 의미를 뚜렷이 현창하는 원리이기 때문에 그 분석이 세밀하고 그 범위도 넓어서 가장 완벽한 검증을 요구한다. 그러나 복잡한 면이 있다고 해서 예(禮)를 무시하고 획일적 규범에 안주한다면 결국 다중의 서민대중은 개인의 존재의미도 전체 속에 매몰되어 하찮은 가치로 전락됨으로써 삶의 재미와 인생의 보람, 그리고 미래의 희망까지 모두 사라져 버리는 허망한 세상, 삭막한 세계에서 소수의 권위주의자들만 방자하게 대형행사를 임의로 주체하여 위세를 뽐내며 날뛰는 세태가 될 뿐인즉 민중유교인은 만인의 위대한 존재가치를 수호하기 위하여 끝까지 예학(禮學)을 보급해야 할 것이다.

1-2-2 ───────────── 禮는 不妄說人하며 不辭費하며 禮는 不踰節하며
不侵侮하며 不好狎하니라.

『예는 망령되게 사람을 기쁘게 하지 않으며, 말을 허비하지 않으며, 예는 절도를 넘어가지 않으며, 침해하고 업신여기지 않으며, 좋아하여 이므럽게 하지 않으니라.』

☯ 여기에서는 앞에서 말한 예(禮)의 네 가지 기본원리를 구현하는 구체적인 실례를 열거하여 가장 합리적이고 이성적인 판단이어야 함을 강조하였다.

망(妄)은 망령됨이니 허위로 속이는 것이고, 열(說)은 기쁘게 함이며, 인(人)은 앞 절에서 말한 친(親)에 해당한 사람이다. 사(辭)는 말씀이고 비(費)는 허비함이며, 유(踰)는 넘어감이고, 절(節)은 절도(節度)이니, 절도를 넘어가지 아니함은 앞 절의 혐의(嫌疑)를 판결하는 방법인바, 일의 절차와 도수를 검증하여 의혹을 해소하는 것이다. 침(侵)은 침해함이요, 모(侮)는 업신여김이니 이것은 앞 절에서 말한 동이(同異)를 분별하는 방법으로, 다른 것이 같은 것을 침해해서는 안 되고, 역시 같은 것이 다른 것을 업신여겨도 안 된다는 뜻이며, 호압(好狎)은 좋아하여 이므럽게 함이니, 곧 앞 절에서 말한 시비(是

非)를 밝히는 방법인바, 비록 좋아하더라도 예절을 생략하고 경솔하게 처리해서는 안 된다는 말이다.

이것은 모두 진실한 인간관계로 널리 대동화합하며 명분을 뚜렷이 하여 자유로우면서도 예절이 있는 성대한 인류문명사회를 지향하는 규범이니 예학자(禮學者)는 깊이 음미하기 바란다.

1-3-1 ──────────────────── 修身踐言을 謂之善行이니
行脩言道가 禮之質也니라.

『몸을 닦고 말을 실천함을 일컬어 착한 행실이라고 하니, 행실이 다듬어지고, 말이 이치에 합당함이 예의 바탕이다.』

◯ 이 장에서는 예(禮)의 본질을 밝혔으니, 예는 타율도덕이 아니고 스스로 몸을 수양하고 말을 실천하여 착하게 살려는 자율도덕임을 변증하였다. 따라서 예(禮)는 법(法)이나 계율(戒律)처럼 강제규범이 아니며, 또한 형벌이 수반하지도 않으나 오로지 스스로 고상한 뜻을 숭상하여 행실을 다듬고 말을 실천하여 책임과 의무를 다하려고 노력하는 것이다.

수(修)는 수양(修養)함이고, 신(身)은 자기 자신이며, 천(踐)은 실천(實踐)이요, 언(言)은 자기가 한 말이니 사람이 인문주의적 지성(知性)을 길러 언행일치(言行一致)함은 착한 행실이다. 행수(行脩)는 행실이 닦여서 고상한 인격자가 됨이고, 언도(言道)는 말이 이치에 합당한 것이니, 결국 인간을 알고 세상의 이치를 아는 것이 예(禮)의

근본 바탕임을 설파한 것이다.

禮聞取於人이요 不聞取人이며
禮聞來學이요 不聞往敎이니라.

『예는 사람에게서 골라 쓴다는 말은 들어도 사람을 골라 쓴다는 말은 듣지 못하며, 예는 와서 배운다는 말은 들어도 가서 가르친다는 말은 듣지 못하니라.』

☯ 여기에서는 앞 절에서 밝힌 예(禮)의 자율규범에 대한 논리를 현실적으로 검증하였으니, 예는 스스로 선택해야지 절대로 남의 조종을 받아서는 안 되며, 또한 예는 스스로 찾아가서 배워야지 결단코 가서 가르쳐 주어도 안 되는 것임을 지적하였다.

취(取)는 취택(取擇)함이고, 인(人)은 현인(賢人)이니, 취어인(取於人)은 스스로 어진 이의 모범행실을 주체적으로 골라서 씀이요, 취인(取人)은 주체성을 상실하고 세태에 따라 동화한다는 뜻이다. 내학(來學)은 스스로 어진 스승에게 찾아와서 배움이니, 배우려는 의지가 있는 것이요, 왕교(往敎)는 스승을 자기의 집으로 초빙해서 가르침을 받는 것이니, 이미 배우려는 의지가 미약할 뿐만 아니라 스승의 권위를 훼손한 것이다.

단언하건대 예(禮)는 자율적 독립인격체의 무한책임의식이 그 기본 바탕이니, 그 행위에 대한 변명이나 책임전가란 있을 수 없고 오로지 스스로 생각하고 홀로 결단해서 그 성공과 실패, 그리고 길하고 흉하게 된 결과에 대하여 단독 책임을 지는 자립인격체의 행동원리이다.

 道^도德^덕仁^인義^의가 非^비禮^례不^불成^성하며

『도덕과 인의가 예가 아니면 완성하지 못하며』

◐ 여기서부터 아래로 일곱 구절은 모두 예(禮)의 본질인 자율적 독립인격체의 무한책임의식이 있어야 그 정상적인 가치를 실현할 수 있음을 증명하였다.

도(道)는 천지만물이 생성 변화하는 자연의 원리요, 덕(德)은 천지만물이 더불어 존재하는 고유한 성실이며, 인(仁)은 사람이 태어날 때 하늘에서 받은 인간성으로 마음의 덕(德)이며 사랑의 원리이고, 의(義)는 인간의 고유한 사회성이니 마음의 절제력이요, 일을 알맞게 처리하는 원리이다. 예(禮)는 예의 본질로 곧 자율적 독립인격체의 무한책임의식이며, 성(成)은 완성함인데 결국 인간의 존재는 비록 하늘의 피조물이지만 또한 인간은 세계를 경영하는 주인이기 때문에 인생과 가정 및 국가와 세계를 경영하는 주체로서 자주 자립해야만 자연적인 도덕질서도 민주적인 인간화합도 완성될 수 있음을 선언한 내용이니 그 뜻이 장엄하도다.

 教^교訓^훈正^정俗^속이 非^비禮^례不^불備^비하며

『가르치고 훈계하여 습속을 바로잡음이 예가 아니면 완비하지 못하며』

◐ 여기에서는 교육문화로 아름다운 풍속을 일으키는 것도 인문주의적 지성인의 자립적 책임의식이 없이는 완벽하게 갖출 수 없음을 검증하였다.

교(敎)는 교화(敎化)이니 교육문화를 장려해서 문명을 보급함이요, 훈(訓)은 훈도(訓導)로 윤리도덕을 가르쳐서 바른길로 인도함이며, 정속(正俗)은 습속을 바로잡음이니, 덕풍(德風)을 일으켜 세속(世俗)을 바꾸는 것이다.

타율적인 법의 질서를 극복하고, 자율적인 예(禮)의 질서를 일으키기 위해서는 예절교육을 장려하여 사회에 자율자치의 기풍을 조성하는 것이 문명국가건설의 기본원칙이다.

1-3-5 ──────────────────────────── <ruby>分爭辨訟<rt>분쟁변송</rt></ruby>이 <ruby>非禮不決<rt>비례불결</rt></ruby>하며

『쟁점을 분간하고 송사를 변별함이 예가 아니면 판결하지 못하며』

◐ 여기에서는 형사소송과 민사소송도 예(禮)의 독립적 책임의식이 없으면 판결할 수 없는 것을 검증하였다.

분(分)은 분간(分揀)이니 가려서 헤아려 사건을 분석함이고, 쟁(爭)은 쟁투(爭鬪)로 형사소송(刑事訴訟) 사건이다. 변(辨)은 변리(辨理)로 판별하여 처리함이요, 송(訟)은 민사소송사건이니 모든 소

송사건은 고의(故意)와 과실(過失) 및 단독행위와 집단행동을 가려서 심리하고 주범과 종범을 분류하여 책임의 한계를 분명히 하며 또한 참과 거짓을 살펴 그 시비곡직(是非曲直)을 판결하는 것인즉, 독립 인격체의 책임의식에 근거하지 아니하면 판결할 수 없는 것이다.

1-3-6 ──────────────── 君臣上下와 父子兄弟가 非禮不定하며

『임금과 신하, 높은 것과 낮은 것, 아버지와 아들, 형과 아우가 예가 아니면 안정하지 못하며』

◉ 여기에서는 국가의 정부조직과 가정의 가족구성도 예(禮)의 기본 바탕인 독립적 인격체의 책임의식이 없으면 안정적인 체제를 유지할 수 없음을 논술하였다.

임금은 나라를 경영하되 지도적 책임을 다하고, 신하는 임금을 섬기되 신하의 책임을 완수해야 군신관계가 안정하고, 높은 사람과 낮은 사람의 역할과 기능이 정립되며, 아버지는 가정을 경영하되 지도적 책임을 다하고, 아들은 아버지를 섬기되 자식의 책임을 완수해야 부자관계가 안정하고, 형과 아우의 역할과 기능이 정립된다. 따라서 모든 민주적 사회조직은 그 구성원의 독립적 인격체로서 확고한 책임의식이 있어야만 공화 협력하는 체제를 수립하여 안정을 누릴 수 있다는 사실을 여기에서 깨달을지어다.

『벼슬하고 학문을 함에 스승을 섬김이 예가 아니면 친절하지 않으며』

◑ 여기에서는 나아가 벼슬을 하거나 물러와서 학문을 함에 자율적인 의사로 스승을 섬겨야 스승도 그 열의에 감동하여 책임감을 가지고 친절하게 가르쳐 준다는 사실을 강조하였다.

환(宦)은 벼슬하여 업무에 종사하면서 정치행정을 통달하기 위하여 노력하는 사람이고, 학(學)은 역학(易學)을 비롯하여 문학, 사학, 예학(禮樂) 등의 학문에 종사하는 사람이며, 사사(事師)는 스승을 섬기는 것인즉, 스승의 친절한 가르침을 받아야 크게 성취하는 것이니, 친(親)은 친절(親切)로 제자가 스승을 높여 스스로 분발 노력하면 스승도 또한 책임감을 느끼고 친절하게 가르쳐 주는 것이다.

『조정회의에 반열을 정하고, 군사훈련의 편제를 정함과 관직을 담당하고, 법률을 집행함에 예가 아니면 위엄이 시행하지 못하며』

◑ 여기에서는 정부관료의 대소반열과 군대편제의 상하계급 및 관직을 맡아서 법률을 집행함에 독립 인격체로서의 책임감이 없으면 권위도 존엄성도 없게 됨을 지적하였다.

반(班)은 반차(班次)로 벼슬의 서열이며, 조(朝)는 조정에서 거행

하는 조회(朝會)이고, 치(治)는 군사를 훈련함이요, 군(軍)은 군단의
전투편제이며, 리(涖)는 취임하여 업무를 맡음이요, 관(官)은 관직이
며, 위(威)는 권위, 엄(嚴)은 존엄성이다.

관료나 군대는 스스로 능력을 발휘하여 임무를 완수하는 책임의식
이 가장 중요하니 마침내 한 몸을 바쳐 죽음으로 지키는 장렬한 기
백을 드날리는 데서 예의도덕의 기강이 서고, 나라의 권위와 관직의
존엄성이 나타나는 것이다.

1-3-9 ──────── 禱祠祭祀하야 供給鬼神이 非禮면 不誠不莊하니라.

『천지신명께 기도하고, 어진 이의 사우(祠宇)에 석채(釋菜)하고,
가까운 조상님께 방안제사를 지내고, 먼 조상님께 시사(時祀)를 지내
어 귀신에게 이바지함이 예가 아니면 정성스럽지 못하고 장엄하지
못하니라.』

◉ 여기에서는 저세상의 귀신을 섬김에도 독립적 인격체의 자발적
인 책임의식이 아니면 정성스럽고 장엄한 행사가 될 수 없음을 논증
하였다.

도(禱)는 천지신명께 기도하여 소원성취를 간절히 비는 것이고,
사(祠)는 지역의 주민이 현인(賢人)을 숭모하여 사우(祠宇)를 지어
서 봄가을로 석채(釋菜禮)를 거행하며, 그 정신을 기리는 것이다. 제
(祭)는 가까운 조상님을 사당이나 방 안에서 제사를 잡수시게 함이
요, 사(祀)는 먼 조상의 묘소에 가서 제사 지내면서 안전함을 살피는

것이니, 대체로 제(祭)는 인격신에게 드리고, 사(祀)는 자연신에게
바치는 것이다. 공급(供給)은 음식과 의복 및 그릇을 벌여 차려 놓고
신령이 흠향(歆饗)하도록 이바지하는 것이며, 귀신(鬼神)은 사람이
죽은 혼백(魂魄)이 2주년이 지나면 혼(魂)은 신(神)으로 변하고, 백
(魄)은 귀(鬼)로 화하여 신통력을 발휘하는 음양(陰陽)의 오묘한 작
용이다.

모름지기 정성은 자기의 정성이어야 지극한 감통력이 있는 것이고,
주체적 행사여야 장엄한 정신이 나타나는 것인즉, 귀신을 섬김에 독
립적 인격체의 지극한 정성과 무한한 책임의식은 필수적 요건이 아
닐 수 없다.

1-3-10 ──────── 是以로 君子는 恭敬撙節退讓하야 以明禮하나니라.

『이리하여 군자는 공경하며, 알맞게 조절하며, 물러나 사양하여 예
를 밝히느니라.』

☯ 이 절은 앞에 일곱 구절의 뜻을 종합하여 군자는 예의 본질을
밝히는 데 주력하는 것임을 변증하였다.

군자(君子)는 도학(道學)을 연구하여 고매한 인격을 완성해서 선
비가 흠모하는 사람이고, 준(撙)은 꼭 알맞게 함이요, 절(節)은 조절
함이니, 준절(撙節)은 두루 주밀하고, 고루 알맞게 조절해서 그 형식
과 내용이 일치함이다. 퇴양(退讓)은 물러나서 다른 사람에게 양보함
이니, 감당할 수 없는 일에 나서지 아니함이다.

대저 군자가 공경(恭敬)함은 맡은 일을 스스로 책임지고 성공하려
는 자발적인 노력이고, 준절(撙節)함은 맡은 일을 빠짐없이 원만하게
추진하려고 심모원려(深謀遠慮)하는 자세이며, 퇴양(退讓)은 자기의
능력이 부족함을 깨닫고 무책임하게 일을 맡았다가 감당하지 못할 것
을 두려워함이니, 모두 독립 인격체로서 책임의식이 있는 행동이다.

1-3-11 ─────────────────── 鸚鵡가 能言이라도 不離飛鳥하며
                          猩猩이 能言이라도 不離禽獸하니
                          今에 人이 無禮면 雖能言이라도
                   不亦禽獸之心乎아 夫惟禽獸는 無禮라
                          故로 父子聚麀하니라.

『앵무새가 말을 잘해도 나는 새에 지나지 못하며, 성성이가 말을
잘하여도 짐승에 지나지 못하니, 이제 사람이 예가 없으면 비록 말을
잘할지라도 또한 짐승의 마음이 아니겠는가? 대저 오직 짐승은 예가
없는지라. 그러므로 애비와 아들이 암컷을 공유하니라.』

☯ 이 절에서는 예(禮)의 본질을 망각한 말과 행동은 허구적인 장
식물에 지나지 못함을 설파하여 독립 인격체의 존엄성과 책임감이 없
는 사회는 결국 금수(禽獸)와 같은 저질사회로 전락함을 경계하였다.

앵무(鸚鵡)는 앵무새과에 속하는 새의 일종인데 몸빛이 회색이며,
목, 가슴, 등은 담색(淡色)이고, 허리는 담황색, 꽁지와 꼬리 밑 덮깃
은 홍적색이거나 선홍색이다. 부리는 검고 매우 굽어 있으며, 다리도

검은데, 눈은 희읍스름하고, 눈 둘레는 깃털이 없어 옅은 살빛이다. 높은 나무에 한 쌍 또는 여러 마리가 무리를 지어 열매나 곡물 등을 먹고살며, 나무 구멍에 흰 알을 두 개 낳아 유액으로 새끼를 기른다. 혀가 육질이므로 다른 동물의 소리나 사람의 말 흉내를 잘 내어 애완용으로 기른다. 능언(能言)은 말을 잘함이고, 불리(不離)는 지나지 못함이며, 성성(猩猩)은 유인원과에 속하는 지능이 높은 짐승으로 키는 꼿꼿이 서면 1.4m가량이고, 얼굴 이외의 온몸에 긴 털이 덮여 있으며, 귀는 작고, 코는 넓적하며, 입은 폭이 넓고 삐죽하다. 다리가 잘 발달되어 거의 곧게 서서 걸어 다니기도 하며, 발뒤꿈치까지 닿는 긴 팔로 나무 사이를 교묘하게 건너 다닌다. 힘이 아주 강하지만 성질은 둔하며, 나무 위에 집을 짓고 소가족을 이루어 살고, 낮에 열매나 잎 같은 것을 따 먹으며, 소리는 어린애의 울음소리와 같고, 사람의 말을 들을 줄 알며, 또 술을 좋아한다. 금수지심(禽獸之心)은 자존심이나 책임감이 없는 마음이요, 취(聚)는 공유(共有)함이며, 우(麀)는 짐승의 암컷이니, 애비와 새끼가 자존심이나 책임감이 없으므로 암컷을 공동 소유한다는 말이다.

1-3-12 ──────────────── 是故로 聖人이 作하야 爲禮以敎人하야
使人以有禮하야 知自別於禽獸케 하시니라.

『이런 까닭으로 성인이 일어나서 예를 만들어 사람을 가르쳐, 사람으로 하여금 예가 있게 하여 스스로 금수와 다름을 알게 하시니라.』

◑ 이 절에서는 성인(聖人)이 예(禮)를 만들어 완성한 목적은 미개한 야만시대를 청산하고 개명(開明)한 문화사회를 건설하기 위함임을 선언하였다.

성인(聖人)은 하늘과 땅의 도덕을 통달하여 완벽한 인격으로 지극한 감화력이 있는 사람이고, 작(作)은 일어남이며, 예(禮)는 5례(五禮)이다.

이것은 『예기(禮記)』의 예절은 곧 요(堯), 순(舜), 우(禹), 탕(湯), 문무(文武), 주공(周公)이 제정한 것임을 확인한 것인즉, 인간의 존엄성과 책임의식의 중요함을 깊이 음미하기 바란다.

1-4-1 ─────────────────── 太上은 貴德하고 其次는 務施報하니
禮尙往來라 往而不來가 非禮也며
來而不往이 亦非禮也니라.

『최상은 그 덕을 고귀하게 여기고, 그 다음은 베풀고 갚는 데 힘쓰니, 예는 가고 옴을 숭상하는지라. 갔는데도 오지 않음이 예가 아니며, 왔는데도 가지 않음이 또한 예가 아니니라.』

◑ 이 장에서는 예(禮)의 사회교류적 기능을 서술하였으니, 현격하게 높은 사람은 아주 낮은 사람에게 덕(德)을 베풀어서 사귀고, 그 다음으로 엇비슷한 사이는 서로 베풀고 보답하는 예절이 있음으로써 사회구성체의 친화력이 생김을 논증하였다.

태상(太上)은 감히 넘볼 수 없는 현격하게 높은 신분이고, 귀덕

(貴德)은 나타나지 않은 덕을 고귀하게 여김인데, 곧 이슬의 현상과 같이 주는 것은 보이지 않고 받는 것만 보이듯이, 소리도 냄새도 없이 베풀어서 갚으려 해도 갚을 데가 없는 것이다. 기차(其次)는 그 신분에 큰 차이가 없어서 서로 직접 교제해도 무방한 사이이며, 무(務)는 힘써 일함이요, 시(施)는 주는 것이 보이게 베푸는 것이니, 태양처럼 언제나 넓게 베풀면 공(功)이라 하고, 비처럼 일시적으로 한정된 지역에 베풀면 혜(惠)라고 하며, 샘물처럼 극히 일부분에게만 일정하게 베풀면 은(恩)이라고 한다. 보(報)는 베풀어 준 사람에게 감사하여 보답(報答)하는 것인즉, 형편에 따라 말과 글 또는 물품과 돈으로 잊지 않고 감사의 뜻을 표하는 것이다. 예(禮)는 예의 기능이고, 상(尙)은 숭상함이며, 왕래(往來)는 가고 옴이니, 사람과 글과 물품을 통칭한 것으로서 사람이 왔으면 사람이 가야만 되고, 글이 왔으면 글이 가야 되며, 물품이 왔으면 물품이 가야 되나니, 사정에 따라 변통할 수도 있는바, 여기에서 인간교제의 친화력이 생기고, 사회구성원의 평등의식이 형성되는 것이다. 따라서 왔는데도 가지 않고 갔는데도 오지 않으면 이것은 곧 독존(獨尊)의 절교(絶交)요, 사회적 단절이기 때문에 선비나 지식인의 삶의 방식이 아니다.

1-4-2 ————————————————

『사람이 예가 있으면 편안하고, 예가 없으면 위태하나니, 그러므로 말하기를 예라는 것을 배우지 아니할 수 없느니라.』

◑ 여기에서는 예(禮)의 사회적 기능이 인생안락을 보장하므로 행복한 인생을 경영하기 위해서는 반드시 예학(禮學)을 배우라고 설파하였다.

예(禮)는 인문주의(人文主義)적 지성인(知性人)의 심리체계(心理體系)이고 문명사회의 모범적 행동강령이며, 인간행복을 보장하는 원리이기 때문에 공경하고 사양하고 감사하는 명랑사회를 건설한다. 그러나 예(禮)가 없으면 방종과 사치, 그리고 사기와 폭력이 난무하여 불행을 자초하고 재난이 사방에서 일어나 위험에 봉착하는 것이니, 결코 예의 사회적 기능을 소홀히 생각하지 말고, 사람은 누구나 반드시 예학(禮學)을 존중하여 배우지 않으면 안 된다고 하였으니 철언탁견(哲言卓見)이다.

1-4-3 ──────────────────────── 夫禮者는 自卑而尊人하나니
雖負販者라도 必有尊也니 而況富貴乎아

『대저 예라는 것은 자기를 낮추고 남을 높이나니, 비록 등짐 장수라도 반드시 높임이 있는 것이니, 하물며 부귀한 사람이겠는가?』

◑ 여기에서는 예(禮)의 사회적 기능이 인간존중사상을 일으키게 됨을 강조하였다.

예(禮)의 실마리는 공경심(恭敬心)이므로 예가 있으면 사람을 대하고 사물을 접함에 공경하지 않음이 없나니, 이래서 자기를 낮추고 남을 존경하는 자세로 일관하게 되는 것이다. 부판자(負販者)는 등짐

장수인데 비록 신분이 낮지만 그러나 인간의 존엄성은 인정하지 않을 수 없는 것이니, 하물며 부자(富者)나 귀인(貴人)으로 사회적 지위가 높은 사람을 어찌 존경하지 않을 수 있겠는가?

예(禮)의 인간존중사상은 사람이 사람대접을 받고 사는 문명사회 건설의 기본정신이니, 예법을 비난하는 사람은 언제나 자존망대(自尊妄大)하여 기고만장(氣高萬丈)해서 교만 방자한 행동을 거리낌 없이 자행하는 것이다.

1-4-4 ─────────────────

富貴而知好禮면 則不驕不淫하고
貧賤而知好禮면 則志不懾하니라.

『부귀하면서 예를 좋아할 줄 알면 교만하지 않고, 음란하지 않으며, 빈천하면서 예를 좋아할 줄 알면 뜻이 꿀리지 아니하니라.』

☯ 여기에서는 예(禮)의 기능이 부귀한 사람에게는 인격 타락을 방지하고, 빈천한 사람에게는 인생굴욕을 탈출하여 마침내 건전한 삶을 지키고 당당한 뜻을 세워 숭고한 가치를 길이 보장함을 논증하였다.

호례(好禮)는 예절의 아름다운 가치를 인정하여 좋아함이고, 지(志)는 의지(意志)로 곧 신념이나 주의(主義)이며, 섭(懾)은 꿀림이니 겁을 먹어서 기세가 꺾여 쭈그러짐이다. 예(禮)는 문명사회의 모범적인 행동강령이므로 부귀한 사람이 예절을 지키면 부귀한 사람의 모범이 되어 만인이 흠모하게 되고, 또한 예는 인문주의적 지성인의 심리체계이므로 빈천한 사람이 예의를 지키면 스스로 고상한 뜻을 가진 지식인이 되어 만인이 존경하게 되나니, 예의 기능이 크도다.

1-5-1 —————— 人生十年曰幼니 學하니라 二十曰弱이니 冠하니라
三十曰壯이니 有室하니라 四十曰强이니 而仕하니라
五十曰艾니 服官政하니라 六十曰耆니 指使하니라
七十曰老니 而傳하니라 八十九十曰耄요
七年曰悼니 悼與耄는 雖有罪라도
不加刑焉이니라 百年曰期니 頤니라.

『사람이 생장하여 열 살이면 유년이라고 하나니 배워야 하니라. 스물이면 약년이라고 하나니 갓을 쓰고 어른이 되니라. 서른이면 장년이라고 하나니 결혼하여 아내가 있느니라. 마흔이면 강년이라고 하나니 벼슬을 하니라. 오십이면 애년이라고 하나니 관청의 정사에 복무하니라. 예순이면 기년이라고 하나니 지시하여 부리느니라. 칠십이면 노년이라고 하나니 이에 자리를 물려주느니라. 팔십, 구십이면 모년이요, 일곱 살이면 도년이라고 하나니 도년과 모년은 비록 죄가 있더라도 형벌을 주지 못할지니라. 백 살이면 기년이라고 하나니 턱으로 시키느니라.』

　◯ 이 장은 성인(聖人)이 예(禮)를 거행함에 10년 단위로 나이를 분류하여 그 체력과 정신력에 알맞은 보편적 행동능력을 살펴서 건전한 정신과 건강한 육체로 활발하게 약동하는 아름다운 사회로 발전하도록 예절세대를 규정하였다. 대저 예절은 나이를 소중하게 여기는바, 곧 천시(天時)의 자연질서는 만물의 원상이기 때문에 사회구성

의 서열을 분별하는 객관적 기준이 되는 까닭이다. 그러므로 예법에서 가족구성의 서열은 혈연관계의 세대와 촌수 및 항렬을 기준으로 삼고, 정부구성의 서열은 정부조직법에 의한 작위(爵位)와 관직을 기준으로 삼으며, 정치문화와 교육학술로 사회발전을 돕고 민중을 성장케 함에는 그 덕(德)으로 서열의 기준을 삼는 것이다.

유(幼)는 어린이로 유년(幼年)이며, 학(學)은 학습인데 스승을 높이고, 벗을 사귀며, 소학(小學)의 예악사어서수(禮樂射御書數)를 배우는 것이다. 약(弱)은 순진한 청년으로 약년(弱年)이며, 관(冠)은 관례(冠禮)를 거행하여 성인(成人)의 의관을 입고 사회활동에 참여하여 국민의 의무와 가족의 책임을 다하는 것이다. 장(壯)은 원기가 왕성한 한창 때의 젊은이로 장년(壯年)이며, 유실(有室)은 혼인식을 거행하여 집에서 살림하는 아내가 있는 것이다. 강(强)은 몸이 튼튼하고 마음이 건전한 지식인으로 강년(强年)이며, 사(仕)는 국가행정기관에 벼슬을 할 수 있는 자격을 갖추어 기회가 있으면 나아가 벼슬하는 것이다. 애(艾)는 쑥인데 머리가 반백(頒白)이 되어 쑥색으로 변한 애년(艾年)이며, 복(服)은 복무(服務)함이요, 관정(官政)은 관청의 행정사무이니, 50세면 지식과 경험을 통해 탁월한 경륜을 가지고 중앙행정이나 지방행정을 감당할 실력을 갖추어야 되며, 역시 기회가 있으면 선거에 뽑혀 관직에 종사함이다. 기(耆)는 기력이 쇠하여 생각만 오래 하는 기년(耆年)이며, 지(指)는 지시(指示), 사(使)는 사령(使令)이니 아랫사람에게 지시하여 심부름을 시킴이다. 노(老)는 늙어서 쇠약한 노년(老年)이고, 이(而)는 이에, 전(傳)은 전위(傳位)이니 계승세대에게 자리를 물려주는 것이다. 모(耄)는 정신까지도 혼미한 모년(耄年)이요, 7년(七年)은 7세이며, 도(悼)는 뜻대로 안 되어 조바심이 나도록 애타고 갑갑하여 안타까운 도년(悼年)

인데, 80, 90 이상의 모년(耄年)과 7세 이하의 도년(悼年)은 체력이 미약하고 정신력이 희박하므로 예절을 주체하지 못할 뿐만 아니라 법률을 지킬 능력도 없기 때문에 형벌까지도 면제대상임을 판결하였다. 기(期)는 기력이 극도로 쇠퇴하여 움직이지 못하는 100세이며, 이(頤)는 턱인데 아래턱으로 의사를 표현한다는 뜻이다.

학자는 여기에서 예식을 주체할 수 있는 사람은 최소한 8세 이상 69세 이하이고, 7세 이하와 80세 이상은 생활예절도 갖추기를 요구할 수 없음을 확인하여, 예(禮)는 건전한 정신과 육체를 가진 사람의 아름다운 절도임을 깨닫기 바란다.

1-6-1 ──────────────────────────── 

『대부는 칠십이면 사무를 반납하니라.』

☯ 이 장은 앞 장(1-5-1)에서 말한 칠십왈노이전(七十曰老而傳)의 구절을 자세히 해설하여 70이 되면 벼슬을 사직하고 물러나는 것이 군신(君臣)의 예절임을 재강조하였다.

대부(大夫)는 국가의 고급관료요, 치(致)는 반납(反納)하여 되돌려 줌이고, 사(事)는 사무(事務)이니 치사(致仕)하여 초야로 물러나는 것이다. 천지자연의 이치가 순환 교대하며 발전하므로 공직사회에도 나이의 제한이 있어 국가사회도 늙은이가 물러나야 젊은이가 들어가서 원활하게 신진대사를 하기 때문에 일찍이 공자가 노욕(老欲), 노탐(老貪)을 경계하였으니, 70 노인은 경계할지어다.

若不得^{약불득사}謝이어든 則必賜之几杖^{즉필사지궤장}하며

『만약 물러가게 할 수 없거든 곧 반드시 안석과 지팡이를 하사하며』

◉ 여기에서는 대부(大夫)가 70이 되어 사표(辭表)를 제출했어도 나라에서 꼭 필요하여 그 사표를 수리하지 않고 유임을 권유하려면 반드시 안석과 지팡이를 하사하여 편안하도록 특별히 우대해야 됨을 밝혔다.

사(謝)는 물리쳐서 되돌려 줌이니 곧 반려함이요, 사(賜)는 임금이 하사함이고, 궤(几)는 기대어 앉는 의자이며, 장(杖)은 지팡이로 모두 노인을 특별히 대우하는 물건이다.

行役^{행역}인댄 以婦人^{이부인}하며 適四方^{적사방}인댄 乘安車^{승안거}하며

『국경을 지키려 갈진댄 부인을 함께하며, 사방의 나라에 갈진댄 편안한 수레를 타게 하며』

◉ 여기에서는 70이 넘은 대부(大夫)에게 집을 떠나 외지에서 근무케 할 때에는 파격적으로 특별 대우해야 됨을 밝혔다.

행역(行役)은 국경을 지키는 일이고, 이(以)는 함께함이며, 부인(婦人)은 결혼한 정실부인으로, 예법에 부부(夫婦)는 각방을 쓰다가 70세가 되면 한방을 쓰게 하였으니 체온을 따뜻하게 하기 위함이다. 적(適)은 가는 것이고, 4방(四方)은 사방의 나라요, 안거(安車)는 앉

아서 탈 수 있도록 만든 작은 수레로 노인이나 여자의 승용차인데,
덮개를 덮어서 비와 바람을 막아 비교적 안전하다.

1-6-4 ──────────────────── 自稱曰老夫라 하고 於其國엔 則稱名하며

『자기를 일컬음에는 노부라 하고, 그 나라에서는 곧 이름을 일컬으며』

◉ 여기에서는 70 이상의 대부(大夫)가 자기 자신을 지칭하는 호
칭법을 밝혔으니, 남에게 자기를 일컬을 때는 노부(老夫)라고 하며,
국가의 공식석상에서는 이름을 써야 됨을 말했다.

자칭(自稱)은 남에게 대하여 자기 스스로를 일컫는 말이니, 곧 제
일인칭(第一人稱)이며, 노부(老夫)는 늙은 남자로, 예절을 갖출 힘이
없는 사람이라는 뜻이다. 어기국(於其國)은 그 나라의 공식행사에 있
어서이며, 칭명(稱名)은 비록 70이 넘었어도 반드시 자기의 이름을
지칭하여 책임을 져야 된다는 뜻이다. 이것은 아무리 늙었어도 사석
(私席)에서는 자유롭게 대하여 편안히 거처할 수 있지만 국가의 공
식행사에서는 절대로 늙음을 핑계로 자유롭게 행동하고 편안함을 누
릴 수 없음을 엄중히 경계한 것이다.

1-6-5 ──────────────────── 越國而問焉이어든 必告之以其制하니라.

『국경을 넘어와서 묻거든 반드시 그 제도로써 가르쳐 주니라.』

☯ 여기에서는 70에 치사(致仕)하고 초야에 물러나 있더라도 멀리 국경을 넘어와서 묻는 사람이 있으면 반드시 옛날 제도로써 가르쳐 주는 것이 퇴직관료의 의무임을 밝혔다.

월국(越國)은 멀리 국경을 넘어온 사람이고, 제(制)는 제도(制度)인바, 이것은 늙은 관료의 경험과 식견은 개인의 독점물이 아니고 사회의 공유물임을 인정한 예법이니, 사회에서 얻은 지식은 사회로 환원하는 것이 공인(公人)의 수칙이다.

1-6-6 —————————————————— 謀於長者인댄 必操几杖以從之니
長者가 問인댄 不辭讓而對가 非禮也니라.

『어른에게 의논할진댄 반드시 안석과 지팡이를 맡아 가지고 좇나니, 어른이 물을진댄 사양하지 않고 대답함이 예가 아니니라.』

☯ 여기에서는 젊은이가 노인의 지혜를 빌리고자 하면 지극히 존경해서 진심으로 받들어야 됨을 밝혔다.

모(謀)는 의논함이고, 장자(長者)는 나이나 또는 신분과 덕망이 높은 어른이며, 조(操)는 맡아서 지킴이니 책임진다는 뜻이다.

어른의 질문에 사양하지 않고 바로 대답하는 것은 사제(師弟) 사이의 문답법(問答法)이 아니고, 동등한 부부(夫婦)나 붕우(朋友)처럼 친교간(親交間)의 대화법(對話法)인 까닭에 어른으로 대우하는 예절이 아니고 친구로 대하는 예절인즉, 어른을 무시하는 태도이다.

1-7-1 ——————————————— 凡爲人子之禮는 冬溫而夏淸하며
昏定而晨省하며 在醜夷不爭이니라.

『무릇 사람의 아들 노릇을 하는 예는 겨울에는 따뜻하게 모시되 여름에는 시원하게 모시며, 저녁에는 편안히 주무시게 하고, 새벽에는 살펴 문안을 드리며, 많은 같은 무리에 있어도 다투지 아니하니라.』

◒ 이 장은 자녀가 부모를 섬기는 예절을 밝혀 어버이도 늙으면 기력이 쇠약하므로 자녀의 도움이 필요함을 논증하였다.

위인자(爲人子)는 사람의 자식 노릇을 함이요, 예(禮)는 효도의 예절이며, 온(溫)은 옷과 밥과 집을 따뜻하게 모시는 것이고, 청(淸)은 약간 서늘함이니, 옷과 밥과 집을 조금 시원하게 모시는 것이다. 혼정(昏定)은 저녁에 잠자리를 펴 드리며 편안히 주무시도록 집 안을 조용히 하고, 신성(晨省)은 새벽녘에 안부를 묻고 살펴보는 것이다. 추(醜)는 같은 무리이고, 이(夷)는 평등함이니, 군중 속에 있거나 같은 또래들과 있어도 다투지 아니함은 어버이에게 근심이 없게 하려는 노력이다.

1-7-2 ——————————————— 夫爲人子者는 三賜라도 不及車馬하니
故로 州閭鄕黨이 稱其孝也하며
兄弟親戚이 稱其慈也하며
僚友가 稱其弟也하며 執友가
稱其仁也하며 交遊가 稱其信也니라.

『대저 사람의 자식 노릇을 하는 이는 세 번 내릴지라도 수레와 말에 미치지 아니하니, 그러므로 고을의 거리나 시골의 마을 사람들이 그 효도를 칭찬하며, 형제와 친척이 그 자애로움을 칭찬하며, 동료와 벗이 그 공경함을 칭찬하며, 동지들이 그 어짊을 칭찬하며, 교제하는 사람들이 그 신의를 칭찬하니라.』

◉ 이 절에서는 어버이를 공경하는 효도는 일백 가지 행실의 근본임을 설파하였다.

삼사(三賜)는 세 번을 아래로 내리는 것이니 많이 주는 것이며, 불급거마(不及車馬)는 수레나 말은 고가품이므로 아버지의 승낙이 없이 임의로 아래사람에게 내려주지 아니하는 것이니 반드시 아버지의 승낙을 받은 다음에 아버지의 이름으로 내려 주는 것이다. 주려(州閭)는 큰 고을의 시가지이고, 향당(鄕黨)은 작은 시골의 마을이며, 칭(稱)은 칭찬함이요, 형제친척이 자애(慈愛)롭다고 칭찬함은 혼자만 잘난 척하지 않고 형제친척을 배려하여 똑같이 행동함이요, 료우(僚友)는 같은 직장에 있는 동료와 벗이고, 집우(執友)는 뜻이 같은 동지(同志)이며, 교유(交遊)는 왕래하며 교제하는 사이인데, 효심(孝心)은 천성(天性)의 인애심(仁愛心)이기 때문에 공경하고 사랑하고 신의를 지키는 행실을 갖추는 것이다.

전배들은 불급거마(不及車馬)를 수레와 말을 받지 않은 것으로 해석하였으나 옳지 않다. 왜냐하면 임금이 국가의 제도에 의거해서 하사한 수레와 말을 어버이가 생존하여 있다는 이유로 받지 않는다는 것은 충성과 효도가 상치하는 역설이다.

1-7-3 ──────────────── 見父之執하고 不謂之進이란대 不敢進하며
不謂之退이란대 不敢退하며 不問이어든
不敢對니 此가 孝子之行也니라.

『아버지의 친구를 만나 뵙고 나오라고 말하지 않을진대 감히 앞으로 나아가지 못하며, 물러가라고 말하지 않을진대 감히 물러가지 못하며, 묻지 않거든 감히 대답하지 못하니, 이것이 효자의 행실이니라.』

◐ 이 절은 효자가 아버지의 친구를 만나 뵙는 예절을 밝혔으니 어버이를 섬기는 마음이 어버이의 친구에게 미쳐 감이다.
현(見)은 만나 뵘이고 부지집(父之執)은 아버지의 동지(同志)로 아버지의 친구까지도 포함된다. 위지(謂之)는 명령함이니 명령에 따라서 행동함은 지극히 존경하여 온순하게 처신함이다.

1-7-4 ──────────────── 夫爲人子者는 出必告하고 反必面하며
所遊를 必有常하고 所習을 必有業하며

『대저 사람이 아들 노릇을 하는 이는 외출함에 반드시 청하고, 돌아옴에 반드시 얼굴을 보이며, 노는 곳을 반드시 항상 됨이 있게 하고, 익히는 곳을 반드시 하는 일이 있게 하며』

◐ 이 절에서는 효자의 출입하는 인사예절과 놀고 일하는 절도를 밝혔다.

출(出)은 외출함이고, 곡(告)은 외출하는 사유와 행선지 및 소요
시간을 청함이며, 반(反)은 돌아와서 귀가(歸家)함이요, 면(面)은 얼
굴을 어버이에게 직접 보여 주어서 확인시킴이다. 상(常)은 항상 됨
이고, 습(習)은 학습이나 연습함인데, 업(業)은 수업 또는 업무로 오
로지 힘써 하는 일이다.

1-7-5 ──────────────────────── 恒言에 不稱老하니라.

『늘 보통으로 하는 말에 늙은이라고 일컫지 아니하며』

◐ 이 절에서는 어버이가 오래오래 살기를 바라는 효심(孝心)을
밝혔다.

항언(恒言)은 늘 보통으로 하는 말이고, 불칭로(不稱老)는 자기를
늙은이로 호칭하지 않음인데 만일 아들이 자기가 늙은이로 처신한다
면 그 부모는 더욱 늙은 사람이 되어서 죽을 때가 지났다는 뜻이므
로 결국 어버이가 죽기를 바라는 것처럼 들리는 까닭에 효자는 절대
로 평상시에 늙은이로 처신하지 못하는 것이다.

1-7-6 ──────────── 年長以倍이어든 則父事之하고 十年以長이어든
則兄事之하고 五年以長이어든 則肩隨之니라.

『나이가 위로 배가되거든 곧 아버지뻘로 섬기고, 10년이 위이거든 곧

형뻘로 섬기고, 5년이 위이거든 곧 어깨를 나란히 하여 따르느니라.』

◑ 이 절은 사회의 존대법도 어버이를 섬기는 예절을 기준으로 삼
아야 됨을 논증하여 효도는 사회의 기본가치임을 밝혔다.

사회에서 자기보다 나이가 배가 많은 노인에게는 최고로 존대하여
아버지뻘로 섬기고, 10년이 많으면 보통으로 존대하여 형뻘로 섬기
며, 5년이 많으면 조금 존대하여 벗하라는 것이니, 견수(肩隨)는 어
깨를 나란히 하여 따르는 것인바, 평등한 사이로 더불어 어울린다는
뜻이다. 집에서 어버이를 공경한 사람은 사회에 나와서도 노인을 존
대할 줄 알지만 집에서 아버지를 공경하지 않는 사람은 사회에 나와
서도 노인을 존대할 줄을 모르니 효도의 사회적 기능이 크도다.

1-7-7 ──────────────────── 群居五人이어든 則長者는 必異席하니라.

『무리로 다섯 사람이 모여 있거든 어른은 반드시 자리를 달리하니라.』

◑ 이 절에서는 집단사회의 조직체제도 부자형제가 거처하는 가정
예절을 기준으로 삼아야 됨을 논증하여 집에 가장(家長)이 있듯이 집
단사회에도 장자(長者)가 있어야 질서와 조화가 있음을 변증하였다.

군거(群居)는 집단사회생활을 함이고, 5인(五人)은 복합사회를 구
성할 수 있는 최소한의 인원수이니, 4인 이하로는 직접적인 단순사회
밖에 구성하지 못하므로 『주역(周易)』에서 3획괘(三畫卦)를 단괘(單
卦)라 하고, 6획괘(六畫卦)를 중괘(重卦)라 한다. 장자(長者)는 가장

연장자요, 이석(異席)은 자리를 달리하여 높여서 대우한다는 뜻이다. 기러기 떼가 하늘을 나는데도 반드시 지도자를 중심으로 질서를 지키거든, 하물며 사람이 모인 곳에 노소의 분별이 없이 난잡하다면 어찌 군자의 고장, 예의의 나라가 되겠는가? 사람은 집 안에서나 밖에서나 도덕심을 가지고, 윤리를 밝혀서 예절을 지켜야 아름다운 인격을 완성할 수 있는 것이다.

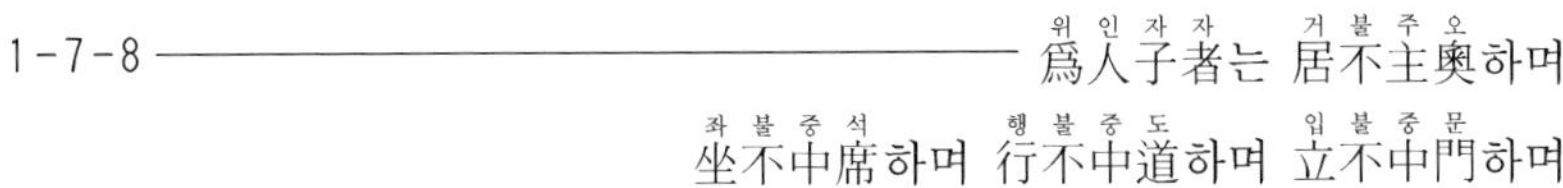

1-7-8 —————————————————— 爲人子者는 居不主奧하며
坐不中席하며 行不中道하며 立不中門하며

『사람의 자식 노릇을 하는 사람은 거처함에 아랫목을 차지하지 않으며, 앉음에 중앙의 자리로 아니 하며, 다님에 중앙의 길로 아니 하며, 섬에 중앙의 문에 아니 하며』

◉ 이 절은 효자의 어버이에 대한 공경심이 지극하여 언제 어디서나 겸손하게 처신함을 논증하였다.

주(主)는 차지하여 주장함이고, 오(奧)는 방의 아랫목으로 가장 따뜻하기 때문에 어른이 거처하는 곳이며, 중석(中席)은 중앙의 좌석이니 어른의 좌석이요, 중도(中道)는 중앙의 길이니 어른이 다니는 길이며, 중문(中門)은 중앙의 문이니 어른이 출입하는 문이다.

1-7-9————————————————————— 食饗에 不爲槩하며

『먹이고 잔치함에 어림으로 하지 아니하며』

◐ 이 절은 효자가 가정을 경영함에 중대한 일은 반드시 어버이께
상의하여 결정함을 논술하여 어버이의 뜻을 받드는 것이 큰 효도임
을 밝혔다.

사(食)는 남에게 밥을 먹이는 것이니, 어버이의 손님을 대접함이
고, 향(饗)은 향례(饗禮)를 주체함이니, 제사(祭祀) 또는 특정한 사
람에게 향음주례(鄕飮酒禮)를 베풀어 주는 큰 잔치이며 개(槩)는 개
략으로 어림잡아 헤아림이니, 곧 홀로 결정하여 준비함이다.

예법에 큰아들이 혼인식을 마치면 어버이는 스스로 가정의 경영권
을 아들과 며느리에게 넘겨주고 간섭을 하지 않는 것이지만, 그러나
아들은 항상 어버이에게 상의해서 가사를 처리하는 것이 효자의 행
실임을 잊지 말아야 한다.

1-7-10 ─── 祭祀에 不爲尸하며

『제사에 시동이 되지 아니하며』

◐ 이 절은 아들은 어떠한 경우에도 아버지보다 높은 자리에 앉을
수 없음을 밝혔다.

제사(祭祀)는 아버지가 지내는 조상의 제사이고, 시(尸)는 시동
(尸童)으로 제사 때에 신령이 후손 가운데 어린이를 신위(神位)에
앉게 하고 신령의 옷을 걸쳐서 신령이 강림케 하였던 제도인데 만일

아들이 시동이 되면 아버지보다도 높은 자리에 오르는 것이 되므로 불경스럽기 때문에 시동이 되지 못하는 것이다.

　부자(父子)는 천륜(天倫)이므로 아들은 아버지보다 높을 수 없는 것이니, 비록 나라의 임금이라고 해도 아버지와 어머니는 그 신하로 볼 수 없는 법이다.

1-7-11 ──────────────────────── 聽^청於^어無^무聲^성하며 視^시於^어無^무形^형하며

『소리가 없는 데서 들으며, 형체가 없는 데서 보며』

　◉ 이 절에서는 효자는 항상 어버이를 의식하면서 사는 생활태도를 기술하였다.

　성(聲)은 어버이의 음성이요, 형(形)은 어버이의 형체니, 부자(父子)는 일체(一體)이므로, 비록 떨어져 있어도 그 심기(心氣)가 서로 감통하여 효자의 귀와 눈에는 들리고 보이는 까닭에 결코 잊지 못하는 것이다.

1-7-12 ──────────────── 不^불登^등高^고하며 不^불臨^임深^심하며 不^불苟^구訾^자하며
不^불苟^구笑^소하니 孝子^{효자}는 不^불服^복闇^암하며
不^불登^등危^위하나니 懼^구辱^욕親^친也^야니라.

『높은 곳에 오르지 않으며, 깊은 곳에 임하지 않으며, 분별없이 비

방하지 않으며, 분별없이 비웃지 않으니, 효자는 어둠 속에서 일하지
않으며, 위태로운 곳에 오르지 아니하나니, 어버이를 욕되게 함을 두
려워하는 것이니라.』

　◐ 이 절은 효자가 어버이로부터 받은 몸을 온전히 간직하기 위하
여 조심하는 생활태도를 열거하였다.

　구자(苟訾)는 분별없이 비방함이고, 구소(苟笑)는 분별없이 비웃음
이니, 모두 경망스러운 행동으로 책을 잡히는 일이며, 복(服)은 복무
하여 일함이고, 암(闇)은 어두운 곳이며, 위(危)는 위험한 곳이니, 어
둠 속에서 일을 하거나, 위험한 곳에 오르면 몸을 다치기 쉬운 것이다.

　효자는 어버이를 편안하고 즐겁게 모시는 까닭에 어버이가 불안하
고 걱정할 일은 아예 하지 말아야 된다.

1-7-13 ──────────── 父母가 存인댄 不許友以死하며 不有私財니라.

『부모가 살아 계실진대 벗에게 죽음으로써 허락하지 않으며, 사사
로운 재물을 두지 아니하나니라.』

　◐ 이 절은 어버이가 살아 있으면 벗이나 재물보다도 어버이를 더
욱 위하는 것이 효도임을 강조했다.

　허(許)는 하락함이요, 우이사(友以死)는 벗에게 죽음으로써 약속
함이니, 동지들과 생명을 걸고 맹세함이며, 사재(私財)는 개인적인
재산이니 부모와 공유하여 함께 쓰지 아니함이다.

자식의 생명은 어버이의 생명의 연장이요, 어버이의 재산은 자식
에게 상속하거늘 사사롭게 버리고 가질 일이 아니다.

1-7-14 ——————————— 爲人子者는 父母가 存인댄 冠衣不純素하며

『사람의 자식 노릇을 하는 사람은 부모가 살아 계실진댄 관과 옷
을 흰색으로 선 두르지 아니하며』

☯ 이 절에서는 부모가 살아 있으면 관(冠)이나 옷에 흰색으로 선
을 두르지 않는 것을 밝혔으니, 흰색은 상복(喪服)을 만들 때에 쓰기
때문에 흰색 선을 두름은 상장(喪章)처럼 보이는 까닭이다.
　준(純)은 선을 두르는 것이고, 소(素)는 흰색의 천이다.

1-7-15 ——————————— 孤子가 當室하거든 冠衣를 不純采하니라.

『아버지를 여읜 아들이 가정살림을 맡아 주관하거든 관과 옷을 채
색으로 선 두르지 아니하니라.』

☯ 이 절에서는 아버지를 여의고 집안살림을 맡아 주관할 때에는
아름다운 여러 가지 색깔로 선을 둘러 관(冠)과 옷을 장식하지 않음
을 지적하였다. 앞에 1-7-1에서부터 여기까지 15절은 효도의 예절
을 자세히 논구하였으니 그 행실이 아름답다.

당(當)은 맡아서 주관(主管)함이고, 실(室)은 집안살림이며, 채(采)는 채색으로 아름다운 여러 가지 색상이다. 아버지가 죽은 뒤에 모든 아들은 3년의 상복을 입었으나 특별히 가업(家業)을 승계한 장자(長子)는 그 관(冠)과 옷에 채색으로 선을 두르지 아니하여 죽은 아버지를 계속 사모하는 것은 아버지의 자취를 보고 잊을 수 없기 때문이다.

1-8-1———————————————————— 幼子를 常視毋誑이니라.

『어린 자녀를 속이지 못하도록 항상 살펴보아야 하니라.』

☯ 이 장은 가정에서 어린 자식을 성실하고 정직하게 기르는 것이 유아교육의 근본임을 밝혔다.

유자(幼子)는 어린 자녀로, 자(子)는 남자와 여자를 통칭하니 어버이의 가정교육에 의하여 생활예절을 익힌다. 상(常)은 일상이고, 시(視)는 살펴보는 것이며, 무광(毋誑)은 속이지 못하게 함이다. 인간의 천성(天性)은 순수하여 지극히 착하므로 성실하고 정직해야 진심(眞心)을 간직할 수 있게 된다.

1-9-1 ——————————— 童子는 不衣裘裳하며 立必正方하며 不傾聽하며

『나이 어린 자녀는 가죽옷과 치마를 입지 않으며, 섬에 반드시 방

향을 똑바로 하며, 귀를 기울여 듣지 아니하며』

　☯ 이 장은 어린 자녀들이 초등학교에 들어가서 학교교육을 받는
자세를 기술하였다.

　동자(童子)는 8~10세의 사내아이로 보았으나, 이제는 남녀를 구
별할 필요가 없으며, 구(裘)는 가죽옷이니 보온성이 뛰어나며, 상
(裳)은 치마로 성대한 복장의 겉옷이다. 초등학교 어린이는 건강하고
활달하게 키워야 되므로 덮고 성대한 옷을 입지 못하게 하며, 바르게
차렷 자세로 서게 하며, 귓속말로 속삭이지 못하게 하였으니, 모두
순수 질박하고 정직 공평한 인간을 배양하려는 교육방법이다.

1-9-2 ────────────────

『어른이 동자에게 손을 잡아서 이끌어 주면 곧 두 손으로 어른의
손을 받들며, 어른이 동자를 안고 입아귀에 치우쳐 가르쳐 줄진댄 곧
입을 가리고 대답하니라.』

　☯ 이 절은 어른이 어린 학동(學童)을 사랑하고, 동자(童子)가 어
른을 존경하는 예절을 기록하였다.

　장자(長者)는 나이가 많아서 경험이 풍부한 사람이다. 자고로 초등
학교의 훈장(訓長)은 정년퇴직한 지역의 어른을 모셨으니 국가에서

노인을 봉양하는 방법이었다. 제휴(提攜)는 손을 맞잡아 이끌어 주는 것이며, 부검(負劍)은 등에 칼을 메는 형태처럼 어른이 어린이의 등 쪽에서 안거나 몸을 굽힘이고, 벽(辟)은 치우쳐서 편벽됨이요, 이(咡)는 입아귀이니 입가에 가까이 대는 것이다. 조(詔)는 깨우쳐 알림이고, 엄구(掩口)는 입을 손으로 가림이니 입 냄새를 막기 위함이다.

스승을 높이는 것은 학교교육이 성공하는 기초요, 제자를 사랑하는 것은 스승에 대한 존경심을 느끼게 하는 근본이다. 학동(學童)들에게 손을 맞잡아 이끌어 주고 또 뒤에서 안거나 옆에다 대고 가르쳐 주는 것은 신체접촉을 통한 제자사랑의 표현방법으로 사랑 속에서 공경심이 일어나게 하였으니 스승에 대한 두려움을 없애고 학교생활을 즐겁게 하기 위함이었다.

1-10-1 ────────────────── 從於先生하되 不越路而與人言하며
遭先生於道하면 趨而進하야 正立拱手하니
先生이 與之言인댄 則對하고
不與之言인댄 則趨而退하니라.

『선생에게 쫓아가되 길을 건너가서 사람과 더불어 말하지 않으며, 선생을 길에서 우연히 만나면 빠른 걸음으로 앞에 나아가 똑바로 서서 두 손을 겹쳐 모아 앞으로 들지니 선생이 더불어 말을 할진댄 곧 대답하고, 더불어 말을 하지 않을진댄 곧 빠른 걸음으로 물러갈지니라.』

◉ 이 장은 대학생이 학문과 도덕이 높은 선생을 존경하여 따라 배우는 예절을 기록하였다.

종(從)은 흠모하여 가까이 가서 학문에 종사(從事)함이요, 선생
(先生)은 학문과 도덕이 높은 학자로 제자(弟子)를 아우나 자식처럼
함께 거처하며 가르치므로 제자는 스스로 선생을 쫓아다니면서 그
행실을 보고 배우는 것이다. 월로(越路)는 길을 건너감이요, 여인언
(與人言)은 다른 사람과 말을 하는 것으로 전심전력하여 선생의 행
실을 살피고 본받는 학생의 태도가 아니다. 조(遭)는 우연히 만남이
고, 추(趨)는 빠른 걸음으로 걷는 것이며, 공수(拱手)는 두 손을 겹
쳐 모아 가슴 위로 드는 자세인데 절을 하기 위하여 취하는 예절이
다. 선생이 묻거든 대답하고, 말하지 않으면 빨리 물러가라는 것은
선생의 용무를 방해하지 않으려는 까닭이니, 학생은 선생을 보고 배
우는 일에 전심전력해야 되지만, 그러나 선생의 생활을 방해해서는
안 된다는 뜻이다.

대체로 장자(長者)는 동자(童子)를 가르침에 일정한 봉급을 받지
만 선생은 제자를 가르침에 일정한 봉급이 없이 거의 무료로 봉사하
기 때문에 사회에서 장자(長者)보다 선생을 존경하는 기풍이 생겼으
니 구별하기 바란다.

1-10-2 ─────────────── 從長者하야 而上丘陵커든 則必鄕長者所視하며
登城不指하며 城上不呼하니라.

『어른을 쫓아 언덕에 오르거든 곧 반드시 어른이 보는 곳을 향하며,
성에 올라서 손가락질을 아니 하며, 성 위에서 외치지 아니하니라.』

◑ 이 절은 학생들이 야외에서 어른을 쫓음에 어디에서나 공손하
게 따르며 배우는 학풍을 기록하였다.

상(上)은 올라감이고, 구(丘)는 높고 긴 모양의 언덕이요, 능(陵)
은 크고 둥근 모양의 언덕이며, 향(鄕)은 향(向)과 같은 뜻이다. 언
덕에 올라서 서로 다른 곳을 바라보면 화젯거리가 없을 것이며, 성에
올라가서 손가락질을 하고 큰 소리로 외치면 혼란스럽고 시끄러울
터인즉, 학풍이 난잡하게 되어 보는 사람이 잡배들로 생각하고 눈살
을 찌푸릴 것이다.

1-10-3 ─────────────────────── 將適舍인댄 求毋固하며
　　　　　　　　　　　　　　　　　　　　 (장 적 사)　　 (구 무 고)

『장차 기숙사에 갈진댄 요구사항을 고집하지 말며』

◑ 이 절은 학생들이 학교의 기숙사에 들어가서 자기의 요구사항
을 고집하지 말고, 기숙사의 규칙을 잘 지켜서 단체생활에 적응하는
예절을 서술하였다.

적(適)은 가는 것이고, 사(舍)는 기숙사 또는 학사(學舍)이며, 구
(求)는 요구사항이요, 고(固)는 고집함이다. 글을 배우는 사람이 의
식주(衣食住)의 편안함을 요구해서 고집을 부린다면 더불어 배우지
못하게 될 것이다.

1-10-4 ────────────── 將上堂하되 聲必揚하며 戶外에 有二屨어든
　　　　　　　　　　　 (장 상 당)　 (성 필 양)　 (호 외)　 (유 이 구)
　　　　　　　　　　　　　　　言聞則入하고 言不聞則不入하며
　　　　　　　　　　　　　　 (언 문 즉 입)　 (언 불 문 즉 불 입)

『장차 강당에 오르되 소리를 반드시 나타내며, 방문 밖에 두 켤레
의 신이 있거든 말이 들리면 들어가고, 말이 들리지 않으면 들어가지
아니하며』

☯ 이 절은 학생들이 강당에 출입하는 예절을 기록하였으니 반드
시 밖에서 먼저 사람이 왔음을 소리로 알린 다음, 안에서 들어오라는
허락을 받거나 또는 공부하는 말이 들리면 들어가라고 하였다.

당(堂)은 강당이고, 성(聲)은 인기척을 함이며, 양(揚)은 억양을
높여 크게 나타냄이다. 호(戶)는 방의 출입문이요, 2구(二屨)는 이미
두 사람이 강당에서 공부하고 있다는 뜻이며, 언(言)은 들어오라고
허락하는 말이나 또는 공부를 하는 말이니, 말이 들리지 않으면 들어
가지 않음은 공연히 참견할 필요가 없기 때문이다.

학당은 정숙한 가운데 학문에 전념하는 곳이거늘 아무나 풀풀 드
나들면서 소란을 피우면 정신이 산란하여 공부에 방해가 되므로 학
교생활에서는 가장 조심스럽게 행동해야 된다.

1-10-5 ──────────── 將入戶하되 視必下하며 入戶엔 奉局하며
視瞻을 毋回하며 戶開어든 亦開하고 戶闔이어든
亦闔하며 有後入者어든 闔而勿遂니라.

『장차 방문 안으로 들어가되 시선을 반드시 아래로 하며, 방문 안
으로 들어갈 때는 문고리를 받들어 잡으며, 바라다봄을 휘둘러보지
말며, 문이 열렸거든 역시 열어 두고, 문이 닫혔거든 역시 닫으며, 뒤

에 들어오는 사람이 있거든 닫되 다 닫지는 말지니라.』

　◑ 이 절은 학생들이 강당 안으로 들어가는 예절을 기록하였으니
정숙한 학교생활의 아름다운 절도이다.

　시(視)는 시선(視線)이고, 하(下)는 아래로 내리는 것이니, 방 안
에 있는 사람을 존경하는 태도요, 경(扃)은 빗장인데 방문에서는 문
고리 또는 손잡이를 뜻하며, 회(回)는 휘둘러보는 것이다. 합(闔)은
닫음이고, 수(遂)는 다함이니, 문을 다 닫지 않고 조금 열어 둠은 뒤
에 사람에게도 들어오라는 뜻을 표시함이다.

　대저 배운 사람의 행실은 방문을 열고 들어오는 순간에 보이는 첫
인상에서 나타나는 것이니, 학자는 이 절의 가르침을 소중하게 가르
쳐야 한다.

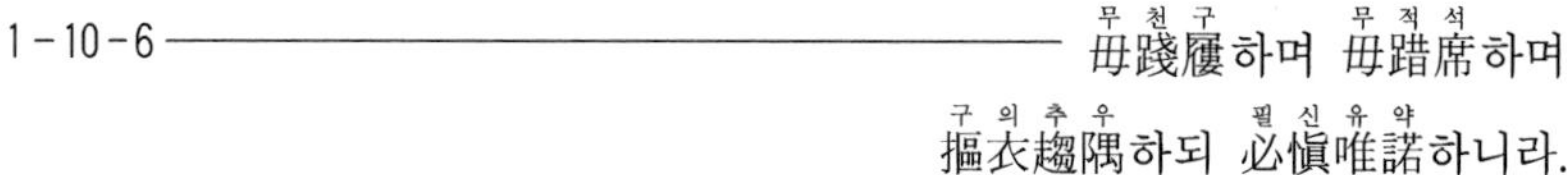

1-10-6　　　　　　　　　　　　　　　　　　　　　毋踐屨하며 毋踖席하며
摳衣趨隅하되 必愼唯諾하니라.

　『신을 밟지 말며, 방석을 함부로 밟지 말며, 옷의 뒷자락을 걷어
올리고, 허리를 굽히며, 빨리 가서 구석에 앉되 반드시 대답을 신중
히 하니라.』

　◑ 이 절은 학생들이 강당 안에서의 행동예절을 기술하였으니 정
숙한 태도로 정신을 집중하는 학생의 몸가짐이다.

　천구(踐屨)는 남의 신을 밟고 지나감이고, 적석(踖席)은 남이 앉

을 방석을 함부로 밟고 지나감이니, 모두 공경심도 조심성도 없는 경박한 행동이며, 구의(摳衣)는 옷의 뒷자락을 걷어 올리는 것으로 집단장소에서 대중을 공경하는 예절이며, 추(趨)는 추주(趨走)로 허리를 굽히고 빠른 걸음으로 걷는 것이요, 우(隅)는 우좌(隅坐)로 구석에 앉음인데 상대편과 가지런히 되지 않게 모서리에 앉는 것인즉, 겸손의 뜻을 표함이다. 유(唯)는 "네" 하고 짧게 소리 내고 일어서서 대답함이니, 어른의 질문에 대답하는 예절이고, 약(諾)은 "네~"라고 길게 소리 내고 앉아서 응답함이니, 동무들의 질문에 응답하는 예절이다. 이것을 신중히 함은 스승을 높이고 벗과 친하는 행실을 가려서 스승과 벗을 분별하라는 뜻이다.

1-11-1 ──────── 大夫士가 出入君門인댄 由闑右하고 不踐閾이니라.

『대부와 선비는 임금의 문을 들어가고 나옴에 가운데 문턱의 오른쪽을 말미암고, 문지방을 밟지 아니하니라.』

☯ 이 장은 주인과 손님이 문(門), 정(庭), 당(堂), 실(室)에서 처신하는 예절을 기술하였으니 공경으로 일관한다.

대부(大夫)는 고급관료이고, 사(士)는 하급관료인데 모두 임금이 임명하였기 때문에 임금에게는 신하(臣下)로 처신해야지 빈객(賓客)으로 처신할 수 없는 신분이다. 얼(闑)은 문턱인데 대문의 양쪽 아래 문짝이 마주 닿는 곳에 문을 닫을 때 고정시키기 위하여 돌이나 말뚝을 박아 놓은 문지방의 웃머리니 문의 중간에 위치한다. 우(右)는 문턱의 오른쪽으로 곧 동쪽이며, 역(閾)은 문지방이니 출입문의 양쪽 문설주 밑에 가로놓은 나무로 문의 안과 밖을 나눈다.

동쪽은 따뜻한 인방(仁方)이므로 주인이 거처하고, 서쪽은 엄숙한 의방(義方)이므로 손님이 거처하여 주인은 따뜻한 일체감으로 손님을 사랑하고, 손님은 엄숙한 정신으로 주인을 공경하는 것이 천지자연의 순리인 까닭에 선왕(先王)이 예법을 제정할 때에 주인의 자리는 동쪽으로 하고, 손님의 자리는 서쪽으로 정했는데, 신하는 임금의 손님이 아니라 수행원에 해당하므로 임금의 문을 출입할 때에 임금이 출입하는 동쪽을 사용하는 것이다.

1-11-2 ──────────────────────── 凡與客入者는 每門讓於客하나니
客이 至於寢門이면 則主人이
請入爲席然後에 出迎客하며
客이 固辭하면 主人이 肅客而入하니라.

『무릇 손님과 함께 집 안으로 들어가는 사람은 문마다 손님에게 사양하나니, 손님이 방문에 이르면 곧 주인이 들어가니, 자리를 만들기를 청한 다음에, 나와서 손님을 맞이하며, 손님이 두 번 사양하면 주인이 손님에게 허리를 굽혀 손을 겹쳐 아래로 내렸다가 들어 올려서 읍을 하고 들어가니라.』

◯ 이 절은 주인이 손님을 집 안으로 맞아들이는 절도를 기술하였으니 주인과 손님의 관계는 주인집 대문에서부터 성립한다. 매문(每

門)은 문으로 들어갈 때마다의 뜻이요, 양어객(讓於客)은 손님에게 먼저 들어가도록 청하면서 길을 양보함이며, 침문(寢門)은 대궐에서는 침전(寢殿)의 출입문이고, 가정에서는 방의 출입문이며, 위석(爲席)은 손님이 앉을 자리를 만드는 것이다. 영객(迎客)은 손님에게 먼저 방으로 들어가기를 청함이고, 고사(固辭)는 두 번째 청해도 두 번 다 사양함이며, 숙(肅)은 숙배(肅拜)인데 바로 서서 두 손을 앞으로 겹쳐서 허리를 굽혀 아래로 내렸다가 몸을 세우고 손을 들어 올려서 읍(揖)을 하는 절이다.

대저 문이나 당실(堂室)은 높은 사람이 먼저 들어가고 낮은 사람이 그 뒤에 들어가는 것이므로 손님을 맞이함에 주인은 손님에게 세 번을 먼저 앞서라고 청하는데, 처음 청하는 것을 예청(禮請), 두 번째 청하는 것을 고청(固請), 세 번째 청하는 것을 강청(强請)이라고 한다. 이에 대하여 손님이 사양하는데 예청(禮請)에 사양하는 것을 예사(禮辭)라 하며, 고청(固請)에 사양하는 것을 고사(固辭)라 하고, 강청(强請)에 사양하는 것을 종사(終辭)라 하여 3청(三請)과 3사(三辭)의 예절을 매우 존중한다.

그러나 임금과 신하, 아버지와 아들, 스승과 제자의 사이에는 3청3사(三請三辭)의 예절을 쓰지 못하는 것이니, 신하는 임금의 손님이 될 수 없고, 아들은 아버지의 손님이 될 수 없으며, 제자는 스승의 손님이 될 수 없는 까닭에 임금은 신하의 집에서도 주인이고, 아버지는 아들의 집에서도 주인이며, 스승은 제자의 집에서도 주인으로 처신하여 주인과 손님의 관계가 성립할 수 없음을 알아야 한다.

1-11-3 ―――――――――――― 主人은 入門而右하고 客은 入門而左하며
主人은 就東階하고 客은 就西階하니라
客이 若降等이어든 則就主人之階니
主人이 固辭然後에 客이 復就西階니라.

『주인은 문을 들어가되 오른쪽에 서고, 손님은 문을 들어가되 왼
쪽에 서며, 주인은 동쪽 계단 앞으로 가고, 손님은 서쪽 계단 앞으로
가니라. 손님이 만약 등급을 낮추려거든 곧 주인의 계단 앞으로 가나
니, 주인이 두 번을 사양한 다음에 손님이 되돌아 서쪽 계단 앞으로
가니라.』

◑ 이 절은 주인과 손님이 대문으로 들어와서 마당을 지나 당(堂)
에 오르는 계단 앞에 이르기까지의 절도를 기술하였다.

입문(入門)은 주인이 손님에게 세 번을 먼저 문으로 들어가기를
청하였으나 손님이 세 번을 모두 사양하므로 부득이 주인이 먼저 문
으로 들어감이요, 우(右)는 주인이 문 안에 들어가서 동쪽에 섬이고,
좌(左)는 손님이 주인을 뒤따라 문 안으로 들어가서 서쪽에 서는 것
이다. 이때에 주인과 손님은 서로 향하여 읍(揖)하고, 나란히 마당
안으로 들어가는데, 주인은 동쪽 계단 앞으로 걸어가고 손님은 서쪽
계단 앞으로 향하여 간다. 강등(降等)은 평등하게 교제하는 관계를
차별적인 관계로 등급을 낮추는 것이니 곧 평교간(平交間)이 부담스
런 까닭에 상하간(上下間)으로 바꾸는 것이며, 주인지계(主人之階)는
동쪽 계단인데, 손님이 서쪽 계단을 사용하지 않고 동쪽 계단을 사용
하겠다는 것은, 손님으로 자처하지 않고 신하(臣下)나 제자(弟子)와

같은 수행원이 되겠다는 뜻이다. 고사(固辭)는 앞에 1-11-2에서 이미 해설하였고, 복(復)은 왔던 길로 되돌아감이다.

학자는 여기에서 손님은 자기를 낮추어 주인을 높이고, 이에 주인도 자기를 낮추어 손님을 높이는 아름다운 선비기풍이 마당에 가득함을 확인하기 바란다.

1-11-4 ─────────────── 主人與客이 讓登하되 主人이 先登이어든
客이 從之니 拾級聚足하며 連步以上하되
上於東階則先右足하고 上於西階則先左足이니라.

『주인과 손님이 오르기를 사양하되 주인이 먼저 계단을 오르거든 손님이 따라 오르니, 한 층을 건너면 발을 모으며, 연속적으로 걸어서 올라가되 동쪽 계단에 오르면 오른발을 먼저 올리고, 서쪽 계단에 오르면 왼발을 먼저 올리니라.』

◉ 이 절은 주인과 손님이 계단을 오르는 절도를 서술하였으니 아름답고 장중한 거동이다.

양등(讓登)은 주인이 3청(三請)하고 손님이 3양(三讓)함이며, 선등(先登)은 먼저 오르기 시작함이요, 종지(從之)는 주인을 따라 오르기 시작함이다. 섭(拾)은 건너는 것이며, 급(級)은 계단의 한 층이요, 취족(聚足)은 발을 모으는 것이니, 짐승처럼 한쪽 발이 계단의 등급을 건너뛰지 않고 한 층계마다 양쪽 발을 모아서 올라감이니 신중한 태도이다. 주인은 동쪽 계단에서 오른발을 먼저 계단에 올리고, 손님

은 서쪽 계단에서 왼발을 먼저 계단에 올리는 것은 주인과 손님이 서로 마주 향하여 상대편의 움직임을 살피기 위함이니 세밀한 공경심의 발로이다.

군자(君子)가 세상을 감동시키는 방법은 오직 말과 행실뿐이니 공경하고 사양하는 말이 끝없이 이어지고, 자기를 낮추고 남을 높이는 행실이 거듭 반복하는 광경은 숭고한 인간정신의 극치이고, 문명한 사회규범의 장관이니, 학자는 번거롭다는 비난을 두려워하지 말라.

1-12-1 ──────────────── 帷薄之外면 不趨하며 堂上이면 不趨하며
執玉不趨하며 堂上에서는 接武하고
堂下에서는 布武하며 室中에서는 不翔하며

『휘장과 발의 밖이면 허리를 굽히고 빨리 걷지 아니하며, 대청 위이면 허리를 굽히고 빨리 걷지 아니하며, 옥을 들면 허리를 굽히고 빨리 걷지 아니하며, 대청 위에서는 보폭을 붙여서 이어 걷고, 대청 아래에서는 보폭을 벌려 펴서 걸으며, 방 안에서는 팔을 펴고 뛰지 아니하며』

◑ 이 장에서는 주인집의 집사와 손님을 따라온 수행원들이 당(堂)과 실(室)에서 행동하는 예절을 기술하였으니 매우 자세하고 치밀하다.

유(帷)는 휘장이니 여러 폭의 피륙을 이어 빙 둘러쳐서 만든 포장이고, 박(薄)은 발인데 가늘게 쪼갠 대오리나 갈대 같은 것으로 엮어

만든 가리개로 햇볕을 막고 통풍이 잘되게 하는 실내 장식물이다. 추(趨)는 허리를 굽히고 잦은걸음으로 빨리 걷는 것이니 공경하는 뜻을 나타내며, 휘장과 발은 안과 밖을 나누는 물건이므로 그 안에 주인과 손님이 있어도 밖에 있는 집사나 수행원들은 제약을 받지 말고 자유롭게 행동하라는 뜻이다. 당(堂)은 마당에서 계단을 올라가면 넓은 공간의 당(堂)이 있고, 그 뒤에 실(室)이 있는 곳이니 전당(殿堂), 대청, 마루 또는 뜰방에 해당하는데 이곳은 업무를 처리하고 직무를 수행하는 사무처이므로 허리를 굽히고 빨리 걸어서는 일을 제대로 처리할 수 없는 것이다. 옥(玉)은 소중하고 깨지기 쉬운 그릇이므로 옥을 들고 빨리 걸어서는 안 되며, 접무(接武)는 보폭을 좁혀서 발자국이 이어지게 걷는 걸음이고, 포무(布武)는 보폭을 넓혀 다리를 쭉쭉 펴서 걷는 걸음이니, 당(堂)이나 실(室)은 좁은 공간이므로 정숙하게 걷고, 당(堂) 아래는 넓은 마당이므로 활발하게 걷는다. 특히 실(室)은 더욱 좁은 공간이므로 새가 날개를 펴듯이 팔을 펴서 흔들며 빨리 뛰어서는 안 되니 바람을 일으켜 남에게 피해를 주는 까닭이다.

집사와 수행원들이 주인과 손님을 위하여 일을 함에 있어서 예절을 갖추어 공경심은 가지되 자유롭고 활발하게 행동하도록 한계를 분명히 정하였으니, 대체로 공경하는 공간은 좁게 한정하고, 자유로운 공간은 넓게 보장하였다.

1-12-2 ─────────── 並坐不橫肱하며 授立不跪하며 授坐不立이니라.

『나란히 앉음에 팔뚝을 옆으로 내지 않으며, 주는 이가 서면 무릎

꿇지 아니하며, 주는 사람이 앉으면 서지 아니하느니라.』

◐ 이 절은 나란히 앉은 자세와 주고받는 절도를 기술하였다.

병좌(並坐)는 나란히 앉음이고, 횡굉(橫肱)은 팔뚝을 옆으로 내는
것이며, 궤(跪)는 무릎을 꿇는 것이다. 나란히 앉음에 팔뚝을 옆으로
내면 옆에 사람에게 방해가 되며, 어른이 서서 주면 서서 받고, 앉아
서 주면 무릎 꿇고 받는 것이 서로 자연스럽고 편리하니 만일 서서
주는데 무릎 꿇고 받게 하거나, 앉아서 주는데 서서 받게 한다면 주
고받음이 번거롭고 불편해서 귀찮게 여길 것이다.

1-12-3 ─────── 凡爲長者糞之禮는 必加帚於箕上以袂拘而退하나니
其塵이 不及長者케 하며 以箕로 自鄕而扱之니라.

『무릇 어른을 위하여 청소하는 예절은 반드시 비를 쓰레받기 위에
담고 와서 소매로 가리고, 뒤로 물러나며 쓸어 가나니 그 먼지가 어
른에게 미치지 않게 하며 자기를 향하여 쓸어 담느니라.』

◐ 이 절은 주인과 손님이 거처하는 방에 집사나 수행원이 청소하
는 절도를 기술하였으니 그 맵시가 대단히 아름답다.

분(糞)은 비로 쓸어 청소함이고, 추(帚)는 방에 먼지를 쓰는 비이
며, 기(箕)는 쓰레받기이다. 메(袂)는 옷의 소매요, 구(拘)는 가리는
것이며, 퇴(退)는 뒷걸음으로 물러남이고, 향(鄕)은 향(向)과 같으며,
급(扱)은 비로 쓸어 모은 먼지를 쓰레받기에 쓸어 담는 것이다.

청소를 함에 먼저 어른의 자리 주변부터 쓸되 반드시 한쪽 팔의 옷소매로 어른이 앉은 쪽을 가려서 먼지가 날리지 않도록 하고, 점점 뒤로 물러가며 방을 쓸어 먼지를 모으되 쓰레받기를 자기 쪽에 놓아 자기를 향하여 쓸어 담으라고 하였으니 어른을 공경하는 마음이 지극하도다.

1-12-4 ──────────── 奉席如橋衡하며 請席何鄕하며 請衽何趾하니라.

『자리를 받들고 감에는 다리나 저울처럼 하며, 자리를 어느 방향으로 할까를 물으며, 요는 발을 어느 쪽으로 할까를 물으니라.』

◉ 이 절은 어른의 자리를 설치하는 예절을 기술하였다.

석(席)은 앉거나 눕기 위하여 만든 것으로 돗자리와 대자리 및 방석과 요가 있으며, 교(橋)는 다리니 두 사람이 자리의 양쪽 끝을 드는 모양이고, 형(衡)은 저울이니 한 사람이 자리의 중앙을 들어서 균형을 유지하며 드는 모양이다. 향(鄕)은 향(向)이고, 임(衽)은 방바닥에 깔고 자는 요이며, 지(趾)는 발이다.

사람은 자리가 편안해야 마음의 평정을 얻으므로 반드시 어른의 지시를 받아 설치하는 것이 예절이다.

1-12-5 ──────────── 席이 南鄕北鄕이면 以西方으로 爲上하고
東鄕西鄕이면 以南方으로 爲上하니라.

『자리가 남향이나 북향이면 서방으로 위를 삼고, 동향이나 서향이면 남방으로 위를 삼느니라.』

◉ 이 절은 자리의 방향에 따라 상하의 석차(席次)가 다름을 기록하였으니 일반적으로 남향이나 북향이면 서쪽을 상석(上席)으로 하고, 동향이나 서향이면 남쪽을 상석으로 한다고 하였다.

이것은 공간의 자리배치법으로 사면이 중앙을 향하도록 둘러앉은 모양이니 공개적으로 행동을 통일하고 화합의 기풍을 조성하기 위함이다.

1-12-6 ──────── 若非飮食之客이어든 則布席에 席間이 函丈이니라.

『만약 음식을 대접하는 손님이 아니거든 곧 자리를 설치하되 자리의 사이가 한 장이 되도록 하니라.』

◉ 이 절은 강당에 스승의 자리를 설치하는 예절을 기록하였으니 스승의 자리와 제자의 자리는 10척(尺) 정도 간격을 벌려서 설치하는 것이 좋다고 하였다.

비음식지객(非飮食之客)은 음식을 대접하기 위한 손님의 자리가 아니라는 뜻이니 곧 강의를 하기 위하여 초청한 손님의 자리이고, 석간(席間)은 강사석(講師席)과 청중석(聽衆席) 사이의 공간이며, 함(函)은 용납함이고, 장(丈)은 10척(尺)이니 함장(函丈)은 10척 이상으로 한다는 뜻이다.

 主人이 跪하야 正席이어든 客이 跪하야
撫席而辭하며 客이 徹重席하되
主人이 固辭하고 客이 踐席하면 乃坐하니라

『주인이 손님의 자리에 가서 무릎을 꿇고 앉아 방석을 바로잡거든 손님이 꿇어앉아 방석을 어루만지면서 사양하며, 손님이 겹자리를 치우되 주인이 두 번 사양하고, 손님이 자리에 오르면 이에 주인이 자기의 자리에 와서 앉으니라.』

☯ 이 장은 주인이 손님에게 자리에 앉도록 안내하고 대화하는 예절을 기술하였으니 주인과 손님이 서로 공경하는 인간미가 방 안에 가득하다.

대체로 주인 측의 자리는 동쪽이나 남쪽이요, 손님 측의 자리는 북쪽이나 서쪽인데, 주인의 자리가 동쪽에서 서향하면 손님의 자리는 북쪽에서 남향하고, 주인의 자리가 남쪽에서 북향이면 손님의 자리는 서쪽에서 동향이다. 주인은 손님을 안내하여 방 안으로 들어오면 주인은 주인의 자리로 가서 서고, 손님은 손님의 자리로 가서 각각 그 방석을 향하여 선다. 그러면 주인이 손님의 자리로 가서 손님의 방석을 사이에 두고 마주 선 다음에 꿇어앉아 방석을 바로잡으면 손님도 방석을 어루만지면서 말리고 사양하며, 주인이 일어나서 자기의 자리로 돌아가 서면 손님은 겹자리, 즉 방석을 치우기를 거듭 청하면 주인이 거듭 사양한 다음에야 손님이 방석에 오르면 주인도 이에 앉으니, 주인은 손님을 공경하고 손님은 주인을 공경하는 극치이다.

정석(正席)은 자리를 바로잡는 것이며, 무(撫)는 어루만지며 말리는 것이고, 사(辭)는 사양함이요, 철(徹)은 철거하여 치움이다. 중석(重席)은 이중의 자리이니 돗자리나 대자리를 깔고 그 위에 방석을 놓은 것으로 지극히 존중하여 고귀하게 받든다는 뜻이 있기 때문에 손님이 감히 앉지 못하겠다고 철거하기를 요청한 것이다. 고사(固辭)는 손님이 두 번 철거를 요청하므로 주인이 거듭 사양함이고, 천(踐)은 올라감이니, 천석(踐席)은 방석 위로 올라감이요, 내좌(乃坐)는 주인이 먼저 앉음이니 손님이 더 이상 머뭇거리지 못하게 하려는 뜻이다.

오늘날 사람들은 주인이 손님을 영접하여 방에 들어가서야 절을 하고 인사를 하는데 이것은 옛날 예법이 아니다. 예절은 절로 시작해서 절로 끝나는 것이므로 처음 보는 그 순간에 그 자리에서 절하고 인사하는 것이 바른 예절인즉, 길에서 만났으면 길에서 절하고 대문 밖에서 만났으면 대문 밖에서 절해야지 구태여 방에까지 들어가서 절할 필요가 없는 것이다.

1-13-2 ———————————————— 主人이 不問이어든 客이 不先擧니라.

『주인이 묻지 않거든 손님이 먼저 거론하지 아니하니라.』

◐ 이 절은 주인과 손님이 자리에 앉은 다음에 말하는 법도를 기록하였으니 어른이 입을 열기 전에 아랫사람이 먼저 입을 열어 정신을 산란하게 해서는 안 됨을 밝혔다.

문(問)은 질문이니 찾아온 내력을 묻는 것이며, 거(擧)는 거론(擧論)이니 말을 들어 논제(論題)를 삼는 것인데 주인이 손님에게 묻는 것은 대화의 의사가 있는 것이요, 주인이 묻지 않는 것은 대화의 의사가 없거나 아직 마음의 준비가 안 된 것이니 손님이 먼저 말을 하지 않음은 주인의 뜻을 조용히 기다려서 받들기 위함이다.

학자는 여기에서 아무리 평교간(平交間)의 대화라도 손님은 주인이 먼저 화제를 거론한 다음에 대답해야지 손님이 먼저 화제를 거론하고 즉시 주인에게 대답을 강요하는 것은 당돌하고 당혹스러운 자리가 될 수 있음을 확인하라.

1-14-1 ──────────── 將卽席이어든 容毋怍하며 兩手로 摳衣하야
去齊尺하며 衣毋撥하며 足毋蹶이니라.

『장차 자리에 앉으려거든 용모가 부끄럽지 않게 하며, 양쪽 손으로 옷의 뒷자락을 걷어 올려서 가지런히 땅으로부터 한 자를 떨어지게 하며, 옷깃이 뒤집어지지 않게 하며, 발이 떨리지 않게 하니라.』

◉ 이 장은 학생이 교실에서 정숙하게 행동하는 예절을 기술하였다.

즉석(卽席)은 자리로 나아가서 앉음이고, 용(容)은 얼굴과 몸의 모양이며, 작(怍)은 부끄러움으로 얼굴이 붉어지고 고개를 숙여서 수줍어함이다. 구의(摳衣)는 앞에 1-10-6에서 이미 해설하였고 거자척(去齊尺)은 옷의 아랫자락이 가지런하게 땅으로부터 1척(尺)쯤 떨어지도록 함이며, 발(撥)은 뒤집어져서 속깃이 보임이고, 궤(蹶)는 떨려서 움직임이니 옛날의 학생은 무릎을 꿇고 앉았기 때문에 오래 앉아 있으면 발이 저려서 떨리는 현상이 있으므로 발에 피가 통하도

록 가끔 한쪽 무릎을 교대로 세웠던 것이다.

1-14-2 ——————————————— 先生書策琴瑟이 在前이어든
坐而遷之하야 戒勿越이니라.

『선생의 책, 산가지, 거문고, 비파가 앞에 있거든 앉아서 옮기고
경계하여 넘지 못하게 하니라.』

◯ 이 절은 강의실에 들어감에 선생의 여러 가지 물건이 앞에 있
거든 앉아서 한갓진 곳으로 옮겨 놓고 다른 학생으로 하여금 넘지
말도록 경계하여 알리라는 것이니 제자가 선생의 물건을 대하는 예
절이다.

서(書)는 책이고, 책(策)은 산가지로 셈하는 도구이며, 금(琴)은
거문고요, 슬(瑟)은 비파니 소중한 악기이다. 좌(坐)는 무릎을 꿇고
앉거나 무릎을 세우고 앉거나 상관없다.

1-14-3 ——————————————— 虛坐이어든 盡後하고 食坐이어든 盡前하며
坐必安하야 執爾顔하며 長者가 不及이어든 毋儳言하며

『빈자리에 앉거든 뒤를 다하고, 먹는 자리에 앉거든 앞을 다하며,
앉음에 반드시 편안히 고정하여 그 얼굴을 들며, 어른이 언급하지 않
거든 참견하는 말을 하지 말며』

◐ 이 절은 학생이 자리에 앉은 태도를 기술하였다.

허좌(虛坐)는 탁자와 방석이 없는 빈자리에 앉음이고, 진후(盡後)는 뒤로 끝까지 물러남을 다함이니 곧 빈자리에는 뒤 끝에 물러나 앉음이다. 식좌(食坐)는 식탁이나 음식이 놓여 있는 자리에 앉음이요, 진전(盡前)은 식탁이나 음식이 놓여 있는 앞으로 바짝 다가감이다. 안(安)은 안정(安定)함이고, 집(執)은 드는 것이며, 이(爾)는 대명사로 기(其)와 같으며, 급(及)은 언급(言及)이요, 참언(儳言)은 참견하는 말로 잡소리이다.

빈자리에 뒤로 물러나 앉은 것은 사양하는 마음이요, 음식 앞으로 다가가 앉은 것은 감사하는 마음이며, 편안히 앉아 얼굴을 드는 것은 자신을 공경함이요, 어른이 언급하지 않으면 참견하지 않음은 어른을 존경함이니, 모두 예절이 아님이 없다.

1-14-4 ————————————————

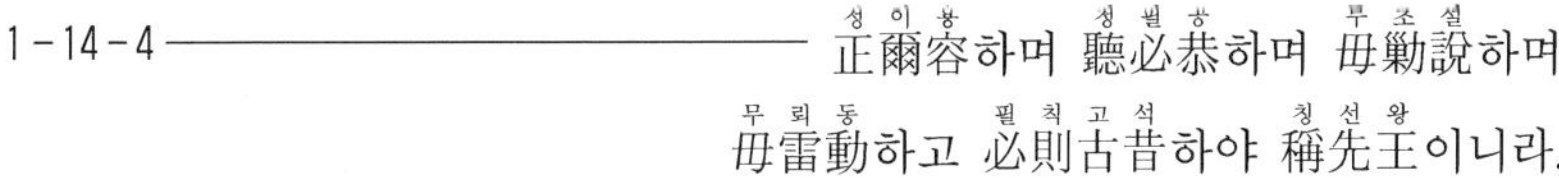

『그 용모를 바로 하며 들음에 반드시 공손하며, 남의 학설을 훔쳐서 자기의 학설로 삼지 말며, 옳고 그름을 분별하지 않고 남의 말에 동조하지 말고, 반드시 오랜 옛것을 본받아 옛날의 성왕을 일컬을지니라.』

◐ 이 절은 학생의 청강태도와 학문연구의 자세를 서술하였으니 대단히 학구적이면서도 진리탐구정신이 숭고하다.

청(聽)은 청강(聽講)이고, 초설(勦說)은 남의 학설을 훔쳐서 자기

의 학설로 삼은 것이니 곧 표절(剽竊)과 같다. 뇌동(雷動)은 부화뇌
동(附和雷動)인데 우레가 하늘에서 치면 땅이 흔들리듯이 옳고 그름
을 가리지 않고 남의 말에 동조함인데 모두 고귀한 학문을 추악하게
만들고 신성한 진리를 모독하는 죄악이다. 칙(則)은 본받는 것이며,
고석(古昔)은 오랜 옛것으로 검증이 된 사실이요, 칭(稱)은 칭도(稱
道)인데 마음에 그리워하여 입으로 늘 칭송함이고, 선왕(先王)은 옛
성왕(聖王)으로 요(堯), 순(舜), 우(禹), 탕(湯), 문무(文武)이다.

소인배(小人輩)의 학문은 천박하여 귀로 듣고 입으로 말하는 구이
3촌지학(口耳三寸之學)이니 말을 숭상하며 사리사욕을 추구해서 속
성(速成)을 노리고, 군자의 학문은 중후하여 귀로 듣고 마음으로 헤
아리는 심통호도(心通乎道)의 학이니 덕(德)을 숭상하며 사회정의를
탐구해서 마침내 대성(大成)을 기약한다. 유학(儒學)은 성인을 배우
는 성학(聖學)이고 도덕을 배우는 도학(道學)이기 때문에 착한 양심
을 지키고 고매한 인격을 길러야 성공하는 학문이므로 양심을 저버
린 초설(剿說)과 인격을 허무는 뇌동(雷動)을 처음부터 경계하여 금
지시킨 것이다.

1-14-5 ——————————— 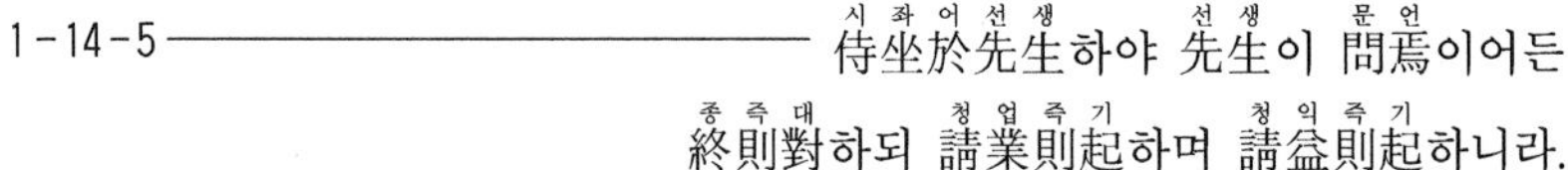

『선생의 곁에 모시고 앉았을 때에 선생이 묻거든 끝나면 대답하되
수업하기를 요청하면 일어나며, 더 하기를 요청하면 일어나니라.』

☯ 이 절은 사제간(師弟間)의 문답법(問答法)을 기술하였으니 선생의 말에는 반드시 일어나서 대답하는 것이 선생을 높이 공경하는 예절임을 확인하였다.

시좌(侍坐)는 모시고 앉아 있음이고, 종(終)은 선생의 말이 끝난 것이며, 대(對)는 대답(對答)함이요, 업(業)은 수업(修業)이며, 익(益)은 충분하도록 더 보탬이다.

1-14-6 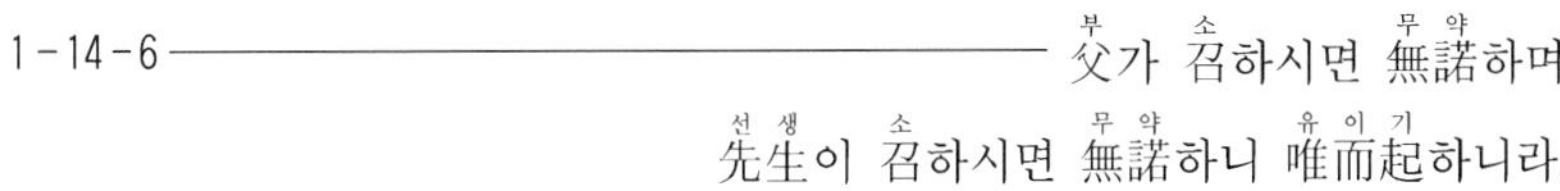

『아버지가 부르시면 "네~" 하지 않으며, 선생이 부르시면 "네~" 하지 않으니 얼른 "네" 하고 일어나니라.』

☯ 이 절은 선생을 아버지처럼 존경하는 것이 선생존경의 극치임을 논술하였다.

약(諾)과 유(唯)는 앞에 1-10-6에서 이미 해설하였으니 약(諾)은 늘어지게 대답하는 태만한 소리요, 유(唯)는 얼른 대답하는 긴장된 소리이다.

이 장은 학생이 교실에서 행동하는 예절로 그 학풍(學風)이 대단히 고상하니 오늘날 학생을 지도하는 교사는 지식만 전달하지 말고 먼저 학문을 존중하는 기풍을 세워 아름다운 교풍(校風)을 일으켜 사도(師道)가 빛나는 길을 개척해야 불효(不孝), 불충(不忠)한 지식인이 나오지 않을 것이다.

 ─────────── 侍坐於所尊敬하면 無餘席이니 見同等한얀 不起니라.

『존경하는 사람의 곁에서 모시고 앉으면 남은 좌석이 없게 하니 동등한 사람을 보아서는 일어나지 아니하니라.』

◑ 이 장은 존귀한 손님을 모시는 예절을 기술하였으니 손님을 공경하되 친절하고 상냥하게 대하여 호감을 가지도록 함이다.

소존경(所尊敬)은 존경해야 되는 사람이니 나이나 학문이나 벼슬 등이 높은 손님이고, 무여석(無餘席)은 손님의 앞으로 남은 자리가 없이 차례로 꽉 채워서 앉아야지 공석(空席)을 두고 띄엄띄엄 떨어져서 앉지 말라는 뜻이다. 동등(同等)은 동등한 사람이니 존귀한 손님을 모신 자리이므로 동등한 사람에게는 번거로움을 피하기 위하여 일어나지 않는 것이다.

이것은 존귀한 손님을 모신 공중석상의 행동예절이니 성대하고 정숙한 자리를 만드는 방법이다.

 ─────────── 燭至어든 起하며 食至어든 起하며 上客이어든 起하며

『촛불이 이르거든 일어나며, 음식이 이르거든 일어나며, 위 손님이 이르거든 일어나며』

◑ 이 절은 존경하는 분을 모시고 앉은 자리에서 일어나 감사와 공경의 뜻을 나타낼 사항을 열거하였다.

촛불과 음식상과 높은 손님이 이르면 그 자리를 만들어 고쳐 앉아
야 되기 때문에 모두 일어나 다시 자리를 정리하고 분위기를 새롭게
바꾸는 것이 합리적이다.

1-15-3 ——————————————————————— ^{촉 불 현 발}
燭不見跋이니라.

『촛불은 심지밑동을 보이지 아니하니라.』

☯ 이 절은 존귀한 손님을 모신 자리를 밝히는 촛불은 그 밑동을
보이지 않도록 새로운 촛불로 바꾸어 호기심을 돋우어야 됨을 기술
하였다.

발(跋)은 촛불의 심지 밑동이니 거의 다 타 버린 것인즉, 남은 시
간이 촉박하므로 자리를 파해야 될 때임을 암시한다.

1-15-4 ——————————————— ^{존 객 지 전}
尊客之前이어든 ^{불 질 구}
不叱狗하며

『존경하는 손님의 앞이거든 개를 꾸짖지 않으며』

☯ 이 절은 존귀한 손님 앞에서는 모든 것을 조심하고 정숙해야
됨을 기록하였다.

질(叱)은 꾸짖음이요, 구(狗)는 개 또는 강아지로 낯선 사람을 보
면 잘 짖는데 만일 오는 손님을 보고 짖으면 달래서 쫓아야지 큰 소

리로 욕을 하며 꾸짖으면 손님이 오는 것을 싫어하는 뜻으로 오해할
수 있는 것이다.

1-15-5 ───────────────────────────── 讓食不唾하니라.

『음식을 사양함에 침을 뱉지 않으니라.』

◑ 이 절은 손님이 주인에게 오해받지 않도록 가장 조심할 일을
기록하였다.

양(讓)은 사양함이고, 타(唾)는 침을 뱉는 것이니 음식을 사양하
면서 침을 뱉으면 그 음식을 더럽게 여기는 것으로 오해할 수 있는
것이다.

1-16-1 ───────────────────── 侍坐於君子할새 君子가 欠伸하며
撰杖屨하며 視日蚤莫하시거든 侍坐者가 請出矣니라.

『군자의 곁에서 모시고 앉았을 때에 군자가 하품과 기지개를 하며,
지팡이와 신발을 가지며, 날이 이르고 저묾을 보시거든 모시고 앉아
있는 사람은 나가기를 청하니라.』

◑ 이 장은 군자를 모시는 예절을 기술하였으니 군자는 말씀을 박
절하게 하지 않으므로 모시는 사람이 그 기색을 살펴서 행동해야 됨

을 밝혔다.

흠(欠)은 입을 벌리고 하품을 함이고, 신(伸)은 몸을 쭉 펴고 팔다리를 뻗는 기지개니 모두 몸이 피곤하면 저절로 나타나는 생체현상이다. 전(撰)은 만지는 것이며, 조(蚤)는 이른 것이니 조(早)와 같고, 모(莫)는 저녁이니 모(暮)와 같다.

1-16-2 ——————— 侍坐於君子할새 君子가 問更端하시거든 則起而對니라.

『군자의 곁에 모시고 앉아 있을 때에 군자가 고친 결론을 물으시거든 곧 일어나서 대답하니라.』

☯ 이 절은 군자가 새로 가르쳐 주면 일어나서 확실히 대답하는 것이 예절임을 밝혔다.

경(更)은 고쳐서 바로잡음이요, 단(端)은 끝이니 곧 결말, 결과, 결론이다. 군자가 시좌(侍坐)한 사람의 말을 고쳐서 바로잡아 주고 그 결말을 묻는 것은 곧 찬동 여부를 묻는 중요한 사항이므로 일어나서 뜻을 분명히 밝혀야 된다.

1-16-3 ——————— 侍坐於君子할새 若有告者가 曰少間이시면
願有復也커든 則左右가 屛而待니라.

『군자의 곁에서 모시고 앉아 있을 때에 만약 아뢰는 사람이 있어

조금 한가하시면 원컨대 아뢸 일이 있다고 하거든 곧 좌우에 있는
사람이 조심해서 물러나와 기다리느니라.』

◐ 이 절은 군자를 모시고 앉아 있을 때에 다른 방문객이 있으면
자리를 비켜 주는 절도를 기술하였다.

소한(少間)은 조금 한가함이니 곧 대화를 중지하고 한가한 틈을
내는 것이요, 복(復)은 말함이니 백(白)과 같으며, 좌우(左右)는 군
자의 좌우 쪽에 있는 사람이고, 병(屛)은 조심해서 나란히 뒤로 물러
남이다. 군자를 찾아와서 용무를 보려는 사람에게 잠시 자리를 양보
하는 것은 군자를 존경하고 사람을 사랑하는 절도이다.

1-16-4 ─────────── 毋側聽하며 毋噭應하며 毋淫視하며 毋怠荒하며

『엿듣지 말며, 소리쳐 호응하지 말며, 곁눈질을 하지 말며, 게으름
을 피우지 말며』

◐ 이 절은 군자를 모시고 앉아 있을 때에 취하지 말아야 되는 행
동을 열거하였다.

측청(側聽)은 엿듣는 것이고, 교응(噭應)은 소리쳐 호응함이며, 음
시(淫視)는 곁눈질을 함이요, 태황(怠荒)은 게으름을 피우는 것이니
모두 공경심이 없는 행동으로 군자가 싫어하는 것이다.

『돌아다님에 거만하지 말며, 섬에 기울어지게 하지 말며, 앉음에 두 발을 앞으로 벌려서 쭉 뻗지 말며, 잠에 엎드리지 말며』

◉ 이 절은 군자를 모시고 다닐 때에 취해서는 안 될 자세를 열거하였다.

유(遊)는 산책이나 여행하여 돌아다님이요, 거(倨)는 거만하게 거드름을 피우며 남을 멸시함이고, 파(跛)는 한 발로 서서 몸이 기울어짐이며, 기(箕)는 키처럼 두 발을 앞으로 벌려서 쭉 뻗은 모양이요, 복(伏)은 엎드린 자세이니 모두 조심성이 없는 자세로 군자가 싫어하는 것이다.

『머리털을 쪽지거나 틀어 올림에 가발을 쓰지 말며, 관을 씀에 관끈을 떼지 말며, 노동을 함에 웃옷을 벗어 메지 말며, 더위에 치마를 걷어 올리지 말지니라.』

◉ 이 절은 군자를 모시고 다닐 때에 취해서는 안 되는 모양을 열거하였다.

염발(斂髮)은 머리털을 쪽지거나 틀어 올리는 것이고, 체(髢)는 가발(假髮)을 쓰는 것이며, 문(免)은 상관(喪冠)이니 관끈을 뗀 것이요, 노(勞)는 노동(勞動)이니 수고롭게 일을 하여 땀이 남이다. 단(袒)은 웃옷을 벗어 메는 것이요, 서(暑)는 날씨가 더운 것이며, 건상(褰裳)은 바지나 치마를 걷어 올리는 것이니 이것은 모두 해괴한 모양으로 군자가 싫어하는 것이다.

이상의 세 절은 군자를 모시는 사람이 반드시 조심해야 될 행동이요, 자세요, 모양이니 청소년들은 거듭 읽어 암기할 일이다.

1-16-7 ———— 侍坐於長者할새 屨不上於堂하며 解屨하되 不敢當階하며

『어른의 곁에 모시고 앉아 있을 때에 신을 신고 강당 위에 오르지 아니하며, 신을 벗되 감히 계단에 붙이지 아니하며』

◑ 이 절은 어른을 모시는 사람이 신을 벗는 절도를 기록하였으니 신발로 공경심을 표현하는 절도이다.

구(屨)는 신을 신고 있는 것이요, 해구(解屨)는 신을 벗는 것이며, 당(當)은 바짝 붙여서 대는 것이니 감히 신을 벗어서 계단에 바짝 붙여 놓으면 다른 사람이 계단을 이용함에 방해가 되므로 남을 배려하여 신을 가급적 멀리 두라고 하였다.

1-16-8 ———————————————— 就屨하되 跪而擧之하고 屛於側하야
鄕長者而屨하며 跪而遷屨하고 俯而納屨니라.

『신을 신으려고 나아가되 무릎을 꿇어 신을 들고 일어나 옆으로 물러가서 어른을 향하여 신으며, 무릎 꿇고 신을 옮겨서 허리를 굽혀 신을 드리느니라.』

◉ 이 절은 어른을 모시고 밖으로 나옴에 계단에서 신을 신는 절도를 기록하였다.

취(就)는 계단을 내려와서 신이 있는 곳으로 나아감이고, 거(擧)는 신을 들고 일어남이며, 측(側)은 계단의 옆쪽이요, 향(鄕)은 향(向)이니 어른을 향하여 신을 신음은 어른을 공경하는 뜻이다. 천구(遷屨)와 납구(納屨)는 모두 어른의 신을 공경하고 신기가 편하도록 도와 드림이다.

여기에서 어른을 모신 사람은 어른을 모시고 밖으로 나올 때에 먼저 나와서 자기의 신을 신은 다음에 어른의 신을 가져다가 드리는 것이 예절임을 확인할지니 어른보다 하위등급은 모두 먼저 밖으로 나와서 신을 신고, 다만 어른과 동급은 서열순으로 어른을 뒤따라 나오는 것이 예절이니 어른과 출입함에 앞설 사람과 뒤따른 사람의 분별이 있음을 알 것이다.

전배들은 이 절을 오해하여 두 가지 경우로 해석하였으나 문맥이 통하지 않는 억설이기에 내가 한 절로 바로잡았으니 살피기 바란다.

1-16-9 ──────────────────── 離坐離立이어든 毋往參焉하며
離立者에는 不出中間이니라.

『둘씩 나란히 앉고, 둘씩 나란히 서거든, 가서 셋으로 하지 말며, 둘씩 나란히 선 데는 중간으로 나가지 아니하니라.』

◑ 이 절은 이미 정렬하여 있는 자리에 끼어들거나 밀치고 다니면서 질서를 문란하게 하지 말 것을 기술하였다.

이(離)는 둘씩 나란히 짝을 지은 것이니, 이좌(離坐)는 두 줄로 앉음이고, 이립(離立)은 두 줄로 섬이며, 왕삼(往參)은 가서 끼어들어 셋으로 함이다. 이립자(離立者)는 두 줄로 서는 곳이요, 출(出)은 나가는 것이며, 중간(中間)은 두 사람이 서 있는 사이인데 곧 두 사람이 나란히 선 사이를 밀치고 나감이니 대열을 어지럽히는 행위이다.

1-17-1 ──────────────────── 男女는 不雜坐하며 不同椸枷하며
不同巾櫛하며 不親授이니라.

『남자와 여자는 섞여 앉지 아니하며, 횃대를 같이 쓰지 않으며, 수건과 빗을 같이 쓰지 않으며, 친히 주지 아니하니라.』

◑ 이 장은 남자와 여자를 분별하는 예절을 기록하였으니 가정생활을 중심으로 다양한 관계를 분류하여 논술하였다.

잡좌(雜坐)는 분별이 없이 섞어 앉음이고, 이(椸)는 횃대로 옷걸이요, 가(枷)는 가(架)와 같은데 역시 횃대이다. 건(巾)은 수건이고, 즐(櫛)은 머리를 빗어 다듬는 빗이며, 친수(親授)는 손으로 직접 주는 것이다.

예절은 공경하는 마음과 사양하는 정신이 근본이므로 남자는 여자를 위하여 자리를 사양해서 한쪽에 따로 앉고, 여자는 남자를 위하여 자리를 사양해서 한쪽에 따로 앉으면 저절로 남자와 여자를 분별하여 앉을 것이요, 옷걸이와 수건과 빗도 함부로 남의 것을 사용하지 않을 것이며, 아무렇게나 주고받지 않을 것인즉, 서로 상대편의 물건을 아끼고 존중해서 자유롭고 편안할 것이다.

1-17-2 ──────────────── 嫂叔은 不通問하며 諸母로 不漱裳이니라.

『형수와 시동생은 왕래하면서 안부를 묻지 아니하며, 고모들로 하여금 옷을 빨게 하지 않으니라.』

◉ 이 절은 집안에서 남자와 여자를 분별하는 예절을 기록하였다.
수(嫂)는 형수니 형의 아내이고, 숙(叔)은 시동생이니 남편의 동생으로 시아재라고도 한다. 통(通)은 왕래하여 다니는 것이요, 문(問)은 문안하여 안부를 묻는 것인즉, 형수와 시동생 사이에는 형이 있으므로 구태여 직접 문안할 필요가 없는 것이다. 제모(諸母)는 고모(姑母)로 아버지의 누이이며, 수(漱)는 빨아서 씻는 것이고, 상(裳)은 치마로 아래옷인데 아무리 조카의 옷이라도 여자가 남자의 옷을 빨래하는 것은 기분이 좋은 일이 아니므로 삼가는 것이다.

1-17-3 ──────────────── 外言을 不入於梱하며 內言을 不出於梱이니라.

『바깥 말을 문지방에 들이지 않으며, 안에 말을 문지방에 내지 않으니라.』

◑ 이 절은 바깥일과 안에 일을 분별하여 논의하는 장소를 달리하는 예절을 기록하였으니 각각 전문적인 독립성을 존중하여 서로 간섭하지 못하도록 절대경영권을 인정하는 생활규범이다.

외언(外言)은 바깥에서 일하는 남자들의 말이고, 곤(梱)은 문지방이니 대문의 문지방이며, 내언(內言)은 집안에서 살림하는 여자들의 말이다.

이것은 음(陰)과 양(陽)은 각각 고유한 영역이 있어서 교대로 극성해야만 상생(相生)의 화합관계가 이루어지고, 만일 동시에 서로 간섭하면 상극(相剋)의 모순관계로 변하기 때문에 가정이 화합하기 위하여 남자는 여자에게 집안 살림의 전권을 위임하고, 여자는 남자에게 사회생활의 전권을 위임하여 각각 고유한 영역에서 책임감을 가지고 자유롭고 활발하게 일하는 길을 열었다.

1-17-4 ──────────────────────────── 女子가 許嫁이어든 纓이니
非大故이어든 不入其門이니라.

『여자가 시집가기를 허락했거든 끄나풀을 붙이나니 큰 사건이 아니거든 그 문에 들어가지 아니하니라.』

◑ 이 절은 여자가 약혼을 하였어도 결혼하기 전에는 남자 집의

출입을 삼가는 것이 예절임을 기록하였다.

허(許)는 허락함이고, 가(嫁)는 시집가는 것이며, 영(纓)은 빨간색의 짧은 끈을 머리나 옷고름 또는 허리띠에 매는 것으로 연줄이 있음을 표시하는 끄나풀이다. 대고(大故)는 큰 사건이고, 기문(其門)은 남자 집의 문이다.

이것은 순결한 혼인식의 신선감을 돋우기 위하여 가급적 신붓감의 얼굴을 노출시키지 않으려는 배려인즉, 해는 낮에 나타나야 더욱 밝고 달은 어두운 밤에 나타나야 더욱 밝은 것이다.

1-17-5 ──────────────── 姑와 姉妹와 女子子가 已嫁而反이어든
兄弟가 弗與同席而坐하며
弗與同器而食하며 父子不同席이니라.

『고모와 누이와 딸자식이 이미 시집을 갔다가 이혼하려고 돌아오거든 형제가 같은 자리에 함께 앉지 않으며, 같은 그릇에 함께 먹지 않으며, 아버지와 딸자식이 자리를 같이하지 않으니라.』

◉ 이 절은 이혼을 막기 위하여 형제와 아버지가 출가외인(出嫁外人)임을 확인시키는 예절이다.

고(姑)는 고모이고, 자매(姉妹)는 손위의 누이와 손아래의 누이이며, 여자자(女子子)는 여자(女子)는 남자의 대칭이고, 자(子)는 자식으로 곧 딸자식이니 모두 친정이 같은 여자들이며, 반(反)은 이혼을 결심하고 아주 돌아온 것인즉, 친정에 문안하기 위하여 잠깐 다녀가

려고 온 귀(歸)가 아니다. 부자(父子)의 자(子)는 딸자식이니 자(子)는 아들과 딸을 모두 지칭한다. 아버지와 형제가 같은 자리에 함께 앉지 않고, 같은 그릇에 함께 먹지 않음은 냉정하게 대함이니 친정집이 옛날 같지 않다는 것을 느끼고 빨리 시집으로 돌아가도록 비상조치를 취함이다. 그러나 어머니와 올케는 여기에 언급하지 않았으니 당연히 같은 자리에 더불어 같은 그릇에 함께 먹으며 따뜻이 대하여 그 이유를 밝혀서 해결방법을 찾고 달래야 하는바, 이것이 남자는 엄격하고 여자는 자애로운 가정법도이다.

1-18-1 ──────────────── 男女는 非有行媒어든 不相知名하며

非受幣인댄 不交不親이니

『남자와 여자는 중매를 들어 주는 사람이 있지 않으면 서로 이름을 알려 주지 아니하며, 약혼선물을 받지 않았거든 사귀지 않고 친하지 아니하니』

◉ 이 장은 일반상식적인 혼인예절을 기술하였으니 이 절은 혼인을 전제로 하는 남자와 여자의 교제단계를 밝혔다.

행매(行媒)는 양쪽 집을 왕래하면서 중매를 들어 주는 사람이니 곧 중매인이요, 지명(知名)은 직접 만나서 통성명(通姓名)을 하여 이름을 알려 줌이며, 폐(幣)는 납폐(納幣)로 남자의 아버지가 여자의 부모에게 약혼의 뜻으로 신부의 치마저고리 감을 함에 넣어 혼인을 청하는 글과 함께 보내는 물품이니 곧 약혼선물이다. 교(交)는 교제

함이고, 친(親)은 친근하게 사랑함이니, 앞에 1-17-4에서 살폈듯이 이미 약혼하고 연애를 해도 남자의 집에까지 출입하는 것은 조심해야 된다.

1-18-2 ─────────────── 故로 日月以告君하며 齊戒하야 以告鬼神하며 爲酒食하야 以召鄕黨僚友하나니 以厚其別也니라.

『그러므로 날과 달로써 나라에 신고하며, 목욕재계하여 귀신께 아뢰며, 술과 밥을 해서 고향마을 주민과 동료와 벗을 부르나니, 그 다름을 확실하게 함이니라.』

☯ 이 절은 혼례식을 공개적으로 거행함으로써 사회적으로 부부(夫婦)의 정체성을 확립하여 부부생활의 정당성을 보장받음을 논증하였다.

고(故)는 혼전에는 남녀교제가 자유롭지 못한 사회적 제약에서 해방하기 위한 까닭으로의 뜻이다. 일월(日月)은 혼례식을 거행하는 날과 달이며, 고군(告君)은 임금에게 알린다는 말이나 여기에서는 지방 행정기관에 알린다는 뜻인데 지금은 혼례식을 거행하고 혼인신고로 대체하였다. 재계(齊戒)는 목욕하고 생각을 가지런히 하여 조심함이며, 고귀신(告鬼神)은 신랑과 신부의 조상에게 혼례식을 거행하는 내용을 고유(告由)함이다. 위주사(爲酒食)는 혼인잔치음식으로 술과 밥을 만드는 것이며, 향당(鄕黨)은 고향마을의 주민이요, 후(厚)는 두텁고 무거움이니 확실하고 뚜렷한 인상을 가지게 함이고, 별(別)은 다름이니 혼인 전과 혼인 후를 구별함이다. 전배들은 별(別) 자를 부부유별(夫婦有別)의 윤리적 덕목으로 보았으나 옳지 않다. 이 문장에서 고(故) 자의 앞뒤 문장을 비교하여 살피면 결혼식 이전의 남녀교제와 결혼식 이후의 부부생활이 크게 다르다. 무릇 나라에서 공인하고 조상이 인정하며 마을사람이 확인하고 동료와 벗이 증명하는 부부생활은 당당하고 떳떳해서 아주 자연스럽게 된다는 사실을 강조한 말이니 학자는 살피기 바란다.

1-18-3 ──────────────────── 取妻하되 不取同姓이니라.

『장가들고 시집가되 같은 성씨를 취하지 아니하니라.』

◑ 이 절은 남자와 여자가 서루 다른 성씨와 혼인해야 되는 중대한 예절을 기술하였으니 동성혼(同姓婚)의 폐해가 너무나 많은 까닭이다.

취(取)는 취(娶)니 장가가는 것이고, 처(妻)는 시집가는 것이며, 취동성(取同姓)의 취(取)는 취택(取擇)함이요, 동성(同姓)은 성씨가 같은 사람이다.

인류의 오랜 역사를 통해서 동성끼리의 혼인이 없지 않았지만 통계적으로 이성혼(異姓婚)한 사람들보다 동성혼(同姓婚)한 사람들이 첫째는 질병이 많고, 수명이 비교적 짧았으며, 둘째는 자손이 적은데다가 단명하였으며, 셋째는 집안에 불행한 사건이 많아서 자주 몰락하였기 때문에 성왕(聖王)이 동성혼의 위험성을 크게 경계하고 이성혼(異姓婚)의 예절을 만들어서 가족의 건강을 지키고 가정의 행복을

보장하며 가문의 창성을 기약하면서, 더욱 나아가 동성혼의 문벌주의
적 폐쇄사회로 가는 길을 막고, 이성혼의 평등주의적 개방사회로 가
는 문을 활짝 열었던 것이니, 인류발전과 문화교류, 그리고 화합사회
건설에 이보다 더 아름다운 예절이 없는 까닭에 공자가『춘추(春秋)』
를 엮으면서 동성혼의 정치외교적 파란곡절과 사회윤리적 혼란동기
를 낱낱이 열거하여 비판하였으니 학자는 깊이 살피기 바란다.

1-18-4 ──────────────── 故로 買妾에 不知其姓이어든 卜之니라.

『그러므로 첩을 데려옴에 그 성씨를 알지 못하거든 거북점을 치니라.』

◉ 이 절은 비록 첩을 얻을 경우라도 동성(同姓)을 피하는 것이
예절임을 재강조하였다.

고(故)는 앞 절에서 말한 장가들고 시집감에 동성혼을 피하는 까
닭이니, 여기에서 취처(取妻)의 처(妻)가 아내라는 말이 아니고 시집
간다는 말임을 확인할 것이다. 만일 아내라는 뜻이었다면 고(故) 자
가 아니라 우(又) 자를 써야 된다. 매첩(買妾)은 노예처럼 인간을 매
매한다는 뜻이 아니고 값을 치르고 곁마누라를 얻는 것인데 혼례식
도 거행하지 않고 정식부부로 인정도 받지 못하므로 신분적으로 매
우 불리한 까닭에 상당한 몸값을 치르지 않으면 첩으로 들어갈 여자
가 없는 것이다. 복(卜)은 거북점을 쳐서 미래의 길흉(吉凶)을 점치
는 것이니, 독자는 여기에서 그 성씨를 알지 못하는 여자라고 한 점
에 주목하기 바란다. 왜냐하면 세상에 성씨가 없는 여자는 없는 법이

니, 그 성씨를 확인하기 위하여 점까지 치라는 경고에서 동성혼의 위
험성이 얼마나 심각한지를 알 수 있을 것이다.

1-18-5 ──────────── 寡婦之子가 非有見焉이어든 弗與爲友이니라.

『과부의 자식이 나타남이 있지 아니하거든 더불어 벗하지 않으니라.』

◑ 이 절은 과부의 아들에게 누이를 시집보내지 말라는 말을 완곡
하게 표현하여 경계하였다.

유현(有見)은 탁월한 식견이 있는 것이다. 과부의 아들은 아버지가
가정을 거느리는 남편의 아량을 보지 못하여 자기의 주장만 고집하면
부부생활이 원만하기가 어려운 까닭에 탁월한 식견이 있지 않으면 더
불어 교우하지 말라고 하였으니 하물며 누이를 시집보내겠는가?

그러나 이 말은 풍속이 타락한 춘추의 난세에 하는 말이고, 풍속이
아름다운 치세에는 사람의 마음이 후덕하므로 필요가 없는 말이다.

1-18-6 ──────────── 賀取妻者는 曰某子가 使某하되
聞子有客하고 使某로 羞라 하니라.

『장가들고 시집감을 축하하는 사람은 말하기를 "아무개 어르신이
아무개를 심부름 보내되 귀댁에 손님을 모신다는 초청의 말을 듣고
아무개로 하여금 음식물을 전하라"고 합니다.』

◑ 이 절은 혼인예식에 축하하는 의례를 기술하였으니 아래 절도 같다.

하(賀)는 축하(祝賀)로 경사스러운 잔치에 초청을 받고 직접 참석하여 함께 즐기는 것인데, 직접 참석하기 어려운 때에는 음식물이나 축의금(祝儀金)을 보내서 축복(祝福)하기도 한다. 모(某)는 아무개로 성명을 지칭하고, 자(子)는 어르신 또는 귀공(貴公)을 뜻하는 높임말이며, 객(客)은 하객(賀客)이니 문자유객(聞子有客)은 귀댁의 혼인잔치에 초청을 받았다는 뜻이며, 수(羞)는 음식물이다.

혼례(昏禮)는 모든 사람이 누구나 거치는 보편적인 인생의 통과의례이기 때문에 특별히 경하(慶賀)할 이유가 없으므로 본래 혼례에는 하례(賀禮)의 절차가 없는 것이다. 그러나 혼인잔치에 하객으로 초청을 받으면 축하를 아니 할 수 없는 것이니, 약간의 음식물이나 축의금(祝儀金)을 가지고 참석해야 되고, 만일 직접 참석하지 못할 때에는 뜻이라도 전하는 것이 예절이다.

이 절에서 확인할 일은 혼례(昏禮)의 축하잔치에는 초청을 받은 사람만 참석하는 것이 예절이니 초청을 받지 않은 사람은 구태여 하객(賀客)으로 참석할 필요가 없다는 사실이다.

1-18-7

貧者는 不以貨財로 爲禮하며
老者는 不以筋力으로 爲禮하니라.

『가난한 사람은 돈과 재물로 예를 하지 아니하며, 늙은이는 근육의 힘으로 예를 하지 아니하니라.』

● 이 절은 앞 절에 이어 혼인잔치에 축의하는 절도를 기술하였으니, 예절은 현실적 조건을 참작하여 부담이 없는 방법으로 행하는 것임을 밝혔다.

화(貨)는 돈이고, 재(財)는 재물이며, 근력(筋力)은 근육의 힘이니 곧 체력이다.

만일 혼인잔치에 반드시 축의금을 가지고 가야 된다면 가난한 사람은 비록 초청을 받았어도 참석지 못할 것이고, 또한 반드시 직접 참석해야만 된다면 쇠약한 노인은 가지 못할 것인즉, 이것은 만인이 공통으로 실천할 수 있는 예절이 아니다. 따라서 예절에 축하할 수 있는 방법은 다양하니, 어문(語文)과 재화(財貨)와 노력봉사 가운데서 가능한 것을 선택하여 부담이 없이 즐길 수 있게 하였다.

1-19-1 ──────────────── 名子者는 不以國하며 不以日月하며
不以隱疾하며 不以山川이니라.

『자녀의 이름을 지은 이는 나라를 쓰지 않으며, 날과 달을 쓰지 않으며, 산과 내를 쓰지 않으니라.』

● 이 장은 자녀를 기르는 예절을 기록하였으니 여기에서는 작명법(作名法)을 밝혔다.

명(名)은 이름을 지음이고, 이(以)는 용(用)이며, 국(國)은 나라이름이요, 일월(日月)은 날과 달의 이름이니 생년월일로 이름을 지음이다. 은질(隱疾)은 몸에 숨기고 있는 질병의 이름이며, 산천(山川)은

산과 시내의 이름이다.

대저 아버지가 자녀의 이름을 지음에는 장차 기대하는 바의 희망
을 담아서 아름다운 이름이 세상에 드날리기를 바라는 것이므로 사
람들이 알기 쉽고 부르기 좋은 이름을 선택하여야 된다. 따라서 이미
보편적으로 쓰이고 있는 고유명사는 혼동하게 되므로 마땅히 피할
일이고, 몸에 숨기고 있는 질병은 사람의 마음을 아프게 하므로 절대
로 이름으로 써서는 안 된다.

1-19-2 ──────────────────────────────────── 男女는 異長하며

『남자와 여자는 다르게 기르며』

☯ 이 절은 아들과 딸을 구별해서 길러야 됨을 기술하였으니 사람
의 천성은 똑같지만 그 체질이 다르기 때문이다.

남녀(男女)는 아들과 딸이고, 이장(異長)은 다르게 기르는 것인바,
아들은 강인하고 활동적으로 씩씩하게 기르고, 딸은 유순하고 정숙하
며 얌전하게 길러서 바람직한 남편과 아내의 자질을 갖추게 하여야
부부생활이 원만하여 혼인에 파탄이 없기 때문이다.

1-19-3 ──────────────────────────── 男子는 二十이어든 冠而字니라.

『남자는 20세거든 관례를 하여 자를 부르니라.』

◑ 이 절은 남자는 20세가 되면 성인(成人)으로 대우하는 예절을 기술하였다.

관(冠)은 관례(冠禮)를 거행하여 성인(成人)의 관을 씌우고 어른의 옷을 입혀 사회의 정식구성원으로 인정함이고, 자(字)는 애칭(愛稱)으로 누구나 부를 수 있는데 성인(成人)의 이름은 존중하여 임금과 아버지와 스승 이외는 함부로 부르지 못하는 까닭에 성년식에 자(字)를 지어 준다.

1-19-4 ──────────── 父前에 子名하고 君前에 臣名이니라.

『아버지 앞에 자녀는 이름을 대고, 임금 앞에서 신하는 이름을 대니라.』

◑ 이 절은 아버지와 임금과 스승 앞에서는 이름을 쓰는 예절을 기록하였다.

성인(成人)의 이름이 비록 존엄하지만, 그러나 아들은 아버지보다 존엄할 수 없고, 신하는 임금보다 존귀할 수 없으며, 제자는 스승보다 존경할 수 없는 까닭에 모두 자기의 이름을 대서 스스로 낮추는 것이다.

1-19-5 ──────────── 女子는 許嫁인댄 笄而字니라.

『여자는 시집가기를 허락하면 계례를 하여 자를 부르니라.』

☯ 이 절은 여자는 20세가 되거나 또는 시집가기로 허락하면 성인 (成人)으로 대우하는 예절을 기술하였다.

계(笄)는 계례(笄禮)를 거행하여 성인(成人)의 비녀를 꽂고 어른의 옷을 입혀 사회의 정식구성원으로 인정함인데 15세 이상이면 계례를 거행할 수 있다고 하였다.

1-20-1 ——————————————————— 凡進食之禮는 左殽右胾하며
食居人之左하고 羹居人之右하며
膾炙는 處外하고 醯醬은 處內하며
葱渫은 處末하고 酒漿은 處右하며
以脯脩置者는 左朐右末이니라.

『무릇 음식을 올리는 예절은 마른안주를 왼쪽에, 산적을 오른쪽으로 하며, 밥은 사람의 왼쪽에 놓고, 국은 사람의 오른쪽에 놓으며, 회와 구은 고기를 바깥쪽에 두고, 초와 간장은 안쪽으로 두며, 파김치는 끝에 두고, 술이나 과일즙은 오른쪽에 두며, 포로써 놓는 것은 구부린 것을 왼쪽에 끝을 오른쪽으로 하니라.』

☯ 이 장은 손님에게 음식을 대접하는 절차를 기술하였는데 이 절에서는 주인이 손님의 밥상을 차리는 법도를 밝혔다.

진식(進食)은 음식을 올리는 것이니 곧 음식상을 차린다는 말이며 효(殽)는 마른안주이고, 자(胾)는 살코기를 저며서 부친 산적이며, 사(食)는 밥이다. 회자(膾炙)는 회와 구은 고기요, 혜(醯)는 초, 장(醬)은 간장, 총설(葱渫)은 파김치, 장(漿)은 숭늉 또는 과일즙이다.

포수(脯脩)는 고기를 말린 포이며, 구(朐)는 접어서 구부린 것이고, 말(末)은 말단의 끝이다.

　손님상은 주인이 직접 차리고, 음식을 놓는 배열은 먹기에 편하고 보기가 좋게 차려야 함을 여기에서 확인하기 바란다.

1-20-2 ——————————————— 客若降等이어든 執食興辭하나니
　　　　　　　　　　主人이 興辭於客이어든 然後에 客이 坐하니라.

　"손님이 만약 등급을 낮추려거든 밥그릇을 들고 일어나서 사양하나니 주인이 일어나서 손님에게 사양하거든 그런 다음에 손님이 밥그릇을 제자리에 놓고 앉으니라."

　◑ 이 절은 손님이 음식을 받고 사양하는 절도를 기록하였으니 성대하거나 과분한 대접에 감사의 뜻을 표함이다.

　강등(降等)은 주인과 손님은 동등하므로 손님의 자리가 아닌 종자(從者)의 신분으로 낮추는 것이다. 집사(執食)는 밥그릇을 드는 것이니 사양하여 피한다는 뜻이며, 흥사(興辭)는 일어나서 사양함인데 손님은 과분하여 받을 수 없다고 사양하고 주인은 손님에게 사양하지 말라고 사양함이다.

1-20-3 ——————————————— 主人이 延客祭하되 祭食을
　　　　　　　　　　祭所先進하고 殽之序로 徧祭之니라.

『주인이 손님에게 반제 지내도록 유도하되, 음식을 반제 지냄을 먼저 올린 것을 반제 지내서 안주의 차례로 두루 반제 지내라.』

◉ 이 절은 주인이 손님을 따라서 반제(飯祭) 지내는 절도를 기술하였으니, 주인과 손님의 관계에서는 손님이 먼저 반제 지내고, 주인은 손님을 뒤따라 하며, 주종(主從)관계에서는 주인이 먼저 반제 지내고, 종속한 사람들은 뒤에 반제를 지내는 것이다.

연(延)은 머뭇거리며 안내하여 유도(誘導)함이고, 제(祭)는 반제(飯祭)인데 새로운 음식을 빈 접시에 조금씩 덜어 최초로 음식을 만든 사람에게 보답하는 의식이다. 서(序)는 음식이 놓여 있는 순서, 또는 올리는 차례이며, 편(徧)은 두루 빠짐없이의 뜻이다. 앞에 1-20-2에서 손님이 강등(降等)한 것은 주인이 먼저 반제 지내면 손님은 뒤를 따라서 하겠다는 뜻임을 여기에서 확인하기 바란다.

반제(飯祭)는 음식에 대한 감사기도 또는 제반(除飯), '고수레'와 같은 것으로, 주인이 반제 지낸 뜻은 신령에게도 바칠 수 있는 정결한 음식임을 확인시키려는 것이고, 손님이 반제 지낸 뜻은 깨끗한 음식임을 인정하고 먼저 신령에게 바치는 것이니 그 의미가 심장하다.

1-20-4 ──────────── 三飯이어든 主人이 延客食胾니 然後에 辯殽니라.

『세 종발의 밥을 먹었거든 주인이 손님에게 산적을 먹도록 유도하나니 그런 다음에 안주를 두루 먹느니라.』

☯ 이 절은 주인과 손님이 음식을 먹는 순서를 기술하였다.

삼반(三飯)은 세 종발의 밥을 먹음이니, 옛날에는 밥을 작은 밥그
릇에 담아 세 번 올리는 것을 예법으로 하였으니 알맞게 먹도록 배
려함이다. 식자(食胾)는 산적을 먹음이니 주인이 먼저 먹으면서 손님
에게 먹도록 권하는 것이다. 변(辯)은 두루 분별하여 먹음이니, 변효
(辯殽)는 술을 마시기 위하여 먼저 안주를 고루 먹는 것이다.

여기에서 밥을 먼저 든든히 먹고 그다음에 맛있는 음식을 먹으며
또 그다음에 안주를 먹는 것이 음식을 먹는 순서임을 확실히 알아야
할 것이다.

1-20-5 ──────────────────── 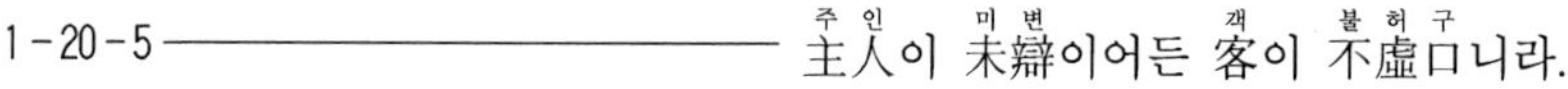主人이 未辯이어든 客이 不虛口니라.

『주인이 두루 분별하여 먹지 못했거든 손님이 입을 비우지 아니하
니라.』

☯ 이 절은 음식 앞에서 아랫사람은 어른보다 먼저 다 먹어서는
안 되는 범절을 기록했으니, 치아(齒牙)가 약한 어른을 배려함이다.

변(辯)은 앞 절에서 말한 변효(辯殽)이고, 허구(虛口)는 음식을
다 먹은 다음에 술이나 물을 마셔 입안을 깨끗하게 하는 것이다. 주
인은 손님을 공경하여 먼저 수저를 놓지 않고, 손님은 주인을 공경하
여 먼저 수저를 놓지 않으므로 결국 같이 술을 마시거나 물을 마셔
서 함께 음식자리를 마치니 겸양의 극치로다.

1-20-6 ──────────────────────── 侍食於長者하되 主人이 親饋하면
則拜而食하며 主人이 不親饋하면 則不拜而食하니라.

『어른의 곁에서 모시고 먹되 주인이 친히 반찬을 올리면 곧 절하고
먹으며, 주인이 친히 반찬을 올리지 않으면 절하지 않고 먹으니라.』

☯ 이 절은 어른을 모시는 수행원의 식사예절을 기록하였다.

궤(饋)는 음식을 대접하는 것인데, 여기에서는 반찬을 밥상 위에
올리는 것이다. 주인이 어른의 밥상에만 친히 반찬을 올리고 수행원
의 밥상에는 친히 반찬을 올리지 않으면 이것은 주인이 어른만을 높
이는 것이므로 수행원은 감히 절하지 못하며, 만일 주인이 수행원의
밥상에까지 반찬을 직접 올리면 수행원은 황공하여 절해야 마땅하다.

1-20-7 ──────────────────────── 共食에 不飽하며 共飯에 不澤手니라.

『함께 음식을 먹음에 배부르게 아니 하며, 함께 밥을 먹음에 손을
적시지 않으니라.』

☯ 이 절은 음식을 고루 나누어 먹어야 되고 밥을 깨끗이 먹는 절
도를 기술하였다.

공식(共食)은 여러 가지의 식품을 사람들과 더불어 나누어 먹는
것이고, 불포(不飽)는 남에게 양보하여 맛만 보는 것인즉, 독식(獨
食)하지 않음이다. 공반(共飯)은 밥을 여러 사람들과 한자리에서 같

이 먹는 것이요, 택수(澤手)는 국물이나 기름기가 있는 음식에 손을
대서 손을 번들거리게 함이니, 비위생적일 뿐만 아니라 또한 천박한
행동이다.

　나누어 먹을 음식을 혼자만 먹으면 어찌 사람이라고 할 것이며,
공개적인 자리에서 추악하게 행동하면 어찌 체신을 지키겠는가?

1-20-8 ─────────────────── 毋摶飯하며 毋放飯하며 毋流歠하니라.

『밥을 뭉치지 말며, 밥을 많이 떠서 떨어지게 말며, 줄줄 흘리거나
혹 마시지 말며』

　☯ 이 절은 숟가락질하는 모양새를 기술하였으니 매우 자세하다.
　단(摶)은 단(摶)이니 뭉치는 것이며, 방(放)은 방사(放肆)함인데
방반(放飯)은 밥을 많이 떠서 뚝뚝 떨어지는 것이다. 유(流)는 숟가
락으로 국물을 넘치게 떠서 흘림이며, 철(歠)은 숟가락의 국물을 혹
들이마시는 소리를 냄이다.
　숟가락질을 함에 밥이나 국물을 너무 많이 떠서 흘리지 않도록 해
야 깨끗한 품위를 유지하나니 가정교육의 기본이다.

1-20-9 ─────────────── 毋咤食하며 毋齧骨하며 毋反魚肉하며
毋投與狗骨하며 毋固獲하며

『쩝쩝 씹는 소리를 내고 먹지 말며, 뼈를 으드득으드득 깨물지 말며, 물고기나 살코기를 뒤집지 말며, 개에게 뼈를 던져 주지 말며, 얻기를 고집하지 말며』

◑ 이 절은 반찬을 먹는 모양새를 기술하였으니 대단히 단정하고 너그러운 자세다.

타(咤)는 입 속에서 쩝쩝 씹는 소리를 냄이요, 설(齧)은 으드득으드득 소리를 내며 깨무는 것이니 듣기가 사납고, 반(反)은 뒤집는 것이고, 어(魚)는 물고기, 육(肉)은 살코기인데 이것을 뒤집는 것은 맛이 없다는 뜻이 되며, 개에게 뼈를 던져 주는 것은 음식을 함부로 취급하는 행위이다. 고(固)는 고집함이며, 획(獲)은 얻기가 어려운 것을 얻음이니 없는 것을 기어이 얻으려고 고집함은 사람을 난처하게 만들 뿐이다.

1-20-10 ──────────── 

『밥을 헤젓지 말며 기장밥을 먹음에 젓가락으로 먹지 말며』

◑ 이 절은 밥을 먹는 절도를 기록하였으니 밥과 국은 숟가락을 사용하고 반찬은 젓가락을 사용해야 됨을 밝혔다.

양(揚)은 퍼서 흩어지게 함이니, 양반(揚飯)은 젓가락으로 밥을 헤저어 열기를 발산함인데 조급한 행동이고, 반서(飯黍)는 기장밥을 먹음이며, 저(箸)는 대나무로 만든 젓가락이다. 젓가락으로 밥을 먹지 말라는 것은 밥을 흘릴 염려가 있기 때문이다.

1-20-11 ─────────────── 母嚃羹하며 母絮羹하며 母刺齒하며
母歠醢하니 客이 絮羹이어든
主人이 辭不能亨하고
客이 歠醢어든 主人이 辭以窶하며

『국을 훅 마시지 말며, 국에 간 맞추지 말며, 이를 쑤시지 말며, 젓국
을 마시지 말지니, 손님이 국에 간을 맞추거든 주인이 잘 끓이지 못함
을 사례하고, 손님이 젓국을 마시거든 주인이 군색함을 사례하며』

◑ 이 절은 국을 먹는 절도를 기록하였으니 대단히 예의 바르다.

탑(嚃)은 그릇째 마시는 것이고, 갱(羹)은 국이니 고기, 물고기, 나
물 따위에 물을 붓고 간을 맞추어 끓인 음식으로 대접에 담아 올리
는데 이것을 그릇째 마시는 것은 건더기가 목에 걸릴 위험이 있다.
따라서 물은 그릇째 마셔도 되지만 국은 그릇째 마시는 법이 아니다.
처(絮)는 간을 맞추는 것이니 싱거우면 간장이나 소금을 타는데 국
에 간을 맞추는 것은 음식요리에 서툴다는 뜻이 된다. 척치(刺齒)는
이빨 사이를 쑤시는 것이니 음식이 거칠다는 뜻이 되며, 해(醢)는 젓
국으로 매우 짠 음식이고, 구(窶)는 집이 가난하여 군색함이다.

손님과 주인이 서로 배려하여 살피니 철두철미한 공경심이다.

1-20-12 ──────────── 濡肉은 齒決하고 乾肉은 不齒決하며 毋嘬炙니라.

『젖은 고기는 이로 물어뜯고 마른 고기는 이로 물어뜯지 않으며 산적을 한입에 먹지 말지니라.』

☯ 이 절은 맛있는 고기를 먹는 예절을 기록하였으니 대체로 맛있는 음식은 맨 뒤에 음미하며 먹는 것이 바른 절차이다.

유육(濡肉)은 젖어서 물렁물렁한 고기이고, 치결(齒決)은 이로 물어뜯어서 끊는 것이며, 간육(乾肉)은 말린 육포나 어포로 단단하기 때문에 손으로 뜯어서 먹어야 된다. 최(嘬)는 한입에 넣어서 먹는 것이요, 자(炙)는 쇠고기 같은 것을 길쭉하게 썰어 양념을 하여 꼬챙이에 꿰어서 구은 음식이다.

단단하고 질긴 포를 이빨로 뜯어 먹으면 이를 상할 수 있고, 불고기를 한입에 먹다가는 목에 걸릴 수 있으므로 위험을 미리 예방하는 것이 예절이다.

1-20-13 ──────────── 卒食이어든 客이 自前跪하야 徹飯齊하야 以授相者니 主人이 興辭於客이어든 然後에 客이 坐하니라.

『식사를 마치거든 손님이 밥상의 앞으로 와서 무릎 꿇고 밥그릇을 거두어 눈썹까지 받들어 올려서 도우미에게 주나니 주인이 일어나서 손님에게 사양하거든 그런 다음에 손님이 앉으니라.』

◉ 이 절은 식사를 마치고 상을 물리는 예절을 기록하였으니 주인이 직접 음식을 상에 올렸기 때문에 손님도 직접 음식 그릇을 상에서 내려 도우미에게 주도록 하였다.

졸식(卒食)은 식사를 마침이고, 자전(自前)은 밥상의 앞으로 나온 것이며, 철반(徹飯)은 밥상을 거두어 치운 것이요, 제(齊)는 제미(齊眉)니 음식을 눈썹 높이로 받들어 올림이다. 상자(相者)는 주인집의 집사(執事)로 도우미들이고, 좌(坐)는 제자리로 돌아가서 앉음이다.

주인은 손님을 위하여 밥상을 차리고, 손님은 주인을 위하여 먹은 밥상을 거두니 아름답기 그지없도다.

1-20-14 ─────────── 侍飮於長者하되 酒進則起하야 拜受於尊所니
長者가 辭어든 少者가 反席而飮하되
長者가 擧未釂이어든 少者가 不敢飮이니라.

『어른의 곁에서 모시고 술을 마시되 술을 들라고 하거든 곧 일어나서 술병이 있는 자리로 가서 절하고 받을지니, 어른이 사양하거든 젊은이가 자리로 돌아가서 마시되, 어른이 들고 아직 다 마시지 안했거든 젊은이가 감히 마시지 못하니라.』

◉ 이 절은 어른을 모신 수행원이 주인의 술을 받아 마시는 절도를 기록하였으니 주인을 공경하고 어른을 존경하는 정신이 매우 투철함을 밝혔다.

주진(酒進)은 술을 들라고 지명함이고, 준(尊)은 술통 또는 술병

인데 옛날에는 술통을 놓은 자리가 따로 있었다. 소자(少者)는 20세 이상의 수행원을 지칭하니 미성년자인 동자(童者)가 아니다. 예법에 미성년자에게는 술을 주지 않는 법이니 체력이 약하여 술을 이기지 못하기 때문이다. 거(擧)는 술잔을 들고 있음이고, 조(釂)는 술을 훌쩍 다 마심이다.

절을 하고 술을 받음은 주인을 공경함이요, 어른이 술을 다 마시지 않았으면 감히 마시지 못함은 어른을 존경함이니 그 절도와 분별이 대단히 치밀하도다.

1-20-15─────────────────── 長者가 賜하거든 少者賤者는 不敢辭니라.

『어른이 주시거든 젊은이와 천한 사람은 감히 사양하지 못하니라.』

◑ 이 절은 어른이 주신 음식물은 사양하지 않고 받아야 되는 예절을 기록하였으니 많으면 남에게 주거나 가지고 가면 된다.

사(賜)는 위에서 아래로 주는 것이니 은혜를 베푸는 뜻이 있으므로 고맙게 받아야 하는바, 특히 여기에서는 음식물을 내리는 것인즉, 젊은이와 천한 사람은 감히 사양하지 못하는 것이다.

대체로 음식물은 오래 두면 상하기 때문에 사양하지 않고 받는 것이나 작위(爵位)와 관직(官職) 그리고 재화(財貨)는 사양해도 되는 것이니 혼동하지 말기 바란다.

1-20-16 —————————— ^{사 과 어 군 전}賜果於君前이어시든 ^{기 유 핵 자}其有核者란 ^{회 기 핵}懷其核이니라.

『임금 앞에서 과일을 내리시거든 그 씨 알맹이가 있는 것은 그 씨 알맹이를 가지니라.』

◐ 이 절은 임금이 하사한 과일의 씨 알맹이까지도 은혜롭게 간직하는 예절을 기술하였다.

핵(核)은 열매의 씨니 과실 속에 단단한 물질로 보호한 알맹이가 들어 있는데 복숭아, 살구, 앵두 등에 있다. 회(懷)는 가지는 것이니 곧 집으로 가지고 가서 심거나 기념하는 것이다.

1-20-17 —————————— ^{어 식 어 군}御食於君에 ^군君이 ^{사 여}賜餘어시든
^{기 지 개 자}器之漑者엔 ^{불 사}不寫하고 ^{기 여}其餘엔 ^{개 사}皆寫니라.

『임금에게 식사의 시중을 듦에 임금이 나머지를 내리시거든 그릇이 씻을 수 있는 것은 쏟지 않고, 그 나머지는 모두 쏟으니라.』

◐ 여기에서는 임금이 먹고 남은 음식을 받는 절도를 기록하였으니 임금의 그릇을 소중히 여겨야 함을 밝혔다.

어식(御食)은 식사의 시중을 듦이고, 여(餘)는 먹고 남은 음식이며, 개(漑)는 씻음이요, 사(寫)는 다른 그릇에 쏟아 옮김이다.

씻을 수 있는 그릇은 그대로 먹고, 씻을 수 없는 그릇은 다른 그릇에 쏟아 옮겨서 먹으니 임금을 깨끗이 섬기는 절도이다.

1-20-18───────────── 餕餘어든 不祭니 父不祭子하며 夫不祭妻니라.

『제사 지낸 음식이나 먹다가 남은 음식이거든 제사 지내지 않으니, 아버지가 남긴 음식으로 아들을 제사 지내지 않으며, 남편이 남긴 음식으로 아내를 제사 지내지 아니하니라.』

☯ 이 절은 제사퇴물이나 먹다 남은 음식으로는 제사 지내지 않는 예절을 기술하였으니, 오직 깨끗하게 새로 장만한 음식이어야 귀신이 응감(應感)하는 제사예절을 밝혔다.

준(餕)은 제사퇴물이니 이미 제사 지낸 음식이며, 여(餘)는 앞에 1-20-17에서 이미 해설하였다. 제(祭)는 천지신명에게 음식물을 바치는 의례요, 부(父)는 아버지가 먹다 남은 음식을 뜻하고, 부(夫)는 남편이 먹다 남은 음식을 뜻하니, 지준여(之餕餘)를 생략한 문장이다.

먹다 남은 음식으로 제사를 지내는 것은 사람을 속이고 귀신을 모독하는 가식적인 행위에 지나지 않는다.

1-20-19───────────── 御同於長者하얀 雖貳라도 不辭하며 偶坐하얀 不辭니라.

『어른을 곁에 모시고 동행하여 식사를 함에는 비록 거듭할지라도 사양하지 않으며, 모서리에 앉아서는 사양하지 않으니라.』

☯ 이 절은 어른을 모시고 동행한 사람이나 수행원이 주인으로부터 음식을 받는 예절을 기록하였다.

동(同)은 동행(同行)이니 동등한 자리에 앉은 여러 손님이요, 이
(貳)는 거듭함이니 주인이 음식을 거듭 주는 것이다. 우좌(偶坐)는
모서리에 앉음이니 어른과 방향을 다르게 앉은 수행원으로 동행한
여러 손님보다 더욱 낮은 신분이다.

주인이 동행한 여러 손님이나 수행원에게 거듭 주는 음식은 본래 어
른을 대접하기 위하여 장만한 것이므로 오직 어른만이 사양할 수 있고
수행원은 감히 사양할 위치에 있지 않기 때문에 주는 대로 받을 뿐이다.

1-20-20 ──────── 羹之有菜者란 用梜하고 其無菜者란 不用梜이니라.

『국에 나물이 있는 것은 젓가락을 사용하고, 그 나물이 없는 것은
젓가락을 사용하지 않으니라.』

◉ 이 절은 국을 먹을 때에 젓가락을 사용하는 경우를 기록하였다.
협(梜)은 나무로 만든 젓가락이니 본래 국은 숟가락으로 먹어야 되
지만 나물 같은 국건더기가 있으면 젓가락을 사용해도 됨을 밝혔다.
숟가락과 젓가락은 용도가 각각 다르지만 때로는 편리한 바에 따
라서 적절히 사용할 수 있음을 여기에서 확인하기 바란다.

1-20-21 ──────── 爲天子하야 削瓜者는 副之하야 巾以絺하고
爲國君者는 華之하야 巾以綌하고 爲大夫하얀
累之하고 士는 寈之하고 庶人은 齕之니라.

『천자를 위하여 참외를 깎는 것은 네 조각으로 쪼개서 가는 칡베 보
자기로 덮어서 올리고, 나라 임금을 위한 것은 두 조각으로 쪼개서 굵
은 칡베 보자기로 덮어서 올리고, 대부를 위한 것은 통째로 옆으로만
자르고, 선비는 꼭지만 자르고, 서민대중은 이로 베어 먹게 하니라.』

◉ 이 절은 계급에 따라 음식을 쪼개고 자르는 법이 다름을 기술하
였으니 참외를 예로 들어 상청하후(上淸下厚)의 음식의 도를 밝혔다.
  위(爲)는 위함이고, 삭(削)은 겉껍질을 깎은 것이며, 과(瓜)는 참
외이다. 복(副)은 가로로 네 조각이 되도록 쪼개어 세로로 적당히 자
른 것이요, 건(巾)은 보자기로 덮는 것이다. 화(華)는 가로로 두 조
각이 되도록 쪼개어 세로로 적당히 자른 것이며, 치(絺)는 가는 칡베
이고, 격(綌)은 굵은 칡베이다. 누(累)는 통째로 세로로만 적당한 크
기로 자른 것이고, 체(𧆛)는 꼭지만 자른 것이며, 홀(齕)은 이로 베
어 먹는 것이다.
  벼슬이 높을수록 음식을 여러 번 쪼개고 잘게 자르는 것은 적게
먹고 여러 사람에게 나누어 주어서 청렴한 품격을 보이라는 뜻이고,
벼슬이 낮을수록 음식을 쪼개거나 자르지 않고 통째로 주는 것은 남
기지 말고 충분히 먹어서 힘을 기르라는 뜻이다. 그러므로 음식을 분
배하는 원리가 위에 사람에게는 조금만 깨끗하게 올리고, 아랫사람에
게는 많이 풍족하게 주는 것이니 각각 그 소중한 가치를 헤아리는
법도가 광대하고도 치밀하도다.

1-20-22 ───────────────────────── 父母가 有疾이어든 冠者는 不櫛하며

^{행 불 상}　　^{언 불 타}　　^{금 슬 불 어}
行不翔하며 言不惰하며 琴瑟不御하며

^{식 육 불 지 변 미}　　^{음 주 불 지 변 모}
食肉不至變味하며 飮酒不至變貌하며

^{소 불 지 신}　　^{노 불 지 매}　^{질 지}　^{복 고}
笑不至矧하며 怒不至詈니 疾止어든 復故니라.

『어버이가 질병을 앓거든 관을 쓴 사람은 빗질을 아니 하며, 다님에 활개를 젓지 아니하며, 말함에 게으르게 아니 하며, 거문고와 비파를 거느리지 않으며, 고기를 먹음에 맛이 변하는 데 이르지 않으며, 술을 마심에 모양이 변하는 데 이르지 않으며, 웃음에 잇몸을 드러내는 데 이르지 않으며, 성냄에 꾸짖는 데 이르지 않으니, 질병이 그치거든 옛날로 돌아가니라.』

◐ 이 절은 어버이가 질병을 앓을 때에는 손님에게 음식을 대접하되 스스로 절제하는 예절을 기술하였으니 주인으로서의 역할을 해야겠지만 아들로서의 책임이 더욱 크기 때문에 간소한 손님 대접에 그쳐야 함을 밝혔다.

관자(冠者)는 20세가 넘은 성인(成人)이고 상(翔)은 새의 날개처럼 두 팔을 벌리고 활개를 젓는 것이며, 타(惰)는 게으르게 함이니, 요점을 밝히지 않고 빙빙 돌려서 이야기함이다. 변미(變味)는 맛이 없어짐이고, 변모(變貌)는 모양이 흐트러짐이며, 신(矧)은 잇몸을 드러냄이니 입을 크게 벌리는 것이요, 매(詈)는 꾸짖음이다.

전배들은 이 절을 어버이가 질병을 앓을 때에 봉양하는 예절이라고 다음 절과 함께 독립시켰으나 앞뒤의 문맥으로 보아서 찾아온 손님에게 음식을 대접하는 특별한 경우로 보는 것이 더욱 타당하여 앞 장에 편입했으니 살피기 바란다.

1-20-23─────────── <ruby>有憂者<rt>유우자</rt></ruby>어든 <ruby>側席而坐<rt>측석이좌</rt></ruby>하며 <ruby>有喪者<rt>유상자</rt></ruby>어든 <ruby>專席而坐<rt>전석이좌</rt></ruby>니라.

『근심이 있는 사람이거든 자리를 옆으로 앉으며, 상복을 입은 사람이거든 자리를 따로 앉으니라.』

◉ 이 절은 근심이 있는 손님이나 상중(喪中)에 있는 손님에게 음식을 대접하는 예절을 기술하였으니, 근심이 있는 손님은 불안하지 않게 하고, 상중에 있는 사람은 슬프지 않게 하는 것이 예절임을 밝혔다.

유우자(有憂者)는 앞 절에서 말한 어버이가 질병을 앓거나 절박한 사건으로 고민하는 사람이며, 측석(側席)은 마음이 불안하여 감히 바로 앉지 못하고 옆으로 돌아앉거나 또는 상석(上席)을 비워 놓고 옆자리에 앉음이다. 유상자(有喪者)는 상복(喪服)을 입은 사람이요, 전석(專席)은 따로 떨어져서 홀로 앉은 것인데 마음이 슬픈 사람은 한데 섞이거나 함께 어울리기를 싫어하므로 따로 떨어져서 혼자 먹게 함이다.

예절의 기본목적이 사람을 편안하게 하는 것이므로 주인이 손님에게 음식을 대접함에도 이와 같이 세밀하게 살펴서 다양한 좌석을 배치하였으니 각각 그 사람의 마음을 편안케 함인즉, 그러므로 공자는 자리가 바르지 않으면 앉지 않았다고 하였다.

1-21-1 ─────────── <ruby>水潦<rt>수로</rt></ruby>가 <ruby>降<rt>강</rt></ruby>이어든 <ruby>不獻魚鼈<rt>불헌어별</rt></ruby>이니라.

『홍수가 나는 큰 비가 내리거든 물고기와 자라를 이바지로 아니하니라.』

　◉ 이 장은 손님이 음식을 대접받고 돌아감에 주인이 선물(膳物)을 드리는 절도를 기술하였으니 특별한 성의를 표현하는 방법은 가급적 귀중한 것을 선물해야 됨을 밝혔다.

　수(水)는 홍수이고, 로(潦)는 큰 비며, 헌(獻)은 이바지하여 헌정(獻呈)함인데 대체로 주인이 찾아온 손님에게 조건 없이 기쁜 마음으로 신선하고 깨끗한 새로운 물건을 드리는 것이다. 별(鼈)은 자라이다. 큰 비로 홍수가 나면 물고기와 자라는 흔한 물건이므로 선물의 가치가 없는 것이다.

1-21-2 ─────────── 獻^헌鳥^조者^자는 佛^불其^기首^수요 畜^축鳥^조者^자어든 則^즉勿^물佛^불也^야니라.

『새를 이바지로 드리는 사람은 그 머리를 비스듬히 하고, 집에서 기른 새이거든 곧 비스듬히 하지 말지니라.』

　◉ 이 절은 선물을 증정할 때에 안전성을 도모하는 법도를 기록하였다.

　불(佛)은 비스듬히 옆으로 돌리는 것인데 새의 머리를 비스듬히 함은 야생조의 돌발적 쫌을 방지하기 위함이며, 축(畜)은 가축으로 집에서 기르는 것인바 성질이 유순하기 때문에 머리를 비스듬히 할 필요가 없는 것이다.

『수레와 말을 이바지로 드리는 사람은 채찍과 말고삐를 간접 전달
하고』

◉ 이 절은 수레와 말을 선사할 때는 채찍과 말고삐를 간접 전달
하는 예절을 기술하였다.

집(執)은 주인 측의 집사가 손님 쪽의 수행원에게 전달하는 간접
전달의 방식인바, 주인과 손님은 수레와 말에 대한 전문지식이 없기
때문에 양쪽의 전문가를 통해 직접 주고받게 해서 기능과 성질을 확
인케 하려는 까닭인즉, 매우 투철한 책임정신이다. 책(策)은 채찍이
고, 수(綏)는 말고삐이다.

『갑옷을 드리는 사람은 투구를 간접 전달하고, 지팡이를 드리는
사람은 지팡이 끝을 간접 전달하고』

◉ 이 절은 갑옷과 지팡이를 선사할 때에는 투구와 지팡이 끝을
들고 간접 전달하는 예절을 기술하였다.

갑(甲)은 갑옷이요, 집(執)은 앞 절 1-21-3에서 이미 해설하였
으며, 주(冑)는 투구이다. 장(杖)은 지팡이며, 말(末)은 지팡이의 말
단이다. 갑옷은 몸에 입는 것이므로 소중한 투구를 간접 전달하고,

지팡이는 땅에 짚는 것이므로 말단을 간접 전달하니 각각 의미가 있으며, 이것을 직접 전달하지 않고 간접 전달하는 이유는 손님이 사용할지 또는 사용하지 않을지를 알 수 없는 까닭이다.

1-21-5 ———————————————————— 獻民虜者는 操右袂하고

『피정복민이나 포로를 바치는 사람은 오른쪽 소매를 잡고 확인하여 전달하고』

◑ 이 절은 정벌(征伐)에서 사로잡은 포로를 바치는 절도를 기술하였으니 군례(軍禮)에 해당한다.

민(民)은 피정복민이고, 로(虜)는 포로이며, 조(操)는 잡고 직접 확인 전달함이요, 메(袂)는 옷소매인즉, 비록 전쟁의 포로지만 인권을 존중하여 묶거나 무릎을 꿇리지 않고 같이 서서 오른 소매만 잡아서 직접 확인시키고 헌납하는 것이다.

1-21-6 ———————————————— 獻粟者는 執右契하며 獻米者는 操量鼓하고

『곡식을 드리는 사람은 증서를 간접 전달하며, 쌀을 드리는 사람은 수량을 직접 확인하여 전달하고』

◑ 이 절은 곡식을 드리는 예절을 기술하였으니 방아를 찧은 것은

직접 확인 전달하고, 방아를 찧지 않은 것은 간접 전달하는 것임을
밝혔다.

속(粟)은 곡식이니 아직 방아를 찧지 않은 곡식이며, 우계(右契)
는 증서로 우권(右券)과 같은데 옛날에 나뭇조각에 증서내용을 기록
하여 좌우로 나누어 좌권은 채무자에게 주고, 우권은 채권자가 소지
하였다. 량(量)은 수량을 적은 문서이고, 고(鼓)는 북처럼 만든 옛날
의 곡식을 담는 그릇이다.

거친 곡식은 간접 전달하고, 정결한 쌀은 직접 확인 전달하니, 정
성이 많이 들었기에 더욱 소중히 여김이다.

1-21-7 ──────────────────── 獻孰食者는 操醬齊하고

『삶은 음식을 드리는 사람은 간장을 눈썹의 높이로 받들어 올려서
직접 전달하고』

☯ 이 절은 삶은 음식을 이바지하는 예절을 기록하였다.

숙(孰)은 숙(熟)과 같고, 장(醬)은 간장이며, 제(齊)는 앞에 1-20-
13에서 이미 해설하였다.

1-21-8 ──────────────────── 獻田宅者는 操書致니라.

『밭이나 집을 드리는 사람은 증빙문서로 뜻을 분명하게 밝혀 직접

전달하니라.』

　☯ 이 절은 농토와 주택을 헌납하는 예절을 기술하였으니, 그 토지문서와 건물배치도를 첨부한 양도증서를 직접 증여해서 후일에 증거물이 되어야 함을 밝혔다.

　전(田)은 농토이고, 택(宅)은 주택이며, 서(書)는 증빙문서요, 치(致)는 치의(致意)니 그 뜻을 분명하게 밝히는 것이다.

　무릇 손님이 돌아감에 이바지를 전하는 예절이 다양하지만 물건의 상징적인 부분을 간접 전달하거나 물품의 목록을 간접 확인 전달하며, 또 물품의 목록, 문서, 지도 등을 직접 전달하거나 실물을 직접 확인 전달하는바, 그 가운데 포로에 대한 인간존중과 익힌 음식에 대한 즉석식용품의 공경이 가장 엄숙하니, 예절을 연구하는 학자는 그 숭고한 예절정신을 확인함과 동시에 내가 처음으로 집(執)과 조(操)와 제(齊)를 분석한 뜻을 살피기 바란다.

1-22-1 ——————————————— 凡遺人弓者는 張弓이란 尚筋하고
弛弓이란 尚角이니 右手로 執簫하고
左手로 承弣하야 尊卑가 垂帨니
若主人이 拜하면 則客이 還辟辟拜하며

『무릇 사람에게 활을 주는 사람은 활시위 없은 활이면 힘줄을 위로 하고, 활 부린 활이면 뿔을 위로 하니, 오른손으로 활고지를 잡고, 왼손으로 활줌통을 받들어 높이고 낮춤이 허리를 굽혀 허리에 찬 수건

을 드리우나니 만약 주인이 절하면 곧 손님이 물러나서 절을 피하며』

◉ 이 장은 손님이 주인의 선물을 받고 감사의 뜻으로 답례품을 전달하는 절도를 기술하였으니 선물을 받으면 반드시 답례를 하는 것이 예절임을 밝혔다.

유(遺)는 현장에서 물건이나 돈을 즉시 주거나 놓고 가는 것이니 대체로 손님이 주인의 선물을 받고 그 자리에서 답례품으로 전달함을 뜻한다. 인(人)은 주인이나 주인의 집안사람을 말하고, 장궁(張弓)은 활시위를 얹은 활이요, 상(尚)은 상(上)과 같으며, 근(筋)은 활의 등 쪽에 입힌 힘줄이다. 이궁(弛弓)은 활 부린 활이니 활시위를 풀었기 때문에 활이 반대쪽으로 구부러진 것이고, 각(角)은 활의 배 쪽에 입힌 뿔이며, 소(簫)는 활의 끝부분에 활시위를 거는 활고지요, 부(柎)는 활의 중앙부에 손으로 잡는 활줌통이며, 존(尊)은 활을 든 손을 높임이고, 비(卑)는 허리를 구부려 몸통을 낮춤이며, 수세(垂帨)는 허리를 45° 이상으로 굽혀서 허리에 찬 수건이 수직으로 드리운 것이 보임이다.

선벽(還辟)은 물러남이고, 피(辟)는 피(避)와 같으니, 피배(辟拜)는 손님이 쓰던 헌 물건을 주면서 감히 절을 받을 수 없어서 사양함이다.

대저 손님이 주인의 선물을 받고 뒤에 답례를 할 수 있으면 즉시 답례할 필요가 없지만, 만약 다시 찾을 가망이 없을 때에는 쓰던 물건이라도 기념으로 주어야 마음이 편안할 것이므로 이런 예절이 있으니 독자는 그 마음을 헤아리기 바란다.

1-22-2 ──────────────────────── 主人이 自受하되 由客之左하야
接下承弣하야 鄕與客並이니 然後에 受하니라.

『주인이 스스로 받되 손님의 왼쪽을 말미암아 아래를 붙여 활줌통을 받들어 방향을 손님과 더불어 나란히 하니 그런 다음에 받으니라.』

◑ 이 절은 주인이 손님의 답례품을 받는 절도를 기술하였으니, 주인과 손님이 나란히 남쪽을 향하여 서서, 손님은 서쪽, 주인은 동쪽에서 받음을 밝혔다.

주인(主人)은 앞에 21장에서 손님에게 선물을 헌(獻)한 주인이고, 자수(自受)는 자신이 직접 받음이며, 객지좌(客之左)는 손님의 왼쪽이니 곧 동쪽이다. 접하(接下)는 밑에다 대는 것이고, 향(鄕)은 향(向)과 같으니 여기에서는 남향이며, 병(並)은 나란히 서는 것이다.

손님이 활을 주인에게 드린 다음에 절하지 않은 것은 앞 절 1-22-1에서 이미 주인의 절을 피하여 받지 않았기 때문이다.

1-22-3 ──────────────────────── 進劍者는 左首하고

『칼을 드리는 사람은 자루를 왼쪽으로 하고』

◑ 이 절은 손님이 주인에게 칼을 답례품으로 드리는 절도를 기록하였다.

진(進)은 손님이 주인의 선물을 받고 추후에 새로운 물건을 가지

고 다시 찾아와서 답례품으로 직접 드리는 것이요, 수(首)는 칼자루
로서 칼의 고리가 있는 부분이다.

　주인과 손님이 마당에 남향으로 나란히 서면, 손님은 서쪽이고 주
인은 동쪽에 있으니, 손님이 칼자루를 왼쪽으로 하면 주인이 그 자루
를 잡기가 쉬운 까닭이다.

1-22-4 ──────────────────────────── 進戈者는 前其鐏하고 後其刃하며

『창을 드리는 사람은 그 창고달을 앞으로 하고, 그 미늘을 뒤로
하며』

　◑ 이 절은 창을 답례품으로 드리는 절도를 기록하였다.
　과(戈)는 창이고, 준(鐏)은 창고달이니 창의 몸뚱이가 자루에 박
히는 부분이며, 인(刃)은 미늘이니 창끝이 나무의 가지처럼 2가닥 또
는 3가닥으로 갈라진 부분이다.
　창고달을 앞으로 하고 미늘을 뒤로 함은 주인이 받기 쉽게 함이다.

1-22-5 ──────────────────────────── 進矛戟者는 前其鐓하고

『쌍날창과 갈라진 창을 드리는 사람은 그 자루를 앞으로 하고』

　◑ 여기에서는 쌍날창과 갈라진 창을 답례품으로 드리는 절도를

기록하였다.

모(矛)는 쌍날창이고, 극(戟)은 창날의 끝이 두 갈래로 갈라진 창이며, 대(鐓)는 창고달의 자루 부분이다.

1-22-6 ──────────────────────── 進几杖者는 拂之하고

『안석과 지팡이를 답례품으로 드리는 사람은 깨끗이 닦고』

◑ 이 절은 안석과 지팡이를 답례품으로 드리는 절도를 기록하였으니, 즉시 사용할 수 있도록 깨끗이 닦아서 전달해야 함을 밝혔다.

불(拂)은 털고 닦아서 먼지를 제거함이니, 즉시 사용할 수 있도록 함이다.

1-22-7 ──────────────────────── 效馬效羊者는 右牽之하고

『말을 답례품으로 드리고 양을 답례품으로 드리는 사람은 오른쪽으로 이끌고』

◑ 이 절은 손님이 주인에게 말과 양을 답례품으로 드리는 절도를 기록하였다.

효(效)는 손님이 주인의 선물을 받고 추후에 새로운 물건을 가지고 다시 찾아와서 답례품으로 간접 전달하는 것이니, 마치 헌(獻)함

에 직접 전달하는 조(操)와 간접 전달하는 집(執)이 있듯이, 답례품을 드림에도 즉시 헌 물건을 직접 드리는 유(遺)와 나중에 새 물건을 직접 드리는 진(進)과 나중에 새 물건을 간접 전달하는 효(效), 그리고 나중에 새 물건을 대리 전달하는 문(問)이 있다.

우견지(右牽之)는 마부(馬夫)의 오른쪽으로 말을 이끄는 것이니 말과 양은 유순해서 오른손으로만 고삐를 잡아도 되는 까닭이다.

1-22-8 ──────────────────────────── 效犬者는 左牽之하고

『개를 답례품으로 드리는 사람은 왼쪽으로 이끌고』

☯ 여기에서는 개를 답례품으로 드리는 절도를 기록하였다.

좌견지(左牽之)는 개를 사람의 왼쪽으로 이끄는 것이니 사나운 개는 사람을 물기 때문에 두 손으로 단단히 고삐를 잡기 위함이다.

1-22-9 ──────────────────────────── 執禽者는 左首하고

『새를 간접 전달하는 사람은 새의 머리를 왼쪽으로 향하게 하고』

☯ 여기에서는 새를 간접 전달한 사람은 새를 품에 안은 절도를 기술하였다.

집(執)은 앞에 1-21-3에서 이미 해설하였고, 좌수(左首)는 새의

머리가 왼쪽으로 가도록 가슴에 안은 것이니 새의 부리에 쪼이지 않
도록 예방함이다.

1-22-10───────────────────────── 飾羔鴈者는 以繢하고
　　　　　　　　　　　　　　　　　　　　　　식 고 안 자　　이 궤

『염소와 기러기를 장식한 사람은 수를 놓은 비단으로 덮고』

　◉ 이 절은 답례품을 장식하는 절도를 기록하였으니 가급적 오색
비단으로 꾸며야 함을 밝혔다.

　식(飾)은 장식이니 아름답게 꾸미는 것이요, 고(羔)는 염소이고,
안(鴈)은 기러기인데 모두 유순하여 폐백(幣帛)의 예물로 많이 쓰며,
궤(繢)는 5색으로 수를 놓은 비단보자기이다.

　포장이 아름다우면 내용물도 귀중해 보이는 것이므로 답례품을 드
림에 아름답게 포장하는 것은 당연한 일이지만 지나치게 과대포장하
면 도리어 내용물이 부실해 보이기 마련인즉 삼가야 된다.

1-22-11───────────────────────── 受珠玉者는 以掬하고
　　　　　　　　　　　　　　　　　　　　　　수 주 옥 자　　이 국

『구슬과 옥을 받는 사람은 두 손으로 움켜잡으며』

　◉ 여기에서는 부피가 작고 소중한 물건을 받는 절도를 기록하였다.
국(掬)은 두 손으로 움켜잡은 것이다.

『활과 칼을 받은 사람은 팔소매로 받들고』

☯ 여기에서는 활과 칼을 받는 절도를 기록하였다.
이메(以袂)는 양팔을 나란히 뻗어 팔소매로 받드는 것이다.

『옥 술잔을 마신 사람은 휘두르지 아니하니라.』

☯ 여기에서는 옥그릇을 드는 절도를 기록하였다.
옥작(玉爵)은 옥으로 만든 술잔이고, 휘(揮)는 휘두르거나 뿌리는 것이다. 귀중한 그릇을 떨어뜨려 깨지게 한다면 미안한 일이므로 조심스럽게 다루어야 한다.

『무릇 활과 칼, 꾸러미와 상자로 안부를 묻고 물건을 선사하는 사람은 직접 전달하고, 명령을 받되 마치 사자의 모양처럼 하니라.』

◑ 이 절은 손님의 답례품을 대리로 전달하는 절도를 기술하였다.

포(苞)는 종이나 천으로 포장한 꾸러미이고, 저(苴)는 짚이나 풀로 포장한 꾸러미이며, 단(簞)은 둥근 대광주리이고, 사(筍)는 네모진 상자인데 모두 물건을 안전하게 보내기 위하여 짐을 꾸린다는 뜻이다. 문(問)은 문유(問遺)니 문안하고 답례품을 드리는 것이며, 인(人)은 주인이나 또는 주인집안의 사람이고, 조(操)는 앞에 1−21−5에서 이미 해설하였다. 명(命)은 답례품을 받은 주인이나 주인집안의 사람이 전하는 말이요, 여시지용(如使之容)은 마치 임금의 말을 전하는 사자(使者)나 사신같이 행동하여 즉각 돌아와서 복명함으로써 계속 물건이 왔다 갔다 하며 교통 왕래하여 교제를 계속한다는 뜻이다.

대저 대리로 남을 시켜서 답례품을 보냄에는 첫째, 포장을 튼튼하고 안전하게 할 것이며, 둘째, 직접 주인집에 전달해서 회답을 받을 것이며, 셋째, 즉시 돌아와서 정확하게 보고하는 것이 바른 예절임을 여기에서 배우기 바란다.

1−23−1 ──────────── 凡爲君使者는 已受命하얀 君言을 不宿於家니라.

『무릇 임금의 사자가 된 사람은 이미 명령을 받고선 임금의 말씀을 집에서 잠재우지 아니하니라.』

◑ 이 장은 사자를 보내고 맞이하는 예절을 기술하였으니 임금의 말을 전달하는 책임이 막중함을 밝혔다.

군언(君言)은 임금이 사자에게 가서 전하라는 말이고, 숙(宿)은 하룻밤을 머물러 자는 것이며, 가(家)는 사자의 집이다. 임금의 명령을

받으면 즉각 출발하는 것이 사자의 자세라는 뜻이니 앞에 1-22-14
에서 말한 사자의 모양을 구체적으로 논증한 것이다.

1-23-2 ─────────────── 君言이 至하시면 則主人이 出拜君言之辱하고
使者가 歸하면 則必拜送于門外니라.

『임금의 말씀이 이르시면 곧 주인이 나아가 임금의 말씀이 욕되게
이르심을 절하고, 사자가 돌아가면 곧 반드시 대문 밖에서 절하고 보
내니라.』

☯ 이 절은 신하가 임금의 사자를 맞이하고 보내는 절도를 기술하
였으니 주인은 임금의 말씀을 전달하는 사자에게 지극히 공경해야
됨을 밝혔다.

출배(出拜)는 마당에 나와서 절하는 것이고, 욕(辱)은 욕되게도
비천한 곳에 임했다는 뜻이며, 배송(拜送)은 절하고 보내는 것이다.

1-23-3 ─────────────── 若使人於君所어든 則必朝服而命之하고
使者가 反이어든 必下堂而受命이니라.

『만약 사람을 임금이 계신 곳에 심부름 시키거든 곧 반드시 관복
을 입고 심부름 시키고, 사자가 돌아오거든 반드시 대청에서 내려와
복명을 받으니라.』

◐ 이 절에서는 신하가 임금에게 사자를 보내고 결과를 보고받는 절도를 기술하였다.

조복(朝服)은 관복(官服)이고, 명지(命之)의 명(命)은 심부름을 시키는 말을 당부함이고, 수명(受命)의 명(命)은 복명(復命)으로 결과를 보고함이다.

임금의 사자가 이르면 마당에서 절하고 받고, 자기의 사자가 돌아오면 마당에서 절하지 않고 복명을 받으니, 임금의 사자와 신하의 사자의 차이점이다.

1-24-1 ──────── 博聞强識而讓하며 敦善行而不怠를 謂之君子니라.

『널리 사물을 보고 들어 알고 이를 잘 기억하면서도 겸양하며, 착한 행실을 돈독히 하면서 게으르지 않음을 일컬어 군자라고 하니라.』

◐ 이 장은 군자의 덕목을 기술하였으니 군자는 지성(知性)과 덕성(德性)으로 널리 우호를 증진하고 신뢰를 구축해서 5륜(五倫)의 인간관계를 원만하게 유지함을 밝혔다.

박(博)은 박(博)으로 보아야 하니, 박문(博聞)은 널리 사물을 보고 들어서 지식이 많은 것이고, 지(識)는 지(志)와 같으니 강지(强識)는 총명하게 기억을 잘하는 것이다. 양(讓)은 겸양하여 아는 척을 안 하고 겸허하게 듣기를 좋아함이니, 남의 생각을 존중하고, 착한 행실을 힘써 행하면 신임을 얻을 것인즉, 사회적 교제를 원만하게 실현해서 사람들로부터 인격이 탁월한 군자로 존경받는 것이다.

1-24-2 ——————— 君子는 不盡人之歡하며 不竭人之忠하여 以全交也니라.

『군자는 사람의 기뻐함을 다하지 아니하며, 사람의 정성을 다하지 아니하여 온전하게 사귀느니라.』

☯ 이 절은 군자의 교제는 도덕과 윤리와 예절에 철저하고 감정이나 사욕이 없음을 기술하였다.

여기에서 군자와 인(人)은 대칭하여 말했으니, 군자가 주인이면 인(人)은 손님이고, 군자가 손님이면 인(人)은 주인을 일컫는다. 환(歡)은 기뻐함이고, 갈(竭)은 다함이며, 충(忠)은 정성껏 함이다.

인간교제는 즐기고 대접받기 위함이 아니고, 인생을 슬기롭고 보람이 있게 경영하기 위함이거늘, 한자리의 기쁨을 다하려고 요구하거나, 한때의 정성을 다하기 바란다면 그 부담을 감당하기 어려운 까닭에, 결국 서로 실망하고 절교하는 데 이르게 될 것이다.

그러므로 군자의 교제는 항상 질박한 물질에 두터운 정(情)을 담아서 자주 왕래하면서도 예절을 지키나니 그 교제가 건전하여 오래도록 변함이 없는 것이다.

1-24-3 ——————————————— 禮에 曰君子는 抱孫하고 不抱子하나니
此言孫可以爲王父尸요 子不可以爲父尸니라
爲君尸者를 大夫士가 見之하면 則下之君하야
知所以爲尸者則自下之니 尸必式하며 乘必以几니라.

『예경에 말하기를 군자는 손자를 안아 주고 아들을 안지 않는다고 하나니, 이것은 손자는 할아버지의 시동이 될 수 있으나 아들은 아버지의 시동이 될 수 없음을 말하니라. 임금의 시동이 되는 사람을 대부와 선비가 보면 곧 수레에서 스스로 내려 임금에게 가서 시동이 된 사유를 알려서 곧 수레에서 내리도록 하니 시동은 반드시 수레에서 일어나 경의를 표하며 수레를 탐에 반드시 안석을 설치하니라.』

　◉ 이 절은 군자의 교제는 때와 장소와 사람에 따라서 알맞게 대접함을 기술하였으니 일방적이고 획일적인 것은 예절정신에 어긋남을 밝혔다.

　예(禮)는 옛날의 예경(禮經)이고, 포(抱)는 품에 안고 보는 것이며, 왕부시(王父尸)는 돌아가신 할아버지의 제사에 시동(尸童)이 되는 것이요, 군시(君尸)는 돌아가신 임금의 시동이 되는 것이다. 식(式)은 수레의 앞에 설치한 가로 막대인데 수레에 탄 사람이 경의를 표할 때에 그것을 잡고 일어서서 머리를 조금 구부려 예를 표한다.

　인간관계를 튼튼하게 결속하는 끈은 사랑하는 애정(愛情)과 공경하는 예절이다. 그러나 사랑이 지나치면 절도가 없게 되고, 공경이 지나치면 접근하기가 어렵게 되므로, 군자는 사랑을 조절하기 위하여 예절을 엄격히 하고, 공경을 조절하기 위하여 애정을 베푸는 까닭에, 사랑하는 아들은 안아 주지 않고, 귀여운 손자는 안아 주는 것이다.

　그리고 평상시에는 임금을 공경하지만 돌아가신 임금을 제사 지낼 때에는 임금의 시동을 가장 공경하므로 임금도 차에서 내리게 하고, 시동은 차를 타고 종묘로 들어가게 하였다.

 齊^재者^자는 不樂^{불락}不吊^{불조}니라.

『재계하는 사람은 즐기지 않고, 조문하지 아니하니라.』

◐ 이 절은 엄숙한 행사를 준비하는 사람의 금기(禁忌)사항을 기록하였다.

재(齊)는 엄숙한 행사를 앞두고 몸과 마음을 깨끗하게 하는 일이니 목욕재계함이다. 불락(不樂)은 환락모임에 참가하지 않음이고, 불조(不吊)는 초상집에 조문하지 아니함이다. 따라서 혼인이나 제사가 있는 집에서는 그 형편을 살펴서 왕래하는 것이 예절이다.

 居喪之禮^{거상지례}는 毁瘠^{훼척}이 不形^{불형}하며 視聽^{시청}이 不衰^{불쇠}하며 升降^{승강}에 不由阼階^{불유조계}하며 出入^{출입}에 不當門隧^{불당문수}니라.

『부모의 상을 당하고 있는 예는 얼굴이 파리하고 몸이 수척함이 외형으로 나타나지 아니하며, 시력과 청각이 쇠퇴하지 아니하며, 오르고 내림에 동편 섬돌계단을 말미암지 아니하며, 나아가고 들어옴에 대문의 가운데 길을 차지하지 않으니라.』

◐ 이 장은 부모의 상중(喪中)에 자녀가 거처하는 예절을 기술하였으니 아무리 슬퍼도 인간으로서 지켜야 되는 사회규범이 있음을 밝혔다.

거상(居喪)은 아버지나 어머니의 상(喪)을 당하여 상복(喪服)을

입은 자녀이며, 훼(毀)는 슬퍼하여 얼굴이 파리함이요, 척(瘠)은 슬
퍼하여 몸이 수척함이며, 형(形)은 모양으로 나타남이다. 조계(阼階)
는 동쪽 섬돌계단이고, 문수(門隧)는 대문의 중앙길이니 모두 어버이
가 다니던 길이므로 자녀가 거상 중에는 차마 다니지 못하는 것이다.
　아무리 슬퍼해도 인간의 형상과 기능을 상실해서는 안 되고, 비록
슬퍼하지 않을지라도 돌아가신 어버이를 망각해서는 안 되니, 건강을
돌아보면서 어버이를 사모하는 것이 상복을 입는 바른 길이다.

1-25-2 ───────────── 居喪之禮는 頭有創則沐하고 身有瘍則浴하며

有疾則飮酒食肉하되 疾止하면

復初니 不勝喪은 乃比於不慈不孝니라.

『부모의 상복을 입는 예는 머리에 부스럼이 있으면 머리를 감고,
몸에 상처가 있으면 목욕하며, 질병이 있으면 술을 마시고, 고기를
먹되 질병이 그치면 처음으로 돌아가니, 상례를 감당하지 못하면 이
에 자애하지 않고, 효도하지 않은 사람에 가까우니라.』

◐ 이 절은 거상기간 중에 건강유지법을 기술하였으니 온전하게
상기(喪期)를 마치는 것이 예절임을 밝혔다.
　창(創)은 부스럼이고, 양(瘍)은 상처이며, 질(疾)은 영양실조로 생
긴 질병이다. 질지(疾止)는 병이 나아서 건강을 회복함이고, 복초(復
初)는 처음과 같이 술과 고기를 먹지 아니함이며, 불승상(不勝喪)은
상례(喪禮)를 감당하지 못하여 포기함이다. 비(比)는 가까운 것이고,

불자(不慈)는 자손을 보호하지 못함이며, 불효(不孝)는 조상을 받들
지 못함이다.

1-25-3 ──────────────────────────── 五十엔 不致毁하고 六十엔 不毁하며

七十엔 唯衰麻가 在身이니

飮酒食肉하고 處於內하니라.

『50에는 얼굴에 파리한 모양이 생기지 않게 하며, 60에는 얼굴이
파리하지 않게 하며, 70에는 오직 상복이 몸에 있을 뿐이니 술을 마
시고 고기도 먹으며 집 안에 거처하니라.』

☯ 이 절은 나이에 따라 거상범절(居喪範節)이 다름을 기술하였으
니 나이가 많을수록 건강에 더욱 조심해야 됨을 밝혔다.
  치(致)는 생기는 것이고, 최마(衰麻)는 상복(喪服)이며, 내(內)는
집 안이다.
  여기에서 70대까지만 말하고 80 이상은 생략하였으니 그 이유는
앞에 1-5-1에서 이미 예절세대를 밝혔기 때문이니 참고하라.

1-25-4 ──────────────────────────── 生與來日이요 死與往日이니라.

『산 사람은 오는날을 셈하고, 죽은 사람은 지나간 날을 셈하니라.』

◐ 이 절은 산 사람과 죽은 사람의 일수(日數) 계산법이 다름을 기술하였으니 죽은 사람의 일을 함에는 죽은 날부터 계산하고, 산 사람의 일은 죽은 다음 날부터 계산함을 밝혔다. 이것은 죽은 사람의 일을 먼저 하고, 산 사람의 일을 나중에 하기 위함임과 동시에 죽은 사람은 죽었으려니와 산 사람은 차마 그 죽음을 인정하지 못하는 마음을 배려한 까닭이다.

생(生)은 산 사람이니 곧 유자녀가 상복을 입는 일이요, 여(與)는 더불어 셈함이며, 내일(來日)은 오는 날이니 바로 죽은 다음 날, 즉 명일(明日)이다. 사(死)는 죽은 사람이니 곧 시신을 염(殮)하고 장사 지내는 일이요, 왕일(往日)은 지나간 날이니 바로 죽은 날이다.

따라서 예문(禮文)에 3일이빈(三日而殯)이라는 3일은 사망한 날로부터 제3일째 되는 날에 대렴(大殮)한다는 뜻이니 사람이 죽으면 당일에 즉시 복(復)하고, 상주(喪主)를 세워 부고(訃告)하며, 그다음 날에 소렴(小殮)하고, 또 그다음 날에 대렴(大殮)하니, 이에 대렴하여 입관(入棺)해서 구(柩)를 당(堂)의 서쪽에 안치하는 것을 빈(殯)이라고 한다. 역시 예문에 3일이성복(三日而成服)이라는 3일은 사망한 다음 날부터 계산한 것이니, 곧 사망한 날로부터는 제4일째 되는 날이다. 그러므로 유자녀가 상복을 입는 것은 입관(入棺)을 한 다음 날에야 입게 하였으니, 그 까닭은 상례(喪禮)에서 입관(入棺)하여 빈소(殯所)를 설치함은 그 죽음을 공식 확인하고 인간사회의 모든 권리와 의무를 해제하는 순간이므로, 그러한 결정이 이루어진 다음 날에 비로소 유자녀가 상복을 입고 장례행사를 주관하는 것이다.

이러한 날짜 계산법에 따라서 임금이 승하하였을 때에 그 왕통(王統)을 승계하는 왕은 반드시 다음 해의 정월(正月)에 즉위(卽位)하였다고 기록하였으니, 공자가 엮은 『춘추(春秋)』에서 확인할 수 있는

바, 효자는 아버지의 죽음을 차마 즉시 인정할 수 없는 것이므로 공자는 이 예절을 춘추대의(春秋大義)로 뚜렷이 세워 해와 달이 하늘을 지나가고, 강물이 땅을 지나가는 것처럼 명확히 하였다.

1-25-5 ──────────────── 知生者는 吊하고 知死者는 傷이니
知生而不知死이어든 吊而不傷하며
知死而不知生이어든 傷而不吊니라.

『산 사람을 아는 이는 조문하여 위로하고, 죽은 이를 아는 사람은 아파하고 슬퍼하나니, 산 사람을 알고 죽은 이는 알지 못하거든 위로만 하고 슬퍼하지는 않으며, 죽은 이를 알고 산 사람을 알지 못하거든 슬퍼만 하고 위로는 않으니라.』

◉ 이 절은 초상집에 조문하는 예절을 기술하였으니 아는 사람이 죽었거나 아는 사람의 가족이 죽었으면 찾아가서 위로하거나 슬퍼하는 것이 예절임을 밝혔다.

이(知)는 얼굴을 아는 것이니 모임을 같이하거나 거래가 있는 관계로부터 집안의 친척, 마을의 이웃, 학교의 동창, 직장의 동료, 사회의 친구 등등 모든 생활에서 아는 사이를 뜻한다. 생(生)은 유가족이고, 조(吊)는 초상집에 가서 유가족을 위로함이며, 상(傷)은 아파하고 슬퍼함인데 곧 눈물을 흘리고 곡(哭)을 하는 것이다.

이에 호상(護喪)은 조위록(吊慰錄)과 애감록(哀感錄)을 만들어 영전(靈前)에 절만 하고, 유가족을 위로한 사람은 조위록에 그 성명을

기록하고, 영전(靈前)에 곡(哭)하고 상주(喪主)를 본 사람은 애감록에 기록하여, 추후에 상주로 하여금 애감록에 기록된 사람에게는 위로의 인사를 하고, 조위록에 기록된 사람에게는 감사의 인사를 해야 된다.

1-25-6 ──────────────── 조상하되 弗能賻어든 不問其所費하며
問疾하되 弗能遺어든 不問其所欲하며
見人하되 弗能館이어든 不問其所舍니라.

『초상집에 조문하되 부의금을 낼 수 없거든 그 장례비용을 묻지 아니하며, 환자에게 위문하되 줄 수 없거든 그 하고자 하는 바를 묻지 아니하며, 사람을 접견하되 손님 잘 데를 마련할 수 없거든 그 머무를 곳을 묻지 아니하니라.』

◑ 이 절은 어려운 사람을 구원하고 돕는 예절을 기술하였으니 말로만 하지 말고 실질적으로 도와야 함을 밝혔다.

조상(吊喪)은 초상집에 조문(吊問)함이고, 부(賻)는 부의금(賻儀金)으로 초상난 집을 돕기 위하여 보내는 돈이나 물건이며, 비(費)는 비용으로 쓰는 것이다. 문질(問疾)은 앓는 이를 찾아가 위로함이니 문병(問病)과 같으며, 유(遺)는 앞에 1-22-1에서 이미 해설하였으며, 소욕(所欲)은 하고자 하는 바이니 곧 쓸 곳이다. 관(館)은 객관(客館)이니 나그네에게 머물도록 방을 주는 것이요, 사(舍)는 머물러 쉬는 것이다.

환난(患難)에 처한 사람을 말로만 위로하는 것은 그 고통만 더하

는 까닭에 실질적으로 도울 능력이 없으면 아예 묻지도 말라고 하였으니 짐짓 위로하려다가 도리어 실망시키게 되면 난처하기 때문이다.

1-25-7 ──────── 賜人者란 不曰來取요 與人者란 不問其所欲이니라.

『남에게 내리는 물건은 와서 받아 가라고 말하지 않고, 남에게 주는 물건은 그 하고자 한 바를 묻지 않으니라.』

☯ 이 절은 정부나 개인이 어려운 사람을 실질적으로 돕는 방법을 기록하였다.

사(賜)는 나라에서 인민에게 내려 주는 것이고, 내취(來取)는 와서 받아 가는 것이며, 여(與)는 개인이 베풀어 주는 것이요, 욕(欲)은 앞에 1-25-6에서 이미 해설하였다.

국가에서 임금이 공적으로 내리는 시호(諡號), 상구(喪具), 부의(賻儀), 치제(致祭) 또는 은사금(恩賜金), 하사품(下賜品) 등은 그 공덕을 표창하는 것이므로 사자(使者)가 가져다주는 것이 예절이며, 개인이 사적으로 은혜를 베풀어 주는 부의금(賻儀金), 위문품(慰問品)을 전달하는 것이 옳지만 그 쓸 곳까지 간섭해서는 안 되는 것이니 재물을 통하여 사람의 가정생활을 통제하는 것은 바로 조건부의 거래가 되는 까닭이다.

전배들은 소욕(所欲)을 필요한 수량으로 해설하였으나 옳지 않다. 개인이 사람을 도움에 어찌 필요한 수량도 묻지 않고 도와주겠는가? 반드시 필요한 수량을 물어서 가급적 충분하게 주는 것이 은혜를 베풀어 주는 본의이다.

1-25-8 ──────────────── 適墓하되 不登壟하며 助葬하되 必執紼이니라.

『묘지에 가되 묘 둑 꼭대기에 오르지 아니하며, 장례를 돕되 반드시 상여 줄을 잡으니라.』

◑ 이 절은 장례식에 참석하는 예절을 기록하였으니 조문객은 상여 줄을 잡고 장지(葬地)에까지 가서 무덤을 완성할 때까지 돕는 것이 예절임을 밝혔다.

적(適)은 따라감이요, 묘(墓)는 장지(葬地)에 묘를 완성할 곳이며, 롱(壟)은 무덤의 둘레에 둑을 쌓은 봉분(封墳)의 꼭대기요, 불(紼)은 상여를 앞뒤에서 당기는 동아줄이다.

초상에 조문객은 발인제(發靷祭)에 참여하여 장지를 향해 떠남에 상여 줄을 잡고 따라가서 널을 묻고, 무덤을 만들어, 완성할 때까지 돕는 것이 예절임을 여기에서 확인하기 바란다.

1-25-9 ──────────────────────── 臨喪不笑하며

『초상 치는 일에 임하여 웃지 아니하며』

◑ 여기에서는 사람이 죽으면 슬퍼해야 되는 예절을 기록하였다.

임(臨)은 이르러 살펴봄이고, 소(笑)는 절차와 격식을 갖추지 못함을 비웃는 것이다.

무릇 예절은 집안의 형편에 따라 알맞게 하는 것이고, 상례(喪禮)는 슬퍼하는 것이 기본정신이므로, 슬픔 속에 정신이 없는 상주(喪主)를 동정하지는 못할망정 비웃어서는 절대로 안 된다.

1-25-10 —————————————————— 揖人하되 必違其位하며

『남에게 인사를 하되 반드시 그 자리를 떠나서 하며』

☯ 여기에서는 장례식장에 모인 조문객들이 서로 인사하는 예절을 기록하였다.

읍(揖)은 서서 하는 절로 양쪽 손을 겹쳐 들어서 올렸다가 내리는 것으로 이마에까지 올리면 최고 존경이고, 턱까지 올리면 보통 존경이며, 가슴까지 올리면 조금 존경하는 표시이다. 인(人)은 장례식장에 참여한 아는 사람이고, 위(違)는 떨어지는 것이며, 기위(其位)는 장례식을 거행하는 자리이다.

장례식장은 영결식(永訣式)을 거행하는 곳이요, 인사하는 자리가 아니므로, 서로 오랜만에 만나 인사하려는 사람은 밖으로 나아가서 인사를 나누는 것이 예절이다.

1-25-11 ————————————— 望柩不歌하며 入臨不翔하며 當食不歎하니라.

『널을 바라보고 노래하지 아니하며, 들어가서 이르러 보살핌에 팔을 벌리고 뛰지 아니하며, 음식에 당하여 탄식하지 아니하니라.』

◑ 이 절은 장례식장에서 금기사항을 기록하였으니 엄숙하면서도 절도가 있어야 함을 밝혔다.

구(柩)는 시신(屍身)을 안치한 널이고, 입(入)은 장례식장으로 들어감이며, 임(臨)은 영결식에 이름이요, 상(翔)은 앞에 1-12-1에서 이미 해설하였으며, 당식(當食)은 식사하는 자리를 만남이다.

장례식은 엄숙하고 신중하게 거행하기 때문에 노래를 부르거나 뛰어서는 안 되고, 음식은 감사하게 먹어야 하므로 탄식하여 슬프게 해서는 안 된다.

1-25-12————————————————————————— ^{인 유 상}鄰有喪이어든 ^{용 불 상}春不相하며

『이웃에 초상이 났거든 절구질을 함에 돕지 아니하며』

◑ 여기에서는 초상이 남에, 이웃이 경계할 일을 기록하였다.

인(鄰)은 상가(喪家)를 중심으로 가까운 이웃집이고, 용(春)은 절구질이며, 상(相)은 도움이니 절구질을 함에 같이 협조하여 교대로 절구질을 하여 박자를 맞추고 소리를 질러 흥을 돋우는 것으로 마치 음률을 맞춘 노래로 오해할 수 있다.

1-25-13———————— ^{리 유 빈}里有殯이어든 ^{불 항 가}不巷歌하며 ^{적 묘 불 가}適墓不歌하며 ^{곡 일 불 가}哭日不歌니라.

『마을에 빈소가 있거든 거리에서 노래하지 아니하며, 묘에 가서
노래하지 아니하며, 조문하여 운 날에는 노래하지 아니하니라.』

◑ 이 절은 장례식에 마을 사람과 조문객이 조심하는 예절을 기술
하였다.

리(里)는 마을이고, 빈(殯)은 빈소(殯所)로 시신을 염(殮)하여 관
(棺)에 넣어 발인(發靷)할 때까지 두는 곳이다. 곡(哭)은 사람이 죽
음을 슬퍼하여 소리를 길게 내서 우는 것이다. 어버이의 초상에 처음
은 통곡(痛哭)하다가 시간이 지남에 따라 이에 애곡(哀哭)하며, 그
유복친(有服親)과 친구들도 생전의 정분으로 곡(哭)하는데, 곡을 한
날만은 노래를 부르지 않는 것이 인간의 진실이고 친구의 신의라고
하였으니 아름다운 예절이다.

1-25-14 ────────── 送喪하되 不由徑하며 送葬하되 不辟塗潦하며
臨喪則必有哀色하며 執紼不笑니라.

『죽은 사람을 초상집으로 보내되 지름길을 말미암지 아니하며, 죽
은 사람을 장지로 보내되 진창길을 피하지 아니하며, 상사에 임하여
곧 반드시 슬픈 빛이 있어야 하며, 상여 줄을 잡고 웃지 않으니라.』

◑ 이 절은 시신(屍身)을 안전하게 모시되, 하관(下棺) 시간을 지
키는 예절을 기술하였으니 집으로 가는 길은 안전이 중요하고 산으
로 가는 길은 시간이 중요함을 밝혔다.

송상(送喪)은 밖에서 죽은 시신을 초상집으로 보내는 것이니, 밤에 도착해도 상관이 없는 것이요, 경(徑)은 지름길이며, 송장(送葬)은 널을 상여에 싣고 장지(葬地)로 보내는 것이니 늦게 도착하여 하관(下棺) 시간이 지나면 난처하게 된다. 도료(塗潦)는 길바닥이 낮은 곳으로, 늘 물이 고여 있고 수초가 자라는 오미이다.

송상(送喪)은 대로(大路)로 가고, 송장(送葬)은 직도(直道)로 가나니, 운구(運柩) 행렬은 따르는 사람이 적기 때문에 지름길이 오히려 위험하고, 장례 행렬은 따르는 사람이 많기 때문에 돌아가는 것이 오히려 위태로운 까닭이다.

『노래에 임하여 탄식하지 아니하며』

◑ 여기에서는 상여 노래에 대한 예절을 기록하였다.

악(樂)은 상여 노래로 곧 장송곡(葬送曲)인데, 죽은 사람의 영혼을 달래고 그 업적을 기리며, 즐겁게 이승을 떠나도록 축원하는 노래이므로 경건하게 들을 일이요, 탄식하여 시끄럽게 해서는 안 된다.

『갑옷과 투구를 갖춘 무사는 곧 범접할 수 없는 모양을 가질지니 그러므로 군자는 경계하고 신중히 하여 사람에게 엄숙한 얼굴빛을 잃지 아니하니라.』

◉ 이 절은 장례 행렬을 호위하는 무사(武士)의 역할을 기록하였으니 장례식에는 불미스러운 일이 없어야 함을 밝혔다.

개(介)는 갑옷이고, 주(胄)는 투구이니 곧 완전무장한 무사(武士)로 곧 호상(護喪)이 부리는 사람이니 곧 사설경비원과 같다. 범접할 수 없는 모양이 있다는 말은 술을 먹지 않는다는 뜻이고, 군자(君子)는 벼슬이 높은 관료이며, 실색(失色)은 엄숙한 얼굴빛을 잃어버림이니, 장례 행렬에 높은 관료들이 수레나 말을 타고 길을 비켜 주지 않는 오만한 추태를 보이는 것이다.

자고로 상여(喪輿)는 하늘로 가는 수레로서 직도이행(直道而行)하는 최고의 특권이 있기 때문에 아무리 고관대작이라도 그 말과 수레를 길옆으로 비켜 세워서 상여가 중앙길로 지나가게 하였으니 그 이유는 인간이 죽어서 마지막으로 가는 길이기 때문에 이승의 사람은 모두 비켜 주며 안전하게 보내야 하는 책임이 있다.

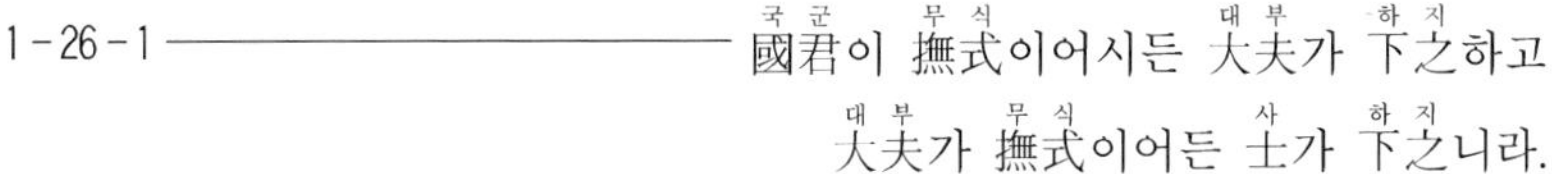

1-26-1

國君이 撫式이어시든 大夫가 下之하고
大夫가 撫式이어든 士가 下之니라.

『나라의 임금이 수레 앞의 가로 막대를 잡고 일어나 경의를 표하시거든 대부가 내리고, 대부가 수레 앞의 가로 막대를 잡고 일어나 경의를 표하거든 선비가 내리느니라.』

　☯ 이 장은 군대가 출동할 때에 승용차가 교차하거나 비켜 주는
예절을 기술하였으니, 신분이 낮은 사람의 차가 멈추어서 신분이 높
은 사람의 차가 먼저 지나가도록 양보해야 되는 것을 밝혔다.
　무(撫)는 잡는 것이고, 식(式)은 앞에 1-24-3에서 이미 해설하
였으며, 하(下)는 하차(下車)로 차에서 내리는 것이다.
　무릇 통행의 질서와 안전을 위하여 도로교통의 예절이 있는바, 공
경하여 양보하고 감사하는 마음이 그 기본인데, 대체로 개인의 용무
보다는 공적인 용무가 더욱 중요하고, 하급관리의 일보다는 고급관리
의 일이 더욱 중대하며, 산 사람의 길보다는 죽은 사람의 길이 더욱
멀기 때문에, 선비는 대부에게, 대부는 임금에게 길을 양보하듯이 모
든 사람은 상여가 지나감에 길을 비켜 주어야 된다.

1-26-2 ──────────────────── 禮不下庶人하며 刑不上大夫니라.

『예는 서민대중을 낮추지 아니하며, 형법은 대부를 높이지 않으니라.』

　☯ 이 절은 모두 예절을 지키고, 천자와 제후를 제외한 모든 사람
은 국법을 준수해야 됨을 기술하였으니, 서민대중은 선비의 예절을
써야 하고, 대부는 민법을 준수해야 되므로, 서민의 도로 통행 예절
은 선비와 같음을 밝혔다.
　예(禮)는 인간의 보편적인 최고의 모범을 자율적으로 배워서 실천

하게 하는 것이니 천자(天子), 제후(諸侯), 대부(大夫), 사(士)의 네 계층으로 분류하여 제정하고, 서민(庶民)의 예는 만들지 않았다. 따라서 서민은 선비의 예를 쓰도록 해서 나라에 선비가 가득한 지식사회를 건설하려고 도모하였으므로 결코 서민을 낮춘 것이 아니다.

형(刑)은 형법(刑法)이니 형법은 인간이 사회적으로 따라야 되는 최소한의 규범을 강제적으로 지키게 하는 것이니, 오직 천자와 제후에게만 재임 중 불소추의 특권을 주고, 대부와 사(士), 서인(庶人)은 모두 형법의 적용대상이 되는 것이므로 형법은 대부를 높이지 않는다고 하였다.

전배들은 이 경문(經文)의 하(下)를 내려간다로, 상(上)을 올라간다로 해석하였으나 옳지 않다. 이 문장에서 상(上)과 하(下)는 자동사가 아니라 타동사이며, 따라서 서인(庶人)과 대부(大夫)는 보어로 쓰인 것이 아니고 분명히 목적어로 쓰였기 때문에, 역사적으로 이미 수천 년간 관혼상제(冠婚喪祭)에 일반민중도 모두 선비의 예절을 준용하였으며, 경대부(卿大夫)도 형법을 어기면 누구나 저벌해서 조금도 특권을 인정하지 않았던 것이다.

1-26-3 ——————————————————————— <ruby>刑<rt>형</rt></ruby><ruby>人<rt>인</rt></ruby><ruby>不<rt>불</rt></ruby><ruby>在<rt>재</rt></ruby><ruby>君<rt>군</rt></ruby><ruby>側<rt>측</rt></ruby>이니라.

『형벌을 받은 사람은 임금의 곁에 두지 아니하니라.』

◑ 여기에서는 도로교통법을 어겨서 형벌을 받은 사람을 임금의 측근에 두어서는 안 됨을 밝혔다.

형인(刑人)은 형벌을 받은 사람이고, 측(側)은 수레의 측근(側近)
이니 곧 마부를 지칭한다.

임금의 주변에 모범인이 있어야 서민대중이 법을 지키고 예절을
존중하는 풍토가 일어나고, 임금의 측근에 전과자가 있으면 서민대중
이 법을 무시하고 예절을 비난하여 나라가 어지럽게 된다.

1-26-4 ──────── 兵車는 不式하며 武車는 綏旌하고 德車는 結旌이니라.

『군인 차는 수레 앞의 가로 막대를 잡고 일어나 경의를 표하지 아
니하며, 전차는 깃발을 늘어뜨리고, 시렁차는 깃발을 묶으니라.』

◑ 이 절은 특수차량의 인사법은 일반승용차의 인사법과 다름을
기술하였으니 특수차량의 안전을 도모하기 위함이다.

병거(兵車)는 군인차(軍人車)인데 군인이 탄 차는 신속하게 운행
하므로 식(式)을 아니 하며, 무거(武車)는 전차(戰車), 즉 장갑차(裝
甲車)이며, 유(綏)는 옆으로 기울여서 늘어진 것이고, 정(旌)은 깃대
끝에 새의 깃을 엮어 꾸미고 늘어뜨린 기인데 지휘하는 신호에 쓴다.
덕거(德車)는 시렁차니 수레의 양쪽으로 여러 개의 기둥을 세우고
그 기둥 위에 널판을 얹어 사람이 올라앉거나 물건을 싣도록 만든
시렁이나 선반을 설치한 차이며, 결정(結旌)은 깃대를 그 기둥에 똑
바로 묶는 것이다.

대체로 도로통행 시에 대형차는 안전운행을 위하여 깃발을 표시하게
하였으니 그 깃발을 보면 각종 소형 차량은 비켜 주는 것이 예절이다.

『사관의 수레에는 붓을 높이 걸고, 재판관의 수레에는 경고문을 높이 거니라.』

◉ 이 절은 군사출동 행렬에 사관과 재판관이 동행함을 기록하였으니 일종의 평가단으로, 사관은 공을 살피고, 재판관은 죄를 살피는 것임을 밝혔다.

사(史)는 사관(史官)이 탄 수레이고, 재(載)는 게재(揭載)이니 수레에 높이 걸거나 들어서 누구나 알 수 있도록 게시(揭示)함이니 아래도 모두 같다.

사(士)는 형벌을 관장하는 재판관이 탄 수레이며, 언(言)은 경고문(警告文)이다.

전배들은 이 장의 문맥을 살피지 못하고 재(載)를 적재(積載)로 해석하였는바, 옳지 않다. 아래 경문(經文)의 재(載) 자를 살피면 게시(揭示)의 뜻임을 확인할 수 있으니 독자는 살피기 바란다.

『앞에 물이 있거든 곧 푸른 고지새의 깃발을 높이 들고』

◉ 이 절은 앞에 물이 있으면 뒤차에 신호를 하는 방법을 기록하였으니 조심하라는 뜻이다.

청(靑)은 청조(靑鳥)이니 곧 고지새인데 참새과에 속하는 기러기
만 한 새로 부리는 짧고 통통한데 누르고 등빛은 갈색이고 머리와
날개 끝 및 꽁지는 검은빛이다. 봄과 여름에 걸쳐 우는 여름새이다.
물이 있으니 물새처럼 물을 건널 준비를 하라는 뜻이다.

1-26-7 ──────────────── 前有塵埃이어든 則載鳴鳶하고

『앞에 먼지가 있거든 곧 소리를 울리면서 솔개 깃발을 높이 들고』

◯ 이 절은 앞에 먼지가 있을 때에 신호하는 방법을 기록하였다.
　진애(塵埃)는 티끌과 먼지이고, 명(鳴)은 소리를 내는 것이요, 연
(鳶)은 높이 나는 솔개인데 매과에 속하는 새로 몸빛은 암갈색이며,
가슴에 검은색의 세로무늬가 있고, 다리는 회청색이다. 모래 바람이
불면 높은 곳으로 이동하라는 뜻이다.

1-26-8 ──────────────── 前有車騎이어든 則載飛鴻하고

『앞에 전차와 기마대가 있거든 나는 기러기의 깃발은 높이 들고』

◯ 이 절은 앞에 전차와 기마대가 있을 때에 신호하는 방법을 기
록하였다.
　거기(車騎)는 전차(戰車)와 기마대(騎馬隊)이니 완전무장한 전투

부대이고, 비홍(飛鴻)은 날개를 편 기러기의 깃발이니 기러기가 날듯이 대열을 벌리라는 뜻이다.

1-26-9 ─────────────────────────── 前有士師이어든 則載虎皮하고

『앞에 재판관의 수레가 있거든 곧 범 가죽의 깃발을 높이 들고』

☯ 이 절은 앞에 재판관의 수레가 있을 때에 신호하는 방법을 기록하였다.

사사(士師)는 재판장(裁判長)이니 앞에 1-25-에서 말한 사(士)의 우두머리요, 호피(虎皮)는 범의 가죽을 그린 깃발이니 범처럼 날래게 행동하라는 뜻이다.

1-26-10 ─────────────────────────── 前有摯獸어든 則載貔貅니라.

『앞에 사나운 맹수가 있거든 비휴의 기를 높이 드니라.』

☯ 이 절은 사나운 맹수가 앞에 있을 때에 신호하는 방법을 기록하였다.

지(摯)는 사나운 것이요, 수(獸)는 짐승이니 곧 맹수(猛獸)이며, 비휴(貔貅)는 맹수의 이름으로 범과 곰처럼 생겼다고 한다.

行에 前朱鳥而後玄武하며 左靑龍而右白虎하고
招搖는 在上하야 急繕其怒니 進退有度하며
左右有局하며 各司其局이니라.

『행군함에 앞에는 붉은 새의 깃발이요, 뒤에는 검은 거북의 깃발이며, 왼쪽에는 푸른 용의 깃발이요, 오른쪽에는 흰 범의 깃발이고, 대장군이 흔드는 깃발은 위에 있어서 그 분노한 바를 빨리 고치게 하나니, 전진과 후퇴에 법도가 있으며, 왼쪽과 오른쪽에 부서가 있으며, 각각 그 부서를 담당하니라.』

◉ 이 절은 깃발로 전군을 지휘하는 신호체계를 기술하였으니 집단의 질서와 조화로 안전을 도모하는 방법이다.

행(行)은 행군(行軍)이요, 전(前)은 전군(前軍)이고, 주조(朱鳥)는 주작(朱雀)이며, 후(後)는 후군(後軍)이며, 현무(玄武)는 거북이니, 선봉은 빨리 나는 새처럼 신속하게 진군하고, 후군은 거북이처럼 느리게 후퇴하라는 뜻이다. 좌(左)는 좌군(左軍)이요, 청룡(靑龍)은 힘차게 뻗어 나아가는 용이며, 우(右)는 우군(右軍)이고, 백호(白虎)는 웅크린 범이니 좌군은 길게 벌려서 수색하고, 우군은 가깝게 뭉쳐서 지키라는 뜻이다. 초요(招搖)는 초요기(招搖旗)로 전진(戰陣)이나 행진할 때에 대장(大將)이 장수들을 부르고 지휘하며 호령하는 기이며, 재상(在上)은 높은 자리에 있다는 뜻이고, 급선(急繕)은 신속하게 수선하여 고치는 것이요, 기노(其怒)는 대장군의 분노한 바이니, 부대의 대열이 흩어지면 대장군이 분노하여 초요기를 흔들어 지적함으로써 신속하게 대열을 정리정돈하게 만든다는 뜻이다. 국(局)은 부서

(部署)이고, 사(司)는 책임자인데 군대의 편제는 모두 지휘계통이 있
어서 일사불란하게 지휘 감독할 수 있게 만들어야 된다는 뜻이다.

　대군(大軍)의 이동에도 안전하게 통행하는 도로운행법이 있으니
예절을 지키면 길이 막히거나 부딪침이 없는 것을 논증하였다.

1-27-1 ─────────────────── 父之讎는 弗與共戴天하고
　　　　　　　　　　　　　　　　　兄弟之讎는 不反兵하고
　　　　　　　　　　　　　　　　　交遊之讎는 不同國이니라.

『아버지를 죽인 원수는 더불어 하늘을 함께 이지 아니하고, 형제
를 죽인 원수는 병기를 떠나지 아니하고, 서로 사귀어 왕래하는 벗을
죽인 원수는 나라를 같이하지 않으니라.』

　☯ 이 장은 복수(復讎)의 의리(義理)를 설파하였으니 사람을 함부
로 죽여서 원수를 맺으면 반드시 보복당함을 밝혔다.

　부지수(父之讎)는 살부지수(殺父之讎)요, 대천(戴天)은 하늘을 이
고 사는 것이며, 반(反)은 이반(離反)이니 떠나서 배반함이다. 교유
(交遊)는 서로 사귀어 왕래하는 벗이고, 동국(同國)은 나라를 같이함
이니 곧 같은 나라에 살지 않는다는 말이다.

　아버지를 죽인 원수는 죽고 살기로 결심하여 복수하고, 형제를 죽
인 원수는 항상 복수의 기회를 노리며, 벗을 죽인 원수는 같은 나라
에 살지 않으니, 곧 천륜(天倫)의 도리(道理)가 있는 부자(父子)는
일체(一體)이고, 형제는 동기(同氣)이며, 인륜(人倫)의 의리(義理)가

있는 붕우(朋友)는 동지(同志)이므로 각각 그 몸과 기질과 뜻을 해치는 바로써 대처하는 것이다.

그러나 유교의 복수론은 개인 차원에서 보복살인을 주장한 것이 아니고, 사법기관에 고발하여 형사재판에 회부해야 된다는 뜻이므로 범인색출에 전력하며 범인체포에 협조하며 증거보전에 힘써서 살인범을 놓치는 일이 없도록 해야 된다.

1-27-2 ───────────────────── 四郊多壘하면 此는 卿大夫之辱也요
地廣大하되 荒而不治하면 此亦士之辱也니라.

『사방의 교외에 군사보루가 많으면 이는 경과대부의 치욕이요, 토지가 넓고 큰데도 황폐하여 가꾸지 아니하면 이는 또한 선비의 치욕이니라.』

◉ 이 절은 안팎으로 원한을 맺으면 반드시 보복을 당하는 것을 기술하였으니 적국을 4방에 만들면 반드시 침략을 당하고, 인민을 학대하면 도망하는 것임을 밝혔다.

사(四)는 4방이고, 교(郊)는 도(都)와 목(牧)의 사이에 위치한 지역이며, 루(壘)는 외적의 침입을 막기 위하여 성벽을 쌓은 군사보루이다. 무릇 도읍은 나라의 중심지로 가까이 교(郊)가 있고, 그 밖에 목(牧)이 있으며, 또 야(野)와 임(林)과 경(坰)의 지역이 있거늘 사방의 나라가 원한을 품고 교외에까지 침입할 우려가 있다면 조정의 외교군사를 관장한 경(卿)과 대부(大夫)들의 무능을 의미하는 것이

다. 황(荒)은 황무지이고, 사(士)는 하급관리이다. 토지가 광대함에도
황무지로 방치되었다면 주민이 떠나고 없는 것인즉, 하급관료들이 주
민을 학대하고 수탈했음을 의미한다.

　사람을 함부로 죽이고 괴롭히면 반드시 보복을 당하는 것이니 사
랑의 정치로 안락한 국가를 건설하는 사업에 국가공무원은 헌신 봉
사해야 된다.

1-28-1 ─────────────────────── 臨喪不惰하며 祭服이 敝則焚之하며
祭器가 敝則埋之하며 龜筴이
敝則埋之하며 牲이 死則埋之니라.

『상사에 임하여 게으르지 아니하며, 제복이 해지면 태우며, 제기가
부서지면 묻으며, 거북점과 산가지점을 치는 것이 낡으면 묻으며, 희
생이 죽으면 묻으니라.』

　☯ 이 장은 귀신과 관계된 물건이 낡아 못쓰게 되면 버리는 방법
을 기록하였으니 태우거나 묻어서 깨끗이 처분해야 됨을 밝혔다.
　타(惰)는 오랜 타성에 젖어 태만함이니 새롭게 바꾸려고 하지 않
음이다. 제복(祭服)은 제사 때에 입는 의복이고, 폐(敝)는 낡고 해지
고 깨지고 더러운 것이며, 매(埋)는 땅속에 묻는 것이다. 귀(龜)는
거북이요, 협(筴)은 산가지인데 모두 점치는 도구를 뜻하며, 생(牲)
은 제물로 바치는 소, 돼지, 양 등의 희생물이다.

凡祭於公者는 必自徹其俎니라.

『무릇 공공기관에서 제사 지낸 사람은 반드시 스스로 그 제기를 거두어 나오느니라.』

◯ 이 절은 공적으로 제사 지낸 음식을 거두는 방법을 기록하였으니 반드시 제사상을 제사 지낸 사람이 철상(徹床)하여야 됨을 밝혔다.
  공(公)은 공공기관이나 공적인 모임이고, 철(徹)은 거두어 모으는 것이며, 조(俎)는 희생물을 담는 제기(祭器)이다.
  공적인 제사에는 빈객(賓客)이 많으므로 제사 지낸 사람이 주관하여 제사음식을 고루 나누어 분배할 책임까지 있다는 뜻이니 제사는 귀신에게만 음식을 바치는 것이 아니고 그 제사음식을 손님에게까지 고루 나누어 대접하는 행사임을 명확히 논증하였다.

卒哭乃諱니 禮는 不諱嫌名하며 二名은 不偏諱니라.

『졸곡이면 이에 그 이름을 피하니 예경에는 음이 같은 이름은 피하지 않으며, 두 자 이름은 한 글자를 피하지 않으니라.』

◯ 이 장은 돌아가신 조상이나 높은 어른의 이름을 피하는 예절을 기술하였으니 여기에서는 옛날 『예경(禮經)』에 음(音)이 같거나 한 자만 같은 것은 피하지 않음을 밝혔다.
  졸곡(卒哭)은 장사 지내고 3우제(三虞祭)를 지낸 뒤 석 달 만에 정일(丁日)이나 해일(亥日)을 택해서 지내는 제사인데 이날로부터 아침저녁으로 울면서 밥상을 올리는 것을 중지하고 초하루와 보름날 아침에만 밥상을 올린다. 휘(諱)는 산 사람의 이름을 명(名)이라 하며, 죽은 사람의 이름을 휘(諱)라 하는데 졸곡까지는 산 사람으로 섬기는 까닭에 명(名)이라 하고, 졸곡으로로부터는 죽은 사람으로 섬겨 휘(諱)라고 하여, 이때로부터 그 자손이나 신하는 일상생활에서 사용을 기피한다. 예(禮)는 앞에 1-24-3에서 이미 해설하였고 혐명(嫌名)은 글자는 다른데 음(音)만 같은 이름이요, 이명(二名)은 두 글자로 된 이름이며, 편(偏)은 반쪽이니, 편휘(偏諱)는 두 자 가운데 한 글자를 피하는 것이다.

1-29-2 ──────────────────────────────── 逮事父母이어든 則諱王父母하고
不逮事父母이어든 則不諱王父母니라.

『아버지와 어머니를 섬김에 미쳤거든 곧 할아버지와 할머니의 이름도 피하고, 아버지와 어머니를 섬김에 미치지 못했거든 곧 할아버지와 할머니의 이름을 피하지 않으니라.』

☯ 이 절은 일찍 어버이를 잃은 고아(孤兒)는 할아버지와 할머니의 이름을 피하지 않음을 기술하였으니 어버이를 섬기지 못했음을 기억하기 위함이다.

체(逮)는 미치는 것이며, 왕부모(王父母)는 할아버지와 할머니를 높여 부르는 말이니, 왕(王)은 대(大)와 같다.

대저 부모와 조상을 높이는 것은 자손의 도리이다. 그러나 어버이를 섬기지 못한 사람이 조상을 높이는 것은 실질이 없는 허구적 형식에 지나지 못하므로 예법은 명실상부(名實相符)하지 못함을 싫어하여 어버이를 섬기는 마음이 넘쳐서 할아버지와 할머니를 섬기는 데까지 미쳐 나아가게 하였다.

1-29-3 ──────────────── 君所엔 無私諱하고 大夫之所엔 有公諱니라.

『임금이 계신 곳에는 사적으로 피함이 없고, 대부가 있는 곳에는 공적으로 피함이 있느니라.』

◑ 이 절은 임금 앞에서는 사휘(私諱)를 쓰지 못하고, 대부(大夫) 앞에서는 공휘(公諱)를 쓸 수 있음을 기술하였으니 선공후사(先公後私)의 어법(語法)이다.

군소(君所)는 임금이 계신 곳이요, 사휘(私諱)는 개인적으로 사사롭게 피하는 이름이니 곧 부모와 조상의 이름을 피함이고, 공휘(公諱)는 국가사회에서 공적으로 피하는 이름이니 옛날 훌륭한 임금의 이름을 피함이다.

1-29-4 ──────────────────── 詩書不諱하며 臨文不諱하며

『시와 글은 피하지 아니하며, 글월에 임해서는 피하지 아니하며』

◐ 이 절은 학문교육과 문장에 임해서는 피하지 않음을 기술하였으니 정확한 내용을 전달하기 위함이다.

시(詩)는 시경(詩經)을 지칭하고, 서(書)는 서경(書經)을 지칭하며, 문(文)은 주역(周易)을 지칭하는바, 그 뜻이 깊은 까닭에 한 글자라도 피하면 바르게 이해할 수 없게 된다.

1-29-5 ──────────────────────────── <ruby>廟<rt>묘</rt></ruby><ruby>中<rt>중</rt></ruby><ruby>不<rt>불</rt></ruby><ruby>諱<rt>휘</rt></ruby>니라.

『사당 안에서는 피하지 아니하니라.』

◐ 여기에서는 사당 안에서 위판(位版)을 정확히 구별하기 위하여 이름을 피하지 않음을 기록하였다.

묘(廟)는 조상의 신주(神主)를 모신 가묘(家廟)와 역대 임금의 위판(位牌)을 모신 종묘(宗廟)와 현인의 신위(神位)를 모신 사우(祠宇)와 공자의 위판(位版)을 모신 문묘(文廟)가 있는데, 배향(配享), 종향(從享), 종사(從祀) 등의 많은 신위(神位)가 있으므로 정확을 기해야 한다.

1-29-6 ──────────── 夫人之諱는 雖質君之前이라도 臣不諱也하며
婦諱는 不出門하며 大功小功도 不諱니라.

『제후 부인의 이름은 비록 임금을 대하는 면전이라도 신하는 피하

지 아니하며, 임금의 며느리 이름은 대궐문을 나아가지 아니하며, 대
공과 소공의 복을 입는 사람의 이름도 피하지 않으니라.』

◑ 이 절은 신하가 궁중에서 피하지 않아도 되는 대상을 기록하였다.
부인(夫人)은 제후(諸侯)의 부인이고, 질(質)은 대면(對面)의 뜻
이며, 부(婦)는 임금의 며느리요, 문(門)은 궁문(宮門)이다. 대공(大
功)은 9월의 상복으로 중부(衆婦), 중손(衆孫)의 죽음에 입고, 소공
(小功)은 5월의 상복으로 손부(孫婦) 등의 죽음에 입는다.
여기에서 살아 있는 사람의 공휘(公諱)는 오직 임금의 이름뿐이고,
비록 궁중이라고 하여도 임금의 며느리 이름만 빼고는 모든 왕족의
이름을 피할 필요가 없다는 사실을 확인할 수 있으니 언어생활의 편
리를 위함이다.

1-29-7 ──────── 入境而問禁하며 入國而問俗하며 入門而問諱하니라.

『국경에 들어감에는 금지 사항을 묻고, 도성에 들어감에는 풍속을
물으며, 대궐문에 들어감에는 피할 것을 물으니라.』

◑ 이 절에서는 사신이 조심할 사항을 기술하였으니 그 나라의 국
법과 풍속과 공휘(公諱)를 존중해야 됨을 밝혔다.
경(境)은 국경이고, 금(禁)은 금법(禁法)이니 곧 형법이며, 국(國)
은 도읍을 뜻하며, 문(門)은 앞에 1-28-6에서 말한 대궐문이요, 휘
(諱)는 공휘(公諱)이다.

『바깥일은 강일을 쓰고, 안 일은 유일을 쓰니라.』

☯ 이 장은 큰일을 시작하는 날을 잡는 법을 기술하였으니 날에는 강일(剛日)과 유일(柔日)이 있으므로 자연의 순리에 따라야 함을 밝혔다.

외사(外事)는 바깥일이니 남자들만이 처리할 수 있는 사업으로 정벌(征伐), 순수(巡狩), 조빙(朝聘), 회맹(會盟), 장례(葬禮)와 같은 종류의 행사이고, 이(以)는 용(用)과 같으며, 강일(剛日)은 수자로 1, 3, 5, 7, 9의 날과 일진(日辰)으로 갑(甲), 병(丙), 무(戊), 경(庚), 임(壬)의 날이다. 내사(內事)는 아낙네들이 동참해서 남자들과 함께하는 일이니 관례(冠禮), 혼례(昏禮) 상례(喪禮), 제례(祭禮)와 같은 종류의 행사이며, 유일(柔日)은 수자로 2, 4, 6, 8, 10의 날과 일진으로 을(乙), 정(丁), 기(己), 신(辛), 계(癸)의 날이다.

하늘에는 음양(陰陽)이 있고, 땅에는 강유(剛柔)가 있으며, 사람에게는 인의(仁義)가 있으니, 하늘의 양기(陽氣)와 땅의 강질(剛質)과 사람의 인성(仁性)이 합치면 기운이 왕성하여 감당하지 못할 것이 없는 것이요, 하늘의 음기(陰氣)와 땅의 유질(柔質)과 사람의 의성(義性)이 더불면 기질이 부드러워서 화합하지 못할 것이 없으므로 대외적인 일은 완수하는 것이 중요하기 때문에 강일을 쓰고, 대내적인 일은 화합이 중요하기 때문에 유일을 쓰도록 하였으니 지혜의 산물이다.

1-30-2 ──────────────── 凡卜筮日하되 旬之外曰遠某日이요
旬之內曰近某日이니 喪事는
先遠日하고 吉事는 先近日이니라.

『무릇 거북점과 산가지점을 쳐서 날을 잡되, 10일 이후에 잡으려면 멀리 무슨 날이라고 말하고, 10일 이내에 잡으려면 가까이 무슨 날이라고 말하나니, 상사에는 먼저 먼 날을 묻고, 길사에는 먼저 가까운 날을 묻느니라.』

☯ 이 절은 날을 받는 방법은 기술하였으니 인간의 지혜로 길흉을 판단할 수 없을 때에는 신명(神明)에게 물어서 좋은 날을 받아야 함을 밝혔다.

복(卜)은 앞에 1-18-4에서 이미 해설하였고, 서(筮)는 산가지 50개로 셈하여 점을 치는 것이니, 그 구체적인 방법은 『서경(書經)』의 홍범(洪範)과 『주역(周易)』의 계사상(繫辭上)에 있다. 순(旬)은 10일이요, 상사(喪事)는 장일(葬日)이고, 길사(吉事)는 제일(祭日), 혼인일(婚姻日)이니 좋은 일은 빨리하고 싶고, 나쁜 일은 천천히 하고 싶은 것이 인간의 심정이다. 날을 받음에 10일 내외로 예상하고 물으라는 것은 행사를 준비하는 기간이 필요하기 때문이니 일이란 촉박하면 마음이 조급하고 늘어지면 방심하는 까닭이다.

1-30-3 ──────────────── 曰하되 爲日하야 假爾泰龜有常하며
假爾泰筮有常이라 하나니 卜筮는
不過三하며 卜筮는 不相襲이니라.

『말하되 좋은 날을 받기 위하여 그대 큰 거북점에 떳떳함이 있음을 빌리려고 하오며, 그대 큰 산가지점의 떳떳함이 있음을 빌리려고 하나이다라고 하나니 거북점과 산가지점은 세 사람에 지나지 않으며, 거북점과 산가지점은 서로 거듭하지 아니하니라.』

◑ 이 절은 점을 치는 방법을 기술하였으니 경건하고 진실한 자세로 물어야 됨을 밝혔다.

왈(曰)은 점치는 사람이 신명(神明)에게 축원하는 말이고, 위일(爲日)은 좋은 날을 받기 위함이며, 가(假)는 빌리는 것이다. 태(泰)는 존대(尊大)함이고, 유상(有常)은 떳떳하게 사심 없이 바르게 계시(啓示)하여 줌이 있는 것이다. 불과삼(不過三)은 세 사람이 점을 쳐서 많은 쪽을 따르는 것이니 세 사람 이상이 쳐서는 안 된다는 뜻이고, 불상습(不相襲)은 같은 점을 반복하여 두 번 거듭 쳐도 안 된다는 뜻이니 모두 귀신을 모독하는 행위가 되는 것이다.

전배들은 불상습(不相襲)을 거북점과 산가시섬을 교대로 쳐서는 안 된다고 해석하였으나 옳지 않다. 거북점은 먼 장래의 길흉을 점치고, 산가지점은 가까운 앞날의 길흉을 점치는 것이니, 홍범(洪範)에 이미 복길(卜吉), 서길(筮吉)을 말하여 현재와 미래가 모두 길함을 밝히고 있다.

龜爲卜이요 筮爲筮니
卜筮者는 先聖王之所以使民으로 信時日하며
敬鬼神하며 畏法令也이며 所以使民으로 決嫌疑하며

　　　　정 유 여 야　　　　고　　　　왈 의 이 서 지 즉 불 비 야
定猶與也니 故로 曰疑而筮之則弗非也하며
　　　　　　　　일 이 행 사 즉 필 천 지
　　　　　日而行事則必踐之하느니라.

『거북은 거북점을 치고, 산가지는 산가지점을 치니, 거북점과 산가
지점은 옛날 성왕이 민중으로 하여금 때와 날을 확신하며 귀신을 공
경하며 법령을 두렵게 하는 원리이며, 민중으로 하여금 의심쩍은 문
제를 해결하며, 머뭇거리는 일을 결정하는 원리이니, 그러므로 말하
기를 의심해서 점을 친다면 비난하지 아니하며, 날을 점쳐서 일을 거
행하면 반드시 실천하느니라.』

　　◯ 이 절은 점의 실용적 가치를 기술하였으니 거북점과 산가지점
은 성왕(聖王)이 개발한 문제 해결방법임을 밝혔다.

　　협(筮)은 앞에 1-28-1에서 이미 해설하였고, 성왕(聖王)은 복희
(伏犧)와 요(堯), 순(舜), 우(禹), 탕(湯), 문무(文武)이며, 신시일(信
時日)은 시간과 날짜에 대한 관념을 가지고 역법(曆法)을 존중함이
며, 경귀신(敬鬼神)은 제삿날을 엄수하여 받드는 것이며, 외법령(畏
法令)은 동원하는 날짜에 빠짐없이 모이는 것이다. 결혐의(決嫌疑)는
앞에 1-2-1에서 이미 해설하였고, 여(與)는 한가로움으로 유여(猶
與)는 유예(猶豫)와 같으니 점이 일을 미루지 못하게 한다는 뜻이다.
비(非)는 비난함이며, 천(踐)은 이행(履行)하여 실천함이다.

　　자고로 예식을 거행하는 날의 날씨는 행사를 원만하게 마치는 관
건이었기에 대단히 중대한 문제였다. 그러나 오늘날은 천문기상관측
기술이 크게 발달하여 10일 전후의 일기는 대강 예측할 수 있지만
그러나 가볍게 날을 잡아서는 안 되고 사당에서 점을 치는 정성을

가지고 신중히 잡아야 됨을 여기에서 확인하기 바란다.

1-31-1 ──────────── 君車가 將駕이어든 則僕이 執策하야 立於馬前하고

『임금의 수레가 장차 멍에를 씌우거든 곧 마부가 채찍을 들고, 말의 앞에 서고』

◉ 이 장은 말이나 마차를 타는 의례를 기술하였으니 안전을 도모해야 함을 밝혔다.

가(駕)는 멍에를 씌우는 것이고, 복(僕)은 복어(僕御)로 마부이며, 책(策)은 채찍이요, 말의 채찍을 들고 서는 까닭은 말이 뛰어 달아나는 것을 방지함이다.

1-31-2 ──────────── 已駕어든 僕이 展軨效駕하며

『이미 멍에를 씌우고는 마부가 수레 난간을 살피고 멍에를 씌운 효능을 확인하며』

◉ 이 절은 출발 전에 확인이 필요함을 기록하였으니 마부가 직접 확인해야 됨을 밝혔다.

전(展)은 살펴서 확인함이고, 령(軨)은 수레의 난간이니 수레의 가장자리에 가로와 세로로 나무나 쇠를 건너 세워 놓은 살로 떨어지

는 것을 방지한 장치이며, 효(效)는 효능을 확인함이다.

1-31-3 ──────────────── 奮衣하고 由右上하되 取貳綏하야 跪乘하며

『옷의 먼지를 털고 오른쪽을 말미암아 수레에 오르되 버금 수레고삐를 잡고 무릎을 굽혀 타며』

◑ 이 절은 마부가 수레에 오르는 방법을 기록하였으니 깨끗하고 안전하게 타야 함을 밝혔다.

분의(奮衣)는 옷에 먼지를 터는 것이고, 유우(由右)는 임금의 자리가 왼쪽이고, 마부의 운전석은 중앙이며, 경호원의 자리는 오른쪽이니 경호원석을 통하여 수레에 오르는 것이다. 이(貳)는 버금이요, 수(綏)는 수레고삐니 수레에 오를 때에 안전을 위하여 잡는 줄이며, 궤승(跪乘)은 임금의 수레이기 때문에 감히 서서 타지 못하고 무릎 꿇고 타는 것을 말한다. 임금은 정수(正綏)를 잡고 승강대를 통하여 서서 타지만 마부는 2수(貳綏)를 잡고 땅에서 무릎으로 타는 것을 알 수 있다.

1-31-4 ──────────────── 執策分轡하야 驅之하야 五步而立하니라.

『채찍과 나눈 고삐를 잡고, 말을 몰아 다섯 걸음에서 일어서니라.』

◑ 이 절에서는 마부가 말을 몰아 임금이 수레를 타는 승강대 앞으로 가는 예절을 기록하였다.

분비(分轡)는 말고삐를 양쪽 손에 나누어 쥐는 것인데 임금의 수레는 가운데에 두 마리의 말이 있으니 그 고삐가 4개이고 또 양쪽에 곁말이 있는바, 그 고삐가 2개이다. 그리하여 총 6개의 고삐 가운데 오른쪽 고삐 3개는 오른손에 쥐고, 왼쪽 고삐 3개는 왼손에 쥐는 것이니, 한 손에는 채찍과 함께 잡는다. 구(驅)는 말을 몰아 출발함이요, 입(立)은 마부가 수레에서 일어섬이니 모든 준비가 완료되었음을 알리는 신호이다.

1-31-5 ——— 君出就車어시든 則僕이 幷轡授綏어든 左右가 攘辟이니라.

『임금이 나와서 수레로 가시거든 곧 마부가 말고삐를 오른손에 아우르고, 왼손으로 수레고삐를 드리거든 좌우의 신하는 물러나 피하느니라.』

◉ 이 절은 임금이 수레에 오르는 예절을 기술하였으니 신속하게 출발할 수 있도록 주변 신하들이 물러나야 됨을 밝혔다.

수수(授綏)는 마부가 임금에게 수레고삐를 드림이고, 양피(攘辟)는 뒤로 물러나서 수레가 즉각 출발할 수 있도록 비켜 주는 것이다. 이것은 모두 안전을 위한 것인즉 신속하게 피해야 한다.

1-31-6 ————————————————— 車驅而騶하야 至于大門하면
君이 撫僕之手而顧命車右하사
就車하시나니 門閭溝渠엔 必步니라.

『수레가 쫓아 달리어 대문에 이르면 임금이 마부의 손을 어루만지며 돌아보고, 수레는 오른쪽으로 멈추라고 하사, 걸어서 대문을 지나 수레로 가시나니 문, 마을문, 개천, 개골창에서는 반드시 걸어가시니라.』

◑ 이 절은 임금이 수레를 멈추게 하는 방법과 걸어서 가는 곳을 기술하였으니 모두 안전을 위함이다.

취(驟)는 취(驟)이고, 거우(車右)는 임금이 왼쪽에서 내리기 편하도록 수레를 오른쪽으로 붙여서 멈추라는 말이요, 취거(就車)는 대문을 걸어서 통과한 다음에 다시 타기 위하여 수레로 가는 것이며, 여(閭)는 마을의 입구에 있는 문이고, 구거(溝渠)는 큰 개천과 작은 개골창이며, 보(步)는 임금이 도보로 걸어감이니, 마부는 수레 위에서 내리지 않고 말을 어거한다.

1-31-7 ————

범복인지례
凡僕人之禮는　必授人綏니
필수인수

약복자　　강등
若僕者가　降等이어든

즉수　　　불연즉부
則受하고　不然則否하며

『무릇 마부의 예절은 반드시 사람에게 수레고삐를 주어야 하니 만약 마부가 등급을 내리거든 곧 받고, 그렇지 않으면 바로 받지 아니하니라.』

◑ 이 절은 모든 마부의 예절을 기술하였으니 수레에 타는 사람에게 수레고삐를 주어서 안전하게 차에 오르도록 안내해야 됨을 밝혔다.

강등(降等)은 등급을 낮춤이니 곧 마부가 수레고삐의 하단을 잡고 사람에게 줌이며, 부(否)는 인정하지 않음이다. 안전한 승차를 위하여 운전자가 승객의 승차를 안내한 것은 당연하다.

1-31-8 ——————————————— 若僕者가 降等이어든 則撫僕之手하고
不然則自下拘之니라.

『만약 마부가 등급을 내리거든 곧 마부의 손을 어루만지며 수레고삐를 잡고, 그렇지 않으면 마부의 손 아래의 수레고삐부터 잡느니라.』

☯ 여기에서는 마부가 준 수레고삐를 잡는 예절을 기록하였으니 마부를 배려하는 마음이 지극하다.
　무복지수(撫僕之手)는 마부의 손을 어루만지며 그 위에 부분의 수레고삐를 잡는 것이요, 자하구지(自下拘之)는 마부가 잡고 있는 수레고삐의 아랫부분으로부터 잡는다는 뜻이다.

1-31-9 ——————————————————— 客車는 不入大門하며
婦人은 不立乘하며 犬馬는 不上於堂이니라.

『손님의 수레는 대문에 들어가지 않으며, 부인네는 서서 타지 않으며, 개와 말은 대청에 오르지 않으니라.』

☯ 이 절은 말과 수레가 공경할 일을 기술하였으니 주인과 여자와

227

사람을 존중함이다.

객거(客車)는 손님의 수레요, 대문(大門)은 주인집의 대문이니, 주인의 안내가 필요하므로 들어가지 아니하는 것이다. 부인(婦人)은 체력이 약하므로 안거(安車: 여자들이 앉아서 타는 작은 수레)에 태워야 하며, 개와 말을 대청이나 강당에 올라가지 못하게 함은 천한 짐승이 사람만의 자리를 더럽히기 때문이다. 따라서 아무리 애견(愛犬)이나 애마(愛馬)라고 하여도 당상(堂上)에 데리고 올라오는 것은 사람을 무시하는 행위이다.

1-31-10──────────────────────────── 故로 君子는 式黃髮하며
下卿位하며 入國不馳하며 入里必式이니라.

『그러므로 군자는 노인에게 수레 앞의 가로 막대를 잡고 일어나 경의를 표시하며, 재상의 자리에 내리며, 도읍에 들어가서 달리지 않으며, 마을에 들어감에 반드시 수레 앞의 가로 막대를 잡고 경의를 표하니라.』

◉ 이 절은 수레를 탄 사람이 공경할 일을 열거하였으니 노인과 대신(大臣)과 인민을 공경해야 됨을 밝혔다.

고(故)는 공경할 대상을 살펴야 하는 까닭이고, 황발(黃髮)은 머리칼이 노란 노인이며, 경위(卿位)는 재상(宰相)이 있는 곳이며, 국(國)은 도읍을 지칭하고, 리(里)는 25가(家) 정도의 마을이다.

수레를 타고도 경로(敬老), 존관(尊官), 애민(愛民)정신을 실천하

니 아름답기 그지없도다.

1-31-11 ───────── 君이 命召어시든 雖賤人이나 大夫士가 必自御之니라.

『임금이 명령으로 부르시거든 비록 천한 사람이 왔어도 대부와 선비가 반드시 스스로 맞이하니라.』

◑ 이 절은 임금의 사자(使者)를 맞이하는 예절을 기술하였으니 비록 천인(賤人)이 왔더라도 그 수레를 직접 안내함을 밝혔다.

아(御)는 맞이함이니, 사자(使者)의 수레를 직접 안내하여 맞아들인다는 뜻이다. 앞에 1-23-2에서는 사자(使者)를 맞이하는 예절이요, 여기에서는 사자의 수레를 맞이하는 예절이다.

1-31-12 ─────────────── 介者는 不拜니 爲其拜而蓌拜니라.

『갑옷을 입은 사자는 절하지 않으니 그 절을 할진대 서서 머리와 몸을 가볍게 앞으로 숙여서 꾸벅하느니라.』

◑ 이 절은 갑옷을 입은 사자(使者)가 절하는 법을 기술하였으니 전투복을 입은 군인은 머리만 꾸벅하는 좌배(蓌拜)가 경례법임을 밝혔다.

개자(介者)는 갑옷을 입은 사자(使者)요, 배(拜)는 두 손을 포개서 무릎을 꿇은 다음 손을 앞으로 내밀어 땅에 대고 허리를 굽혀 머리를 숙이며 절하고 일어나는 것인데 갑옷을 입으면 몸을 굽히기 어려우므로 이런 절을 하지 않고 꼭 절을 해야 된다면 좌배(髮拜)를 하는 것이니 전투복을 입은 군인의 경례법이다.

1-31-13————————————— 祥車는 曠左니 乘君之乘車하되
不敢曠左하며 左必式하니라.

『혼백을 모신 수레는 왼쪽을 비우니 임금의 승용차를 타되 감히 왼쪽을 비우지 아니하며, 왼쪽에 타면 반드시 수레 앞 가로 막대를 잡고 일어나 경의를 표시하니라.』

◐ 이 절은 임금이 수레를 탈 때의 예절을 기술하였으니 반드시 경의를 표하고 가야 됨을 밝혔다.

상거(祥車)는 평상시에는 사람이 타다가 장례식 때에 죽은 사람의 옷을 실어 혼백(魂帛)을 모시고, 상여(喪輿) 앞에 가는 혼거(魂車)이다. 광(曠)은 공석(空席)으로 비워 둔 것이요, 좌(左)는 수레의 왼쪽 전면으로 임금이 타는 자리인데 이곳을 비워 두면 임금의 혼거(魂車)로 오해받기 때문에 감히 비우지 못하고 사람이 타되, 다만 경의를 표해야 되는 것이다. 여기에서 수레는 누구나 이용할 수 있음을 알 것이다.

1-31-14————————————— 僕御婦人하되 則進左手하고 後右手니라.

『마부가 부녀자를 위하여 수레를 몰되, 곧 왼손을 앞으로 내고, 오른손을 뒤로하니라.』

◐ 여기에서는 마부가 부녀자를 수레에 태우는 예절을 기록하였으니 여자가 무서워하지 않도록 몸을 약간 돌려야 됨을 밝혔다.

어(御)는 마차를 운전함이고, 진(進)은 앞으로 내미는 것이니 부인네가 왼쪽에 타기 때문에 마부가 왼손을 앞으로 내밀고 오른손을 뒤로하면 자연히 부인 쪽을 등지게 된다.

1 - 31 - 15 ──────────── 御國君하되 則進右手하고 後左手而俯니라.

『나라의 임금을 위하여 수레를 몰되 곧 오른손을 앞으로 내밀고, 왼손을 뒤로하면서 허리를 구부리니라.』

◐ 여기에서는 마부가 임금이 수레에 오르실 때에 취하는 자세를 기술하였으니 임금을 향하여 허리를 굽힘을 밝혔다.

부(俯)는 허리를 굽힘이니 공경을 표함이다.

1 - 31 - 16 ──────────── 國君은 不乘奇車하며 車上不廣欬하며 不妄指하며

『나라의 임금은 제도에 맞지 않는 수레를 타지 않으며, 수레 위에서 큰 기침을 하지 않으며, 경망스럽게 손가락질하지 않으니라.』

◒ 이 절은 임금의 승차예절을 기술하였으니 겸손한 자세로 정중하게 처신하여 사람을 편안하게 해야 됨을 밝혔다.

기거(奇車)는 제도에 맞지 않는 기묘한 수레이고, 광해(廣欬)는 큰 기침이며, 망지(妄指)는 경망스럽게 손가락질함이다.

1-31-17 ——— 입시오규 식시마미 고불과곡
立視五巂하며 式視馬尾하며 顧不過轂이니라.

『섬에는 수레바퀴가 다섯 번 도는 거리를 보고, 수레의 가로 막대를 잡고 경의를 표시함에는 말의 꼬리를 보며, 돌아봄에는 바퀴통을 지나가지 않으니라.』

◒ 여기에서는 임금의 시선이 향할 곳을 기술하였다.

입(立)은 수레에서 선 것이고, 규(巂)는 규(規)와 같으니 그림쇠로서 원둘레를 뜻하는바, 여기에서는 수레바퀴의 원둘레이며, 5규(巂)는 수레바퀴가 다섯 번을 돌아가는 거리로 직경이 1미터인 바퀴는 그 원둘레가 3.14m인즉 대략 16m 전방을 보면 된다. 곡(轂)은 바퀴통이니 바퀴살이 모인 속바퀴이다.

1-31-18 ——— 국중 이책혜 솔몰 구진불출궤
國中에는 以策彗로 卹勿하야 驅塵不出軌니라.

『도읍 안에서는 채찍비로 먼지를 털듯이 말을 문질러 달림에 티끌이 두 바퀴 자국을 벗어나지 않으니라.』

◐ 이 절은 도읍 안에서 천천히 달리는 예절을 기록하였다.

국중(國中)은 도읍 안이고, 혜(篲)는 비이며, 솔(卹)과 몰(勿)은 모두 먼지를 터는 것이요, 궤(軌)는 양쪽 수레바퀴의 사이로 곧 굴대이다.

수레가 빨리 달리면 먼지가 일어나기 때문에 도시민의 생활환경을 해치지 않기 위하여 임금의 수레를 천천히 몰게 하였으니 인민을 사랑하는 마음이 가득하다.

1-31-19 ─────────── 國君은 下齊牛하고 式宗廟하며
大夫士는 下公門하고 式路馬니라.

『나라의 임금은 희생할 소가 있는 데는 내리고, 종묘에는 수레 앞에 가로 막대를 잡고 경의를 표시하며, 대부와 선비는 관공서의 문에서 내리고, 임금이 탄 말 있는 데는 수레 앞 가로 막대를 잡고 경의를 표시하니라.』

◐ 이 절은 수레에서 내리거나 식(式)할 곳이 다름을 기술하였으니, 내리는 것은 크게 공경함이고, 식(式)하는 것은 보통으로 공경함이다.

재우(齊牛)는 소를 희생(犧牲)의 제물로 쓰기 위하여 깨끗하게 특별 관리하는 곳이니 신명(神明)이 잡수실 소이므로 내려서 크게 공경하고, 종묘(宗廟)는 조상신의 위패를 모신 집이므로 수레에서 내리지 않고 경의만 표한다. 공문(公門)은 관공서(官公署)의 정문으로 관청에는 인민의 호적부(戶籍簿)가 있기 때문에 대부와 선비가 크게 존경하여 내리고, 로마(路馬)는 임금의 수레를 끄는 말이므로 내리지

않고 경의만 표한다.

여기에서 임금은 조상의 위패를 모신 종묘보다는 조상에게 바칠 희생(犧牲)이 더욱 중요하고, 대부와 선비는 임금이 타는 말보다는 인민의 호적부가 더욱 중대함을 깨달아야 할 것이니, 만일 희생물이 병들어 제사를 지내지 못한다면 종묘가 무슨 의미가 있으며, 또한 인민이 흩어져서 호적부가 없다면 임금의 말이 무슨 가치가 있겠는가? 그러므로 종묘는 제사를 지냄으로써 더욱 빛나고, 임금은 인민이 많음으로써 더욱 고귀한 것이다.

1 - 31 - 20 ——————————————— 乘路馬하되 必朝服이니 載鞭策하며
不敢授綏하며 左必式이니라.

『임금의 수레를 타되 반드시 관복을 입을지니, 말채찍을 걸어놓으며 감히 수레고삐를 주지 아니하며, 왼쪽 자리에 탐에는 반드시 수레 앞 가로 막대를 잡고 경의를 표시하니라.』

◑ 이 절은 신하가 임금의 수레를 이용하는 예절을 기술하였으니 앞에 1-31-13에서의 내용을 자세히 설명하였다.

조복(朝服)은 관복(官服)이니 신분을 확실히 함이고, 재편책(載鞭策)은 긴급한 용무임을 밝혀 말채찍을 수레에 싣되 사용하지는 않으며, 수레고삐는 스스로 잡아서 임금과 다르게 처신하니 임금을 공경하는 마음이 아름답다.

 ───────────────── 步^보路^로馬^마하되 必^필中^중道^도니 以^이足^족으로
蹴^축路^로馬^마芻^추하야 有^유誅^주하며 齒^치路^로馬^마하야 有^유誅^주니라.

『임금의 수레를 끄는 말을 걷게 하되 반드시 길을 가운데로 가게
하나니, 임금의 수레를 끄는 말의 꼴을 차서 벌함이 있으며, 임금의
수레를 끄는 말을 나란히 세워 벌함이 있느니라.』

◑ 이 절은 임금의 수레를 끄는 말이 보행법을 어길 때에 처벌하
는 예절을 기술하였으니 채찍을 쓰지 않고 먹이와 세워 놓는 방법으
로 벌함을 밝혔다.

보(步)는 걷는 것이고, 중도(中道)는 길의 중앙이며, 축(蹴)은 축
(蹴)과 같고, 추(芻)는 말의 먹이인 꼴이다. 주(誅)는 처벌함이고, 치
(齒)는 나란히 세운 것이니, 임금이 타는 말이므로 채찍은 사용하지
않고 다만 먹이를 발로 차서 빼앗거나 혹은 나란히 세워 두는 방법
으로 처벌할 뿐이니 임금을 공경하기 때문에 차마 말채찍으로 때리
지 않는 것이다.

2. 곡례(曲禮) 하(下)

앞에 곡례(曲禮) 상(上)의 편제해설에서 이미 해설하였으니 역시
지성사회의 안전과 신뢰를 구축하는 생활예절이다.

2-1-1———————————— 凡奉者는 當心하고 提者는 當帶니라.

『무릇 두 손으로 받드는 사람은 가슴에 대고, 드는 사람은 허리띠
에 대니라.』

◉ 이 장은 물건을 손으로 드는 예절을 기술하였으니 고귀한 물건
을 다루는 법도이다.

봉(奉)은 두 손으로 받드는 것이고, 심(心)은 심장이니 곧 가슴이
요, 제(提)는 한 손으로 드는 것이며, 대(帶)는 허리띠이다. 귀중한
물건은 두 손으로 높이 받들고, 보통의 물건은 한 손으로 허리에까지
드니 안전성과 존중함을 모두 표현했다.

2-1-2———————————— 執天子之器則上衡하고 國君則平衡하고
大夫則綏之하고 士則提之니라.

『천자의 그릇을 잡음에는 곧 올라간 저울대처럼 하고, 나라 임금

의 그릇은 평평한 저울대처럼 하고, 대부의 그릇은 깃발이 늘어지듯
이 하고, 선비의 그릇은 허리에까지 드느니라.』

◐ 이 절은 그릇의 주인에 따라 드는 자세가 다름을 기술하였다.
상형(上衡)은 저울대가 올라간 것처럼 높이 받드는 것이요, 평형
(平衡)은 어깨와 팔을 수평으로 함이며, 유(綏)는 깃발이 늘어지듯이
팔을 45°로 내림이고, 제(提)는 팔을 허리띠에 대는 것이다. 천자와
제후 및 대부와 선비의 그릇을 각각 45°씩 차이가 나도록 함은 그
공경심이 다르기 때문이다.

2-1-3 ─────────────────────
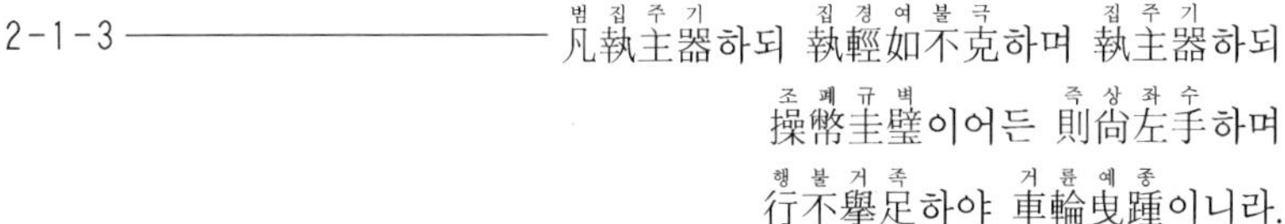

『무릇 주님의 그릇을 잡되 가벼운 그릇을 잡더라도 이기지 못하는
것처럼 하며, 주님의 그릇을 잡되 돈, 홀, 도리옥을 잡거든 왼손을 숭
상하며, 걸어감에 발을 들지 아니하야 수레바퀴처럼 발꿈치를 끌며
가니라.』

◐ 이 절은 높은 사람의 물건은 소중하게 들어야 함을 기술하였다.
주(主)는 대부(大夫)의 별칭이고, 극(克)은 감당하여 이기는 것이
며, 폐(幣)는 돈이요, 규(圭)는 홀이며, 벽(璧)은 도리옥이니 둥근 옥
이다. 상(尙)은 숭상함이요, 좌수(左手)는 왼손이니 오른손보다 힘은

적지만 움직임이 적어서 더욱 안전하다. 행(行)은 보행(步行)이고, 예(曳)는 끌어당김이며, 종(踵)은 발꿈치이다.

立則磬折垂佩니 主佩倚어든

2-1-4 ——————————————————

則臣佩垂하고 主佩垂어든 則臣佩委니라.

『섬에는 곧 경쇠처럼 허리를 꺾어 패옥을 드리우나니 주님의 패옥이 몸에 기대거든 곧 신하의 패옥은 몸과 수직으로 하고, 주님의 패옥이 수직이거든 곧 신하의 패옥은 벼이삭이 고개 숙이듯이 하니라.』

◐ 이 절은 상대에 따라 서는 자세가 다름을 기술하였으니 낮은 사람은 높은 사람보다도 더욱 많이 굽혀야 됨을 밝혔다.

경절(磬折)은 경쇠처럼 허리를 약간 꺾어서 서는 것이며, 패(佩)는 패옥(佩玉)인데 관복이나 예복 등의 큰 띠에 매달아 붙여서 장식하는 옥구슬이다. 의(倚)는 허리를 별로 굽히지 않았기 때문에 패옥이 몸에 의지하고 있는 것이고, 수(垂)는 허리를 약간 굽혀서 패옥이 몸과 수직(垂直)으로 된 것이며, 위(委)는 벼이삭이 고개 숙이듯이 대롱대롱 매달려 있는 모양이니 허리를 많이 굽힘이다.

어른의 인격과 재능과 도량에 존경심이 저절로 나온 것이지 결코 아첨하기 위함이 아니다.

2-1-5 —————————— 執玉하되 其有藉者則裼하고 無藉者則襲이니라.

『옥을 잡되 깔아 놓은 것이 있으면 곧 포대기로 감싸고, 깔아 놓은 것이 없으면 곧 덧입은 옷으로 감싸니라.』

◉ 이 절은 옥을 소중하게 다루는 예절을 기술하였으니 부딪치지 않도록 포대기나 두꺼운 옷으로 감싸는 것을 밝혔다.

자(藉)는 밑에 부드러운 것으로 깔아서 받치는 것이요, 석(裼)은 포대기 또는 등거리이며, 습(襲)은 끼어서 덧입은 옷이니 포대기보다는 더욱 두툼하다.

2-2-1 ──────────────────── 國君은 不名卿老世婦하고
大夫는 不名世臣姪娣하고
士는 不名家相長妾이니라.

『나라의 임금은 재상, 노인, 가까이 있어 시중드는 여자종의 이름을 부르지 않고, 대부는 대대로 한 왕실을 섬겨 공로가 있는 신하, 아내의 조카딸, 아내의 여동생으로 아내의 일을 돕는 도우미의 이름을 부르지 않으며, 선비는 집안일을 돕는 사무장, 안살림을 돕는 대표가정부의 이름을 부르지 않으니라.』

◉ 이 장에서는 이름을 불러서는 안 되는 대상을 기술하였으니 특히 여자는 나이에 상관없이 아내를 돕는 사람을 존대하도록 하였는 바 결국 아내를 존중하는 정신이다.

국군(國君)은 지방국가의 지도자이고, 명(名)은 호명(呼名)이니

이름을 부르는 것이며, 노(老)는 늙은 사람이요, 세부(世婦)는 궁중에서 제사(祭祀), 빈객(賓客), 상장(喪葬)의 일에 음식을 주관하는 여자 벼슬로 청소와 세탁까지 관리한다. 세신(世臣)은 한 왕실을 대대로 섬겨 공로가 있는 신하로서 대부(大夫)의 부하가 된 사람이고, 질(姪)은 아내의 조카딸이요, 제(娣)는 아내의 여동생인데 모두 아내의 일을 돕기 위하여 아내를 따라온 도우미이며, 가상(家相)은 가신(家臣)의 장(長)이고, 장첩(長妾)은 아내의 밑에서 안살림을 돕는 대표가정부이다.

사람이 밖에 나가서는 일을 경영하는 책임자를 존대하고, 집에 들어와서는 안살림을 돕는 여자들을 존중하면 나라와 가정이 모두 안락할 것이다.

2-2-2 ──────────────── 君大夫之子는 不敢自稱曰余小子라 하며
大夫士之子는 不敢自稱曰嗣子某라 하며
不敢與世子로 同名이니라.

『임금과 대부의 아들은 감히 자기를 일컬어 "나 작은아들"이라고 말하지 아니하며, 대부와 선비의 아들은 감히 자기를 일컬어 "대를 잇는 아들 아무개"라고 말하지 아니하며, 감히 세자와 더불어 이름을 같게 하지 아니하니라.』

◯ 이 절은 천자와 제후의 자칭용어와 이름자를 피하는 예절을 기술하였으니 국가사회적인 혼동을 피하려는 뜻이다.

군(君)은 지방국가의 임금으로 곧 제후(諸侯)이며, 자칭(自稱)은 자기를 일컬어 말함이고, 여소자(余小子)는 천자(天子)가 돌아가신 아버지나 조상에 대하여 쓰는 용어로 위대한 아버지의 공덕에 비교하여 덕이 적은 아들이라는 뜻이다. 사자모(嗣子某)는 제후(諸侯)가 돌아가신 아버지나 조상에 대하여 쓰는 용어로 훌륭한 아버지의 대를 이은 아들 아무개라는 뜻이다. 그러므로 대부 이하의 아들은 아버지가 죽음에 고자모(孤子某)라고 쓴다. 동명(同名)은 이름자가 같은 것이니 다만 세자(世子)가 태어나기 전에 사용한 이름자는 세자가 임금의 자리에 오른 다음에도 고칠 필요는 없다. 왜냐하면 사람의 이름은 아무도 빼앗을 수 없는 존엄한 권리이기 때문이다.

2-2-3 

『임금이 선비로 하여금 활을 쏘게 하시되 잘하지 못하거든 곧 질병으로 사양하여 말하기를 "아무개는 섶나무를 등에 진 피로감이 있나이다"라고 하니라.』

☯ 여기에서는 선비는 문무겸전(文武兼全)하여 이름값을 해야 됨을 기록하였으니 선비가 배워야 하는 필수기본과목이 예악사어서수(禮樂射御書數)이다.

사(射)는 활쏘기이니 무예의 기본이고 선비가 닦아야 되는 학업이거늘 이를 못 한다고 하면 선비의 체면이 서지 않으므로 기운이 없어서 실력발휘가 어렵다고 사양해야 된다. 부신(負薪)은 땔감으로 쓸 섶을 등에 지는 것이고, 우(憂)는 피로를 느낌이니 가벼운 근심이다. 선비가 땔감을 스스로 마련하여 지고 오는 것은 당연한 일이지만 활을 쏘지 못하는 것은 부끄러운 일이다.

2-2-4 ──────────────── 侍於君子에 不顧望而對하면 非禮也니라.

『군자를 곁에서 모심에 둘러보지 않고 대답하면 예의가 아니다.』

◯ 이 절은 군자를 곁에서 모심에는 전체적인 분위기를 파악해서 대답하는 예의를 기술하였다.

고망(顧望)은 앞뒤를 두루 돌아보고 그 분위기를 살피는 것이니 공명정대한 대화의 광장을 만들고자 함이요, 비례(非禮)는 대답할 때를 어긴 것이니 연장자와 지식이 많은 이가 먼저 대답하도록 기다려야 한다.

2-2-5 ──────────────── 君子가 行禮하되 不求變俗이니
祭祀之禮와 居喪之服과 哭泣之位를
皆如其國之故하며 謹修其法而審行之니라.

『군자가 예를 행하되 습속을 변경하려고 추구하지 않으니 제사의 예식과 초상에 거처하는 옷과 울고 흐느끼는 자리를 모두 그 나라의

옛날 법식대로 하면서 삼가 그 법도를 다듬고 살펴 거행하니라.』

　☯ 이 절은 군자가 외국에 가서 살지라도 예절은 반드시 본국의
풍속을 지켜야 함을 밝혔다.

　군자(君子)는 벼슬을 한 군자이고, 행례(行禮)는 관혼상제(冠婚喪
祭)의 가정의례를 거행함이며, 속(俗)은 본국의 풍속으로 부모와 조
상이 관습적으로 쓰던 사회규범인데, 여기에서는 요(堯), 순(舜) 3대
(三代)에 걸쳐 완성된 성왕(聖王)의 생활예절이다. 제사지례(祭祀地
禮)는 제례(祭禮)의 절차이고, 거상지복(居喪之服)은 상례(喪禮)의
복제(服制)이며, 곡읍지위(哭泣之位)는 장례 행렬의 순서이다. 기국
(其國)은 본국(本國), 조국(祖國), 모국(母國)이요, 고(故)는 옛날부
터 내려오는 전통적인 방식이며, 근수(謹修)는 신중하게 다듬는 것이
고, 법(法)은 아름다운 법도(法度)이다. 군자가 세상을 바꾸어야지
세상이 군자를 바꾸어서는 안 된다.

2-2-6 ——————————— 去國三世에 爵祿이 有列於朝하며 出入에
有詔於國하며 若兄弟와 宗族이 猶存이어든
則反告於宗後하며 去國三世에 爵祿이
無列於朝하며 出入에 無詔於國이어든
唯興之日이라야 從新國之法이니라.

『본국을 떠난 지 3대에 작위와 녹봉이 조정의 반열에 들어가 있으
며, 출국하고 입국함에 나라에서 임금의 명령이 있으며, 그 형제와

종족이 오히려 남아 있거든, 곧 종족의 후손에게 돌이켜 알리고, 본 국을 떠난 지 3대에 작위와 녹봉이 조정의 반열에 없으며, 출국하고 입국함에 나라에서 임금의 명령이 없거든, 오직 일어나 벼슬하는 날 에야 새 나라의 법을 좇느니라.』

　　◑ 이 절은 군자의 후손이 외국에 거주하면서 모국(母國)의 예절 법도를 지키지 않아도 되는 경우를 기술하였으니 새 나라에 벼슬한 사람은 새 나라의 예법을 지켜야 함을 밝혔다.

　　거국(去國)은 군자의 후손이 외국으로 이민(移民)을 감이고, 3세(三世)는 이민을 가서 3대(代)가 된 것이며, 작록(爵祿)은 신분을 보장하기 위하여 관직(官職)은 없이 작위(爵位)와 녹봉(祿奉)만을 주어 사후에까지 우대하는 제도이다. 열(列)은 반열에 오름이요, 조(詔)는 임금이 조령(詔令)을 내려 편의를 보살피도록 함이며, 반고(反告)는 돌이켜 알림이니 사후에 결과를 통지하여 알림이다. 흥(興)은 일으켜 등용함이며, 신국(新國)은 이민하여 사는 나라이다. 군자는 비록 이민을 했어도 본국의 예법을 지키다가 이민 간 나라에서 발탁 등용하면 비로소 본국의 예법을 버리고 새 나라의 예법을 따라야 한다고 하였으니 개인적인 명분과 공직자의 명분이 다르기 때문이다.

2-2-7 ──────────────────── 

『군자가 이미 아버지를 여의고 외로운 아들이 되면 이름을 바꾸지 아니하니라.』

◑ 이 절은 이름을 소중하게 지키는 예절을 기록하였으니 이름을 돌아보고 어버이의 뜻을 헤아리는 것이 자식의 본분임을 해설하였다.

고(孤)는 고자(孤子)로 아버지가 돌아가심에 아들이 스스로를 지칭하는 말이며, 경(更)은 변경하여 개작(改作)함이고, 명(名)은 아이가 태어남에 그 아버지가 미래의 희망을 담아 특별히 지어 주는 사람의 개별적인 이름이다. 따라서 이름에는 아버지의 숭고한 뜻이 들어 있기 때문에 아버지가 돌아가시면 그 이름을 바꾸지 못한다.

2-2-8 ──────────────────────── 已孤暴貴하얀 不爲父作諡하니라.

『이미 아버지를 여의고 외로운 아들이 갑자기 높은 벼슬에 올라서는 아버지를 위하여 시호를 짓지 아니 하니라.』

◑ 이 절은 시호(諡號)를 지음에는 민의(民意)에 합당해야 됨을 기술하였으니 모든 명칭이나 호칭은 실질과 부합해서 명실상부(名實相符)하도록 지어야지 그렇지 않으면 오히려 허명(虛名)의 욕이 된다는 사실을 밝혔다.

이고(已孤)는 일찍이 아버지를 여의고 고아(孤兒)로 자란 사람이고, 폭귀(暴貴)는 갑자기 고귀한 자리에 오른 사람이니 부모와 조상의 유산도 없이 스스로 자수성가(自手成家)하여 마침내 천자(天子)나 제후(諸侯)가 된 것이다. 시(諡)는 생전의 공덕을 평가하여 죽은 뒤에 호칭하는 이름인데 자고로 신하들이 민의(民意)를 살펴 선택하면 임금이 증여한다.

아무런 공덕도 없는 아버지에게 임금이 신하들을 설득하여 아름다
운 시호(諡號)를 올리게 하면 결국 민심(民心)을 어기게 되어 유명
무실(有名無實)한 가명(假名)으로 전락한다.

2-2-9 ——————— 居喪未葬하얀 讀喪禮하고 旣葬하얀 讀祭禮하고
喪畢復常하얀 讀樂章하니 居喪하얀 不言樂하며
祭事엔 不言凶하며 公庭엔 不言婦女니라.

『부모의 상을 당하고 있음에 아직 장례를 못 함에는 상례를 읽고,
이미 장사를 지냄에는 제례를 읽고, 상기를 마치고 정상생활로 돌아
가서는 악장을 읽으니 부모의 상복을 입고서는 음악을 말하지 아니
하며, 제사 지내는 일에는 흉한 것을 말하지 아니하며, 대궐의 마당
에서는 부녀자에 관한 일을 말하지 아니하니라.』

◉ 이 절은 명분(名分)에 대한 예절을 기술하였으니 사람에게는 신
분(身分)에 의하여 반드시 지켜야 할 도의상의 본분이 있음을 밝혔다.
거상(居喪)은 앞에 1-25-1에서 이미 해설하였고, 상필복상(喪畢
復常)은 상기(喪期)를 마치고 정상적인 사회생활로 돌아온 것이며,
악장(樂章)은 나라의 제향(祭享)이나 연례(宴禮)에서 연주하는 정악
(正樂)을 기록한 가사(歌詞)로 악부(樂府)라고도 한다. 제사(祭事)는
제사를 지내는 일이고, 공정(公庭)은 관공서(官公署)의 마당이며, 부
녀(婦女)는 부인과 여자에 관한 사사로운 이야기이다.
거상(居喪)은 슬프고, 음악(音樂)은 즐거우며, 제(祭)는 길례(吉

禮)요, 공정(公庭)은 공공의 일을 논의하는 곳이며 부녀(婦女)는 개
인의 사사로운 일이니 애락(哀樂), 길흉(吉凶), 공사(公私)를 분별하
는 것이 명분(名分)을 지키는 행동이다.

2-2-10 ─────────────────────── 振書端書於君前이 有誅하고
倒筴側龜於君前이 有誅니라.

『임금 앞에서 책을 털고 문서를 바로잡아 정리함에 벌함이 있고, 임
금 앞에서 산가지를 거꾸로 하고 거북을 뒤집음에 벌함이 있느니라.』

☯ 이 절은 직분을 수행하는 예절을 기술하였으니 사람은 관직(官
職)에 따라 맡은 바 직책상의 책임을 마땅히 다해야 할 본분이 있음
을 밝혔다.

진(振)은 흔들어서 먼지를 터는 것이고, 단(端)은 바르게 정리함
이며, 주(誅)는 앞에 1-31-21에서 이미 해설하였다. 도(倒)는 위아
래가 거꾸로 된 것이요, 측(側)은 뒤집어진 것이다.

관직을 맡은 사람은 평소에 장부를 정리해야 함에도 사관(史官)이
나 복서관(卜筮官)이 임금의 앞에 와서야 그 문서책과 산가지, 거북
을 정리한다면 태만함이 너무 심하므로 견책해야 마땅하다.

2-3-1 ───────────── 龜筴과 几杖과 席蓋와 重素와 袗絺綌을 不入公門하며

『거북과 산가지와 안석과 지팡이와 방석과 일산과 위아래가 흰 옷과 칡베로 만든 홑옷을 대궐의 문에 들이지 아니하며』

◐ 이 장은 대궐의 문에 들이지 아니하는 예절을 기술하였으니 정치적으로 문명한 국가를 건설하기 위하여 명랑한 관청의 기율을 세워야 함을 밝혔다.

중소(重素)는 상의와 하의가 모두 흰 옷이고, 치(裌)는 홑옷이며, 치격(絺綌)은 칡베 옷이다. 관공서에서 점을 치면 민정(民政)이 아니라 신정(神政)이 되며, 안석, 지팡이, 방석, 일산(日傘)은 권위주의의 상징물이며, 위아래가 흰 옷과 칡베로 만든 홑옷은 사치와 안일은 탐하는 행색이며, 공문(公門)은 대궐의 문이니 근정(勤政)을 솔선수범하는 데 장애가 될 뿐이므로 반입을 금지한다.

2-3-2 ─────────────── 苞屨와 扱衽임과 厭冠을 不入公門하며

『그령풀신과 옷깃을 거둠과 갓끈의 장식을 끊은 관을 대궐의 문에 들이지 아니하며』

◐ 이 절은 상복(喪服)을 입고 대궐의 문에 출입하지 않는 예절을 기록하였다.

포구(苞屨)는 띠의 일종인 그령풀로 만든 신인데 자최(齊衰)의 상복에 신으며, 삽임(扱衽)은 도포의 앞에 깃을 거두어 띠에 꽂은 것으로 어버이의 임종에 뛰면서 호곡(號哭)하기 위함이다. 엽관(厭冠)은

관의 끈에 장식한 늘어진 줄을 끊은 관(冠)이니 상복을 입은 사람이
쓰는 것이다.

상례(喪禮)는 흉례(凶禮)이므로 흉복(凶服)을 입는 것이니 마땅히
대궐에 함부로 들어갈 수 없다.

2-3-3 ——————————— 書方과 衰와 凶器를 不以告어든 不入公門하며

『상례에 부의목록과 상복과 초상에 쓰는 그릇을 보고하지 않았거
든 대궐의 문에 들이지 아니하며』

☯ 이 절은 허가를 받지 않으면 초상에 쓸 물건을 대궐에 들여보
내지 않는 예절을 기술하였다.

서방(書方)은 옛날에 죽은 사람을 보내면서 정표(情表)로 주는 예
물의 목록을 널판자에 기록한 것이요, 최(衰)는 상복(喪服)이며, 흉
기(凶器)는 초상에 사용하는 그릇이다. 이고(以告)는 미리 보고하여
허락을 받은 것이다.

2-3-4 ————————————————— 公事를 不私議니라.

『관청의 일을 사사롭게 논의하지 아니하니라.』

☯ 이 절은 관공서의 일은 관공서에서만 논의하는 예절을 기술하

였으니 공적인 일을 사석(私席)에서 논의함은 공명정대한 처사가 아님을 밝혔다.

자고로 국사(國事)를 사석에서 은밀히 논의하여 사전에 결탁하고 거래조건을 흥정함으로써 부정부패가 자심했으니 공명정대한 회의운영은 대단히 중요하다.

2-4-1 ──────────────── 君子가 將營宮室에 宗廟가 爲先이요
厩庫가 爲次요 居室이 爲後니라.

『군자가 장차 사당과 살림집을 지음에 조상을 모시는 사당이 먼저요, 마구간과 창고가 다음이요, 살림집이 뒤가 되느니라.』

☯ 이 장은 고위관료가 집에 갖출 순서를 기술하였으니 집에서는 조상을 받드는 일을 최우선으로 해야 됨을 밝혔다.

영(營)은 건축함이고, 궁(宮)은 사당이요, 실(室)은 살림집이며, 종묘(宗廟)는 조상을 모시는 사당(祠堂)이다.

조상이 편안해야 자손이 편안하고, 물자가 넉넉해야 생활이 안정하므로 사당을 먼저 짓고 마구간과 창고가 그 다음이며, 사람이 살 집은 그 뒤에 짓는 것이다.

2-4-2 ──────────────── 凡家造는 祭器가 爲先이요
犧賦가 爲次며 養器가 爲後니라.

『무릇 집에서 만듦에는 제기가 먼저요, 희생물과 세금이 다음이며, 봉양하는 그릇이 뒤가 되느니라.』

◉ 여기에서는 가정에서 제조하는 물건의 순서를 밝혔다.

가조(家造)는 가정에서 제조(製造)하는 것이고, 희(犧)는 제물로 바칠 희생물이며, 부(賦)는 국가에 바치는 세금이요, 양기(養器)는 가족을 부양(扶養)하는 그릇이다.

모든 관료와 민간인은 가정을 경영함에 가장 우선적으로 조상을 위하고, 그다음에 국가를 위하며, 그다음에 가족을 위하는 것이 예절이라고 하였으니 평화 시의 일반적인 생활태도이다.

2-4-3 ──────────────────── 無田祿者는 不設祭器하고 有田祿者는
先爲祭服이니 君子는 雖貧이라도 不粥祭器하며
雖寒이라도 不衣祭服하며 爲宮室에 不斬於丘木이니라.

『논밭과 녹봉이 없는 사람은 제기를 갖추지 않고, 논밭과 녹봉이 있는 사람은 먼저 제복을 만드니, 군자는 비록 가난하더라도 제기를 팔지 않으며, 비록 춥더라도 제복을 입지 않으며, 사당과 살림집을 지음에 무덤가에 있는 나무를 자르지 않으니라.』

◉ 이 절은 생활이 아무리 어렵더라도 지식인은 조상을 숭배하는 것이 예절임을 기술하였다.

전(田)은 논밭의 경작지이고, 녹(祿)은 국가의 녹봉이며, 설(設)은

비치(備置)함이다. 육(粥)은 파는 것이고, 참(斬)은 베어서 자른 것이
며, 구목(丘木)은 조상의 묘소 주변에 있는 나무로 산소를 보호한다.

조상은 자손의 뿌리이므로 지극히 숭배하여야 그 자손이 고귀하게 된다.

2-4-4 ─────────────── 大夫士가 去國하되 祭器를 不踰竟이니
大夫는 寓祭器於大夫하고 士는 寓祭器於士니라.

『대부와 선비가 본국을 떠나되 제기를 가지고 국경을 넘지 아니하
나니 대부는 제기를 대부에게 부탁하고, 선비는 제기를 선비에게 부
탁하니라.』

◐ 이 절은 본국(本國)을 잊어서는 안 되는 예절을 기록하였으니
비록 타국에 가서 벼슬을 할지라도 반드시 귀국하여 조상의 묘소를
지키고 제사를 지내는 것이 효도임을 밝혔다.

거국(去國)은 본국(本國)을 떠나서 다른 나라로 감이고, 유(踰)는 넘
어감이며, 경(竟)은 경(境)이요, 우(寓)는 부탁하여 맡겨 둠이다. 제기를
동료에게 맡기는 것은 신의(信義)가 있어 안전하게 보관하기 때문이다.

2-4-5 ─────────────── 大夫士가 去國하되 踰竟爲壇位하야
鄕國而哭하고 素衣하며 素裳하며 素冠하며
徹緣하며 鞮屨하며 素簚하며 乘髦馬하며
不蚤鬋하며 不祭食하며 不說人以無罪하며
婦人이 不當御니 三月而復服이니라.

『대부와 선비가 본국을 떠나되 국경을 넘으면 제단자리를 만들어 본국을 향하여 슬프게 울고, 흰옷과 흰 치마를 입고 흰 관을 쓰며, 옷에 선을 두른 장식을 떼며, 가죽신을 신으며, 흰 수레덮개를 하며, 말갈기가 다팔거리는 말을 타며, 손톱발톱과 수염을 깎지 않으며, 음식을 제사 지내지 않으며, 남에게 죄가 없는 것으로 말하지 않으며, 부인이 직접 담당하여 모시게 하지 않으니 3개월이어야 평상복으로 돌아가니라.』

◉ 이 절은 대부와 선비가 본국을 떠나면서 조상님께 사죄하는 절도를 기술하였으니 자손이 조상의 산소를 떠나는 것이 부모가 이승을 떠나는 슬픔에 견줌을 밝혔다.

단위(壇位)는 땅을 청소하여 제단(祭壇)의 자리를 설치함이고, 향(鄕)은 향(向)이며, 소의(素衣), 소상(素裳), 소관(素冠)은 모두 상복(喪服)이요, 철연(徹緣)은 옷의 가장자리에 선 두른 장식을 떼는 것이며, 제(鞮)는 가죽이고, 멱(幦)은 수레덮개이다. 모마(髦馬)는 말갈기를 다듬지 않은 말이요, 조(蚤)는 조(爪)니 손톱과 발톱을 깎음이며, 전(翦)은 수염을 다듬어 깎음이다. 제식(祭食)은 앞에 1-20-3에서 이미 해설하였고, 당어(當御)는 직접 담당하여 모시게 함이며, 복복(復服)은 평상복으로 돌아감이니, 흉복(凶服)을 벗고 길복(吉服)으로 갈아입는 것이다.

부모와 조상의 무덤이 있는 조국을 떠나는 마음이 3개월을 슬퍼하니 조상을 숭상하는 정신이 대단하다.

2-5-1 ──────── 大夫士가 見於國君하되 君이 若勞之하시거든
則還辟하야 再拜稽首하고

『대부와 선비가 나라 임금을 뵙되 임금이 만약 위로를 하시거든 곧 물러나서 두 번 절하며 머리를 조아리고』

◉ 이 장에서는 절하는 절도를 논하여 임금과 신하의 절하는 범절을 기술하였으니 절은 공경할 때와 감사할 때, 그리고 청할 때와 답할 때에 하는 것임을 밝혔다.

현(見)은 뵙는 것이고, 노(勞)는 위로함이니 노고를 치하하는 것이며, 선피(還辟)는 물러남이요, 재배(再拜)는 두 번 절함이니 절은 바르게 서서 두 손을 겹쳐 잡아 공수(拱手)를 한 다음에 무릎을 꿇고 손을 앞으로 내밀어 땅에 대며, 허리를 굽혀 엎드린 자세로 머리를 숙여 절하고 일어나는 것인데, 재배는 이 동작을 두 번 함이요, 계수(稽首)는 절하기 전이나 뒤에 두 손을 벌려서 땅을 짚고 머리를 땅에 이르도록 깊이 숙이는 것인데 계상(稽顙)이라고도 하며, 머리를 살짝 땅에 대는 돈수(頓首), 즉 고두(叩頭)보다도 더욱 지극한 감동을 표시한다. 일반적으로 절은 상대방에 대한 공경심을 표현하므로 답배(答拜)가 있지만 계수(稽首)나 돈수(頓首)는 자기의 감동을 표현하는 것이므로 답이 없는 것이다.

2-5-2 ──────────────── 君이 若迎拜어시든 則還辟하야 不敢答拜니라.

『임금이 만약 맞이하여 절하시거든 곧 물러나 감히 답하여 절하지 못하니라.』

◐ 이 절은 현격하게 높은 사람의 절은 피하여 받지 않는 것이 예절임을 기록하였으니 답배(答拜)는 절을 받는다는 뜻이고, 답배를 안함은 절을 받지 못하겠다는 뜻이다.

영배(迎拜)는 주인이 문밖에 나아가서 손님을 맞이한다는 뜻으로 먼저 절함이고, 답배(答拜)는 손님이 주인의 절을 받은 다음에 즉시 답하여 절함이니 빈주(賓主)의 대등한 관계를 인정함이다.

외교사절이나 신하를 맞이함에 임금이 존경하고 사모하는 사람이면 문밖에 나아가서 환영하며 먼저 절할 수 있음을 여기에서 확인하기 바란다.

2-5-3 ──────────────── 大夫士가 相見하되 雖貴賤不敵이라도
主人이 敬客이어든 則先拜客하고
客이 敬主人이어든 則先拜主人이니라.

『대부와 선비가 서로 보되 비록 귀하고 천함이 대등하지 않더라도 주인이 손님을 공경하거든 곧 먼저 손님에게 절하고, 손님이 주인을 공경하거든 곧 먼저 주인에게 절하니라.』

◐ 이 절은 신하들이나 지식인이 벗으로 교제함에는 공경하는 사람이 먼저 절하는 예절을 기술하였으니 벗은 고상한 인격만을 보고 벼슬이나, 나이나, 형세는 따지지 않는 것임을 밝혔다.

상견(相見)은 벗으로 사귀기 위하여 처음으로 교제를 트는 예절이니 상견례(相見禮)가 있다. 귀(貴)는 벼슬이 높은 사람이니 곧 대부

(大夫)요, 천(賤)은 벼슬이 낮은 사람이니 곧 선비이며, 적(敵)은 대
등한 적수(敵手) 또는 필적(匹敵)함이다.

　임금도 초야에 사우(師友)가 있고, 또한 지식인에게는 망년우(忘
年友)가 있으니 그 뜻을 같이하기 때문이다.

2-5-4 ──────────────── 凡非吊喪하며 非見國君이어든 無不答拜者니라.

『무릇 초상에 조문함이 아니며 나라 임금을 뵘이 아니거든 답하여
절하지 않은 것이 없느니라.』

　◐ 이 절은 조상(吊喪)할 때와 나라 임금을 알현(謁見)할 때를 제
외하고 모든 절에는 답배(答拜)를 하는 것이 예절임을 기술하였다.

　조상(吊喪)은 상사(喪事)에 부조(扶助)하기 위하여 가는 것이요,
손님대접을 받으려고 가는 것이 아니므로 상주(喪主)의 절을 받지
않고, 나라의 임금은 앞에 2-5-2에서 이미 말한 것처럼 신분 차이
가 현격하여 감히 받지 못한 것이다.

2-5-5 ──────────────── 大夫가 見於國君이어든 國君이 拜其辱하고
士가 見於大夫이어든 大夫가 拜其辱하고
同國이 始相見이어든 主人이 拜其辱이니라.

『대부가 나라 임금에게 알현하거든 나라 임금이 그 몸을 굽혀 찾

아 줌을 감사하여 절하고, 선비가 대부에게 보이거든 대부가 그 고마움을 사례하여 절하고, 같은 나라가 처음 서로 보거든 주인이 그 몸을 굽혀 찾아옴을 감사하여 절하느니라.』

　☯ 이 절은 찾아온 손님을 맞아 먼저 절하는 예절을 기술하였으니 그 몸을 굽혀 찾아옴에 대한 고마운 뜻을 표함이다.

　기욕(其辱)은 손님에게 욕이 된다는 뜻이고, 동국(同國)은 임금의 작위(爵位)와 국력이 서로 동등한 나라의 임금 사이이나, 또는 대부(大夫)끼리이며, 주인(主人)은 손님을 맞이하는 당사자이다.

　임금이 찾아온 대부(大夫)를 고마워하여 먼저 절함에 대부는 답배(答拜)를 하지 못한다. 그러나 대부가 찾아온 선비에게 감사하여 먼저 절하면 선비가 답하여 절을 하며, 또한 동등한 나라 사이에 동등한 계급끼리는 주인이 감사하여 절하면 손님이 답배(答拜)를 하는 것임을 밝혔다.

2-5-6 ──────────────── 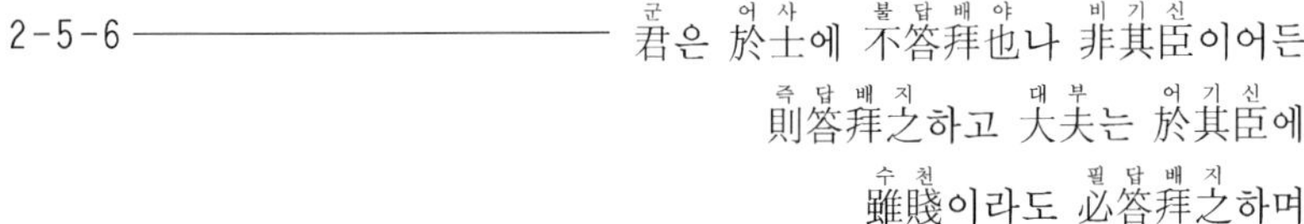

『임금은 선비에게 답배를 않으나 그 신하가 아니거든 곧 답배를 하고, 대부는 그 신하에게 비록 천한 신분이라도 반드시 답배를 하며』

　☯ 이 절은 오직 임금만이 하급관료의 절에 답배(答拜)하지 않는

예절을 기술하였으니 곧 신하가 임금의 절에 답배하지 못하고, 임금
이 하급관료의 절에 답배하지 않음을 밝혀 국가를 대표하는 임금만
지극히 높이고 그 이외에는 모두 서로 존경하여 답배(答拜)를 하는
것이 공명정대한 예절임을 밝혔다.

사(士)는 자기 나라의 현직 하급관료이고, 비기신(非其臣)은 다른
나라의 하급관료이며, 천(賤)은 신분이 천하고 벼슬이 낮은 사람이다.

학자는 여기에서 임금에게 특별히 하급관료의 절에 답배를 하지
않은 이유를 알아야 할지니 그것은 현직 하급관료가 너무 많아서 번
거로운 까닭에 생략했을 뿐인즉, 선비를 공경하지 않는 것이 아님을
인식하기 바란다.

2-5-7 ──────────────────────────── 男女는 相答拜也니라.

『남자와 여자는 서로 답하여 절하니라.』

◉ 이 절은 남자와 여자 사이에서 서로 답배(答拜)하는 예절을 기
술하였으니 남자와 여자는 평등하게 절함을 밝혔다.

상(相)은 상호(相互)니 피차 서로 한가지로 함인데, 상답배(相答
拜)는 일배(一拜)를 받았으면 일배(一拜)로 답하고, 재배(再拜)를 받
았으면 재배(再拜)로 답하는 것이다.

2-6-1 ──────────────────────────── 國君이 春田에 不圍澤하며
大夫는 不掩群하며 士는 不取麛卵이니라.

『나라 임금은 봄 사냥에 늪지대를 포위하지 않으며, 대부는 무리를 속여 잡지 아니하며, 선비는 새끼와 알을 취하지 않으니라.』

◑ 이 장은 신분에 따라 사물을 이용하고 절약하는 예절을 기술하였으니 사냥을 하여 짐승을 잡을지라도 반드시 자연을 보호해야 됨을 밝혔다.

춘전(春田)은 봄 사냥이고, 위(圍)는 포위함이요, 택(澤)은 늪지대로 짐승이 서식하는 곳이다. 엄(掩)은 엄습(掩襲)이니 속임수로 갑자기 습격함이고, 군(群)은 짐승의 무리이며, 미(麛)는 짐승의 새끼이고, 난(卵)은 새알이다.

봄은 번식의 계절이므로 사냥을 하되 필요한 수량만 잡고, 번식할 장소와 종자, 그리고 어린 새끼와 알을 보호해야 만물이 번성하므로 사냥의 예절을 정했다.

2-6-2 ──────── 歲凶하야 年穀이 不登이어든 君膳에 不祭肺하며
馬不食穀하며 馳道를 不除하며 祭事에 不縣하며
大夫가 不食粱하며 士가 飮酒不樂이니라.

『해가 흉년이 들어 한 해의 곡식이 익지 않으면 임금의 반찬에 짐승의 폐를 제사 지내지 않으며, 말은 곡식을 먹지 않으며, 달리는 길을 보수하지 않으며, 제사 지내는 일에 악기를 매달지 않으며, 대부가 쌀밥을 먹지 않으며, 선비가 술을 마셔도 음악을 노래하지 않으니라.』

◑ 이 절은 흉년에 절약하는 예절을 기술하였으니 의식을 거행함에도 그 규모를 축소하여 고통을 나누는 것이 예절임을 밝혔다.

흉(凶)은 흉년(凶年)이고, 등(登)은 열매가 익는 것이며, 선(膳)은 반찬이요, 제폐(祭肺)는 짐승의 폐를 반제(飯祭) 지냄이니, 짐승을 잡아서 먹는다는 뜻이다. 제(除)는 보수(補修)하여 고침이고, 현(縣)은 북, 경쇠, 종 등의 악기를 매달아 연주함이며, 량(粱)은 맛이 좋은 쌀밥이요, 악(樂)은 악가(樂歌)이다.

흉년이 들어 민중이 굶주리면 그 고통을 나누기 위하여 위로 임금으로부터 반찬을 줄이고, 제사에도 음악을 연주하지 아니하여야 예절임을 설파하였다.

2-6-3 ──────────────────── 君이 無故어시든 玉不去身하며
大夫가 無故어든 不徹縣하며
士가 無故어든 不徹琴瑟이니라.

『임금이 변고가 없으시거든 옥을 몸에서 떼지 아니하며, 대부가 변고가 없거든 매단 악기를 거두지 아니하며, 선비가 변고가 없거든 거문고와 비파를 거두지 아니하니라.』

◑ 이 절은 평상시에 화락(和樂)한 생활을 하는 예절을 기술하였으니 우아한 음악으로 고상한 품성을 길러야 함을 밝혔다.

고(故)는 변고(變故)로 천재(天災), 지변(地變), 상사(喪事), 질병(疾病) 등이요, 옥(玉)은 패옥(佩玉)이고, 거신(去身)은 몸에서 떼어

놓은 것이며, 현(縣)은 앞에 2−6−2에서 이미 해설하였다.

옥소리는 청아(淸雅)하므로 임금의 몸에 항상 따르게 하고, 북소리와 종소리는 웅장하므로 대부의 처소에 항상 있게 하며, 거문고소리와 비파소리는 아름다우므로 선비의 방에 항상 있게 하였다.

2−6−4 ──────────────────── 士가 有獻於國君이어늘 他日에
君이 問之曰安取彼오 하시면
再拜稽首而后에 對니라.

『선비가 나라 임금에게 바친 것이 있거늘, 다른 날에 임금이 물어 말하기를 "그것을 어디에서 가지고 왔느냐" 하시면 두 번 절하고 머리를 조아려 땅에 이른 다음에 대답하니라.』

◉ 이 절은 선비가 임금에게 바친 물건에 대하여 임금이 관심을 표명하면 감사의 절을 하는 예절을 기술하였다.

헌(獻)은 헌정(獻呈)한 물품이고, 안(安)은 어찌, 피(彼)는 바친 물품을 지칭하며, 재배계수(再拜稽首)는 앞에 2−5−1에서 이미 해설하였다.

선비가 임금에게 바친 물건이라면 희귀한 보배라고 생각했을 것이고, 임금이 그 가치를 인정하여 어디서 구했느냐고 물으면 선비의 안목을 칭찬한 것인즉, 선비가 감격하여 절하고 머리를 조아리는 것이니 이것은 물건을 통하여 인간의 관계를 두텁게 하는 사례를 보이고자 함이요, 결코 뇌물로 임금을 즐겁게 함이 아니다.

大夫가 私行出疆할새 必請하고 反必有獻하며
士가 私行出疆할새 必請하고 反必告하며
君이 勞之則拜하니 問其行이어시든 拜而后對니라.

『대부가 사사로운 일로 강역을 나아갈 때에는 반드시 허가를 청하고, 돌아옴에는 반드시 바침이 있으며, 선비가 사사로운 일로 강역을 나아갈 때에는 반드시 허가를 청하고, 돌아옴에 반드시 보고하며, 임금이 위로하면 절을 하니, 그 여행에 대하여 물으시거든 절한 다음에 대답하니라.』

◐ 이 절은 관료가 개인적인 사정으로 출국(出國)함에는 임금의 허가를 받아야 하고, 귀국함에는 즉시 보고하는 것이 예절임을 기술하였으니, 대부는 임금에게 여행선물을 바치고, 선비는 보고만 하는 것을 밝혔다.

사행(私行)은 공무(公務)가 아닌 사사로운 일로 여행함이고, 강(疆)은 강역(疆域)이니 곧 국경이며, 청(請)은 여행허가를 요청함이요, 반(反)은 귀국하여 돌아옴이다.

비록 사사로운 여행임에도 임금이 위로하고 관심을 표명하는 것은 신하를 깊이 신뢰하는 것이므로 감사의 절을 하는 것이다. 그리고 대부분 녹봉이 많으므로 선물을 바치고, 선비는 녹봉이 적기 때문에 말로만 보고하게 하였다.

國君이 去其國이어시든 止之曰奈何去社稷也오 하며
大夫에게는 曰奈何去宗廟也오 하며

士에게는 曰奈何去墳墓也오 하나니
國君은 死社稷하고 大夫는 死衆하고 士는 死制니라.

『나라 임금이 그 나라를 떠나시거든 저지하면서 말하기를 "어떻게
국가사직을 떠나리오" 하며, 대부에게는 말하기를 "어떻게 조상의 사
당을 떠나리오" 하며, 선비에게는 말하기를 "어떻게 조상의 무덤을
떠나리오" 하나니, 나라의 임금은 국가사직을 위하여 죽고, 대부는
민중을 위하여 죽고, 선비는 법제를 위하여 죽으니라.』

☯ 이 절은 국토와 인민과 주권(主權)을 지키는 예절을 기술하였
으니 가장 신성한 보배를 끝까지 수호하는 사명과 책무를 밝혔다.

거(去)는 지키기가 어려워서 버리고 떠나는 것이요, 지(止)는 저
지하여 말리는 것이며, 사직(社稷)은 국가를 상징하니, 사(社)는 전
국의 흙을 모아 쌓은 단(壇)으로 국토신을 모시고, 직(稷)은 사단(社
壇)의 바로 서쪽 옆에 같은 크기의 단을 쌓아 5곡신(五穀神)을 모신
직단(稷壇)으로 인민의 식량을 존중하는 뜻이다.

임금과 대부와 선비가 국난(國難)에 망명(亡命)을 하려고 하면 모
두 조상의 위대한 업적을 깨우쳐서 저지시키고, 마침내 끝까지 힘써
생명을 바치되 나라 임금은 국토를 수호하는 사명을 다해서 순국(殉
國)하고, 대부는 인민대중을 수호하는 책무를 다해서 순직(殉職)하
고, 선비는 예법제도(禮法制度)를 수호하는 책임을 다하여 순도(殉
道)해야 됨을 밝혔으니, 그 기상이 장열하고 그 뜻이 숭엄하여 저절
로 옷깃을 여미고 머리를 숙이게 되는도다.

2-7-1 ──────────────── 君天下曰天子니 朝諸侯하고 分職하야 授政하며
任功에는 曰予一人이라 하시니라.

『천하에 임금이 되어 다스리는 사람을 천자라고 말하니, 제후를
조회받고 관직을 나누어 시정방침을 주며, 일을 맡김에는 말하기를
"나 한 사람이라"고 하시니라.』

◉ 이 장은 천자(天子)의 예절을 기술하였으니 그 체제와 기능을
밝혔다.

군(君)은 군림(君臨)이니, 임금이 되어 나라를 다스리는 사람이고,
천자(天子)는 하느님의 아들처럼 하늘을 꼭 닮아서 민심을 얻고 천명
(天命)을 받은 연방국가의 대표이고, 중앙정부의 최고지도자이다. 조
(朝)는 조회(朝會)를 받아 정치를 논의함이고, 분직(分職)은 관직을 나
누어 정부를 조직함이요, 수정(授政)은 관리를 임명하여 시정방침(施政
方針)을 주는 것이며, 임공(任功)은 정치사업을 위임(委任)함이다.

천자는 천하를 다스림에 있어서 지방정부는 제후(諸侯)를 봉(封)
하여 다스리고, 중앙정부는 관직을 나누어 적임자를 임명해서 정치사
업을 위임하지만 그 모든 책임은 자기가 홀로 감당하는 까닭에 천하
사람은 천자라고 부르며 받들어도 오히려 천자는 스스로 자기를 일
컬어 '나 한 사람이라'고 하나니 그 뜻이 심오하다.

2-7-2 ──────────────── 踐阼하야 臨祭祀엔 內事曰孝王某라 하고
外事曰嗣王某라 하며

『임금의 자리를 이어 제사에 임함에는 안에 일은 말하기를 "효도하는 왕 아무개"라 하고, 바깥일은 말하기를 "이은 왕 아무개"라고 하며』

☯ 이 절은 천자가 즉위하여 내사(內事)와 외사(外事)에서 스스로 일컫는 법도를 기술하였다.

천(踐)은 밟는 것이고, 조(阼)는 동쪽 섬돌계단이니 주인이 사용하므로 임금이 새로 즉위하는 것을 천조(踐阼)라고 말한다. 내사(內事)와 외사(外事)는 앞에 1−30−1에서 이미 해설하였으며, 효왕모(孝王某)는 조상신에 대하여 일컬음이고, 사왕모(嗣王某)는 사직신(社稷神)과 산천신(山川神)에 대하여 일컬음이다. 모(某)는 모두 이름이다.

2−7−3 ──────── <ruby>臨<rt>임</rt></ruby><ruby>諸<rt>제</rt></ruby><ruby>侯<rt>후</rt></ruby>하야 <ruby>畛<rt>진</rt></ruby><ruby>於<rt>어</rt></ruby><ruby>鬼<rt>귀</rt></ruby><ruby>神<rt>신</rt></ruby>에는 <ruby>曰<rt>왈</rt></ruby><ruby>有<rt>유</rt></ruby><ruby>天<rt>천</rt></ruby><ruby>王<rt>왕</rt></ruby><ruby>某<rt>모</rt></ruby><ruby>甫<rt>보</rt></ruby>라 하니라.

『제후국에 임하여 귀신에게 밭두둑에서 망제를 지냄에는 말하기를 "현재 중앙정부 천왕 아무개 보"라고 하니라.』

☯ 이 절은 천자가 제후국에 가서 신하로 하여금 망제(望祭)를 지낼 때의 예절을 기록하였다.

임제후(臨諸侯)는 제후국에 순수(巡狩)함이고, 진(畛)은 밭두둑에서 망제(望祭)를 신하로 하여금 대신 지내게 함이며, 귀신(鬼神)은 그 지역의 산천신이나 어진 이의 혼령이다. 유(有)는 현재 중앙정부를 의미하고, 천왕(天王)은 천명(天命)을 받은 왕으로 천덕(天德)을

밝혀 왕도(王道: 大道)정치를 하는 중앙정부의 최고 지도자라는 뜻
이며, 모(某)는 자(字)요, 보(甫)는 대장부를 아름답게 호칭하는 말
인데 자(字)의 밑에 쓴다. 대체로 직접 제사 지낼 때에는 이름을 쓰
고, 신하로 하여금 대행케 할 때에는 자(字)를 쓰는 것이다.

2-7-4 ────────── 崩曰天王이 崩이라 하고 復曰天子는 復矣라 하고
告喪曰天王이 登假라 하고 措之廟하야 立之主曰帝라 하니라.

『왕이 죽으면 말하기를 "천왕이 붕하다"라고 하고, 혼을 부름에는
말하기를 "천자는 돌아오시오"라고 하고, 국상을 알림에는 "천왕이
승하하시다"라고 하고, 태묘에 모시어 신주를 세움에는 말하기를 "제
왕"이라고 하니라.』

☯ 이 절에서는 천자가 죽은 뒤의 호칭에 대한 예절을 기술하였으
니 그 뜻이 매우 엄격하다.

붕(崩)은 산이 무너짐이니 천왕(天王)의 죽음을 표현하는 말로 전
용하며, 복(復)은 사람이 죽음에 형체와 정신이 분리하여 그 혼(魂)
이 하늘로 올라가기 때문에 죽은 사람의 웃옷을 들고 지붕 위에 올
라가서 흔들며 혼을 불러 돌아오라고 외치는 상례(喪禮)의 의식이고,
고상(告喪)은 국상(國喪)이 났음을 널리 알리는 부고(訃告)이며, 등
하(登假)는 멀리 올라갔다는 말로 임금의 죽음을 등하 또는 승하(升
假)라고 한다. 조(措)는 안치(安置)함이고, 묘(廟)는 태묘(太廟)이며,
주(主)는 신주(神主) 또는 위패(位牌)인데 죽은 사람의 시호(諡號)

와 관직과 성명을 써서 신령의 자리를 표시하고, 그 왼쪽에 제주(祭主)의 이름을 쓰기 때문에 신주(神主)라고 하며, 제(帝)는 덕(德)이 하늘땅처럼 높은 임금에게 드리는 시호(諡號)이다.

천덕왕도(天德王道)에 머물러 죽었으나, 하느님의 아들로 부활(復活)하기를 소원하다가 마침내 살아나지 않으면 천왕이 멀리 갔다고 부고하여, 그 덕을 기리기 위하여 사당에 모시고 신주를 세워 제왕(帝王)이라는 거룩한 시호를 올렸으니 만민이 죽어도 잊지 못할 정도로 아름다운 정치를 성공한 임금으로 곧 천자의 예절을 지켜 천왕의 사명과 책임을 원만하게 수행한 임금만이 누리는 영광이다. 따라서 천자가 제(帝)의 시호를 받지 못하였으면 천자의 예절을 갖추지 못했다는 말이다.

2-7-5 ─────────────── 天子가 未除喪하얀 曰予小子라 하고
生에 名之하고 死에 亦名之니라.

『천자가 상복을 벗지 못하고는 말하기를 "나 어린 아들"이라고 하고, 산사람에게 그것을 이름으로 하고, 죽은 사람에게 또한 그것을 이름으로 하니라.』

◉ 이 절은 천자가 어버이의 상복을 입었을 때의 호칭하는 예절을 기술하였으니 사람과 신령에게 모두 소자(小子)라고 해야 됨을 밝혔다.

제상(除喪)은 상기를 마치고 상복을 벗음이고, 소자(小子)는 아이, 소아(小兒)인데 대체로 어버이의 보호가 필요한 사람이라는 뜻이고,

명지(名之)는 소자(小子)를 이름으로 쓴다는 말이니 곧 소자왕(小子王)으로 호칭하는 것이다.

2-7-6 ──────────────────────────── 天子는 有后하며 有夫人하며 有世婦하며 有嬪하며 有妻하며 有妾하니라.

『천자는 후비가 있으며, 부인이 있으며, 세부가 있으며, 빈이 있으며, 처가 있으며, 첩이 있느니라.』

◉ 이 절은 천자의 궁중에서 일하는 여자들의 직급서열에 대한 예절을 기술하였으니 왕후(王后)를 정점으로 모든 궁녀(宮女)를 통솔함을 밝혔다.

후(后)는 후비(后妃)로 왕의 정실부인이요, 부인(夫人)은 제후(諸侯)의 정실부인이며, 세부(世婦)는 앞에 2-2-1에서 이미 해설하였고, 빈(嬪)은 세자(世子)의 정실부인으로 궁녀의 교육을 관장하며, 처(妻)는 서민대중의 정실부인이며, 첩(妾)은 혼인식을 거행하지 않고 동거하는 아내이니, 이들은 모두 천관(天官)에 속한 벼슬로 천자의 궁중에서 일하는 여자들의 관직(官職)을 사회적 서열대로 기록한 것이지 왕이 데리고 잠을 자는 여자들이 결코 아니다. 왕이 혼인한 사람은 왕후밖에 없으며, 부인(夫人), 세부(世婦), 빈(嬪)은 모두 종실(宗室)이나 세신(世臣), 또는 세자(世子)의 아내로서 궁중의 일을 돕는 직책을 맡을 뿐이며, 처(妻)나 첩(妾)은 궁중에서 천한 일을 하는 사람인데 마치 왕의 처 또는 왕의 첩으로 해석하는 것은 전제독재의 폭군에게 아첨하는 비열한 왜곡이라고 하겠다.

2-7-7 ─────────────────────────── 天子는 建天官하되 先六大니
曰大宰와 大宗과 大史와 大祝과
大士와 大卜이니 典司六典이니라.

『천자는 천관을 세우되 여섯 우두머리를 먼저 세우니 말하기를 태재와 태종과 태사와 태축과 태사와 태복이니 여섯 법전을 맡아서 주관하니라.』

☯ 이 절은 천자가 직접 임명하는 여섯 부서의 독립기관의 우두머리에게는 법전에 의하여 신분을 보장하는 예절을 기술하였으니 천하를 공평하게 다스리는 방법이다. 앞에서는 궁중의 체제를 갖추도록 여관(女官)을 편성하고, 여기에서는 조정의 체제를 갖추도록 남관(男官)의 여섯 우두머리를 논하였으니 내부를 먼저 다스리고 외부를 뒤에 다스리는 논리체계이다.

천관(天官)은 천리(天理)를 밝혀서 다스리는 기관이니 순(舜)임금은 일찍이 정부의 조직을 나누어 천관(天官), 지관(地官), 인관(人官), 춘관(春官), 하관(夏官), 추관(秋官), 동관(冬官)의 일곱 부서를 두었다. 태(大)는 그 기관을 책임지는 우두머리요, 태재(大宰)는 관리의 으뜸 벼슬로 행정을 총괄하는 재상(宰相) 또는 수상(首相)인데 내무와 외무의 모든 국무를 총리한다. 태종(大宗)은 왕실의 의전(儀典) 및 제사를 주관하는 총책임자이며, 태사(大史)는 천시(天時), 월

력(月曆)과 역사의 기록을 맡은 총책임자이고, 태축(大祝)은 제사에 축문(祝文)을 맡은 총책임자이며, 태사(大士)는 왕의 언행을 살펴 간하는 일을 맡은 총책임자이며, 태복(大卜)은 복서(卜筮)로 점을 치는 총책임자이다. 전사(典司)의 전(典)은 전문적으로 주관함이고, 육전(六典)의 전(典)은 아름다운 법전(法典)이다.

이 여섯 기관의 전문적인 일은 천자가 간섭하지 않고 그 지식과 소신을 높이 인정하는 것이 예절이다.

2-7-8 ──────────────────────── 天子之五官은 曰司徒와 司馬와 司空과 司士와 司寇니 典司五衆이니라.

『천자의 다섯 장관은 말하기를 교육부장관과 국방부장관과 건설부장관과 예절부장관과 법무부장관이니 다섯 무리를 맡아서 주관하니라.』

◉ 이 절은 행정부의 조직체제를 분야별로 나누는 예절을 기술하였으니 책임정치를 하는 방법으로 모두 태재(大宰)가 추천하여 왕이 임명하는 국무위원이다.

5관(五官)은 다섯 행정기관의 장관이고, 사도(司徒)는 지관(地官)으로 학문과 교육을 관장하는 문교부장관이요, 사마(司馬)는 하관(夏官)으로 국민의 생명과 재산을 보호하는 국방부장관이며, 사공(司空)은 동관(冬官)으로 국토를 개발하여 도로와 주택을 건설하는 건설부장관이고, 사사(司士)는 춘관(春官)으로 예절을 보급하여 사회에 풍속을 일으키는 예절부장관이며, 사구(司寇)는 추관(秋官)으로 치안과 재판을 관장하는 법무부장관이다. 5중(五衆)은 5부(部)에 소속한 관리와 그 일에 연관이 있는 인민대중이다.

왕은 정치와 행정을 분리하여 업무를 분담하는 예법에 따라서 책임정치를 하여야지 분별이 없는 도당정치(徒黨政治)를 하거나 전제독재체제로 즉흥정치를 하는 것은 천자의 예절이 아님을 여기에서 확인할 수 있다.

2-7-9 ──────────────── 天子之六府는 曰司土와 司木과 司水와 司草와 司器와 司貨니 典司六職이니라.

『천자의 여섯 창고는 말하기를 흙창고장과 목재창고장과 물창고장과 풀창고장과 그릇창고장과 화폐창고장이니 여섯 직원을 맡아서 주관하니라.』

☯ 이 절은 나라의 물자를 종류별로 나누어 보관하는 예절을 기술하였으니 물자를 절약하는 방법으로 재고품을 확인하고 안전하게 보관하기 위함이다.

부(府)는 부고(府庫)로 국가의 창고장(倉庫長)이며, 사(司)는 관리책임자이고, 토(土)는 오색(五色)의 염료(染料)요, 목(木)은 목재와 땔감이며, 수(水)는 식수(食水)와 농수(農水)이고, 초(草)는 우마초(牛馬草)요, 기(器)는 생활용기이며, 화(貨)는 돈과 재화(財貨)이다. 직(職)은 관리와 생산 및 운반을 맡은 모든 사역직(使役職)의 고용원이다.

천자는 사사롭게 보관한 창고가 없고, 국가의 창고에 저장하여 정부에서 공명정대하게 관리하고 지출하니 투명한 덕치(德治)이다.

2-7-10 ──────────────── 天子之六工은 曰土工과 金工과 石工과 木工과 獸工과 草工이니 典制六材니라.

『천자의 여섯 기능공은 말하기를 흙기능공과 쇠기능공과 돌기능공과 나무기능공과 가죽기능공과 풀기능공이니 여섯 재료를 재단함을 주관하니라.』

◯ 이 절은 재료의 종류에 따라 각각 전문기술자에게 일을 맡기는 예절을 기술하였으니 과학기술을 발전시키는 방법이다.

공(工)은 기술을 가진 장인(匠人)으로 곧 정부에서 고용한 기능공이요, 제(制)는 재단하여 만드는 것이다.

2-8-1 ──────────────── 五官이 致貢曰享이라 하니라.

『다섯 장관이 이바지를 다함을 말하여 누림이라 하니라.』

◯ 이 장은 5관(五官)과 제후(諸侯)들의 책무와 임기에 대한 예절을 기술하였으니 책임을 다하여 정치사업을 성공적으로 완수하면 그 직위를 보장하고, 그렇지 못하면 사임하여 물러나야 함을 밝혔다.

치(致)는 들이는 것이고, 공(貢)은 공헌(貢獻)함이니 곧 이바지함이며, 향(享)은 향유(享有)로 누리어 가짐이다.

자고로 장관급 이상인 각료와 지방국가에 봉한 제후는 일정한 임기(任期)가 없고, 다만 70세가 되거나 실정(失政)을 하면 스스로 벼슬을 반납하고 물러나는 것이 예절이다. 따라서 국가사회의 발전에 공헌하고 있으면 그 직위를 계속 향유하는 것이 예절이다.

2-8-2 ─────────────────────

五官之長을 曰伯이니 是職方이니라

其擯於天子也에 曰天子之吏라 하며

天子가 同姓이어든 謂之伯父요 異姓이어든

謂之伯舅라 하시며 自稱於諸侯曰天子之老라 하고

於外曰公이라 하고 於其國曰君이라 하니라.

『다섯 상관의 어른을 말하기를 백작 임금이라고 하니 이는 지방정부의 조빙과 공물을 관장하니라. 그들을 천자에게 안내함에 말하기를 천자의 관리라 하며, 천자가 성씨가 같거든 일컬어 큰아버지라 부르고, 성씨가 다르거든 일컬어 큰 외숙이라 하시며, 자기를 제후에게 호칭할 때에는 말하기를 천자의 늙은이라 하고, 외국에서는 말하기를 공이라고 하고, 그 나라에서는 말하기를 임금이라 하니라.』

◉ 이 절은 수석장관(首席長官)의 직무와 호칭에 대한 예절을 기술하였으니 지방제후의 조빙(朝聘)을 주선하고, 공물(貢物)을 관장하는 하관(夏官)임을 밝혔다.

5관(五官)은 앞에 2-7-8에서 이미 해설하였고, 장(長)은 수석장관(首席長官)이며, 백(伯)은 백작(伯爵) 임금이니 기내(畿內)에 영토(領土)를 주어 제후(諸侯)로 봉한다는 말이다. 직(職)은 맡아서 주장함이요, 방(方)은 지방국가니 직방(職方)은 지방국가의 조빙(朝聘)과 공물(貢物)을 관장하는 것이며, 빈(擯)은 손님을 맞아 안내하는 사신(使臣)인데 주인 쪽의 안내인을 빈(擯)이라 하고, 손님 쪽의 안내인을 개(介)라고 하는바, 여기에서의 빈(擯)은 천자국의 접빈사(接賓使)로 지방국가의 제후를 맞아 천자에게 조회(朝會)하도록 안내하는 역할을 하는 것이다. 이(吏)는 관리로 문관(文官)의 선임과 훈봉(勳封), 관인(官人)의 성적 고사, 포폄(褒貶)에 관한 일을 맡은 관리이며, 백부(伯父)는 큰아버지요, 백구(伯舅)는 큰 외숙(外叔)이니 천자가 크게 믿고 의지한다는 뜻이며, 노(老)는 노신(老臣)이고, 외(外)는 외국이요, 공(公)은 공작(公爵) 임금이니 공평무사하다는 뜻이며, 군(君)은 작은 독립국의 임금이다.

2-8-3 ──────────────────────── 九州之長이 入天子之國曰牧이니
天子가 同姓인댄 謂之叔父요
異姓인댄 謂之叔舅라 하시며
於外曰侯요 於其國曰君이라 하니라.

『아홉 고을의 어른이 천자의 나라에 들어와서는 말하기를 지방장관이라 하니 천자가 같은 성씨거든 일컬어 작은아버지라 하고, 다른 성씨거든 작은 외숙이라고 하시며, 외국에서는 말하기를 후작(侯爵)

임금이라 하고, 그 나라에서는 말하기를 임금이라 하니라.』

☯ 이 절은 지방장관의 직무와 호칭에 대한 예절을 기술하였으니 아홉 고을의 지방장관은 각 지역의 현실을 직접 보고할 책무가 있음을 밝혔다.

9주(九州)는 천하를 정전법(井田法)의 원리에 의거하여 아홉 고을로 나누어 9주(州)를 설치하고, 각 주(州)마다 그 지방국가 중에 가장 어진 제후를 지역의 맹주(盟主)로 세워서 지역의 평화를 보장하고, 중앙정부에 보고하는 책무를 가졌으니 요(堯)임금 때는 4악(岳)이라고 하였고, 순(舜)임금 때에는 12주(州)로 만들었는데, 우(禹)임금 시대에 9주(州)로 확정하였다. 입(入)은 입조(入朝)이며, 목(牧)은 지방을 다스리는 목민관(牧民官)인데 곧 중앙정부에서 파견한 지방장관 또는 주지사(州知事)라는 뜻으로 옛날에는 목사(牧司)나 감사(監司) 또는 관찰사(觀察使)라고 하였다. 숙부(叔父)는 작은아버지요, 숙구(叔舅)는 작은 외숙(外叔)이니 이와 같이 높인다는 뜻이며, 후(侯)는 후작(侯爵) 임금이다.

5관(五官)의 수석장관과 9주(九州)의 지방장관은 그 역할이 매우 다양한바, 때와 장소와 상대에 따라서 그 호칭을 달리해서 그 직책을 확인토록 배려하였는바 신하들은 천자에게 신분을 낮추고, 천자는 신하들을 지극히 높이며, 외국에서는 우호협력을 존중하고, 자기의 나라에서는 자주독립을 숭상하였으니, 한마디로 말하면 공경(公卿)과 제후(諸侯)는 천자로부터 대우받고, 외국으로부터 신뢰받고, 자기의 국민으로부터 존경받는 정치지도력을 발휘하는 것이 예절임을 여기에서 확인하기 바란다.

2-8-4 ──────────── 其在東夷北狄西戎南蠻하얀 雖大라도 曰子니
於內엔 自稱曰不穀이라 하고 於外엔 自稱曰王老라 하니라.

『그 동쪽 변두리의 자유지역과 북쪽 변두리의 황무지지역과 서쪽
변두리의 고산지역과 남쪽 변두리의 미개지역을 살핌에는 비록 대국
이라도 말하기를 자작(子爵) 임금이라고 하나니 국내에서는 스스로
일컬어 착하지 못한 사람이라고 말하고, 외국에서는 스스로 일컬어
왕의 늙은 신하라고 말하니라.』

◑ 이 절은 사방의 변방에 위치한 자치부족국가를 관찰 보호하는
예절을 기술하였으니 스스로 찾아와서 의존하면 자작(子爵)의 임금
으로 대우해야 됨을 밝혔다.

재(在)는 살펴서 보호함이고, 이(夷)는 이복(夷服)이니 동쪽 변방
에 위치한 지역으로 천자의 정치법령이 미치지 않은 주민자치의 자
유지역이며, 적(狄)은 북쪽의 광활한 황무지지역이며, 융(戎)은 서쪽
의 고산(高山)지역이며, 만(蠻)은 만복(蠻服)으로 남쪽 해변의 미개
지역이니 일찍이 우(禹)가 천하의 홍수를 다스리고, 천하를 5복(服)
으로 나누면서 이상의 네 지역을 가장 변두리로 획정하였다. 대(大)
는 영토가 넓고 인민이 많은 대국이요, 자(子)는 5작(五爵)의 최하위
에 해당하는 임금이요, 곡(穀)은 착함이며, 왕로(王老)는 왕의 늙은
신하라는 뜻이다.

천자는 풍토와 기후 및 체질과 습속에 따라 사람이 자유롭고 편안
하게 살도록 보살피는 높은 덕이 있으므로 천하를 통일하려는 패권
욕(覇權慾)을 가지지 않고, 전혀 간섭하지 않은 지역을 두어서 자유

롭게 살도록 방임하였다. 그리하여 그 지역의 자치부족국가의 큰 나라 군장이 스스로 흠모하여 천자국에 오면 맞아서 자작(子爵)의 임금으로 봉하고, 또한 오지 않으면 그대로 방치하여 상관하지 않았으며, 만일 폭정을 하여 형벌을 남용하고 인민을 살해하면 정벌하여 제거하였다.

2-8-5 ──────────────── 庶方小侯가 入天子之國曰某人이니
於外曰子라 하고 自稱曰孤라 하니라.

『뭇 지방의 작은 나라의 제후가 천자의 나라에 들어와서는 말하기를 아무 나라 사람이라고 하니 외국에서는 말하기를 자작(子爵) 임금이라 하고, 스스로 일컬음에는 외로운 임금이라 하니라.』

◉ 이 절은 여러 지방의 작은 나라 제후가 천자국에 입조(入朝)하고, 다른 지방국가와 외교하는 예절을 기술하였으니 작은 나라라도 자유롭게 왕래 교류하도록 문호를 개방하였음을 밝혔다.

서방(庶方)은 뭇 지방으로 모든 지역을 통틀어 지칭하고, 모(某)는 나라 이름이며, 인(人)은 개인자격이란 말이니 법률제도로 규정한 공식사절(公式使節)이 아니고 특별한 목적을 가지고 온 비공식사절이란 뜻이다. 고(孤)는 외롭게 고립했다는 말로 도움이 필요하다는 뜻인즉, 우호교린(友好交隣)을 희망함이다.

 天子가 當依而立이어시든
諸侯가 北面而見天子를 曰覲이요
天子가 當宁而立이어시든 諸公이
東面하고 諸侯가 西面함을 曰朝라 하니라.

『천자가 도끼병풍 앞에 서시거든 제후가 북쪽으로 얼굴을 향하여 천자를 알현함을 말하여 근례라 하고, 천자가 도끼병풍과 문 사이에 서시거든 제공이 동쪽으로 얼굴을 향하고, 제후가 서쪽으로 얼굴을 향함을 말하여 조례라 하니라.』

◉ 이 장은 조빙(朝聘)의 의례로 제후가 천자를 알현하고 또 제후들이 서로 만나는 예절을 기술하였으니 공식과 비공식, 그리고 평상시와 상복을 입었을 때가 모두 다름을 해설하였다.

의(依)는 붉은 비단 바탕에 도끼를 그린 높이 8척(尺)의 병풍으로 천자가 제후를 접견할 때에 북쪽 창문 아래 세워서 그 앞에 천자가 남쪽을 향하여 선다. 북면(北面)은 북향이며, 근(覲)은 근례(覲禮)로 천자가 당(堂)을 내려오지 않고 제후를 접견하는 것으로 약식행사이다. 저(宁)는 도끼병풍과 문의 중간이며, 공(公)은 3공(三公)이요, 동면(東西)은 임금의 서쪽에 서서 동향함이고, 서면(西面)은 임금의 동쪽에 서서 서향함이며, 조(朝)는 조회(朝會)에서 배알함이니 곧 조현(朝見)으로 정식행사인데, 제후가 직접 봄에 배알하는 것을 조(朝)라 하고, 가을에 배알하는 것을 근(覲)이라고 하였다.

2-9-2 ──────────────────────────── 諸侯가 未及期하야 相見曰遇라 하고
相見於郤地曰會라 하니라.

『제후가 기일에 미치지 아니하여 서로 봄을 말하여 우연히 만남이
라 하고, 빈터에서 서로 봄을 말하여 모여서 만남이라고 하니라.』

◉ 이 절은 제후의 외교예절을 기술하였으니 우례(遇禮)와 회례
(會禮)가 있음을 밝혔다.

기(期)는 기약한 날이고, 우(遇)는 우연히 만난 것처럼 절차를 생
략함이고, 극지(郤地)는 극지(隙地)로 곧 공한지(空閑地)인데 임시막
사를 세워 간소한 격식을 갖추어 만나는 것을 회(會)라고 하니 우례
(遇禮)와 회례(會禮)는 시간과 장소를 편리한 사정에 따라 거행해도
된다는 뜻이다.

2-9-3 ──────────────────────────── 諸侯가 使大夫로 問於諸侯曰聘이요.

『제후가 대부로 하여금 제후에게 문안함을 말하여 위문사절이라
하고』

◉ 이 절은 제후가 서로 위문사절을 보내는 예절을 기록하였으니
문화교류를 증진시키기 위함이다.

문(問)은 인사 또는 위문함이고, 빙(聘)은 빙례(聘禮)로 제후가
대빙(大聘)에는 경(卿)을 보내고, 소빙(小聘)에는 대부를 보낸다.

2-9-4 ──────────────────────────── ^{약 신 왈 서} ^{리 생 왈 맹}
約信曰誓요 涖牲曰盟이라 하니라.

『믿음을 약속함을 말하여 서약이라 하고, 희생으로 임함을 동맹이
라 하니라.』

◉ 이 절은 제후가 서로 평화조약과 군사동맹을 체결하는 예절을
기술하였으니 제후국의 자체적인 우호협력은 당연함을 밝혔다.
약신(約信)은 믿기로 약속한 내용을 글로 써서 명예를 걸고 서약
한 조약이고, 리(涖)는 임함이요, 생(牲)은 희생(犧牲)이니 짐승의
붉은 피를 입에 바르고, 붉은 마음으로 신령에게 불변을 다짐하는 행
사이며, 맹(盟)은 동맹(同盟)으로 동일한 행동을 취하기로 목숨을 걸
고 다짐한 맹약이다.

2-9-5 ──────────────────────── ^{제 후}   ^{현 천 자 왈 신 모 후 모}
諸侯가 見天子曰臣某侯某라 하고
^{기 여 민 언}   ^{자 칭 왈 과 인}
其與民言엔 自稱曰寡人이라 하고
^{기 재 흉 복}   ^{왈 적 자 고}
其在凶服엔 曰適子孤라 하니라.

『제후가 천자를 알현함에는 말하기를 신 아무 나라 제후 아무개라
하고, 그 인민과 더불어 말함에는 스스로 자기를 일컬어 말하기를 덕
이 적은 사람이라 하고, 그 상복을 입고 있음에는 말하기를 맏아들
외로운 아이라 하니라.』

◉ 이 절은 제후를 호칭하는 예절을 기술하였으니 호칭을 바르게

함으로써 그 정체성(正體性)을 분명히 함을 밝혔다.

　신(臣)은 천자국의 신하이고, 모후(某侯)의 모(某)는 국명이요, 후모(侯某)의 모(某)는 성명이니 아래도 같다. 과인(寡人)은 덕이 적은 사람이라는 뜻이고, 적자(適子)는 적자(嫡子)로 정실부인의 아들이며, 고(孤)는 아버지를 잃은 고아(孤兒)이다.

　제후가 천자에게는 관직으로 배알하고, 그 국민에게는 덕으로 임하고, 상중에는 슬픔으로 대하니 때와 장소와 신분에 알맞아 그 정체가 뚜렷하도다.

2-9-6 ─────────────── 臨祭祀엔 內事曰孝子某侯某라 하고

外事曰曾孫某侯某라 하고

死曰薨이라 하고 復曰某甫復矣라 하니라.

『제사에 임해서는 안에 일은 말하기를 효자 아무 나라 제후 아무개라 하고, 바깥일은 말하기를 증손 아무 나라 제후 아무개라고 하고, 죽으면 말하기를 서거하였다고 하고, 혼을 부름에는 아무개 보는 돌아오시오 하니라.』

　◐ 이 절은 앞 절에 이어 제후를 호칭하는 예절을 기록하였다.

　내사(內事)와 외사(外事)는 앞에 1-30-1에서 이미 해설하였고, 훙(薨)은 서거(逝去)로 멀리 갔다는 말인데 제후의 사망을 지칭한다. 복(復)과 보(甫)는 앞에 2-7-4에서 이미 해설하였고, 모보(某甫)는 앞에 2-7-3에서 해설하였으니 천자의 예절과 제후의 예절을 비교

하기 바란다.

2-9-7 ──────────────────────── 既葬하고 見天子曰類見이라 하고
言諡曰類라 하니라.

『이미 장사 지내고 천자를 알현함을 말하여 비슷하게 뵌다고 하고, 시호를 청하여 말씀 올리는 것을 말하여 비슷함이라 하니라.』

◑ 이 절은 제후의 장례를 마친 아들이 천자를 알현하는 예절을 기술하였으니 정식으로 즉위한 제후는 아니지만 비슷하게 대우함을 밝혔다.

유(類)는 유사(類似)함이니 동격은 아니지만 약간 낮추어 비슷한 의례로 대우함이고, 언시(言諡)는 죽은 제후의 시호(諡號)를 천자에게 청구함이니 경(卿)이 대신 감인데, 죽은 제후를 대우하여 유사한 대우로 높인 것이나 현(見) 자는 생략하였다.

2-9-8 ──────────────────────── 諸侯가 使人으로 使於諸侯어든
使者가 自稱曰寡君之老라 하니라.

『제후가 사람으로 하여금 제후에게 심부름을 시키거든 사자가 스스로 자기를 일컬어 말하기를 덕이 적은 임금의 늙은 신하라 하니라.』

◑ 이 절은 사신의 예절을 기술하였으니 상대부(上大夫)가 사신이 되었을 때의 자칭이다.

시(使)는 심부름을 시킴이다.

2-9-9 ──────────────── 天子는 穆穆하고 諸侯는 皇皇하고
大夫는 濟濟하고 士는 蹌蹌하고
庶人은 僬僬할지니라.

『천자는 아름답게 거룩하고, 제후는 성대하게 훌륭하고, 대부는 장중하게 엄숙하고, 선비는 활달하게 번듯하고, 서민대중은 명랑하게 부지런할지니라.』

◑ 이 절은 국가 예절을 제정한 본령으로 직책에 걸맞은 언어와 동작을 통해 각각 품위를 유지하는 예절을 기술하였으니 예절을 통한 장엄한 인간상의 극치이다.

목목(穆穆)은 덕이 광대하고 기상이 온화하여 아름답고 거룩한 천자의 품성이고, 황황(皇皇)은 공적이 다대하고 기품이 당당하여 성대하고 훌륭한 제후의 품위이며, 제제(濟濟)는 혜택을 널리 베풀고 기질이 청아하여 장중하고 엄숙한 대부의 품격이고, 창창(蹌蹌)은 은택을 많이 베풀고 기백이 씩씩하여 활달하고 번듯한 선비의 품행이며, 초초(僬僬)는 일에 자신이 있고 기운이 넘쳐서 명랑하고 부지런한 서민대중의 풍모이다.

성인이 모든 사람의 다양한 미덕을 한 마당에 모아서 두루 원만한

국가사회를 건설하려고 예절을 등급별로 가려서 제정하였으니 그 뜻
이 심오하도다.

2-9-10 ──────────── 天子之妃를 曰后라 하고 諸侯曰夫人이라 하고
大夫曰孺人이라 하고
士曰婦人이라 하고 庶人曰妻라 하니라.

『천자의 배우자를 말하여 후라 하고, 제후의 배필을 말하여 부인
이라 하고, 대부의 배필을 말하여 유인이라 하고, 선비의 배필을 말
하여 부인이라 하고, 서민대중의 배필을 처라고 하니라.』

◉ 이 절은 외교의 의전에 아내는 남편의 신분으로 대우하는 예절
을 기술하였으니 예절은 일부일처제(一夫一妻制)를 원칙으로 하여
정실부인은 오직 한 사람뿐임을 밝혔다.

비(妃)는 천자의 정실(正室) 배우자(配偶者)로 오직 한 사람이며,
후(后)는 후(後)의 뜻이니 후궁(後宮)에 거처하고 정치의 전면에 나
서지 않는다는 뜻이며, 부(夫)는 남편이니 부인(夫人)은 남편을 대장
부로 받든다는 뜻이며, 유(孺)는 딸린 아이니 유인(孺人)은 딸린 권
속(眷屬)들을 보살피는 사람이란 뜻이며, 부(婦)는 며느리니 부인(婦
人)은 시부모(媤父母)를 받들어 모신다는 뜻이며, 처(妻)는 시집감이
니 시가(侍家)를 깨끗하게 지킨다는 뜻이다.

그리하여 후비(后妃)는 천자의 일에 간섭하지 않는 것이 본분이고,
부인(夫人)은 제후를 대장부(大丈夫)로 받들어야 하는 책무가 있고,

유인(孺人)은 대부의 일가친척을 보살필 의무가 있고, 부인(婦人)은
선비의 부모를 편안히 모실 책임이 있고, 처(妻)는 서민대중의 집을
깨끗하게 지키는 직분이 있으므로 각각 그 명예에 부응하는 사명이
있는 것이다.

2-9-11 ——————————————— 公侯는 有夫人하며 有世婦하며 有妻하며
有妾하니 夫人이 自稱於天子曰老婦라 하고

『공과 제후는 부인이 있으며, 세부가 있으며, 처가 있으며, 첩이
있으니, 부인이 자기를 천자에게 일컬음에는 말하기를 늙은 며느리라
고 하고』

　☯ 이 절은 공경(公卿)과 제후의 부인이 천자를 알현할 때에 자기
를 지칭하는 예절을 기술하였으니 공경이나 제후처럼 관작(官爵)을
밝히지 않고, 오직 개인의 신분으로 대하여야 됨을 밝혔다.
　공(公)은 3공(三公)이고, 후(侯)는 제후이며, 노부(老婦)는 늙은
며느리니, 곧 선비의 아내급으로 낮춘 것이요, 나머지는 앞에 2−7−
6에서 이미 해설하였다.

2-9-12 ——————————————————————— 自稱於諸侯曰寡小君이라 하고

『자기를 제후에게 일컬음에는 말하기를 덕이 적은 작은 임금이라 하고』

◑ 이 절은 제후의 부인이 제후에게 자기를 일컬은 예절을 기록하였으니 천자에게처럼 개인의 신분이 아니라 공적인 신분으로 대해야 됨을 밝혔다.

과(寡)는 덕이 적다는 뜻이고, 소군(小君)은 작은 임금으로 임금의 아내를 공적으로 일컫는 말이다.

2-9-13 ──────────────────── 自稱於其君曰小童이라 하니
自世婦以下는 自稱曰婢子니라.

『자기를 그 임금에게 일컬음에는 말하기를 어린아이라고 하니 세부로부터 이하는 스스로 일컬어 하녀라고 하니라.』

◑ 이 절은 제후의 부인과 궁녀들이 그 제후에게 자기를 지칭하는 예절을 기술하였으니 자기의 임금을 대단히 높여야 함을 밝혔다.

소동(小童)은 어린아이로 보호의 대상이란 뜻이고, 비자(婢子)는 하녀(下女)로 천한 일을 하는 여자종이다.

2-9-14 ──────────────────── 子는 於父母엔 則自名也하니라.

『자녀가 부모에게 대해서는 곧 자기의 이름을 일컬으니라.』

◑ 이 절은 자녀가 어버이에게 자기를 일컫는 예절을 기록하였으

니 어버이가 지어 준 이름을 써야 함을 밝혔다.

명(名)은 어버이가 지어 준 본명이니 비단 어버이께만이 아니고 조상께도 이름을 쓰는 것이 예절이다.

2-9-15 ──────────────── 列國之大夫가 入天子之國曰某士라 하고
自稱曰陪臣某라 하고 於外曰子라 하고
於其國曰寡君之老라 하고 使者가 自稱曰某라 하니라.

『여러 강대국의 대부가 천자의 나라에 들어옴에는 말하기를 어느 나라의 선비라 하고, 스스로 일컬음에는 말하기를 거듭 신하 아무개라 하고, 외국에서는 말하기를 자작벼슬아치라 하고, 그 나라에서는 말하기를 덕이 적은 임금의 늙은 신하라 하고, 사자가 자기를 일컬음에는 말하기를 아무개라 하니라.』

☯ 이 절은 여러 강대국의 대부가 호칭하는 예절을 기술하였으니 제후와 비교하여 대단히 낮추어야 됨을 밝혔다.

열국(列國)은 여러 강대국이요, 모사(某士)는 어느 나라의 선비이고, 배신(陪臣)은 거듭 신하로 천자의 신하인 제후의 신하라는 뜻이며, 자(子)는 자작(子爵) 벼슬아치이니 그 앞에 성씨를 넣어서 쓴다.

호칭에 있어서 일반적으로 신하가 천자와 자기 나라의 제후에게는 공적 관작으로 대하되 지극히 천자와 제후를 높이고, 외국에서는 자기를 별로 낮추지 않으며, 또한 어버이와 남편에게는 사적 신분으로 대하되 아버지와 어머니에게는 자기를 낮추지 않고, 남편에게는 자기

를 매우 낮추었으니 군신(君臣)관계와 부부(夫婦)관계는 상호 존경
해야 되는 의리가 있고, 부자(父子)관계와 형제(兄弟)관계는 서로 사
랑해야 되는 도리가 있기 때문이니 사람이란 너무 엄격하면 정이 떨
어지고, 너무 가까이하면 버릇이 없어지는 까닭에 공(公)과 사(私),
그리고 안과 밖에 따라 그 호칭이 달라지는 것인즉, 지나치게 번거롭
다고 여기지 말고, 인간의 다양한 만남에서 자기의 정체성을 충실하
게 확립하는 법칙을 깨닫기 바란다.

2-9-16 ——————————— 天子는 不言出하고 諸侯는 不生名이니
君子는 不親惡이라 諸侯가 失地어든
名하며 滅同姓이어든 名하니라.

『천자는 나아간다고 말하지 않고, 제후는 살아서 이름을 쓰지 않
으니 군자는 악을 친하지 않으므로, 제후가 땅을 잃었거든 이름을 호
칭하고, 동성국가를 멸망시켰거든 이름을 호칭하니라.』

◑ 이 절은 천자와 제후의 호칭을 폄하(貶下)하는 예절을 기술하
였으니 천자가 포악하면 출(出) 자를 써서 천자의 덕이 없음을 탄핵
하고, 제후가 사악하면 이름을 써서 징계함을 밝혔다.
  출(出)은 안에서 밖으로 나아감이니 천자는 하늘을 닮아서 천하를
하나처럼 융평(隆平)하게 다스려야 함에도 안과 밖의 경계를 두어
차별하는 것은 그 지도력이 부족하여 포악하게 다스린 실증이므로
출(出) 자를 써서 탄핵하였다. 제후는 나라를 공평무사하게 다스려야

하므로 살아서는 이름을 쓰지 않거늘, 포악하게 다스려 반란이 일어
나거나 전쟁을 일으켜 국토를 빼앗기거나 잔인무도하게 동성국가를
멸망시키면 그 사악함을 징계하여 이름을 쓰는 것이다.

이리하여 공자는 서경(書經)을 편집하고, 춘추(春秋)를 편수함에
천자가 덕이 없으면 출(出) 자를 써서 폄하하고, 제후가 사악하면 그
이름을 써서 폄하하였으니 역사를 기록하는 문체가 되었다.

2-10-1 ─────────────────────── 爲人臣之禮는 不顯諫이니
三諫而不聽이어시든 則逃之하고

『사람의 신하가 된 예는 드러나게 간하지 않으니 세 번을 간해도
듣지 않으시거든 곧 도망가니라.』

☯ 이 장은 임금과 아버지에게 간(諫)하는 예절을 기록하였으니
세 번을 간해야 됨을 밝혔다.

현(顯)은 뚜렷이 드러냄이요, 도(逃)는 허가를 받지 않고 사퇴함이다.

고위직 관료는 임금을 간(諫)함에 공식석상이 아닌 단독면담을 통
하여 직접 간하는 것이 임금을 공경하는 마음이요, 만일 하급관료처
럼 공개석상에서 드러나게 간하면 성토나 규탄으로 비쳐져서 임금을
난처하게 만든다. 그리고 군신(君臣)은 인륜(人倫)관계인 까닭에 세
번을 간해도 듣지 않으면 사직하고 떠나야 된다.

2-10-2 ──────── 子之事親也는 三諫而不聽이어시든 則號泣而隨之니라.

『자녀가 어버이를 섬김에는 세 번을 간해도 듣지 않으시거든 곧 목 놓아 소리 내어 울면서 따라다니느니라.』

◉ 이 절은 자녀가 어버이를 간하는 예절을 기술하였으니 부모와 자녀는 천륜(天倫)관계이므로 끝까지 포기하지 말아야 됨을 밝혔다.

호읍(號泣)은 큰 소리로 우는 것이고, 수(隨)는 뒤를 따라다니는 것이니, 어버이가 나쁜 일을 하지 못하도록 방해하는 것이다.

2-10-3 ──────── 君이 有疾飮藥이어시든 臣이 先嘗之하며
親이 有疾飮藥이어시든 子가 先嘗之니
醫不三世어든 不服其藥이니라.

『임금이 질환이 있어 약을 복용하시거든 신하가 먼저 맛을 보며, 어버이가 질환이 있어 약을 복용하시거든 자녀가 먼저 맛을 보나니, 의원이 3대를 하지 않았거든 그 약을 복용하지 않으니라.』

◉ 이 절은 임금과 어버이에게 약을 함부로 복용하지 못하도록 간하는 예절을 기술하였으니 위험한 약물은 먼저 맛을 보아야 됨을 밝혔다.

상(嘗)은 먼저 맛을 보아 안전성을 확인함이고, 3세(三世)는 3대에 걸쳐 전업함이며, 복(服)은 복용으로 먹는 것이다.

안전성을 확인하지 못한 식품을 임금이나 어버이가 먹지 못하도록

간하는 것은 사랑하고 공경하는 마음이다.

2-10-4 ——————————————— 儗人하되 必於其倫이니라.

『사람으로 견주되 반드시 그 같은 무리에게 비교할지니라.』

☯ 이 절은 간함에 사람을 비교하여 설득하는 예절을 기술하였으니 반
드시 신분이 비슷하고 사건이 같은 것으로 실례를 들어야 함을 밝혔다.
　의(儗)는 비교하여 견주는 것이고, 륜(倫)은 같은 종류이다.
　왕을 간함에는 성왕을 실례로 들어 비교하고, 제후를 간함에는 어
진 제후를 실례로 들어 비교하며, 아버지에게는 할아버지를 그리고
어머니에게는 할머니를 실례로 들어 비교하면 느낌이 절실하여 깊이
반성할 것이다.

2-11-1 ——————— 問天子之年이어든 對曰聞之하니 始服衣若干尺矣라 하며

『천자의 아들 나이를 묻거든 대답하여 말하기를 들으니 처음 옷을
입으실 때에 약간의 척(尺)이라고 하더이다 하며』

☯ 이 장은 질문에 대답하는 예절을 기술하였으니 나이에 대한 질
문은 그 직분으로 답하고, 경제적인 질문은 그 생산물로 대답해야 함
을 밝혔다.

천자(天子)는 천자의 아들이요, 년(年)은 나이이니 천자의 아들이
어리기 때문에 근심스러워 나이를 묻는 것이지 만일 바로 천자의 나
이를 묻는다면 이것은 무엄한 일이다. 대왈(對曰)은 질문한 사람을
높여서 대답함이며, 복(服)은 입는 것이요, 약간(若干)은 얼마쯤이다.

천자는 곤룡포를 입고 조정에 임하는 일이 가장 중요한 직무이므
로 옷으로 답하였다.

2-11-2 ──────────────────────────── 問國君之年이어든
長曰能從宗廟社稷之事矣라 하고
幼曰未能宗廟社稷之事也라 하며

『나라 임금의 아들 나이를 묻거든 다 컸으면 말하기를 능히 종묘
와 사직의 일을 좇나이다 하고, 어리면 말하기를 아직 종묘와 사직의
일을 잘하지는 못합니다 하며』

◑ 이 절은 제후의 아들 나이에 대한 대답이니 다음의 대부, 선비,
서민이 모두 아들의 나이에 대한 질문임을 살피면 천자와 제후도 그
아들에 대한 것임을 미루어 헤아릴 수 있으며, 역시 이 경문의 종
(從) 자로도 알 수 있다. 제후는 종묘와 사직을 받드는 일이 중요함
을 밝혔다.

국군(國君)은 나라 임금의 아들이요, 장(長)은 어른이란 뜻이며, 또
한 체격이 크다는 말로 거의 성년(成年)에 가까운 것이며, 종(從)은
아버지 임금을 좇아가서 돕는 것이고, 사(事)는 제사 지내는 일이다.

2-11-3 ──────── 問大夫之子어든 長曰能御矣라 하고 幼曰未能御也라 하며

『대부의 아들을 묻거든 다 컸으면 말하기를 능히 말을 모나이다 하고 어리면 말하기를 아직 말을 잘 몰지는 못합니다 하며』

☯ 이 절은 대부의 아들에 대한 대답이니 대부는 수레를 타고 다니므로 말을 모는 것으로 대답하였다.

2-11-4 ──────────────────── 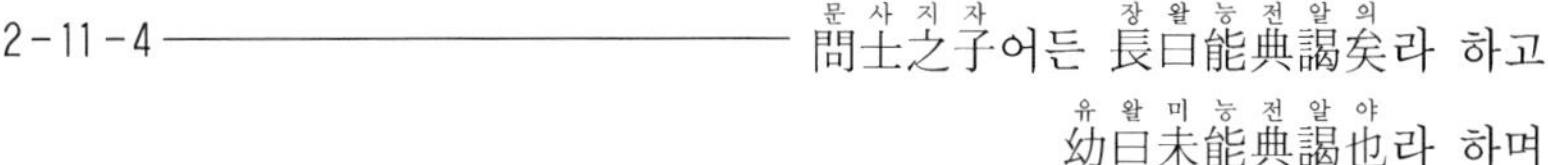問士之子어든 長曰能典謁矣라 하고
幼曰未能典謁也라 하며

『선비의 아들을 묻거든 다 컸으면 말하기를 능히 손님을 안내하나이다 하고, 어리면 말하기를 아직 손님을 잘 안내하지는 못합니다 하며』

☯ 전알(典謁)은 상견례(相見禮)에서 주인과 손님의 말을 전하며, 주인과 손님을 안내하는 역할을 하는 것이니 곧 집에서는 손님을 안내하는 일이다. 선비에게는 찾아오는 손님이 많으므로 그 일로써 대답하였다.

2-11-5 ──────────────── 問庶人之子어든 長曰能負薪矣라 하고
幼曰未能負薪矣也라 하니라.

『서민의 아들을 묻거든 다 컸으면 말하기를 능히 땔감을 등에 지고 옵니다 하고, 어리면 말하기를 아직 땔감을 등에 지고 오지 못합니다 하니라.』

◑ 이 절은 서민대중의 아들에 대하여 대답하는 예절이니 서민대중은 땔감이 있어야 음식과 난방을 해결함을 밝혔다.

부(負)는 등에 지고 오는 것이고, 신(薪)은 땔감이니 산이나 들에서 잡목을 베어 말린 것이다.

사람은 나이가 중요하니 20세가 되어 성인이 되면 아버지의 일을 도와서 집안일을 경영하니 효자는 능력만 있으면 언제든지 집안에서 아버지를 돕는 것이 본분이기 때문에 나이를 물었을 때에 그 직분으로 대답하였으니 대단히 의미심장하도다.

2-11-6 ──────── 問國君之富어든 數地以對하되 山澤之所出이라 하고

『나라 임금의 부유함을 묻거든 땅을 셈하여 대답하되 산과 못에서 나오는 것이라 하며』

◑ 이 절은 제후국의 경제에 대한 질문에 대답하는 예절이니 국토의 넓이와 자연자원으로 정확히 밝혀야 된다.

부(富)는 재정의 부유함이고, 수(數)는 계산하여 셈함이며, 소출(所出)은 생산품의 종류와 수량이다.

2-11-7 ──── 問大夫之富어든 曰有宰食力하야 祭器衣服을 不假라 하고

『대부의 부유함을 묻거든 채읍을 관리하는 읍장이 있어서 읍민의
세금을 먹고살아 제기와 의복을 빌리지는 아니합니다 하고』

◑ 이 절은 대부의 경제력에 대한 질문에 대답하는 예절이니 제사
에 품위를 유지함의 중요함을 밝혔다.
재(宰)는 채읍(采邑)을 관리하는 읍장(邑長)이고, 식력(食力)은
채읍의 주민이 노력 경작하여 납부한 부세(賦稅)를 먹고산다는 말이
며, 의복(衣服)은 관복이나 제복(祭服)이요, 가(假)는 빌리는 것이다.

2-11-8 ──────────────────── 問士之富어든 以車數對 하고

『선비의 부유함을 묻거든 수레의 수량으로 대답하고』

◑ 이 절은 선비의 부유함을 대답하는 예절이다.
거수(車數)는 말과 수레의 수이다.

2-11-9 ─────────────── 問庶人之富어든 數畜以對니라.

『서민대중의 부유함을 묻거든 기르는 가축을 셈하여 대답하니라.』

 이 절은 서민대중의 부유함을 대답하는 예절이다.

휵(畜)은 기름이니 가축을 기르는 것이다. 가축은 사료를 먹여서 기르는 까닭에 가난하면 기르지 못한다.

여기에서 예절에 의한 빈부(貧富)의 기준을 알 수 있으니 제후는 나라가 있으면 부자이고, 대부는 채읍이 있으면 부자이고, 선비는 수레가 있으면 부자이고, 서민대중은 가축이 있으면 부자인즉, 제후가 나라를 잃고, 대부가 채읍을 잃고, 선비에게 수레가 없고, 서민대중에게 가축이 없으면 가난한 것이다. 그리고 천자의 부유함을 언급하지 않은 까닭은 천자의 부유함은 사해(四海) 안에 만물이 있기 때문이다.

2-12-1 ──────────── 天子는 祭天地하며 祭四方하며 祭山川하며
祭五祀하되 歲徧하고 諸侯는 方祀하며
祭山川하며 祭五祀하되 歲徧하고
大夫는 祭五祀하되 歲徧하고 士는 祭其先하느니라.

『천자는 하늘과 땅에 제사 지내며, 사방에 제사 지내며, 산과 내에 제사 지내며, 다섯 가지 제사를 제사 지내되, 해마다 두루 한 번씩 지내고, 제후는 지방을 제사 지내며, 산과 내를 제사 지내며, 다섯 가지 제사를 제사 지내되, 해마다 두루 한 번씩 지내고, 대부는 다섯 가지 제사를 제사 지내되, 해마다 두루 한 번씩 지내고, 선비는 그 선조를 제사 지내느니라.』

☯ 이 장은 제사의 예절을 기술하였으니 특히 제사의 대상과 제수

(祭需)의 가짓수를 밝혔다.

천자의 5사(五祀)는 아래 제법(祭法) 편에 보면 7사(七祀)라고 하였으니 사명(司命), 중류(中霤), 국문(國門), 국행(國行), 태려(泰厲), 호(戶), 조(竈)이고, 제후의 5사(五祀)는 이에 태려(泰厲)의 대신으로 공려(公厲)를 넣고, 호(戶)와 조(竈)는 빠졌으니 참고하기 바란다. 세편(歲徧)은 해마다 두루 한 번씩 제사 지내는 것이요, 방사(方祀)는 지방을 제사 지냄이며, 선(先)은 돌아가신 부모와 조상이다.

천자는 천하의 안녕을 보장하므로 천지와 사방, 그리고 천하의 산천과 5사(五祀)를 제사 지내서 행복을 축원하고, 제후는 그 나라의 안녕을 보장하므로 자기 지방과 자기 나라의 산천과 5사를 제사 지내서 행복을 축원하고, 대부는 자기 채읍의 안녕을 보장하며, 선비는 자기의 집안을 보호하는 책무가 있으므로 각각 그 한계가 다르다.

살펴건대 5사(五祀)는 5행신(五行神)을 제사 지내서, 수재(水災), 화재(火災), 흉년(凶年), 질병, 지진(地震) 등의 재난이 없기를 축원하는 것이었으니 천자는 사직(社稷)에서 곡식과 초목을 수관하는 구망신(句芒神), 질병과 형벌을 주관하는 욕수신(蓐收神), 물과 비를 주관하는 현명신(玄冥神), 불을 주관하는 축융신(祝融神), 토지를 주관하는 후토신(后土神)께 제사를 지냈으며, 제후와 대부는 그 영역 내의 5행신(五行神)에게 제사 지냈는데 후세에 이를 본받아 마을이나 집에서도 받들었는바, 수신(水神)은 우물에서, 화신(火神)은 부엌에서, 목신(木神)은 문이나 동구나무에서, 금신(金神)은 길에서, 토신(土神)은 마당이나 마루에서 고사를 지내며, 마을의 평안과 집안의 안녕을 기원하고 자연에 대한 외경심을 환기하였던 것이다.

2-12-2 ──────────────────── 凡祭는 有其廢之어든 莫敢擧也며
有其擧之어든 莫敢廢也하며
非其所祭而祭之를 名曰淫祀니
淫祀는 無福이니라.

『무릇 제사는 그 폐지함이 있거든 감히 거행하지 못하며, 그 거행함이 있거든 감히 폐지하지 못하며, 그 제사 지낼 바가 아님에도 제사 지내는 것을 이름 하여 분수에 넘친 제사라고 하니 분수에 넘친 제사는 복도 없느니라.』

◉ 이 절은 제사 지내는 자격에 대한 예절을 기술하였으니 제사는 역사적 정통성과 사회적 주체성이 있어야 제사 지낼 자격이 있음을 밝혔다.

폐(廢)는 제사를 폐지하여 사당을 헐고 신주를 묻은 것이요, 거(擧)는 받들어 거행함이며, 비기소제(非其所祭)는 남의 귀신이니 자기가 제사 지낼 하등의 이유도 없는 관계이다. 음(淫)은 분수에 넘치는 것으로 음사(淫祀)는 정통성도 없고 주체성도 없는 무자격자가 아첨하여 제사를 지냄이며, 복(福)은 귀신이 제사를 받고 그 정성에 감동하여 제주(祭主)에게 복을 내림이다. 여기에서 제사는 은덕에 대한 보답의 성격과 앞날에 대한 행복을 추구하는 행사임을 알 수 있으니 깊이 헤아리기 바란다.

2-12-3 ──────────────────── 天子는 以犧牛하고 諸侯는 以肥牛하고
大夫는 以索牛하고 士는 以羊豕니라.

『천자는 희생용으로 기른 소를 쓰고, 제후는 살찐 소를 쓰고, 대부
는 찾아서 구한 소를 쓰고, 선비는 양과 돼지를 쓰느니라.』

　☯ 이 절은 희생을 바치는 예절을 기술하였으니 신분에 알맞게 해
야 됨을 밝혔다.

　희(犧)는 뿔이 균형 잡히고, 색깔이 순수한 것을 골라 특별히 관
리한 희생용이고, 비(肥)는 크고 살찐 것이며, 색(索)은 찾아서 구한
것이요, 양(羊)은 염소, 시(豕)는 돼지이다.

2-12-4 ─────────────────── 支子_{지자}는 不祭_{불제}니 祭必告于宗子_{제필고우종자}니라.

『지파의 아들은 제사 지내지 않으니 제사 지냄에는 반드시 종가의
아들에게 알리느니라.』

　☯ 이 절은 제사를 지내는 자격요건을 규정하였으니 제사는 원칙
적으로 종가(宗家)에서만 지내는 것임을 밝혔다.

　지자(支子)는 지파(支派)의 자손이고, 종자(宗子)는 적자(適子)로
종통(宗統)을 이은 종가(宗家)의 아들이다.

　살피건대 앞에 2-12-1에서 제사를 지내는 신분과 제사의 범위를
규정하고 여기에서 지자(支子)는 제사를 지내지 않는다고 하였으니
이것은 대부와 선비에게 해당하는 말로 전배들은 서자(庶子)는 제사
에 참여하지 못하는 것으로 해석하였으나 옳지 않다. 왜냐하면 종지
(宗支)와 적서(適庶)는 그 지적하는 바가 다르므로 엄격히 구별해야

한다. 종(宗)은 본종(本宗)이고, 지(支)는 지파(支派)이니 비록 정실 부인의 소생이라도 맏아들만이 종자(宗子)이고, 둘째 아들 이후는 모두 지자(支子)인즉, 비단 첩의 소생만을 지적한 것이 아니다. 그러므로 제사를 지내지 않는다는 말은 지자(支子)의 집에서 5사(五祀)나 선조의 제사를 따로 지내지 않는다는 뜻이지 종가(宗家)의 제사에 참여하지 않는다는 말이 결단코 아니다. 따라서 지자(支子)가 제사를 지낼 경우란 종가에서 제사를 지내지 못할 때와 지가(支家)에 특별한 연고 있을 때에 종자(宗子)의 동의를 받아 사당이나 자기 집에서 제사를 지낼 수 있다는 뜻이다.

2-12-5 ──────────────────────────── 凡祭宗廟之禮는 牛曰一元大武요.

『무릇 종묘에서 제사 지내는 예절은 소를 말하기를 첫째 머리 큰 발이라 하고』

◉ 이 절부터 아래로 21절은 모두 제물의 종류와 그 고상한 이름을 열거하였으니 종묘의 제사에 바치는 음식과 폐백이다.

일(一)은 첫째요, 원(元)은 머리이며, 무(武)는 발이니 제일 큰 짐승이란 뜻이다.

2-12-6 ──────────────────────────── 豕曰剛鬛이요.

『큰 돼지를 말하여 굳센 갈기요』

◑ 강(剛)은 굳셈이고, 렵(鬣)은 갈기이니, 돼지는 살이 찌면 갈기
가 크고 굳세지는 까닭에 살찐 돼지의 이칭(異稱)으로 쓴다.

2-12-7 ──────────────────────────── 돈 왈 돌 비
豚曰腯肥요.

『작은 돼지를 말하여 살덩어리요.』

◑ 돈(豚)은 작은 돼지요, 돌(腯)은 살찐 것이며, 비(肥)는 기름이
니 돌비(腯肥)는 부드러운 살덩어리이다.

2-12-8 ──────────────────────────── 양 왈 유 모
羊曰柔毛요.

『양을 말하여 부드러운 털이요.』

◑ 양의 털이 부드러운 까닭에 붙인 이름이다.

2-12-9 ──────────────────────────── 계 왈 한 음
鷄曰翰音이요.

『닭을 말하여 높이 날면서 우는 소리요.』

301

◯ 한(翰)은 높이 날아감이고, 음(音)은 소리니 닭이 홰를 치며 울기 때문이다.

2-12-10 ———————————————————————————
犬曰羹獻이요.

『개를 말하여 국물 음식이요.』

◯ 갱(羹)는 국물이고, 헌(獻)은 음식이니, 개가 국물로 된 음식을 먹는 까닭이다.

2-12-11 ———————————————————————————
雉曰疏趾요.

『꿩을 말하여 드문 발자국이요.』

◯ 소(疏)는 드문 것이고, 지(趾)는 발이니 꿩이 크면 발자국이 드문 까닭이다.

2-12-12 ———————————————————————————
兎曰明視요.

『토끼를 말하여 밝게 봄이요.』

◉ 토끼가 살이 찌면 밝게 보기 때문이다.

2-12-13 ─────────────────────────────────── 脯曰尹祭요.

『포를 말하여 반듯한 제물이요.』

◉ 윤(尹)은 반듯하게 다스리는 것이며, 제(祭)는 제물이니, 육포
는 바르게 다듬어 제물로 쓰는 까닭이다.

2-12-14 ─────────────────────────────────── 槀魚曰商祭요.

『말린 물고기를 말하여 헤아린 제물이요.』

◉ 고어(槀魚)는 말린 물고기이고, 상(商)은 헤아려 재단함이니,
습도를 조절하여 모양을 낸 제물이다.

2-12-15 ─────────────────────────────────── 鮮魚曰脡祭요.

『신선한 물고기를 말하여 가늘고 긴 제물이요.』

◉ 정(脡)은 정정(脡脡)으로 가늘고 길게 쪽 곧은 모양인데 생선

의 생김새를 뜻한다.

2-12-16 ——————————————————————— 水曰淸滌이요.

『물을 말하여 맑게 씻음이요.』

◑ 척(滌)은 세척(洗滌)이니 물은 모든 것을 맑게 씻어서 깨끗이
하기 때문이다.

2-12-17 ——————————————————————— 酒曰淸酌이요.

『술을 말하여 맑게 잔질함이요.』

◑ 작(酌)은 술잔에 술을 담아 권함이니 청작(淸酌)은 구기로 술
을 떠서 잔에 담아도 맑은 빛을 유지한 술이다.

2-12-18 ——————————————————————— 黍曰薌合이요.

『메기장을 말하기를 곡식기운의 합침이요.』

◑ 향(薌)은 곡기(穀氣)요, 합(合)은 화합이니 곡식의 향기를 합

쳤다는 뜻이다.

2-12-19 ─────────────────────────────────── 梁曰薌其요.
량 왈 향 기

『기장을 말하여 곡식기운의 풀이요.』

　◯ 량(梁)은 기장이요, 기(其)는 풀인데 서(黍)보다 그 줄기와 잎
이 크고 굳세기 때문에 풀이라고 하였다.

2-12-20 ─────────────────────────────────── 稷曰明粢요.
직 왈 명 자

『피를 말하여 깨끗한 피요.』

　◯ 직(稷)과 자(粢)는 모두 피인데 깨끗한 논밭에서 자란다.

2-12-21 ─────────────────────────────────── 稻曰嘉蔬요.
도 왈 가 소

『벼를 말하여 아름다운 나물이요.』

　◯ 소(蔬)는 나물이니 벼의 모자리가 채소밭처럼 아름답게 자라는
까닭이다.

2-12-22 ——————————————————————————— 韭曰豊本이요.

『부추를 말하여 풍성한 근본이요.』

◑ 부추는 뿌리가 풍성하여 계속 돋아나는 까닭이다.

2-12-23 ——————————————————————————— 鹽曰鹹鹺요.

『소금을 말하여 짭짤함이요.』

◑ 함(鹹)과 차(鹺)는 모두 짠맛이다.

2-12-24 ——————————————————————————— 玉曰嘉玉이요.

◑ 가옥(嘉玉)은 흠이 없는 아름다운 옥이다.

2-12-25 ——————————————————————————— 幣曰量幣니라.

『화폐는 말하기를 돈다발이니라.』

◑ 량(量)은 한도를 정한 량이니 곧 묶어서 셈하는 다발이다.

이상의 이름을 보건대 가장 크고 성대한 모양과 아름다운 향기와 튼튼한 근본 및 많은 수량을 나타내는 뜻을 담았는바, 이것은 장중하고 엄숙한 제사의 정신을 일으키고, 거룩한 신령을 특별히 높이려는 마음의 표현이기에 일상의 물건을 가지고 제물로 쓰면서 그 이름만은 달리 만들어 제사용어로 하였으니 산 사람을 위한 음식상과 귀신을 위한 제사상을 구별하기 위함이다.

그리고 큰 제사에는 다 갖추거니와 작은 제사에는 몇 가지만 골라서 쓸 수 있으니 그해의 작황과 시세에 따라 알맞게 할 일이다.

2-13-1 ──────────── 天子가 死曰崩이요 諸侯曰薨이요 大夫曰卒이요

士曰不祿이요 庶人曰死요 在牀曰尸요 在棺曰柩요

羽鳥曰降이요 四足曰漬요 死寇曰兵이라 하니라.

『천자가 죽음을 말하여 승하요, 제후를 말하여 서거요, 대부를 말하여 마침이요, 선비를 말하여 봉록을 받지 않음이요, 서민대중을 말하여 다함이요, 평상에 있음을 말하여 주검이요, 널에 있음을 말하여 송장이요, 날개 있는 새를 말하여 떨어짐이요, 네 발 달린 짐승을 말하여 문드러짐이요, 외적에게 죽음을 말하여 무찌름이라 하니라.』

◉ 이 장은 목숨이 끊어짐에 그 죽은 몸을 일컫는 예절을 기술하였으니 살아서의 신분에 따라 죽음의 의미가 다름을 밝혔는바, 문장 구사력이 정말 대단하다.

사(死)는 목숨이 끊어짐이고, 붕(崩)은 앞에 2-7-4에서 해설했고, 훙(薨)은 앞에 2-9-6에서 하였으며, 졸(卒)은 할 일을 모두 끝

냈다는 뜻이요, 불록(不祿)은 봉록을 받지 않는다는 말이며, 서인(庶人)의 사(死)는 목숨이 다했다는 의미이며, 재상(在牀)은 죽은 다음 날 소렴(小斂)하여 평상에 눕힌 것이고, 시(尸)는 주검이다. 재관(在棺)은 발인 전에 대렴(大斂)하여 널에 넣은 것이며, 구(柩)는 널 뚜껑을 덮고 묶은 것이니 곧 송장이다. 우조(羽鳥)는 날짐승이고, 강(降)은 날지 못하고 땅에 떨어졌다는 뜻이고, 사족(四足)은 네 발 달린 짐승이며, 지(漬)는 거품을 물고 흐늘흐늘하여 문드러짐이요, 사구(死寇)는 외적에게 죽는 것이고, 병(兵)은 무찔러 싸우다가 전사(戰死)함이다.

사람이 죽는 것은 모두 같은 현상이지만 천하국가에 이바지하고 거룩하게 죽으면 비록 육신은 이승을 떠날지라도 그러나 그 아름다운 정신은 길이 남아 역사에 빛나는 것이므로 인생을 잘살면 죽고 사는 의미가 별로 없어서 죽음을 보기를 집에 가듯이 당연한 일로 본다. 만약 인생을 허무하게 살면 한 번 죽음에 이승과는 완전히 결별하여 아무런 흔적도 없게 되므로 살고 죽는 의미가 현격하게 달라서 공포로 다가오나니 허무한 영혼으로 소리 소문도 없이 사라지는 것이다.

오직 외적의 침략에 대항하여 싸우다가 전사(戰死)한 시체는 그 용감한 군인정신과 드높은 애국심으로 인하여 온 국민이 받들어 기리나니 비록 황량한 벌판에서 전장의 이슬처럼 사라졌지만 그 충혼령백(忠魂靈魄)은 영원 불후한 것이다.

2-13-2 ─────────────────────── 祭王父曰皇祖考요 王母曰皇祖妣요
父曰皇考요 母曰皇妣요 夫曰皇辟이라 하니라.

『할아버지를 제사 지냄에 말하기를 훌륭한 할아버님이요, 할머니를 말하기를 훌륭한 할머님이요, 아버지를 말하기를 훌륭한 아버님이요, 어머니를 말하기를 훌륭한 어머님이요, 남편을 말하기를 훌륭한 남편님이라 하니라.』

☯ 이 절은 생사에 따른 가족관계를 호칭하는 예절을 기술하였으니 살아서의 호칭과 달라야 함을 밝혔다.

왕(王)과 황(皇)은 모두 크다는 뜻이니 지극히 높은 지도자를 가리킨다. 고(考)는 지난 일을 자세히 살피는 것이니 죽은 아버지를 일컫는 말이고, 비(妣)는 비(嬪)니 짝이라는 의미로 죽은 어머니를 일컬으며, 벽(辟)은 법(法)으로 본보기인데 죽은 남편을 일컫는다.

살피건대 이승의 호칭과 제사의 호칭을 달리하는 까닭은 제사(祭祀)는 향례(饗禮)이기 때문이다. 본래 향례(饗禮)의 헌작(獻酢)은 일반인에게 베푸는 행사가 아니고 국가의 공신(功臣)과 천하의 현인에게 특별히 현창하는 행사이므로 이러한 최고의 의식(儀式)을 거행함에 주관자를 효자(孝子)로 공인하고, 신령을 황(皇)으로 높여서 격을 맞추는 것인즉, 제사의 신성함을 여기에서 확인하기 바란다.

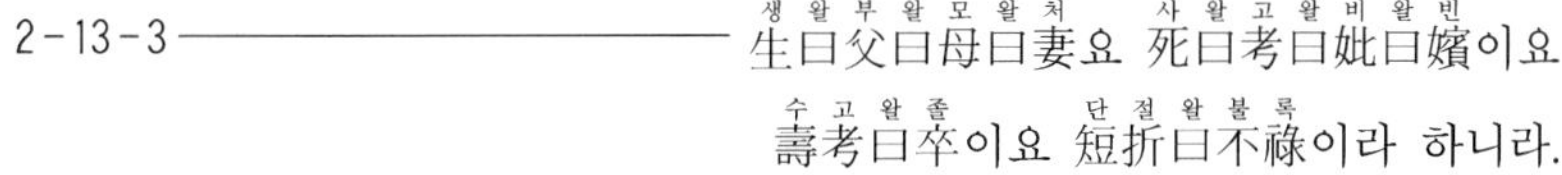

2-13-3

『살아서는 말하기를 아버지, 말하기를 어머니, 말하기를 아내요, 죽음에 말하기를 돌아가신 아버님, 말하기를 돌아가신 어머님, 말하기를

죽은 아내님이요, 오래 살아서 일을 다하고 죽음을 말하여 마침이요,
짧게 살고 꺾이는 것을 말하여 봉록을 받지 않음이라고 하니라.』

　◯ 이 절은 일반적인 생사수요(生死壽夭)의 호칭을 밝혔다.

　부(父)는 회초리를 손에 들고 자녀를 엄격하게 가르칠 사명이 있는
아버지요, 모(母)는 젖을 먹여서 자애롭게 길러야 하는 책임이 있는
어머니이며, 처(妻)는 앞에 2-9-10에서 이미 해설하였다. 빈(嬪)은
여자 손님이란 뜻이니 죽은 아내를 일컫고, 수(壽)는 80세 이상을 사
는 것이니 80이 하수(下壽), 90이 중수(中壽), 100이 상수(上壽)이며,
고(考)는 고종명(考終命)이니 이승에서의 사명을 모두 완성해서 끝
냄이요, 단절(短折)은 짧게 살고 꺾임이니 요절(夭折)함이다. 졸(卒)
과 불록(不祿)은 앞에 2-13-1에서 이미 해설하였으니 여기에서는
신분이 아니고 나이로 말한 것이다.

2-14-1 ──────────── 天子를 視한대 不上於袷하며 不下於帶하고
國君하얀 綏視하고 大夫란 衡視하고 士엔 視五步니라.

『천자를 볼진대 위로는 동그래깃에 올라가지 아니하며, 아래는 띠
에 내려가지 아니하고, 나라 임금에게는 시선을 약간 내리고, 대부란
시선을 수평으로 하고, 선비에게는 다섯 걸음을 보니라.』

　◯ 이 장은 대화의 자리에서 상대를 바로 보는 예절을 기술하였으
니 신분에 따라 각도가 다름을 밝혔다.

시(視)는 바로 보는 것이고, 겹(袷)은 웃옷의 목둘레에 붙이는 동그래깃이니 곧 동정이라고 한다. 유(綏)는 깃발이 늘어진 모양이니 약간 내리는 것으로 턱 부분을 봄이요, 형(衡)은 저울대로 형평을 유지함이며, 시오보(視五步)는 좌우로 다섯 걸음쯤을 둘러볼 수 있다는 말이다.

높은 사람에게 고개를 쳐드는 것은 반항으로 비치기 때문에 고개를 약간 숙여서 공순한 모습을 보이는 것이 대화 자세이다.

2-14-2 ──────── 凡視를 上於面則敖하고 下於帶則憂하고 傾則姦이니라.

『무릇 시선을 얼굴보다 위로 하면 거만하고, 띠보다 아래로 하면 근심하고, 기울면 간사하니라.』

◑ 여기에서는 시선의 중요성을 말하였다.

시(視)는 시선(視線)이고, 오(敖)는 오만방자하여 남의 말을 받아들이지 않음이며, 우(憂)는 근심걱정으로 정신이 없어서 말을 알아듣지 못하며, 경(傾)은 경사(傾斜)진 것으로 머리가 옆으로 기울어짐인데 이것은 그 마음이 삐뚤어진 까닭이니 간사(姦邪)한 계교가 있는 것이므로 모두 대화의 예절이 아니다.

2-14-3 ─────────────────── 君命을 大夫與士가 肄니 在官言官하고
在府言府하고 在庫言庫하고 在朝言朝니

『임금의 명령을 대부와 선비는 익숙하게 애써야 하니 관청에 있으면 관청의 일을 말하고, 내각에 있으면 내각의 일을 말하고, 창고에 있으면 창고의 일을 말하고, 조정에 있으면 조정의 일을 말하니』

◑ 이 절은 관료의 대화주제에 대한 예절을 기술하였으니 관료의 대화주제는 모임의 장소와 일치해야 됨을 밝혔다.

이(肄)는 익숙하게 수고함이니 능통한 실력으로 애쓰는 것이요, 관(官)은 관청 또는 관청의 일이며, 부(府)는 6부(六府)로 곧 내각이다. 따라서 관(官)은 하부관청이고, 부(府)는 상부관청이며, 고(庫)는 지방창고요, 조(朝)는 중앙조정이다.

2-14-4 ──────────────────────── 朝言은 不及犬馬니라.

『조정에서의 말은 개와 말에 미치지 아니하니라.』

◑ 이 절은 조정에서 언급하지 못하는 예절을 기록하였으니 조정에서는 공적인 문제를 말하고 사적인 문제는 피해야 됨을 밝혔다.

견(犬)은 애견(愛犬)이고, 마(馬)는 애마(愛馬)이니 개인적인 취미생활에 관한 내용이다.

2-14-5 ──────────────────── 輟朝而顧는 不有異事면 必有異慮니
故로 輟朝而顧를 君子가 謂之固라 하니라.

『조회를 마치고도 뒤돌아봄은 다른 일이 있지 않으면 반드시 다른 생각이 있는 것이니 그러므로 조회를 마치고도 뒤돌아보는 것을 군자가 일컬어 고루하다고 하니라.』

◉ 이 절도 조정에서는 공개적으로 논의하는 것이 예절임을 기술하였으니 은밀하게 사사로운 일이나 다른 생각을 말하는 것은 공(公)과 사(私)를 분별하지 못하는 추태임을 밝혔다.

철(輟)은 거두어 그침이니 철조(輟朝)는 임금이 조회를 마치고 폐회를 선언함이며, 이사(異事)는 개인적인 일이요, 이려(異慮)는 다른 생각이며, 고(固)는 고루(固陋)함이니 예절을 모르는 것이다.

2-14-6 ─────────────── 在朝言禮하며 問禮어든 對以禮니라.

『조정에 있어서는 예를 말하며, 예를 묻거든 예로써 대답하니라.』

◉ 이 절도 조정의 대화주제는 예절이어야 함을 밝혔다.

인정(仁政)은 예절을 통해 구현하는 것이므로 조정이 먼저 모범을 보여야 나라에 예절이 일어나는 까닭이다. 그리고 조정은 공론(公論)을 모으는 곳이니 대화에 자기를 낮추고 남을 공경하여야 아름다운 대화의 광장이 열리기 때문에 처음부터 끝까지 선왕(先王)의 예절로 일관하는 것이 대화의 기본이다.

2-14-7 ─────────────────────────── 大享은 不問卜하며 不饒富니라.

『큰 제향은 점을 쳐서 날을 잡지 아니하며, 풍부하게 차리지 아니
하니라.』

◐ 이 절은 예절의 극치는 원초적 본원으로 돌아가는 것임을 기술
하였으니 본질이 아름다우면 수식하여 꾸밀 필요가 없는 것이다.

대향(大享)은 큰 제향(祭享)이니 최고의 향례(饗禮)를 거행함인데
천제(天祭)를 뜻한다. 문복(問卜)은 제삿날을 점치는 것이며, 요부
(饒富)는 풍성하고 넉넉함이다.

하늘은 현재 진실하므로 길하고 흉한 날이 없으며, 하늘은 도덕이
충만하므로 물질로 감동시킬 수 없는 까닭에 천제(天祭)는 현재의
도덕을 숭상할 뿐이고, 날을 받아 풍성하게 차리지 않는다.

그러므로 천자(天子)가 천제(天祭)를 지낼 때에는 단(壇)을 설치하
지 않고 땅을 쓸고 지내는 것이니 희생(犧牲)도 송아지를 쓰고, 음식
을 조미(調味)하지 않으며, 그릇도 무늬가 없는 질박한 것으로 한다.

2-14-8 ─────────────── 凡摯란 天子는 鬯이요 諸侯는 圭요 卿은 羔요
大夫는 鴈이요 士는 雉요 庶人之摯는
匹이니 童子는 委摯而退니라 野外軍中엔
無摯니 以纓拾矢가 可也니라.

『무릇 폐백이란 천자는 울창술이요, 제후는 옥으로 만든 구기요,

경은 염소요, 대부는 기러기요, 선비는 꿩이요, 서민대중은 집오리니
어린이는 폐백만 맡기고 물러가니라. 야외의 군부대 속에는 폐백이
없으니 말가슴걸이, 활깍지, 화살로 해도 옳으니라.』

　● 이 절은 폐백으로 만남의 뜻을 나타내는 예절을 기술하였으니
바른 대화는 만남의 본의를 뚜렷이 해야 됨을 밝혔다.

　지(摯)는 지(贄)로 폐백(幣帛)인데 신분에 따라 예물(禮物)이 다
르다. 천자의 폐백은 울창주(鬱鬯酒)인데 향초와 검은 기장을 섞어서
빚은 술로 향기가 좋아 큰 제사에 강신주(降神酒)로 쓴다. 규(圭)는
규찬(圭瓚)이니 옥으로 만든 구기로 종묘에서 강신주를 뜰 때 사용
하며, 고(羔)는 새끼 양 또는 염소로 깨끗하면서도 무리를 지어 행동
을 같이하고, 안(鴈)은 기러기로 높이 나는 철새인데 정절이 있고 질
서를 지킨다. 치(雉)는 꿩인데 산야에 흩어져 살면서도 아름다운 깃
털을 가지고 있으며 목(匹)은 집오리니 아침에는 물가로 갔다가 저
녁에는 집으로 찾아오고, 위(委)는 맡기는 것이요, 영(纓)은 말가슴
걸이 또는 말북두라고 하는데 말에 수레의 멍에를 씌울 때에 묶는
끈이고, 습(拾)은 활을 쏠 때에 사용하는 활깍지이다.

　이것은 대화의 자리에 반드시 갖추어야 될 예절을 상징적으로 나
타내는 물건이니 천자는 귀신이 감동할 정도로 향기로워야 되고, 제
후는 종묘의 제사에 쓰이는 옥구기처럼 고귀해야 되고, 경은 어린양
처럼 무리에 순종해야 되고, 대부는 기러기처럼 고상하면서도 지조와
질서를 지켜야 되고, 선비는 장끼처럼 화려해야 하며, 서민대중은 집
오리처럼 집으로 돌아와야 된다. 그리고 어린이는 얼굴만 보이고 대
화는 없으며, 야외의 군부대 속에는 폐백이 없지만 마지못해 꼭 하려
면 말북두, 활깍지, 화살 등으로 전투의지를 표현함이 옳다고 하였으

니 그 절도가 반듯하고 그 뜻이 높도다.

 ^{부인지지} ^{구진포수조률}
婦人之摯란 榛栗脯脩棗栗이니라.

『부인의 폐백이란 돌배, 개암, 네모진 포, 긴 포, 대추, 밤이니라.』

☯ 이 절은 부인의 폐백을 열거하였으니 부인과의 대화는 핵심을 요약하여 간결하고 반듯해야 됨을 밝혔다.

구(榛)는 돌배나무로 능금나무과에 속하는 낙엽 활엽 교목인데 잎은 달걀모양으로 끝이 뾰족하며 가장자리에 톱니가 있다. 4~5월에 흰 꽃이 피고, 이과(梨果)는 지름 2㎝가량으로 10월에 누렇게 또는 붉게 여물면 식용한다. 진(榛)은 개암나무로 개암나무과에 속하는 낙엽 관목인데 키는 3m가량이고 잎은 끝이 뾰족한 타원형에 고르지 않은 톱니가 있으며, 잎자루에는 선모(腺毛)가 났다. 암수 한 그루이며, 봄철에 작은 꽃이 이삭 모양으로 피며, 수꽃은 황갈색이고 암꽃은 붉으며, 열매는 구형(球形)의 견과(堅果)로 도토리와 비슷하나 조금 납작하고, 10월에 여물어 맛은 밤맛 같으나 더 고소하여 날로도 먹고 개암죽의 재료로 쓴다. 포(脯)와 수(脩)는 모두 고기를 말린 포인데, 포(脯)는 넓고 네모진 모양이고, 수(脩)는 가늘고 긴 모양이니 건조하여 정리함을 뜻한다.

 ^{납녀어천자왈비백성} ^{어국군왈비주장}
納女於天子曰備百姓이요 於國君曰備酒漿이요
^{어대부왈비소쇄}
於大夫曰備埽灑라 하니라.

『천자에게 시집보내기로 허락하면서 말하기를 "백성에게 마음을 쓰게 하리다" 하고, 나라 임금에게 말하기를 "술과 간장에 마음을 쓰게 하리다" 하고, 대부에게 말하기를 "쓸고 물 뿌리는 일에 마음을 쓰게 하리다"라고 하니라.』

☯ 이 절은 대화에 책임을 지는 예절을 기술하였으니 언(言)과 행(行)이 일치하여야 됨을 밝혀서 곡례(曲禮) 편을 종결하였도다.

납(納)은 용납하여 허락함이니 혼례에 납채(納采)와 납징(納徵)이 있으며, 여(女)는 시집보냄이요, 비(備)는 온갖 마음을 다 씀이다.

천자(天子)는 천하를 다스리는 까닭에 천자에게 딸을 시집보냄에는 인류의 행복을 위하여 헌신 노력하는 왕후(王后)가 되도록 경계시키겠다고 확언하고, 제후는 국가를 다스리는 까닭에 제후에게 딸을 시집보냄에는 종묘(宗廟)와 사직(社稷)의 제사 때 쓸 술과 간장에 온갖 정성을 다하도록 훈계하겠다고 확인하며, 대부는 가문을 단속하는 까닭에 딸을 대부에게 시집보냄에는 사당과 집안을 깨끗이 쓸고 닦도록 경고하겠다고 확답하니, 이러한 절차는 비록 편지를 통하여 말을 주고받은 내용이지만 그 책임은 길이 지는 것이니 비단 장인이 살아서뿐만 아니라 죽은 뒤에도 그 책임을 면하지 못하는 것이다.

3. 단궁(檀弓) 상(上)

단궁(檀弓)은 춘추시대 노(魯)나라 사람의 이름인데 편의 첫머리에 그 이름이 있음으로 인하여 편명(篇名)으로 하였다.

단궁 편은 대부분 예절이 무너진 춘추시대 말기나 전국시대에 선비들이 예절을 학습하기 위하여 상례(喪禮)에 대한 의문점을 논의한 사례(事例)를 모아서 예절교재로 썼던 것을 한(漢)나라 유림(儒林)이 『예기』에 편집하면서 일단 그 분량이 많으므로 상하(上下)로 나누었다.

비록 공자가 편집한 내용은 아니지만 그 가운데 성인(聖人)의 예절원리를 많이 밝히고 있기 때문에 후세의 예학자(禮學者)가 존중하였으니 구태여 의심하고 삭제할 필요가 없다.

3-1-1————————————————— 公儀仲子之喪에 檀弓이 免焉이러니
仲子가 舍其孫而立其子한대 檀弓이 曰何居오
我未之前聞也라 하고 趨而就子服伯子於門右하야
曰仲子가 舍其孫而立其子어늘 何也오.

『공의중자가 맏아들의 복을 입음에 단궁이 3년의 상기를 마쳐야 벗으리라 하니 중자가 그 손자를 버리고 그 작은아들을 맏아들로 세운대, 단궁이 말하기를 어찌 가만히 있으리오. 나는 예전에 듣지 못했노라 하고 잦은걸음으로 자복백자에게 나아가 문의 오른쪽에서 말

하기를 중자가 그 손자를 버리고 그 작은아들을 맏아들로 세우거늘 무엇 하십니까?』

◉ 이 장은 맏아들의 죽음에 장손(長孫)을 후계자로 삼는 예절을 기술하였으니 장자승계(長子承繼)의 종법(宗法)을 밝혔다.

공의(公儀)는 씨(氏)이고, 중자(仲子)는 자(字)인데 노(魯)나라 임금과 같은 성(姓)이다. 상(喪)은 맏아들이 죽어서 상복(喪服)을 입는 것이고, 단궁(檀弓)은 편명(篇名) 해제(解題)에서 이미 해설하였으며, 면(免)은 전배들이 문(免), 즉 통건을 쓴 것이라고 하였으니, 언(焉)이 암시적 종결사임을 간과한 오역이기에 내가 면상(免喪)으로 바로 잡았으니 예법에 부모의 상기(喪期)와 장자(長子)의 상기는 모두 3년복을 입어야 상기를 마쳐서 면상(免喪)하는 것이다. 사기손(舍其孫)은 그 손자를 승중(承重)의 후계자로 삼지 않고 버리는 것이요, 입기자(立其子)는 그 다른 아들을 후계자, 즉 맏아들로 대신 세운 것이니 이렇게 되면 중사는 3년복이 아니라 1년복만 입겠다는 것이 된다. 거(居)는 거연(居然)이니 그 모양 그대로 가만히 있는 모양인즉, 하거(何居)는 어찌 패례(悖禮)를 보고 가만히 있겠느냐의 분개한 말이다. 자복백자(子服伯子)는 공의중자의 형이며, 문우(門右)는 문의 서쪽으로 손님이 서는 자리로 단궁이 예의를 갖추어 찾았다는 뜻이고, 하야(何也)는 무엇 하느냐고, 항의하여 꾸짖기를 바라는 말이다.

3-1-2 ────────────────── 伯子가 曰仲子도 亦猶行古之道也로다

昔者에 文王이 舍伯邑考而立武王하시고

微子가 舍其孫腞而立衍也하니
夫仲子도 亦猶行古之道也로다
子游가 問諸孔子한대 孔子가 曰否라 立孫이니라.

『백자가 말하기를 중자도 또한 오히려 옛날의 도를 행함이로다. 옛날에 문왕이 백읍고를 버리고 무왕을 세우시고, 미자가 그 손자 돈을 버리고 연을 세웠으니, 저 중자도 또한 오히려 옛날의 도를 행함이로다. 자유가 공자에게 물은대 공자가 말씀하시기를 아니다 손자를 세워야 하니라.』

◑ 이 절은 모든 사람의 가통(家統)은 장자승계(長子承繼)가 예절임을 기술하고, 왕통(王統)은 현인(賢人)이 승계하는 것이 예절임을 밝혔다.

백읍고(伯邑考)는 문왕(文王)의 장자라고 하였으나 상고할 수 없으며, 미자(微子)는 은(殷)나라 주(紂)의 서형(庶兄)으로 송(宋)나라에 봉(封)했는데 미자가 죽음에 송나라 사람이 그 아우 미중(微仲)을 임금으로 세웠으니 미중의 이름이 연(衍)이다. 자유(子游)는 공자의 제자이고 부(否)는 허락하지 않음이다.

살피건대 공의중자와 자복백자는 왕통(王統)과 가통(家統)을 혼동함으로써 부자(父子)의 천륜(天倫)을 군신(君臣)의 인륜(人倫)으로 대체해서 아버지와 아들의 정(情)을 자의적으로 끊어 버렸으니 어찌 참을 수 있겠는가? 따라서 단궁이 분개한 것은 칭찬할 일이지만 자복백자의 억설을 비판하여 바로잡지 못한 것은 지식의 한계라고 하겠다.

다행이 자유가 문제의 중요성을 인식하고 공자에게 물은 것은 천만다행이며, 공자가 마침내 승중(承重)의 예절을 밝혀 천륜(天倫)의 정을 두텁게 하여 천하가 다시 인(仁)으로 돌아가게 하였도다.

3-2-1―――――――――― 事親하되 有隱而無犯하며 左右就養하되 無方하며
服勤至死하며 致喪三年하고 事君하되
有犯而無隱하며 左右就養하되 有方하며
服勤至死하며 方喪三年하고 事師하되
無犯無隱하며 左右就養하되 無方하며
服勤至死하며 心喪三年이니라.

『어버이를 섬기되 숨김은 있으나, 어버이가 싫어하는 안색을 보여도 관계하지 않고 간함은 없으며, 곁에서 나아가 공양하되 일정한 방법이 없으며, 직분을 다하여 죽음에 이를 때까지 부지런히 일하며 극진하게 3년의 상복올 입으며, 임금을 섬기되 임금이 싫어하는 안색을 보여도 관계하지 않고 간함이 있으나 숨김은 없으며, 곁에서 나아가 공양하되 일정한 방법이 있으며, 직분을 다하여 죽을 때까지 부지런히 일하며 떳떳하게 3년의 상복을 입고, 스승을 섬기되 스승이 싫어하는 안색을 보여도 관계하지 않고 간함이 없고 숨김도 없으며, 곁에서 나아가 공양하되 일정한 방법이 없으며, 직분을 다하여 죽을 때까지 부지런히 일하며 마음으로 3년의 상복을 입느니라.』

◯ 이 장은 어버이와 임금과 스승을 섬기는 예절을 기술하였으니 자녀의 도리(道理)와 신하의 의리(義理)와 제자의 직분(職分)을 실천하는 방법에 차이가 있음을 밝혔다.

은(隱)은 허물을 숨겨서 감추는 것이고, 범(犯)은 범안(犯顔)으로 윗사람이 싫어하는 안색(顔色)을 보여도 관계하지 않고 간(諫)하는 것이며, 좌우(左右)는 가까운 곁이요, 취(就)는 나아감이고, 양(養)은 공양(供養)함이다. 무방(無方)의 방(方)은 일정한 수단방법이요, 복(服)은 복무(服務)하는 직분이며, 근(勤)은 근로(勤勞)로 부지런히 일함이고, 치(致)는 극치(極致)니 가장 지극하게 함이요, 상(喪)은 상복(喪服)을 입는 것이며, 방상(方喪)의 방(方)은 떳떳함이니 정상생활을 유지함이다.

부자(父子)의 정(情)은 끊을 수 없으므로 숨겨 주고, 미간(微諫)하면서 직업과 방법을 가리지 않고 죽을 때까지 공양하다가 가장 슬픈 마음으로 3년의 상복을 입으며, 군신(君臣)의 의(義)는 공명정대해야 하므로 직간(直諫)하여 숨기지 않으며, 직책과 법률의 테두리 안에서 죽을 때까지 공양하다가 정상생활을 하면서 3년의 상복만 입으며, 사제(師弟)의 학문은 가르치고 배워야 하므로 묻고 강론하면서 직업과 방법을 가리지 않고 죽을 때까지 공양하다가 마음으로 3년간 슬퍼한다.

무릇 자녀가 어버이를 거역하거나 굶주리게 하거나 3년의 상복을 입지 않으면 불효(不孝)가 막대하고, 신하가 임금을 오도하고 방조하거나 부정비리로 아첨하다가 3년의 상복도 입지 않으면 불충(不忠)이 막대하며, 제자가 스승을 거역하고 비난하고 굶주리게 하다가 3년의 슬픔도 느끼지 못한다면 배은망덕(背恩忘德)이 막심하니 어찌 사람이라고 하겠는가?

어버이에게는 슬픈 마음으로 상복을 입고, 임금에게는 떳떳한 평상심으로 상복을 입고, 스승에게는 슬픈 마음만 간직하면서 상복은 입지 않으니, 부모와 자녀는 혈육(血肉)을 함께한 관계이고, 임금과 신화는 경제생활을 함께한 관계이며, 스승과 제자는 도덕정신을 함께한 관계이기 때문에 각각 그 함께한 바로써 슬픔을 표현한 것이다.

3-3-1─────────────────────── 季武子가 成寢하니 杜氏之葬이
在西階之下어늘 請合葬焉이라 하니 許之한대
入宮而不敢哭이라거늘 武子가 曰合葬은 非古也니라
自周公以來로 未之有改也어늘
吾가 許其大而不許其細러니 何居오 하고 命之哭하다.

『계무자가 제각을 완성하니 두 씨의 장사 지낸 곳이 서쪽 계단의 아래에 있거늘 합장하기를 요청한다고 하니 허락한대 제각의 담 안에 들어가서 감히 곡을 하지 않으리라 하거늘, 무자가 말하기를 합장은 옛날의 제도가 아니다. 주공 이래로 아직 그 제도를 고침이 있지 않거늘 내가 그 큰 것을 허락하면서 그 미세한 것을 허락하지 아니한다면 어찌 가만히 있으리오 하고 곡하라고 명령하였다.』

◐ 이 장은 부부를 합장하는 제도는 주공(周公)의 예절이 아니고, 춘추시대에 비롯하였음을 기술하였으니 귀신은 안정(安靜)시켜야 됨을 밝혔다.

계무자(季武子)는 춘추시대 노(魯)나라의 대부(大夫)이고, 성(成)은 낙성(落成)이며, 침(寢)은 제각(祭閣)이니 무덤 앞에 세워서 제사를 준비하는 집이다. 장(葬)은 장지(葬地)니 장사 지낸 땅이고, 합장(合葬)은 배우자를 한 무덤에 묻는 것이며, 주공(周公)은 문왕(文王)

의 아들로 주(周)나라의 예법과 음악을 제작하였으며, 개(改)는 개정함이요, 하거(何居)는 앞에 3-1-1에서 이미 해설하였다.

　살피건대 춘추전국시대에 정전법(井田法)이 무너지면서 토지사유화제도가 생기니 빈한한 사람들은 장지(葬地)를 확보하기가 매우 어렵게 되었다. 그리하여 토지를 겸병한 권력귀족에게 매장허가를 얻어 장사를 지내니 부득이 합장(合葬)의 제도가 빈민층에 유행하였음을 밝혀『예기(禮記)』에서 합장의 예절을 기록하였으나 무덤 위에 제각을 짓고 무덤을 열어 배우자를 묻고 곡(哭)을 하니 안정해야 될 무덤의 혼령이 놀라고 두렵고 슬프고 시끄러워서 어찌 견디겠는가?

　비록 살아서의 인간은 시끄러운 세상에서 고생을 했을지라도 죽어서의 귀신은 편안하고 고요하게 명복을 누리게 하는 것이 예절이다. 따라서 이 장은 계무자가 욕심이 많고 인색하여 예법을 어긴 사실을 규탄한 뜻도 있다.

3-4-1────── 子上之母가 死而不喪한대 門人이 問諸子思曰昔者에 子之先君子가 喪出母乎아 曰然하니라 子之不使白也로 喪之는 何也니 있고 子思가 曰昔者에 吾先君子가 無所失道라 하사 道隆則從而隆하시고 道汚則從而汚하시니 伋則安能이리오 爲伋也妻者는 是爲白也母이려니와 不爲伋也妻者는 是不爲白也母라 하시니 故로 孔氏之不喪出母가 自子思始也니라.

　『자상이 이혼하여 집을 나간 친어머니가 죽었는데 상복을 입지 않은대, 문인이 자사에게 그 이유를 물어 말하기를 옛날에 선생의 조상이 이혼하여 집을 나간 친어머니의 상복을 입었습니까? 말하기를 그러하니라. 선생이 아들 백으로 하여금 상복을 입게 하지 않음은 무엇 때문입니까? 자사가 말하기를 옛날에 우리 조상은 사람의 도리를 잃은 바가 없으시어 도리가 높으면 좋아서 높이시고, 도리가 낮으면 좋아서 낮추셨나니, 급이 곧 어찌 능히 시키리오. 급의 아내가 된 사람은 이에 백의 어머니가 되려니와 급의 아내가 되지 않은 사람은 이에 백의 어머니가 되지 않은 것이다 하시니, 그러므로 공씨 가문에 이혼하여 집을 나간 친어머니의 상복을 입지 않음이 자사로부터 비롯하니라.』

◑ 이 장은 이혼하여 집을 나간 친어머니의 상복을 아버지를 모시는 장자는 입지 않는 예절을 기술하였으니 예법에 출모(出母)의 복은 자최장기(齊衰杖期)이지만 그러나 아버지의 대를 이은 맏아들은 상복을 입지 않는 것임을 밝혔다.

자상(子上)은 자사(子思)의 아들 백(白)의 자(字)로 이름이 백(白)이며, 자상지모(子上之母)는 곧 자사가 이혼한 아내요, 백(白)의 생모(生母)인즉, 바로 자상의 출모(出母)이다. 문인(門人)은 자사의 제자이고, 자사(子思)는 공자의 손자인데, 이름이 급(伋)이다. 자(子)는 자사를 높여서 일컬음이니 선생과 같은 말이며, 선군자(先君子)는 돌아가신 아버지나 또는 훌륭한 조상을 지칭하는 말인데 여기에서는 누구인지 확인할 수 없다. 도(道)는 도리(道理)이고, 융(隆)은 높은 것이며, 오(汚)는 낮은 것이다.

살펴건대 출모(出母)의 복은 자최장기(齊衰杖期)이나 아버지가 살아 있고 그 뒤를 이을 장자(長子)는 무복(無服)이다. 따라서 자상은 비록 출모가 죽었으나 아버지 자사가 살아 계시고 또한 장자이기 때문에 상복을 입지 않는 것이 예절이니 그 이유는 바로 이혼한 아내의 죽음에 전남편은 상복이 없기 때문에 자사가 상복을 입지 않거늘 이에 자상이 감히 상복을 입어 아버지를 우울하게 섬긴다면 어찌 효자라고 하리오.

자사의 문인이 출모(出母)의 복이 있는 줄만 알고, 없는 경우를 모르니 자사가 어버이를 모시는 아들은 아버지를 따라서 상복을 입지 않는 예절을 자세히 깨우쳤다. 그럼에도 전배들은 선군자(先君子)를 돌아가신 아버지로 해석하여 공자(孔子)가 이혼했다고 주장하고 또는 돌아가신 할아버지로 해석하여 공자가 전모(前母) 시 씨(施氏)의 상복을 입었다고 주장하지만 모두 문리(文理)에 어긋나고 역사를 모르는 사람들의 헛소리이다. 공자는 후모(後母: 繼母) 안 씨(顔氏)의 소생으로 출생 전에 이미 시 씨가 사망하였기 때문에 복을 입을 수 없을 뿐만 아니라 시 씨는 공자의 출모(出母)도 아니다.

3-5-1─────────────────── 孔子가 曰拜而后에 稽顙은 頹乎其順也요
稽顙而后에 拜는 頎乎其至也니
三年之喪은 吾從其至者라 하시다.

『공자가 말씀하시기를 조문객에게 절한 뒤에 이마를 땅에 대는 것은 무너지듯이 그 차례로 함이요, 이마를 땅에 댄 뒤에 조문객에게 절함은 간절한 듯이 그 지극함이니, 3년의 상은 내가 그 지극함을 좇으리라 하시다.』

◑ 이 장은 공자가 어머니의 상에 거행한 예절을 기술하였으나 춘추의 난세에 이미 잃어버린 주례(周禮)를 다시 찾아, 배(拜)는 손님을 공경함이고, 계상(稽顙)은 상주가 스스로 슬픈 마음을 이기지 못함임을 밝혔다.

배(拜)와 계상(稽顙)은 앞에 2-5-1에서 이미 해설하였고, 퇴호(頹乎)는 무너지는 모양이며, 순(順)은 순서로 함이요, 간호(顝乎)는 간절한 모양이고, 지(至)는 지극한 슬픔이다.

상주가 조문객을 맞아 먼저 절한 다음에 머리를 앞으로 내밀어 이마를 땅에 대는 것은 잠시 인사를 차리고 슬퍼함이요, 먼저 두 손을 벌리고 이마를 땅에 댄 다음에 문득 두 손을 포개서 절하는 것은 북받치는 슬픔을 이기지 못하여 인사도 차리지 못하다가 겨우 정신을 차려 인사를 하는 것이다.

공자는 일찍이 상사(喪事)에는 그 의식절차만 갖추는 것보다는 차라리 슬퍼만 하는 것이 낫다고 하였으니 여기에서도 인사를 하고 슬퍼하는 섯보다는 슬퍼하고 인사를 하는 것이 더욱 좋다고 하였다.

그러므로 상주가 인사편지를 씀에 같은 3년의 상이라도 아버지의 상사에는 계상재배(稽顙再拜)라 하고, 어머니의 상사에는 돈수재배(頓首再拜)라고 하였으니 상주의 인사성보다는 슬퍼하는 마음을 더욱 평가했던 것이다.

3-5-2 ──────────────── 孔子가 旣得合葬於防하시고 曰吾聞之하니
古也엔 墓而不墳이러니 今에 丘也는 東西南北之人也라
不可以弗識也라 하시고 於是封之하시니 崇이 四尺이러라.

『공자가 이미 방산에 합장을 하시고 말씀하시기를 나는 들으니 옛날에는 뫼를 쓰고 묘 둑은 만들지 않았으나 이제 구는 동서남북의 사람이라 묘역을 표시하지 않을 수 없다고 하시고, 이에 묘 둑을 만들게 하시니 높이가 4척이러라.』

◐ 이 절은 묘의 둘레에 묘 둑을 만들어 관리하는 예절을 기술하였으니 공동묘지에서 경계를 표시하는 방법임을 밝혔다.

합장(合葬)은 공자의 아버지 숙량흘(叔梁紇)과 어머니 안징재(顔徵在)를 합장함이요, 방(防)은 방산(防山)이니 노(魯)나라 추읍(鄒邑)에 있다. 묘(墓)는 땅을 파고 송장을 묻은 광중(壙中)에 물이 스며들지 않도록 흙을 높이 쌓고 떼를 입힌 무덤이고, 분(墳)은 묘의 둘레에 흙으로 둑을 만들어 묘지의 경계를 표시하고, 물이 흘러들지 못하는 봉분(封墳), 즉 묘 둑인데 묘 둑의 가장 꼭대기를 앞에 1-25-8에서 말한 롱(壟)이라 하며, 이것들을 모두 합쳐서 영(塋)이라고 한다. 지(識)는 표시함이요, 봉(封)은 흙을 모아서 경계를 나타내는 둑을 만드는 것이니 곧 봉분(封墳)을 쌓은 것이며, 숭(崇)은 높임이다.

공자는 천하에 도덕을 밝히기 위하여 그 기회를 사방에서 찾고자 했기 때문에 부모의 산소를 잊지 않으려고 봉분(封墳)을 만들었음을 확인하기 바란다.

3-5-3 ──────── 孔子가 先反한신대 門人이 後러니 雨甚이러라 至커늘
孔子가 問焉曰爾何遲也오 曰防墓가 崩이니다
孔子가 不應하사 三한대 孔子가 泫然流涕하시며
曰吾聞之하니 古不脩墓라 하니라.

『공자가 먼저 혼백을 모시고 집으로 돌아오신대, 문인이 뒷일을 하더니 비가 매우 내리더라. 문인이 이르거늘 공자가 물어 말씀하시기를 "너희는 어째서 늦었는고?" 말하기를 "방산에 무덤이 무너졌나이다." 공자가 응답을 아니 하셔서 세 번을 거듭 말한대 공자가 눈물을 줄줄 흘리시면서 말씀하시기를 나는 들으니 옛날에는 무덤을 보수하지 않았다고 하니라.』

☯ 이 절은 장례 시에 묘와 봉분을 튼튼하게 만드는 예절을 기술하였으니 비바람에 무너지지 않도록 다져서 안전을 도모해야 됨을 밝혔다.

선반(先反)은 장사 지냄에 하관(下棺)하고 흙으로 묻어서 묘가 평평하게 되면 상주(喪主) 평토제(平土祭)를 지낸 다음 혼백을 모시고 집으로 와서 초우제(初虞祭)를 지내기 위하여 먼저 돌아가는 것이니 이를 반혼(反魂)이라고 한다. 후(後)는 뒤에 남은 일을 함이고, 불응(不應)은 응답하지 않음이니 미음이 괴롭기 때문이고, 삼(三)은 세 번 반복하여 대답함이며, 현연(泫然)은 눈물이 줄줄 흐르는 모양이요, 수(脩)는 보수(補脩)함이다.

사람이나 귀신이나 모두 완전한 새집에서 살아야 편안하고 불완전한 임시거처에 있으면 불안하기 마련이니 장지(葬地)에 가서 일을 돕는 사람은 완벽을 기하기 바란다.

3-6-1─────────────── 孔子가 哭子路於中庭하시거늘 有人吊者어든
而夫子가 拜之하시다 旣哭하시고 進使者而問故하신대
使者가 曰醢之矣라 하거늘 遂命覆醢하시다.

『공자가 가운데 마당에 분향소를 설치하고 자로의 죽음을 곡하시거늘 사람이 조문하는 이가 있거든 부자가 절하여 조문을 받으셨다. 이미 곡을 하시고 사자를 앞으로 오게 하여 사건의 전말을 물으신대 사자가 말하기를 젓을 담았나이다 하거늘 드디어 젓을 엎지르라고 명령하시다.』

◯ 이 장은 제자나 벗의 죽음에 분향소(焚香所)를 설치하여 곡(哭)하는 예절을 기술하여 스승이 제자의 죽음에 심상(心喪)함을 밝혔다.

자로(子路)는 공자의 제자 중유(仲由)인데 이때 위(衛)나라에 벼슬하다가 정변이 일어나 죽었으며, 중정(中庭)은 노(魯)나라에 있는 공자의 학당에 있는 가운데 마당이다. 조자(弔者)는 애도하여 위로하려는 조문객이요, 부자(夫子)는 공자이며, 배지(拜之)는 절하여 조문을 받은 것이다. 시자(使者)는 자로의 부고(訃告)를 전하려고 위나라에서 온 심부름꾼이고, 고(故)는 사건의 전말이며, 해(醢)는 고기를 간장에 넣고 삶은 젓인데 자로를 죽여 그 몸으로 젓을 담그는 잔혹한 형벌을 받았다는 뜻이고, 복(覆)은 엎질러 버림이니 공자가 자로의 처참한 사건을 듣고 그와 비슷한 것도 차마 먹을 수 없고 볼 수도 없어 즉각 버리라고 명령한 것이다.

앞에 3-2-1에서 제자는 스승을 위하여 심상3년(心喪三年)의 복을 입는다고 하였으니 스승도 제자를 위하여 적합한 심상(心喪)을 입는 것이 당연하다. 물론 제자의 죽음에 가까우면 스승이 직접 가서 영결(永訣)해야 하지만 너무 멀어서 갈 수 없을 때에는 가운데 마당에 분향소를 설치하고 곡하며 조문을 받아야 함을 여기에서 확인할지어다.

3-6-2 ──────────────── 曾子가 曰朋友之墓에 有宿草而不哭焉이니라.

『증자가 말하기를 붕우의 묘에 묵은 풀이 있으면 곡하지 아니하니라.』

☯ 이 절은 벗이 죽었을 때에 심상(心喪)하는 예절을 기록하였으니 붕우는 형제(兄弟)에 준하여 대략 1년 동안 지팡이 없이 마음으로 애도함을 밝혔다.

숙초(宿草)는 묵은 풀이니 1년이 지난 것을 뜻한다.

여기에서 사제(師弟)는 부자(父子)에 준하고, 붕우는 형제에 준하여 심상(心喪)기간을 정해서 그 도수를 넘지 못함을 확인할 수 있다.

3-7-1 ──────────────── 子思가 曰喪은 三日而殯하되
凡附於身者를 必誠必信하야 勿之有悔焉耳矣니라
三月而葬하되 凡附於棺者를
必誠必信하야 勿之有悔焉耳矣니라.

『자사가 말하기를 상례는 3일이면 염을 하되 무릇 시신에 부착하는 것을 반드시 정성스럽고, 반드시 믿음직하게 하여 뉘우침이 있지 말게 해야 할지니라. 3개월이면 장사 지내되 무릇 널에 부수하는 것을 반드시 정성스럽고, 반드시 믿음직하게 하여 뉘우침이 있지 말도록 해야 할지니라.』

☯ 이 장은 상례의 기간을 엄수하는 절도를 기술하였으니 그 기간

에 정성을 다하여 뉘우침이 없어야 함을 밝혔다.

3일(三日)은 죽은 지 3일째 되는 날로 앞에 1−25−4를 참고하기 바라며, 빈(殯)은 대렴(大殮)이니 주검에 수의(壽衣)를 입히고 이불로 싸서 입관(入棺)하고 빈소(殯所)를 설치하여 이승을 떠날 손님으로 대우함이다. 부(附)는 부착(附着) 또는 부대(附帶)로 부속하여 덧붙임이요, 신(身)은 시신(屍身)이고, 3월(三月)은 3개월째 되는 달이다.

예절은 후퇴(後退)하여 다시 할 수 없는 것이므로 뒤로 물리거나 고쳐하지 못하는 까닭에 당시에 정성을 다하고 확신 있게 하여야 뉘우침이 없는 것이다.

3−7−2 ──────────── 喪은 三年을 以爲極이니 亡이라도 則弗之忘矣니라
故로 君子가 有終身之憂而無一朝之患이니
故로 忌日에 不樂이니라.

『상례는 3년상을 극단으로 삼으니 죽어서 없어졌어도 곧 잊지는 못하니라. 그러므로 군자는 죽을 때까지의 근심은 있어도 하루아침의 걱정은 없는 것이니 그러므로 돌아가신 날에 기뻐하지 아니하니라.』

◐ 이 절은 어버이의 3년상을 엄격히 지켰어도 또한 남은 슬픔이 있어서 기일(忌日)에 평생 슬퍼하는 군자가 있음을 밝혔다.

3년(三年)은 3년상이니 어버이의 상복을 입는 것이고, 극(極)은 극치(極致)니 가장 중대한 것이며, 망(亡)은 사망(死亡)이니 죽어서 없어진 것이다. 종신(終身)은 몸을 마침이니 죽을 때까지요, 우(憂)

는 어버이에 대한 근심이며, 일조(一朝)는 하루아침의 짧은 기간이고, 환(患)은 자기에 관한 걱정이며, 기일(忌日)은 돌아가신 날이니 곧 꺼리기 때문에 휘일(諱日)이라고도 한다.

군자는 어버이가 돌아가심에 3년의 상복을 극진하게 입고도 효심(孝心)이 남아서 해마다 그리워하나니, 만일 부모의 3년복도 입지 않고 기일(忌日)도 잊어버린다면 어찌 자식이라고 할 것이며, 어찌 선비라고 하겠는가!

3-8-1──────── 孔子가 少孤하야 不知其墓하니 殯於五父之衢하시거늘
人之見之者가 皆以爲葬也라 하더니 其愼也는 蓋殯也이러라
問於郰人曼父之母然後에사 得合葬於防하시니라

『공자는 어려서 고아가 되어 그 아버지의 묘를 알지 못하니 오보의 네거리에다가 어머니의 빈소를 설치하시거늘 사람이 그것을 보고 모두 장사 지낸다고 하더니 그 생각하심은 대개 빈소를 설치함이러라. 추읍에 사람 만보의 어머니에게 물은 다음에 방산에 합장하시니라.』

☯ 이 장은 장례를 신중하고 정확하게 거행하는 예절을 기술하였으니 주변의 사람들도 적극 협조해야 됨을 밝혔다.

소고(少孤)는 공자가 3살 때에 아버지 숙량흘이 돌아가시어 고아(孤兒)가 됨이고, 빈(殯)은 빈소(殯所)요, 오보(五父)는 거리의 이름이며, 구(衢)는 네거리이다. 신(愼)은 생각함이요, 만보(曼父)는 공동묘지에서 일하는 사람의 이름이다.

대저 빈소(殯所)는 집안의 서쪽에 설치하거늘 네거리에다가 설치
하는 것은 대단히 이례적인 일인데 공자가 어머니 안징재의 빈소를
오보의 네거리에 설치한 까닭은 아버지의 묘를 찾기 위한 방법이었
다. 살피건대 공자는 3세에 고아가 되고, 10여 세에 어머니의 상을
당했으므로 25리 밖에 있는 방산을 혼자서 가지 못했고, 또한 당시에
청상과부는 남편의 산소에 가는 것이 예절에 어긋나는 행실이기에
공자가 아버지의 묘를 어머니와 함께 가지 못했던 것이다. 그리하여
공자는 이례적이므로 빈소를 네거리에 설치하여 널리 소문을 내서
마침내 아버지의 묘를 찾았으니 신중하게 생각한 결과이다.

3-8-2 ──────── 鄰有喪이어든 舂不相하며 里有殯이어든 不巷歌니라.

『이웃에 초상이 났거든 절구질을 함에 돕지 않으며, 마을에 빈소
가 있거든 거리에서 노래하지 않으니라.』

◐ 이 절은 이웃이나 마을에서 장례를 거행할 때에 예절풍속을 기
술하였으니 이미 앞에 1-25-12, 13에서 해설하였다.

3-8-3 ────────────────────────── 喪冠은 不緌니라.

『상복을 입는 기간에 쓰는 관은 끈을 늘어뜨리지 않으니라.』

☯ 이 절은 상복을 입거나 조상(弔喪)함에 장식하지 않음을 기술하였으니 상복(喪服)은 흉복(凶服)으로 슬픔을 상징한다.

유(緌)는 늘어진 관(冠)의 끈으로 장식하는 것이다.

3-9-1──────────────── 有虞氏는 瓦棺하고 夏后氏는 堲周하고
殷人은 棺椁하고 周人인 牆置翣하니라.

『순임금시대에는 질흙으로 구워 만든 속널이고, 하나라 왕조는 흙을 구워 만든 벽돌로 돌려 쌓았고, 은나라 사람은 속널과 겉널을 하고, 주나라 사람은 담을 쌓고 큰 그림부채를 설치하니라.』

☯ 이 장은 고대 장례문화가 변화 발전한 역사를 기술하여 장례에서 널과 묘의 중요성을 해설하였다.

유우씨(有虞氏)는 순(舜)임금이 다스리는 시대이고, 와관(瓦棺)은 질흙으로 구워 만든 널이며, 하후씨(夏后氏)는 우(禹)임금이 세운 하(夏)나라 왕조요, 직주(堲周)는 흙을 구워 만든 벽돌로 무덤 속을 돌려 쌓은 것이고, 관(棺)은 속에 널이요, 곽(椁)은 겉에 널이니, 모두 나무로 만든다. 장(牆)은 담장이니 무덤 속에 담장을 쌓아 회를 바르고, 치(置)는 배치함이며, 삽(翣)은 큰 부채처럼 4각형의 벽면에 여러 가지 그림을 그려서 그 안에 관곽(棺椁)을 안치한 것이다.

살피건대 묘지문화는 문명의 발달과 더불어 발달하였으니 사람의 주택문화는 발달하면서, 죽은 사람의 묘지문화가 발달하지 않는다면 어찌 부모와 조상을 위한다고 하겠는가? 그러므로 과학문명이 발달

하는 정도에 정비례하여 묘장문화가 진보하였으니 토(土)는 수(水)를 극(剋)하므로 순임금이 질흙을 구워 관으로 사용했고, 우임금은 와관(瓦棺)이 약하므로 벽돌을 구워 무덤 속을 돌려 쌓았으며, 목(木)은 토(土)를 극(剋)하므로 탕임금은 나무로 내관(內棺)과 외곽(外椁)을 만들어 시신에 흙이 닿지 못하게 하였고, 나무가 오래되면 부식하므로 주나라 무왕(武王)은 무덤 속에 담장을 쌓고 그 벽면에 그림까지 그려서 널을 더욱 안전하게 보호하였다.

3-9-2 ────────────────── 周人은 以殷人之棺椁으로 葬長殤하고
以夏后氏之堲周로 葬中殤下殤하고
以有虞氏之瓦棺으로 葬無服之殤하니라.

『주나라 사람은 은나라 사람의 속널과 겉널로 큰 어려서 죽음을 장사 지내고, 하나라 왕조의 흙을 구워서 만든 벽돌로 무덤 속을 돌려 쌓음으로 중간 어려서 죽음과 아래 어려서 죽음을 장사 지내고, 순임금 시대의 질흙으로 구워 만든 관으로 상복이 없는 어려서 죽음을 장사 지내니라.』

◉ 이 절은 주(周)나라의 장묘문화는 옛날의 제도를 모두 수용하였음을 기술하고, 비록 어려서 죽은 사람이라도 모두 장묘의 예절을 갖추었음을 밝혔다.

상(殤)은 19세 이하의 죽음을 일컬으니 20세 이상의 죽음은 상(喪)이라고 하는바, 상(殤)은 상(喪)에 비하여 그 격을 낮추고 애도기간도

대공9월(大功九月)을 최고로 하여 소공5월(小功五月), 시마3월(緦麻三月)을 입으니, 16에서 19세까지의 죽음을 장상(長殤), 12에서 15세까지를 중상(中殤), 8에서 11세까지를 하상(下殤)이라고 하며, 7세 이하를 무복지상(無服之殤)이라고 하여 애도하는 날을 달로 계산하며, 출생한 지 3개월이 안 되어 죽는 것은 상(殤)이라고도 하지 않는다.

살펴건대 주(周)나라는 옛날의 제도를 버리지 않고 미성년자의 죽음에 사용토록 하였으니 사람의 마음을 편안하게 만드는 아름답고 성대한 예절이로다. 여기에서 쓰지 않은 옛것이 있으면 버리지 말고 없는 사람에게 쓰도록 하는 지혜를 배울지어다.

3-10-1 ──────────────── 夏后氏는 尙黑하야 大事에 斂用昏하며 戎事에 乘驪하며 牲用玄하고 殷人은 尙白하야 大事에 斂用日中하며 戎事에 乘翰하며 牲用白하고 周人은 尙赤하야 大事에 斂用日出하며 戎事에 乘騵하며 牲用騂하니라.

『하나라 왕조는 검은색을 숭상하여 상사에 시신을 어두운 밤으로 거두며, 정벌사업에 검은 말을 타며, 희생은 검은 소로 쓰고, 은나라 사람은 흰색을 숭상하여 상사에 시신을 한낮으로 거두며, 정벌사업에 흰 말을 타며, 희생은 흰 소로 쓰고, 주나라 사람은 붉은색을 숭상하여 상사에 시신을 해가 뜰 때에 거두며, 정벌사업에 붉은 말을 타며, 희생은 붉은 소로 쓰니라.』

◑ 이 장은 색(色)과 시간에 대한 예절의 시대적인 차이를 기술하였으니 시대변화에 순응해야 됨을 밝혔다.

상(尙)은 숭상함이고, 대사(大事)는 상사(喪事)니 중대한 일이라는 뜻이며, 염(斂)은 염(殮)과 같다. 용(用)은 이(以)와 같고, 융사(戎事)는 정벌사업이며, 리(驪)는 검은빛의 가라말이요, 현(玄)은 검은 소이다. 한(翰)은 흰 말이고, 백(白)은 흰 소이며, 원(騵)은 원마(騵馬)니 다리털만 흰색이고 나머지는 모두 붉은 말이요, 성(騂)은 붉은 소이다.

예절은 천하가 공통으로 하는 보편적인 행동원리이기 때문에 눈에 익숙해야 마음이 편안하게 된다. 따라서 이색적으로 돌출행동을 하면 낯이 설고 의혹이 일어나 마음이 불안하게 되므로 특별한 사정이 없는 한 시대적 규범에 순응하는 것이 사회통일의 원리이다.

5행(五行)의 첫째가 물이므로 요(堯), 순(舜), 우(禹)는 물의 덕을 숭상하여 물의 색인 검은색을 숭상하였다. 검은색은 북방의 겨울빛이니 탕임금은 하(夏)나라 걸(桀)을 정벌하여 혁명하고 한 철이 빠른 서방의 가을빛인 흰색을 숭상하였으며, 무왕은 은(殷)나라 주(紂)를 정벌하여 혁명하고 한 철이 빠른 남방의 여름빛인 붉은색을 숭상하였으니, 이것은 하나라가 인월(寅月)을 정월로 하고, 은나라가 축월(丑月)을 정월로 하며, 주나라가 자월(子月)을 정월로 했던 역법(曆法)에 근거한 논리이다.

3-11-1 ─────────────────────── 穆公之母가 卒커늘 使人으로
問於曾子曰如之何오하니 對曰申也는

聞諸申之父하니 曰哭泣之哀와 齊斬之情과
饘粥之食은 自天子로 達이니
布幕은 衛也요 縿幕은 魯也니라.

『목공의 어머니가 졸하거늘 사자로 하여금 증자에게 물어 말하기를 어찌 하리오 하니 대답해 말하기를 신은 신의 아버지에게서 들으니 말하기를 곡을 하고 우는 슬픔과 자최와 참최의 상복을 입는 심정과 된죽과 묽은 죽을 먹는 음식은 천자로부터 일반인에 이르기까지 공통이니 삼베로 널을 덮음은 위나라요, 비단으로 널을 덮음은 노나라니라.』

☯ 이 장은 예절의 국가적인 차이가 있음을 기술하였으니 어버이의 죽음에 그 슬픈 마음과 힘이 빠진 몸은 모두 똑같지만 상구(喪具)의 재질은 그 나라의 여건에 알맞게 할 수 있음을 밝혔다.

목공(穆公)은 춘추 이후에 노(魯)나라의 임금이요, 신(申)은 증자(曾子)의 작은아들이고, 전(饘)은 된죽이니 진하며, 죽(粥)은 비교적 묽은 죽이다. 달(達)은 공통이고, 막(幕)은 관(棺)을 덮어서 가림이요, 삼(縿)은 기폭(旗幅)이니 비단을 뜻한다. 증자가 나이가 많으므로 사자를 직접 보지 않고 아들을 통하여 말을 전하게 하였다.

앞에 3-7-1에서 자사(子思)가 말하기를 무릇 관(棺)에 붙이는 것을 반드시 정성스럽고 믿음직하게 하라고 하였으니 널을 덮는 천은 나라의 산업수준에 알맞게 통일했으면 따르는 것이 옳다.

晉獻公이 將殺其世子申生이라 하거늘
公子重耳가 謂之曰子蓋言子之志於公乎아
世子가 曰不可하니라 君이 安驪姬하시니
是는 我傷公之心也니라.

『진나라 헌공이 장차 세자 신생을 죽이려고 하거늘 공자 중이가 일러 말하기를 세자는 어찌하여 세자의 뜻을 임금에게 말하지 않으리오. 세자가 말하기를 옳지 않으니라. 임금이 여희를 즐거워하시니 이것은 내가 임금의 마음을 아프게 함이니라.』

◐ 이 장은 지나친 공순(恭順)은 예절이 아님을 기술하여 임금이 세자를 죽이거나 세자가 임금의 명령에 따라 죽는 것이 모두 예절이 아님을 밝혔다.

진헌공(晉獻公)은 춘추시대 초기의 진(晉)나라 임금으로 제(齊)나라 환공(桓公)의 딸인 제강(齊姜)과 혼인하여 세자(世子) 신생(申生)을 낳았다. 중이(重耳)는 신생의 어머니가 다른 아우이며 합(蓋)은 합(盍)이니 하불(何不)의 뜻이며, 안(安)은 즐거워함이고, 여희(驪姬)는 헌공이 서쪽 오랑캐를 정벌하고 얻어서 아들 해제(奚齊)를 낳았다. 시(是)는 신생이 여희의 간악한 참소를 헌공에게 고발해서 그 죄상을 밝혀 여희를 처벌함이다.

여희가 자기가 낳은 해제를 세자로 세우기 위하여 신생을 모함하였는데 헌공이 총애하는 여희의 말을 믿고 세자 신생을 죽이라고 하였으니 헌공은 어리석고 용열한 임금이므로 공자가 이를 탄핵하여 『춘추(春秋)』에서 "진나라 임금이 그 세자 신생을 살해하다"(희공 5

년춘 조항 참조)라고 써서 패륜역덕을 심판하였다.

3-12-2 ——————————————— 曰然則蓋行乎아 世子가 曰不可하니라
君謂我欲弑君也라 하시니 天下에
豈有無父之國哉리오 吾는 何行如之리오.

『말하기를 그러면 어찌 떠나지 않으리오. 세자가 말하기를 옳지
않으니라. 임금이 내가 임금을 시해하려고 했다고 말을 하시니 천하
에 어찌 아버지가 없는 나라가 있으리오. 내가 어찌 떠나리오.』

◐ 이 절은 세자가 망명을 떠나지 못한 사연을 기록하였으니 신생
이 자기에게 임금을 시해하려고 했다는 죄명이 있는 것만 알고 헌공
이 세자를 살해하는 죄악이 남는 것을 알지 못하니 안타까운 일이다.
하행여지(何行如之)는 하여행(何如行)을 강조한 문투이다.

3-12-3 ——————————————— 使人으로 辭於狐突曰申生은 有罪하니
不念伯氏之言也하야 以至于死라 申生은
不敢愛其死려니와 雖然이나 吾君이 老矣며 子少하고
國家多難이어늘 伯氏가 不出而圖吾君하니
伯氏가 苟出而圖吾君이면 申生은 受賜而死라 하고
再拜稽首乃卒하니 是以로 爲恭世子也라 하니라.

『사람으로 하여금 호돌에게 변명하여 말하기를 신생은 죄가 있으

니 백씨의 말을 생각하지 아니하여 죽음에 이르렀으므로 신생은 감히 그 죽음을 아끼지 않으려니와 비록 그러나 우리 임금이 늙었으며, 아들이 어리고 국가가 어려움이 많거늘 백씨가 나와서 우리 임금을 도모하지 아니하니 백씨가 진실로 나와서 우리 임금을 도모하면 신생은 임금이 내린 벌을 받아 죽으리다 하고 두 번 절하여 머리를 땅에 대고 이에 죽으니 이래서 공손한 세자라고 하니라.』

◐ 이 절은 신생이 조용히 죽는 것을 기술하여 무릇 임금과 아버지의 부당한 명령에 순종만 하는 것은 부자간의 도리도 아니고 군신간의 의리도 아님을 설파하였으니 앞에 3−2−1에서의 예절을 참고하기 바란다.

사(辭)는 변명함이고, 호돌(狐突)은 신생의 스승으로 호(狐)는 성(姓)이고, 돌(突)은 이름이며, 백(伯)은 호돌의 자(字)인데 별씨(別氏)가 된 것이며, 도(圖)는 도모(圖謀)함이니 꾀를 내서 돕는 것이요, 공(恭)은 시(諡)이다. 대체로 시호(諡號)는 특별한 행실을 지적하여 나타내는 것이니 공(恭)은 간(諫)할 데서 간하지 않음을 지적하여 과공비례(過恭非禮)를 설파함이다.

3−13−1 ──────────────── 魯人이 有朝祥而莫歌者어늘 子路가 笑之한대
夫子가 曰由야 爾責於人이 終無已夫아
三年之喪이 亦已久矣夫이니라 子路가 出커늘
夫子가 曰又多乎哉아 踰月則其善也니라.

『노나라 사람이 아침에 대상을 지내고 저녁에 노래를 부르는 사람이 있거늘 자로가 비웃으니 부자가 말씀하시기를 유야 너는 사람을 책망함이 마침내 너무 지나침이 없는가? 3년의 상기가 또한 이미 오래이니라. 자로가 나아가거늘 부자가 말씀하시기를 또한 많이 하겠는가? 달을 넘기면 그 좋으니라.』

☯ 이 장은 예절의 형식도 중요하지만 내용이 더욱 중요함을 밝혔다.

상(祥)은 상복(喪服)을 입는 기간에 지내는 제사로 1주기(一周忌)가 소상(小祥)이요, 또 2주기가 대상(大祥)인데 대상은 상복을 벗고 담복(禫服)을 입는다. 모(莫)는 모(暮)와 같고, 소(笑)는 비웃는 것이며, 유(由)는 자로(子路)의 이름이다. 이(已)는 너무 지나침이요, 유월(踰月)은 대상(大祥)의 다음 달이니 곧 담제(禫祭)를 지낸 이후이다.

대저 3년의 상복을 입음에 대상(大祥)이 지나면 평상시로 돌아가야 하지만 자녀의 마음에 다하지 못한 슬픔이 남아 있으므로 대상 이후에 또 1개월의 남남한 기간을 보내고서야 정상생활로 복귀하게 하였으니 담제(禫祭)는 거상(居喪)기간이 아니고 정상생활을 해야 되는 준비기간이라고 할 수 있다. 그럼에도 전배들은 이 기간을 3개월이라고 해석하였기 때문에 3년의 상기가 모두 27개월이라고 주장하였다. 그러나 공자는 3년상복은 25개월에 이미 벗는 것이므로 대상(大祥)의 다음 달에 정상생활로 돌아가면 된다고 하였으니 유월(踰月)은 대상(大祥)의 다음다음 달이 아니고 바로 다음 달로 해석함이 옳다.

왜냐하면 공자가 자로에게는 너무 지나침을 경계시키고, 다른 제자에게는 달을 넘기라고 가르친 뜻을 살피면 알 수 있다.

魯壯公이 及宋人으로 戰于乘丘할새
縣賁父가 御하고 卜國이 爲右러니 馬驚敗績하니
公이 隊커늘 佐車가 授綏한대 公이 曰末之라 卜也여
縣賁父가 曰他日엔 不敗績而今敗績하니
是는 無勇也라 하고 遂死之하다. 圉人이 浴馬하니
有流矢가 在白肉이라 하거늘 公이 曰非其罪也라 하고
遂誄之하니 士之有誄가 自此始也니라.

『노나라 장공이 송나라 사람을 맞아 승구 땅에서 전쟁을 할 때에 현분보가 임금의 수레를 어거하고, 복국이 임금의 오른쪽에서 호위하더니 말이 놀라 달리는 수레를 뒤엎으니, 공이 떨어지거늘 보좌관이 타는 수레가 수레고삐를 주니 공이 말하기를 꼴찌로다 복국이여 하니 현분보가 말하기를 다른 날엔 달리는 수레를 뒤엎지 않다가 오늘은 뒤엎으니 이것은 용기가 없는 것이라 하고 드디어 죽었다. 마부가 말을 목욕시키니 날아온 화살이 사타구니 살에 있다고 하거늘 공이 말하기를 그들의 죄가 아니다라고 하고, 마침내 시호를 내리니 선비가 시호를 가지게 됨이 이로부터 시작하였다.』

☯ 이 장은 선비에게 시호(諡號)를 내리는 예절을 기술하였으니 춘추시대 이전에는 대부(大夫) 이상에게만 시호를 주었으나 춘추시대로부터 선비에게도 시호를 주게 되었음을 밝혔다.

노(魯)노라 장공(壯公)이 송(宋)나라 군사와 노나라 승구(乘丘) 땅에서 싸워 물리친 사실은 『춘추(春秋)』 장공(壯公) 10년 여름 6월 조에 있다. 현(縣)과 복(卜)은 모두 씨(氏)이고 어(御)는 임금의 수레를 어거하는 운전병이요, 우(右)는 임금의 오른쪽에 탄 호위병이

며, 패적(敗績)은 본래 전쟁에서 대패(大敗)한 것이나 승구의 전쟁에
서 노나라가 이기고 송나라가 패퇴하였으므로 여기에서는 달리는 수
레를 뒤엎은 것으로 보아야 문맥이 통한다. 좌거(佐車)는 보좌관이
타는 수레로 부거(副車)이며, 수(綏)는 앞에 1-31-7에서 이미 해설
하였고, 말(末)은 꼴찌이며, 사(死)는 결사전을 하여 죽음이요, 어인
(圉人)은 마부이다. 백육(白肉)은 말의 사타구니 살이고, 뢰(誄)는
시호(諡號)를 내리는 것인데, 대개 죽음을 애도하며 그 공적을 기념
하여 제문(祭文)을 지어서 시호를 내리는 것이다.

3-15-1 ───────────────────────── 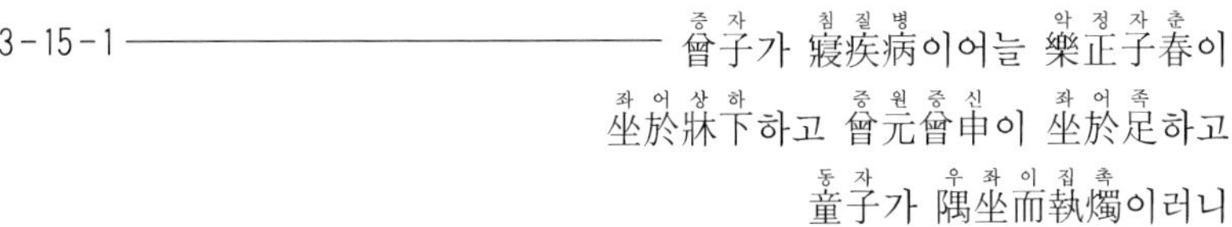

『증자가 질병으로 누웠거늘 악정자춘이 침상 아래에 앉고, 증원과
증신이 발 쪽에 앉고, 동자가 모서리에 앉아서 촛불을 들었더니』

☯ 이 장은 바른 자리에서 죽는 예절을 기술하였으니 증자(曾子)
가 임종에 침대를 바꾼 것으로 실증하였다.
　침(寢)은 자리에 누운 것이요, 악정자춘(樂正子春)은 증자의 제자
이며, 증원(曾元)과 증신(曾申)은 증자의 두 아들이고, 동자(童子)는
심부름하는 아동이다.

童子가 曰華而睆하니 大夫之簧與인저
子春이 曰止하라 曾子가 聞之하고 瞿然曰呼라 하니
曰華而睆하니 大夫之簧與인저 曾子가 曰然하니라
斯는 季孫之賜也로되 我未之能易也로소니
元은 起하야 易簧하라 한대 曾元이 曰夫子之病이
革矣라 不可以變이니 幸而至於旦이라면
請敬易之하리다 曾子가 曰爾之愛我也가 不如彼로다
君子之愛人也는 以德하고 細人之愛人也는 以姑息이라니
吾何求哉오 吾得正而斃焉하리니 斯已矣로다
擧扶而易之어늘 反席未安而沒하니라.

『동자가 말하기를 화려하고 예쁘니 대부의 살평상인저, 자춘이 말하기를 입을 다물어라 하니, 증자가 들으시고 놀라 괴이쩍게 말하기를 말해 보라고 하니 동자가 다시 말하기를 화려하고 예쁘니 대부의 살평상인저, 증자가 말하기를 그러니라. 이것은 계손이 내린 것이로되 내가 아직 바꾸지 못했나니 원은 일어나 살평상을 바꿔라 한대, 증원이 말하기를 부자의 질병이 심하므로 변경할 수 없으니 다행히 아침에 이르러 하라고 하시면 청컨대 공경하여 바꾸리다. 증자가 말하기를 네가 나를 사랑함이 저 동자만도 못하구나. 군자가 사람을 사랑하는 것은 덕으로 하고 옹졸한 사람이 사람을 사랑하는 것은 우선 당장에 탈 없이 편안함으로 하나니 내가 무엇을 추구하리오. 나는 바른 자리를 얻어서 죽으리니 이에 그만두어라 하시므로 부축하여 바꾸거늘 자리로 돌아와 아직 편안히 눕지 못해서 죽으니라.』

◯ 이 절은 바른 자리에서 죽는 예절을 밝혀 증자가 임종에 대부

가 사용하는 살평상을 바꾼 전말을 자세히 기술하였다.

화(華)는 무늬가 화려함이고 완(睆)은 엮은 모양이 예쁜 것이며, 책(簀)은 살평상이니 대부(大夫)의 침대는 선비의 침대보다 아름답게 만들었다. 지(止)는 입을 다물라는 것이고, 구연(瞿然)은 놀라고 괴이쩍게 여기는 모양이요, 호(呼)는 불러서 말하라는 소리이며, 계손(季孫)은 노(魯)나라의 대부(大夫)이고, 혁(革)은 병이 심한 것이다. 세인(細人)은 마음이 옹졸한 사람이고, 고식(姑息)은 우선 당장에 탈이 없이 편안함이며, 구(求)는 추구함이니 곧 선택함이다. 득정(得正)은 정위(正位)를 얻음이요, 폐(斃)는 쓰러져 죽는 것이며, 이(已)는 그만두라는 말이니 이 문제에 대해서 더 이상 논의하지 말라고 명령함이다. 석(席)은 선비의 자리요, 안(安)은 편안히 눕는 것이며, 몰(沒)은 생명이 끝남이다.

죽음은 일생을 마치는 것이니 사람이 신분에 알맞은 바른 자리에서 죽어야 옳은 귀신이 되는 것인즉, 죽을 자리를 찾는 것은 대단히 엄숙한 과제이다.

3-16-1 ——————————————— 始死에 充充하야 如有窮하며 旣殯하얀
瞿瞿하야 如有求而弗得하며 旣葬하얀 皇皇하야
如有望而弗至하고 練而慨然하며 祥而廓然하니라.

『처음 죽음에 어찌할 줄을 몰라 궁박함이 있는 듯이 하며, 이미 빈소를 설치하면 눈을 휘둥거리며 찾아도 얻지 못함이 있는 듯이 하며, 이미 장사 지내서는 허둥지둥하여 바라보아도 이르지 아니함이

있는 듯이 하고, 소상을 지내고 연복을 입어서는 슬픔이 북받쳐 탄식하며, 대상을 지내서는 쓸쓸하고 허전하니라.』

◑ 이 장은 3년의 상복을 입는 기간에 가져야 할 마음의 자세를 기술하여 슬픔을 극복하는 절도를 밝혔다.

충충(充充)은 어찌할 줄을 모르는 모양이고, 궁(窮)은 궁박하여 꽉 막히는 것이며, 구구(瞿瞿)는 놀라서 눈이 휘둥거리는 모양이요, 황황(皇皇)은 황황(遑遑)으로 급하여 허둥지둥함이다. 연(練)은 연복(練服)으로 상제(喪制)가 소상(小祥)에 상복을 빨아서 입어 대상(大祥) 전까지 입는 상복이고, 개연(慨然)은 슬픔이 북받쳐 탄식함이며, 확연(廓然)은 텅 비어서 쓸쓸하고 허전함이다.

어버이를 진심으로 공경한 사람의 애통한 심정은 마땅히 이러할 것이다.

3-17-1 ──────────────────── 邾婁가 復之以矢는 蓋自戰於升陘始也니라.

『주루나라 사람이 화살로 혼을 부르는 것은 대개 승형 땅에서 전쟁을 할 때로부터 비롯하였느니라.』

◑ 이 장은 화살로 혼을 부르는 것은 예절이 아님을 기술하였으니 반드시 죽은 사람의 윗옷으로 복(復)을 해야 됨을 밝혔다.

주루(邾婁)는 나라이름이니 노(魯)나라의 동남쪽에 위치하는 주(邾)가 있었으며, 복(復)은 사람이 죽음에 초혼(招魂)함이니 곧 죽은 사람의 윗옷을 가지고 지붕 위에 올라가서 흔들며 혼을 불러와서 죽은 사람의 가슴 위에 덮어 다시 살아나기를 소원함이다. 승형(升陘)은 지명으로 노나라의 땅이다.

『춘추(春秋)』에 보면 노나라 희공(僖公) 22년 봄에 주(邾)나라를 정벌하여 수구(須句) 땅을 빼앗으니 이에 대한 보복으로 주나라가 8월에 승형 땅에서 싸웠는데 전사자가 많고 군중에 옷이 없으므로 부득이 화살로 초혼하여 돌아갔다. 이러한 일이 있는 뒤로 주나라의 어리석은 사람들이 집에서 죽었는데도 화살로 초혼하는 이가 있기 때문에 이를 비판하였다. 비상시의 임시변통을 평상시에도 답습하는 것은 옳지 않다.

3-18-1 ──────────────── 魯婦人之^髽而吊也는 自敗於臺鮐始也니라.

『노나라 부인이 북상투를 하고 조문하는 것은 호태 땅에서 패전한 때로부터 시작하니라.』

☯ 이 장은 여자 상주의 북상투에 대한 예절을 기술하였으니 여자들은 북상투를 하고는 조문 가지 않음을 밝혔다.

좌(髽)는 여자 상제가 북상투 쪽을 지는 것이니 곧 아무렇게나 막 틀어 올려 짠 상투요, 호태(臺鮐)는 『춘추좌씨전(春秋左氏傳)』에 호태(狐駘)로 썼으니 양공(襄公) 4년 겨울 10월에 주(邾)나라와 거(莒)나라가 증(鄶)나라를 정벌하거늘 노(魯)나라 장무중(臧武仲)이 증나라를 구원하고 주나라를 침략하다가 주나라 호태 땅에서 패하여

많이 죽었다. 이에 전사자의 어머니나 아내들이 북상투를 하고 서로
조문하면서 장무중의 무모함을 원망하였다.

3-18-2 ──────────────────────── 南宮縚之妻之姑之喪에 夫子가
誨之髽曰爾毋從從爾며 爾毋扈扈爾하라
蓋榛以爲笄하되 長尺이요 而總이 八寸이니라.

『남궁도의 아내의 시어머니의 초상에 공자가 북상투를 가르쳐 말
씀하시기를 너희는 상투를 우뚝하게 하지 말며, 너희는 상투를 넓적
하게 하지 마라. 대개 개암나무로 비녀를 만들되 길이는 1척이요, 상
투를 묶는 끈은 8촌이니라.』

◑ 이 절은 북상투에 대한 예절을 기술하였으니 지나치게 상투가
높거나 넓으면 안 됨을 밝혔다.

남궁도(南宮縚)의 아내는 공자의 형의 딸로 곧 공자의 조카딸이며, 종
총(從從)에서 앞에 종(從) 자는 우뚝하게 높음이고, 뒤에 종(從)은 총
(總) 자로 상투이다. 호호(扈扈)는 넓은 것이고, 장척(長尺)은 여자 상제
의 비녀 길이가 1척으로 평시의 1척 2촌보다 짧게 함이요, 총(總)은 천
으로 북상투를 묶고 남아서 늘어뜨린 끈의 길이가 8촌이 되게 함이다.

3-19-1 ──────────────────────── 孟獻子가 禫하고도 縣而不樂하며
比御而不入한대 夫子가 曰獻子는
加於人一等矣라 하니라.

『맹헌자가 담제를 지내고 악기를 설치하여도 음악을 연주하지 않으며, 가까이서 모시고 노래하여도 듣지 않은대 공자가 말씀하시기를 헌자는 보통 사람보다 한 등급을 더하누나 하시니라.』

◑ 이 장은 탈상(脫喪)과 음악에 대한 예절을 기술하였으니 대상(大祥)과 담제(禫祭)를 지내고 비록 정상생활로 돌아왔어도 즉각 음악을 연주하고 노래를 하며 즐거워하는 것은 마음이 내키지 않음을 밝혔다.

맹헌자(孟獻子)는 노(魯)나라 대부(大夫) 중손멸(仲孫蔑)이요, 담(禫)은 담제(禫祭)를 지냄이니, 대상(大祥)을 지낸 다음 달에 담담한 마음으로 다시 제사를 지내고 완전히 정상생활로 돌아가는 것이다. 현(縣)은 악기를 악기 틀에 매다는 것이요, 악(樂)은 음악을 연주함이며, 비어(比御)는 가까이 모시고 노래함이며, 입(入)은 듣지 아니함이다. 가(加)는 더욱 성실함이고, 일등(一等)은 한 단계이다.

전배들은 비어(比御)를 부인을 사랑할 차례가 되어 안방에 들어가서 함께 자는 것으로 해석하였으나 문맥을 살피지 못한 오역이다. 이 장에서는 음악에 대하여 집에서나 밖에 나가서나 관심이 없다는 뜻일 뿐이다.

3-19-2 ─────────────── 孔子가 旣祥五日에 彈琴而不成聲하시고 十日而成笙歌러시니 有子는 蓋旣祥而絲屨組纓하니라.

『공자가 이미 대상을 지내고 5일 만에 거문고를 탔으나 소리를 이루지 못하시고, 10일 만에야 생황의 노래를 이루시니 유자는 대개 이미 대상을 지내고 신을 실로 엮으며, 갓끈을 늘어지게 만드니라.』

◑ 이 절은 대상(大祥)을 지내면 정상생활로 돌아가야 하되 마음
은 아직 평상심(平常心)을 회복하기가 쉽지 않음을 밝혔다.
금(琴)은 거문고이고, 생(笙)은 생황(笙簧)이니 모두 아악(雅樂)
을 연주하는 악기이며, 유자(有子)는 공자의 제자 유약(有若)이요,
사구(絲屨)는 신을 5색실로 엮은 것이고, 조영(組纓)은 갓끈을 늘어
지게 만드는 것이니 모두 길복(吉服)에 갖추는 장식이다.
사람이 어버이의 3년복을 마쳤으면 새로운 마음으로 힘을 내서 정
상생활을 하려고 노력을 해야지 남은 슬픔을 잊지 못하여 비정상적
인 생활을 계속하는 것은 나약한 생각이다.

3-20-1 ——————————— 死而不吊者가 三이니 畏와 厭과 溺이니라.

『죽었어도 조문하지 않은 사람이 셋이니 두려워서 자살한 사람과
깔려 죽은 사람과 물에 빠져 죽은 사람이니라.』

◑ 이 장은 조문하지 않는 예절을 기술하였으니 생명을 소중하게
여기지 않은 것을 징계함이다.
외(畏)는 인생고에 용기를 잃고 자살하는 것이요, 엽(厭)은 담장,
나무, 흙, 바위 등에 깔려서 압사한 것이며, 익(溺)은 물에 빠져 죽은
것이니 모두 생명의 존엄성을 망각하고 몸을 함부로 한 것이다.
인생의 고통스러우면 일가친척과 이웃, 그리고 정부에 호소하여

구원을 받아 해결하고, 몸을 안전하게 간직하여 위태로운 곳에 가지 말고 모험을 해서는 안 된다.

3-21-1 ——————— 子路가 有姊之喪이러니 可以除之矣而弗除也한대
孔子가 曰何弗除也요 子路가
曰吾는 寡兄弟而弗忍也로이다
孔子가 曰先王制禮는 行道之人이 皆弗忍也니라
子路가 聞之하고 遂除之하니라.

『자로가 누님의 상복을 입고 있더니 기일이 지나 상복을 벗어야 함에도 벗지 아니한대 공자가 말씀하시기를 어찌 상복을 벗지 않는 가. 자로가 말하기를 우리는 형제가 적어서 차마 못 하나이다. 공자가 말씀하시기를 선왕이 제정한 예법은 도를 행하는 사람이 모두 차마 못 하는 것이니라. 자로가 듣고 마침내 상복을 벗었느니라.』

◉ 이 장은 선왕(先王)의 아름다운 예절을 어기지 말아야 함을 밝혔다.

자지상(姊之喪)은 누님의 상복을 입는 것인데 시집을 갔으면 대공(大功) 9월이고, 미혼이면 부장기(不杖期)이며, 제(除)는 제상(除喪)이니 상복을 면제하여 벗음이다. 불인(弗忍)은 차마 못 함이고, 행도(行道)는 바른길로 나아감이니 인간성이 있는 것이다.

선왕(先王)의 예절은 중용(中庸)을 택하여 넘치는 것은 덜어 내고 모자라는 것은 보탰기 때문에 사람에 따라 길게 느끼기도 하고 짧게 느끼기도 하지만 모두 예절을 지키는 것이 사회의 보편적 규범을 존

중하는 태도이다.

3-21-2 ——————— 太公封於營丘이어늘 比及五世로 皆反葬於周한대
君子가 曰樂은 樂其所自生이요 禮는 不忘其本이니
古之人이 有言하니 曰狐死正丘首는 仁也라 하니라.

『태공은 영구 땅에 봉했거늘 연이어 5대에 미치기까지 모두 주나라 도읍으로 돌아와서 장사 지내므로 군자가 말하기를 음악은 그 비롯하여 탄생한 데를 즐거워함이고, 예절은 그 근본을 잊지 않음이니 옛사람의 말이 있나니, 말하기를 여우가 죽음에 언덕을 향하여 머리를 바르게 함은 사랑함이라고 하니라.』

◉ 이 절은 조상의 아름다운 규범을 어기지 말아야 함을 밝혔다.

태공(太公)은 무왕(武王)을 보필하여 주(紂)를 정벌하고 혁명을 성공해서 제(齊)나라에 제후로 봉하니 곧 영구(營丘) 지역이다. 비(比)는 연달아 계속함이고, 5세(五世)는 직접적인 은택의 관계가 있는 세대이며, 반장(反葬)은 고향으로 운구(運柩)하여 장사 지냄이고, 주(周)는 주(周)나라의 도읍지대로 태공이 주나라의 태사(太師)를 겸하고 있다가 죽었기 때문에 묘가 주나라의 도읍지대에 있었던 것이다. 소자생(所自生)은 비롯하여 탄생한 곳이니 시조(始祖) 또는 생명의 시원인 하늘이며, 본(本)은 부모와 조상이요, 구(丘)는 여우가 살던 집이 있는 언덕을 뜻한다.

태공의 직접적인 은택을 입은 5대까지는 주나라로 반장(反葬)하고,

그 이후는 제(齊)나라에 장사 지내니 은혜의식이 대단하고 가족 사
랑이 넘치는도다.

伯魚之母가 死어늘 期而猶哭한대
夫子가 聞之하시고 曰雖與오
哭者가 門人이 曰鯉也니이다.
夫子가 曰嘻라 其甚也로다.
伯魚가 聞之하고 遂除之하니라.

『백어의 어머니가 죽거늘 1년이 지났는데도 오히려 곡을 한대, 부
자가 들으시고 말씀하시기를 누구인가 곡하는 사람이, 문인이 말하기
를 이입니다. 부자가 말씀하시기를 에구머니, 그 심하도다. 백어가 듣
고 드디어 상복을 벗으니라.』

◉ 이 장은 처상(妻喪)에 장성한 아들이 있으면 부득이한 남편은
상복을 입지 않을 수도 있으나 그 아들은 부재모상(父在母喪)이므로
기년복(期年服)을 입어야 됨을 밝혔다.

백어(伯魚)는 공자의 아들이니 이름이 이(鯉)요, 백어의 어머니는
공자의 부인 견관씨(幵官氏)이다.

공자가 천하를 두루 다니며 유세한 지 13년째 되던 해에 본국에서
부인 견관씨가 죽었다는 부음을 받았으나 공자가 돌아가서 상복을
입지 않고 계속 천하유세를 다니며 아들 백어에게만 장례를 맡겼기
때문에 후세 사람이 공자가 이혼을 했다고 의혹하는 사람이 있지만

옳지 않다. 당시에 공자는 67세로서 천하의 도덕에 대한 걱정이 아내의 죽음에 대한 근심보다 더욱 큰 문제였고, 또한 집에는 장성한 아들이 있었기 때문에 크게 염려할 일이 없으므로 부부(夫婦)의 정리를 잠시 덮어 두고 선지선각(先知先覺)의 사명을 받든 것이다.

대저 천자와 제후는 3년복만 입고 기년복(期年服)은 면제토록 하고 그 아들딸만 복을 입게 하였다. 그래서 백어가 3년복을 입으려고 했던 것이니 만일 공자가 이혼을 했다면 출모(出母)의 상복을 입는 기간은 1년뿐이거늘 어찌 백어가 그것을 모르고 3년복을 입으려고 했겠는가?

3-23-1 ──────────────── 舜을 葬於蒼梧之野하시되 蓋三妃가

未之從也하니 季武子가 曰周公이 蓋祔아

『순임금을 창오의 들판에 장사 지내시되 대개 세 왕비가 따르지 아니했나니 계무자가 말하기를 주공이 어찌 아내를 남편 곁에 묻지 않았을까?』

◑ 이 장은 고대의 장례법에 합장이 없는 것을 밝혔다.

창오(蒼梧)는 지명인데 『서경(書經)』에는 순임금이 척방(陟方)에서 죽었다고 했고, 맹자(孟子)는 순임금이 명조(鳴條)에서 졸(卒)했다고 했으니 어느 것이 옳은지 알 수 없다. 3비(三妃)는 2비(二妃)의 착오로 순은 요임금의 두 딸인 아황(娥皇)과 여영(女英)을 배필로 맞았으며, 종(從)은 곁에 합장함이다. 계무자(季武子)는 앞에 3-3-1에서 이미 해설하였고, 합(蓋)은 합(盍)이니 하불(何不)의 뜻이며,

부(祔)는 아내를 남편의 무덤에 합장함이다.

앞에 3-3-1에서는 계무자가 주공이 제정한 예법에는 합장이 없다고 하였으며, 여기에서는 그 이유가 무엇인지 알 수 없다고 하였으니 대개 계무자는 예절이 자주(自主), 자율(自律), 자유(自由)를 숭상하여 타율적인 중속을 싫어함을 알지 못했기 때문이다.

3-24-1 ──────────────────────── 曾子之喪에 浴於爨室하니라.

『증자가 죽음에 물을 끓인 방에서 목욕하니라.』

☯ 이 장은 몸을 깨끗이 씻고 죽는 예절을 기술하였다.

촌(爨)은 물이 부글부글 끓으려 함이니, 촌실(爨室)은 끓인 물로 따뜻한 방에서 목욕시켰다는 뜻이다. 전배들은 촌(爨)을 찬(爨)으로 보고 부엌에서 목욕했다고 했으나 환자가 어찌 부엌에서 목욕을 하겠는가? 당연히 물을 끓여 따뜻한 방에서 목욕시키는 것이 어린아이와 노인을 목욕시키는 도리이다.

더욱이 증자는 몸을 온전히 보전한 효자인즉, 그 몸을 깨끗이 하여 죽었음을 여기에서 확인할 수 있는 것이다.

3-25-1 ──────────── 大功에 廢業하니 或이 曰大功은 誦이 可也니라.

『대공 9월의 상복을 입으면 학업을 그만두니 어떤 사람이 말하기를 대공 9월의 상복을 입고는 외워서 읽어도 되니라.』

◐ 이 장은 애도기간에는 폐업함을 기술하고, 가벼운 상복을 입은 사람은 가벼운 일을 할 수 있음을 밝혔다.

대공(大功)은 9개월의 상복을 입는 것으로 시집간 누이, 사촌형제, 조카며느리 등의 상복이고, 폐업(廢業)은 전업(專業)으로 하는 일을 그만두는 것이며, 송(誦)은 암송함이니 잊지 않기 위하여 외우는 것이다.

3-26-1 ——————————— 子張이 病하야 召申祥而語之하되
日君子日終이요 小人日死니
吾는 今日에 其庶幾乎인저

『자장이 병을 앓아 신상을 불러서 말하되 말하기를 군자는 마쳤다고 하고 소인은 죽었다고 하나니 나는 오늘에 그 거의 마쳤는저』

◐ 이 장은 군자와 소인은 그 죽음의 의미가 다른 것을 기술하였다.

자장(子張)은 공자의 제자 전손사(顓孫師)이고, 신상(申祥)은 자장의 아들이며, 종(終)은 인생의 목적을 달성하여 사명을 완수해서 종결함이고, 사(死)는 목숨이 끊어져서 정신기운이 흩어진 것이며, 서기(庶幾)는 거의니 거의 종결하여 완성했다는 뜻이다.

죽음의 의미가 일생의 사업을 완성하는 것이면 가치가 있는 것이고, 일생의 생명줄이 끊어져서 육신이 흩어지는 것이라면 가치가 없는 것이니, 스스로 영원 불후한 업적을 쌓아야 허무한 죽음을 맞는

공포심을 극복하리라.

3-27-1 ──────────────── 曾子가 曰始死之奠은 其餘閣也與인저

『증자가 말하기를 처음 죽어서의 음식을 올림은 그 찬장에 남겨
둔 것으로 할진저』

◉ 이 장은 처음 죽었을 때에 올리는 음식은 찬장에 남겨 둔 음식
으로 하는 것이 예절임을 기술하였으니 병환으로 생전에 못다 먹은
것을 모두 먹어서 여한이 없도록 함이다.
전(奠)은 신령에게 아침, 저녁으로 올리는 간단한 제사이고, 여(餘)
는 남은 음식이며, 각(閣)은 찬장이니 환자를 위하여 특별히 준비한
음식을 뜻한다.

3-28-1 ──────────── 曾子가 曰小功에 不爲位也者는 是委巷之禮也니라
子思之哭嫂也에 爲位하야 婦人이
倡踊하거늘 申祥之哭言思也엔 亦然하니라.

『증자가 말하기를 소공 5월의 상복을 입은 사람은 곡하는 자리를
만들지 아니하는 것은 시골마을의 예절이니라. 자사가 형수의 죽음에
곡할 때에 자리를 만들어 부인이 먼저 발을 구르거늘 신상이 처남
언사의 죽음에 곡할 때에 또한 그렇게 하였느니라.』

◐ 이 장은 초상에 상복을 입은 사람은 모두 자리를 만들어 곡하는 예절을 기술하였으니 그 촌수가 가깝고 상복이 무거운 순서로 자리를 만들어야 함을 밝혔다.

소공(小功)은 5개월의 상복을 입는 것으로 비교적 가벼운 상복이며 위(位)는 상복을 입은 사람들이 곡(哭)하는 자리이다. 위항(委巷)은 길이 좁고 꼬불꼬불한 시골마을이요, 수(嫂)는 형수이다. 창(倡)은 먼저 인도함이고, 용(踊)은 곡할 때에 슬픔이 북받쳐 발을 구르며 뛰는 것이며, 신상(申祥)은 앞에 3-26-1에서 이미 해설하였고, 언사(言思)는 자유(子游)의 아들인데 신상의 처남이다.

자사는 형수의 죽음에 소공(小功)의 상복을 입어야 하고, 자사의 부인은 시동서의 죽음에 역시 소공의 상복을 입어야 하므로 같이 자리를 만들어 부인이 먼저 발을 구르면 남편이 따라서 곡을 하는 것이 예절이다. 그러나 신상은 처남의 죽음에 상복이 없고, 신상의 아내는 친정오빠의 죽음에 부장기(不杖期)의 상복이 있으므로 신상의 아내만 곡하고 신상은 곡을 하지 않아야 되지만 아내를 생각하여 같이 자리에 앉아만 있는 것은 부득이한 일이다.

3-29-1 ──────────────────────── 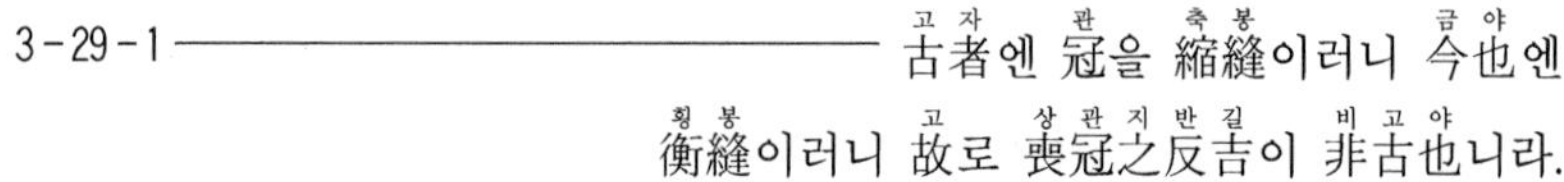

『옛날에는 관을 세로로 꿰매더니 오늘에는 가로로 꿰매나니 그러므로 상복의 관이 길복의 관과 반대로 함이 옛날의 제도가 아니다.』

☯ 이 장은 상관(喪冠)과 길관(吉冠)을 꿰매는 방법이 옛날에는 같았음을 변증하였다.

축봉(縮縫)은 수직으로 꿰매는 바느질이고, 횡봉(衡縫)은 가로로 꿰매는 바느질이며, 상관(喪冠)은 상복을 입은 사람이 쓰는 관이요, 반(反)은 반대로 함이며, 길(吉)은 길복(吉服)에 쓰는 관이다.

상복과 길복의 차이는 색상과 옷감의 질에 있는 것이요, 꿰매는 바느질의 방식이 다른 것은 아님을 변증하였다.

3-30-1 ──────────────────────────────── 曾子가 謂子思하되 曰伋아 吾는 執親之喪也하야 水漿을 不入於口者가 七日이니라 子思가 曰先王之制禮也는 過之者를 俯而就之하고 不至焉者를 跂而及之니 故로 君子之執親之喪也에 水漿을 不入於口者가 三日하야 杖而后能起라 하니다.

『증자가 자사에게 일러 말하기를 급아, 나는 어버이의 초상을 치르면서 물과 미음을 입에 넣지 않은 지가 7일이니라. 자사가 말하기를 선왕이 예절을 제정함은 지나친 사람을 굽혀 보고 나아가게 하고, 이르지 못한 사람을 발돋움하여 보고 미치게 하였으니, 그러므로 군자가 어버이 초상을 치르면서 물과 미음을 입에 넣지 않음이 3일로 하여 지팡이를 짚은 다음에 능히 일어나도록 만들었다고 하나이다.』

☯ 이 장은 예절의 보편성을 기술하여 특별난 것은 삼갈 것을 밝혔다.

급(伋)은 자사(子思)의 이름이고, 집(執)은 집행하여 치르는 것이

며, 장(漿)은 미음이요, 부(俯)는 굽혀 봄이고, 기(跂)는 발돋움하여
보는 것이며, 장(杖)은 상제가 짚는 지팡이이다.

예절은 만민을 편안케 하기 위하여 제정했거늘 특별나게 하여 사
람을 놀라게 하고, 몸을 상하게 하는 것은 예절이 아니다.

3-31-1 ──────────────────────────── 曾子가 曰小功을 不稅면
則是遠兄弟가 終無服也니 而可乎아

『증자가 말하기를 소공 5개월의 상복을 추후에는 입지 않는다면
이것은 멀리 사는 재종형제가 끝내 상복이 없는 것이니 옳겠는가?』

◉ 이 장은 추복(追服)의 예절을 기술하였으니 멀리 외지에 살아
부고를 늦게 받으면 비록 소공 5월이나 시마(緦麻) 3월의 상기가 이
미 지났더라도 추가로 복을 입어야 함을 밝혔다.

태(稅)는 추후에 상복을 입는 추복(追服)이고, 원(遠)은 원지(遠
地)이며, 형제(兄弟)는 소공 5월의 복이 있는 6촌 형제이고, 가호(可
乎)는 불가하다는 뜻의 반문이다.

3-32-1 ──────────────── 伯高之喪에 孔氏之使者가 未至어늘
冉子가 攝束帛乘馬而將之한대
孔子가 曰異哉라 徒使我로 不誠於伯高로다.

『백고의 죽음에 공씨의 사자가 이르지 않았거늘 염자가 비단 다섯 필과 네 마리의 말을 빌려서 보낸대, 공자가 말씀하시기를 이상하구나. 한갓 나로 하여금 백고에게 성실하지 못하게 했도다.』

● 이 장은 아는 사람의 죽음에 애도하는 예절을 기술하였으니 조상(弔喪)을 먼저 하고 부의(賻儀)를 해야지 부의만 하고 조상을 안 하는 것은 성실하지 못한 일임을 밝혔다.

백고(伯高)는 자공(子貢)을 통하여 알게 된 공자의 지인(知人)이고, 시자(使者)는 부고(訃告)를 전하는 사람이며, 염자(冉子)는 공자의 제자 염구(冉求)이다. 섭(攝)은 빌리는 것이니 대행함이며, 속백(束帛)은 비단 다섯 필을 묶은 것이고, 승마(乘馬)는 네 마리의 말이며, 장(將)은 보내는 것이다. 불성(不誠)은 아직 부고(訃告)를 받지 못하여 조상(弔喪)도 안 했는데 부의(賻儀)부터 먼저 보내는 불성실함이다.

3-32-2 ——————————————— 伯高가 死於衛하야 赴於孔子어늘
孔子가 曰吾는 惡乎哭諸오 兄弟는 吾哭諸廟하고
父之友는 吾哭諸廟門之外하고 師는 吾哭諸寢하고
朋友는 吾哭諸寢門之外하고 所知는 吾哭諸野하노니
於野則已疏하고 於寢則已重하니 夫由賜也하야 見我니
吾哭諸賜氏라 하시고 遂命子貢하야 爲之主하시고
曰爲爾哭也來者는 拜之하고 知伯高而來者는 勿拜也라 하시다.

『백고가 위나라에서 죽어 공자에게 부음을 전하거늘 공자가 말씀

하시기를, 나는 어디에서 곡을 하리오. 형제는 내가 사당에서 곡하고, 아버지의 벗은 내가 사당문의 밖에서 곡하고, 스승은 내가 사당 뒤에 제관이 머무르는 방에서 곡하고, 붕우는 내가 사당 뒤에 제관이 머무르는 방문의 밖에서 곡하고, 아는 사람은 내가 들판에서 곡하노니, 들판에서 하면 너무 소원하고, 사당 뒤에 제관이 머무르는 방에서 하면 너무 무거우니, 무릇 사를 말미암아 나를 보았으니 나는 사의 집에서 곡하리라 하시고, 드디어 자공에게 명하여 주인이 되라고 하시고 말씀하시기를, 너를 위하여 곡하려고 오는 사람은 절하고, 백고를 알아서 오는 사람은 절하지 말라 하시다.』

◑ 이 절은 직접 조문 가지 못할 때에 집에서 분향소를 설치하고 곡하는 예절을 기술하였으니 그 관계에 따라 곡하는 자리가 다름을 밝혔다.

부(赴)는 부고(訃告)를 전함이고, 묘(廟)는 조상의 위패를 모신 사당이요, 침(寢)은 앞에 3-3-1에서 이미 해설하였으며, 사(賜)는 자공(子貢)의 이름인데 성(姓)이 단목(端木)으로 위(衛)나라 사람이다. 씨(氏)는 집이라는 뜻이고, 주(主)는 분향소를 주관하여 손님을 맞이하는 주인이 됨이고, 위이곡(爲爾哭)은 자공을 위로하여 곡함이다.

살피건대 형제는 자손이므로 사당에서 곡하고, 아버지의 벗은 아버지의 위패가 있는 사당문 밖에서 곡하며, 스승은 남이므로 사당 뒤에 제관(祭官)이 머무르는 방에서 곡하고, 벗은 또 낮으므로 사당 뒤에 제관이 머무르는 문밖에서 곡하며, 아는 사람은 소원(疏遠)한 관계이므로 들판에서 곡하니, 각각 합당한 위치를 얻은 것이다.

曾子가 曰喪有疾하야 食肉 飮酒하되
必有草木之滋焉하니 以爲薑桂之謂也니라.

『증자가 말하기를 상복을 입음에 질병이 있어 고기를 먹고, 술을 마시되 반드시 풀과 나무의 진액이 있어야 한다고 하니, 생강과 계피를 양념으로 쓰는 것을 말하니라.』

◉ 이 장은 상복을 입은 사람이라도 건강을 위함에는 맛을 내서 억지로라도 먹어야 됨을 기술하였다.

자(滋)는 진액이니 맛을 내는 조미료요, 이위(以爲)는 양념으로 쓴다는 뜻이며, 강(薑)은 생강 또는 새앙으로 뿌리는 맛이 맵고 향기가 좋아 향신료로 쓰이며 위를 튼튼하게 하고, 계(桂)는 계피(桂皮)로 계수나무의 껍질인데 향기와 단맛이 있어 향료로 쓰이며, 위를 튼튼하게 한다.

子夏가 喪其子而喪其明이라거늘
曾子가 吊之曰吾聞之也하니 朋友가 喪明則哭之라
하고 曾子가 哭한대 子夏가 亦哭曰天乎아
予之無罪也라 하니 曾子가 怒曰商아 女何無罪也리오
吾與女가 事夫子於洙泗之間하더니 退而老於西河之上하야
使西河之民으로 疑女於夫子하니 爾罪가 一也요
喪爾親하되 使民으로 未有聞焉하니 爾罪가 二也요
喪爾子하되 喪爾明하니 爾罪가 三也니라 而曰爾何無罪與리오
子夏가 投其杖而拜하고 曰吾過矣라

『자하가 그 아들을 잃고서 그 시력을 잃었다거늘 증자가 조문하여 말하기를, 나는 들으니 붕우가 시력을 잃으면 곡을 한다더라 하고, 증자가 곡하니 자하가 또한 곡하며 말하기를, 하늘이여, 나에겐 죄가 없나이다 하니, 증자가 분노하며 말하기를, 상아 네가 어찌 죄가 없으리오. 나와 네가 수수와 사수 사이에서 공자를 섬겼더니 물러가서 서하의 땅 위에서 늙으며, 서하의 민중으로 하여금 네가 공자를 대신하는 사람으로 의심케 하였으니 그 죄가 하나요, 너의 어버이를 초상 치르되 민중으로 하여금 칭찬하는 소리가 있지 않았으니 너의 죄가 둘이요, 너의 아들을 초상 치르되 너의 시력을 잃었으니 너의 죄가 셋이니라. 그런데도 네가 어찌 죄가 없다고 말하리오 하니, 자하가 그 지팡이를 던지고 절하며 말하기를, 내가 지나쳤도다, 내가 지나쳤도다, 내가 무리와 헤어져서 쓸쓸하게 홀로 산 지가 또한 너무 오래니라.』

◑ 이 장은 곡하여 울되 시력을 잃을 정도로 슬퍼해서는 안 됨을 기술하였다.

자하(子夏)는 성이 복(卜)이요, 이름이 상(商)인데 공자의 제자로 문학이 뛰어났으며, 서하(西河)에서 살았다. 명(明)은 시력(視力)이고, 수(洙)는 수수(洙水)요, 사(泗)는 사수(泗水)이며, 의(疑)는 의혹함이고, 어(於)는 대신함이다. 문(聞)은 문망(聞望)으로 이름이 널리 알려져 숭앙함이니 어버이의 상복을 잘 입었다는 소문이다. 군(群)은 붕우(朋友)를 지칭하고, 삭(索)은 쓸쓸이 홀로 있음이다.

자하가 근본을 힘쓰지 않고 말단에 집착하므로 증자가 붕우로서 충고하였으니 학자는 근본에 힘쓸진저!

3-35-1 ——————————————————— 夫晝居於內하면 問其疾이 可也요
夜居於外하면 吊之가 可也니 是故로
君子는 非有大故하면 不宿於外하며
非致齊也며 非疾也면 不晝夜居於內니라.

『대저 낮에 안방에 거처하면 그 질병을 물음이 옳고, 밤에 바깥마당에서 머물면 조문함이 옳으니, 이런 까닭으로 군자는 어버이의 초상이 있지 않으면 바깥마당에서 자지 아니하며, 제사를 지내기 위하여 3일간 재계를 함이 아니며, 질병을 앓음이 아니면 낮과 밤에 안방에 머물지 아니하니라.』

☯ 이 장은 밤과 낮에 거처하는 정위치를 밝혔다.

내(內)는 몸채의 안방이니 아내가 거처하고, 외(外)는 바깥마당이니 상차(喪次)를 설치하는 곳이며, 대고(大故)는 어버이의 초상을 치르는 것이다. 치재(致齊)는 제사를 지내기 위하여 3일간 목욕재계(沐浴齊戒)하고 정신을 가지런히 함이고, 주야(晝夜)는 낮과 밤이니 하루 종일이다.

3-36-1 ——————————————————— 高子皐之執親之喪也에 泣血三年하야
未嘗見齒하니 君子가 以爲難이라 하니라.

『고자고가 어버이의 초상을 치름에 피눈물을 흘리며 흐느끼기를 3년간 하여 일찍이 이를 보이지 아니하니 군자가 어려운 일이라고 말하니라.』

◉ 이 장은 상례(喪禮)의 도수를 어기는 것은 비례(非禮)임을 기술하였으니 그러나 슬픔이 지나친 것은 용인이 되지만 물질이 지나친 것은 용납되지 못함을 밝혔다.

고자고(高子皐)는 이름이 시(柴)요, 성이 고(高)이며, 자고(子皐)는 자(字)인데 공자의 제자이다. 읍혈(泣血)은 피눈물을 흘리는 것이며, 3년(三年)은 대상(大祥) 때까지로, 상례(喪禮)에 곡(哭)은 읍혈(泣血)까지 하지는 않고, 3우제(三虞祭)를 지내고 3개월이 되면 졸곡(卒哭)하여 울음을 그치거늘 3년간 피눈물을 흘리며 흐느껴 우는 것은 비례(非禮)이다. 현(見)은 보이는 것이니, 현치(見齒)는 미소를 지어 이가 보이는 것이며, 이위(以爲)는 말함이고, 난(難)은 행하기가 어렵다는 뜻이다.

사람은 혼자 사는 것이 아니므로 상복을 입은 사람 때문에 상복을 벗은 사람까지 감정을 억누르게 하는 것은 지나친 독선이 될 수 있다.

3-36-2 ─────────────────────────── 衰는 與其不當物也론 寧無衰니
齊衰는 不以邊坐하며 大功은 不以服勤이니라.

『상복은 그 합당하지 못한 물건으로 만들기보다는 차라리 상복이 없는 것이 나으니 자최의 상복을 입은 사람은 변두리에 앉지 않으며, 대공 9월의 상복을 입은 사람은 종사하는 일에 근무하지 않으니라.』

○ 이 절은 상복을 만들고 입는 예절을 기술하였으니 상복은 반드시 재질과 규격 및 색상이 합당해야 되고 또한 상복을 입은 사람은 그 옷에 합당하게 처신해야 됨을 밝혔다.

최(衰)는 상복이고, 여기(與其)~녕(寧)~은 그 ~보다는 차라리 ~이 낫다는 구문이요, 물(物)은 물건이니 재질과 규격 및 색상이 확실한 물건이다. 자최(齊衰)는 참최(斬衰) 다음의 상복으로 행동을 삼가 조심해야 하며, 변좌(邊坐)는 변두리에 앉은 것으로 위험하고, 복근(服勤)은 종사하여 복무하는 직업에 근무함이니 평상시처럼 행동함이다.

상복을 괴상하게 만들거나 또는 상복을 입고 삼가 조심도 않으며 일상적인 직업에 근무한다면 차라리 상복을 입지 않는 것이 낫다고 하였으니 상복의 존엄성을 훼손하려면 차라리 입지를 말아야 한다.

3-36-3 ──────────────── 孔子가 之衛하사 遇舊館人之喪하사
入而哭之哀하시고 出하사 使子貢으로
說驂而賻之하신대 子貢이 曰於門人之喪에
未有所說驂하시니 說驂於舊館이 無乃已重乎이니까
夫子가 曰予鄕者에 入而哭之할새 遇於一哀而出涕하니
予惡夫涕之無從也하노니 小子는 行之하라.

『공자가 위나라에 가시어 옛날 여관 주인의 초상을 뜻밖에 만나시니 들어가 슬프게 곡하시고 나오시어, 자공으로 하여금 곁말을 풀어 부의하라고 하신대, 자공이 말하기를 문인의 초상 때에는 곁말을 풀어서 부의한 바가 있지 아니하시니 옛날 여관 주인의 초상에 곁말을 풀

어 부의함은 이에 너무 무거운 것이 아닙니까? 부자가 말씀하시기를
내가 앞서 들어가 곡을 할 때에 뜻밖에 한 번의 울음에 눈물이 나왔
으니 나는 저 눈물에 따름이 없는 것을 싫어하노니 소자야 실행하라.』

　◑ 이 절은 과도한 부의(賻儀)를 할 수 있는 경우를 기술하였다.
　지(之)는 가는 것이요, 우(遇)는 뜻밖에 만남이며, 구관인(舊館人)
은 옛날 여관에 머물렀던 주인이고, 탈(說)은 탈(脫)과 같으며, 참(驂)
은 수레를 끄는 두 마리의 말 양쪽에 매는 곁말이다. 부(賻)는 앞에 1
−25−6에서 이미 해설하였고, 이중(已重)은 너무 많이 부의금을 줌이
며, 향(鄕)은 향(向)과 같으니 앞섬이다. 오(惡)는 싫어함이요, 종(從)
은 따름이니 수반(隨伴)함이며, 소자(小子)는 자공을 지칭한다.
　살피건대 부의(賻儀)는 초상집의 형편과 조문객의 능력에 알맞게
하는 것이 예의이다. 따라서 친하고 소원한 관계와 있고 없는 형편에
따라 많고 적음이 결정되는 것인데 이때에 공자는 외국에서 유세하
는 상황이고, 옛날 여관집의 주인은 그리 친근한 관계가 아님에도 곁
말을 풀어 부의를 하였으니 대단히 많은 부의를 한 것이다. 그럼에도
공자는 눈물에 수반하는 부의를 해야 된다고 하였으니 필시 곡절이
있을 것인즉, 아마도 옛날에 여관집 주인이 공자를 감동시킨 일이 있
었을 것이다.

3−36−4 ───────────────── 孔子가 在衛하실새 有送葬者이어늘
而夫子가 觀之하시고 曰善哉라 爲喪乎여
足以爲法矣로소니 小子는 識之하라 子貢이

曰夫子는 何善爾也이니고 曰其往也에 如慕하고
其反也에 如疑로다 子貢이 曰豈若速反而虞乎이리잇가
子가 曰小子는 識之하라 我未之能行也니라.

『공자가 위나라에 계실 때에 장사 지내기 위하여 상여가 떠나는 것을 이별하여 보내는 사람이 있거늘 부자가 보시고 말씀하시기를, 착하도다. 상제가 됨이여! 족히 법으로 삼을 만하노니 소자는 기록하라. 자공이 말하기를 부자는 어찌 그를 착하다고 하니잇고, 말씀하시기를 그 상여를 따라감에는 사모하듯이 쫓아가고, 그 장사 지내고 집으로 돌아감에는 의심하듯이 머뭇거리도다. 자공이 말하기를 어찌 속히 돌아가서 초우제(初虞祭)를 지냄만 같으리잇가? 공자가 말씀하시기를 소자는 기록하라. 나도 능히 행하지 못했느니라.』

◉ 이 절은 예절이란 지나치게 빠름도 없고 지나치게 느림도 없지만 장례 행렬에 상제가 지나치게 쫓아가며 슬피 울고 장사 지내고, 상제가 돌아오며 반곡(反哭)함에 지나치게 머뭇거림은 오히려 착하게 받아들여야 함을 밝혔다.

송장(送葬)은 장사 지내기 위하여 상여가 떠나는 것을 이별하여 보냄이요, 관(觀)은 장례 행렬을 구경함이며, 위상(爲喪)은 상제(喪制)가 되어 상제 노릇을 함이다. 지(識)는 기록함이고, 여모(如慕)는 애모(哀慕)하여 떨어지지 못할 듯이 슬프게 우는 것이다. 반(反)은 장사 지내고 반곡(反哭)함이며, 여의(如疑)는 어버이가 무덤에서 살아난 것으로 의심하여 머뭇거리면서 떠나지 못하는 것이며, 우(虞)는 초우제(初虞祭)를 지냄이다.

상례에서 슬픔이 지나친 것은 효자의 지극한 심정으로 받아들여
착한 행실로 보았으니 인정을 어찌 말리겠는가?

 顔淵之喪에 饋祥肉한대
孔子가 出受之하사 入彈琴而后에 食之하시다.

『안연의 죽음에 대상을 지낸 고기를 보낸대 공자가 나아가 받으시
고 들어와서 거문고를 탄 다음에 잡수시다.』

◐ 이 절은 지나치게 빨리 음악을 연주하였으나 대상(大祥)을 마
쳤으므로 인정해야 됨을 밝혔다.

상육(祥肉)은 대상(大祥)에 제물로 쓴 고기이고, 출수지(出受之)
는 제물을 공경함이며, 탄금(彈琴)은 즐거운 마음을 표시함이다.

스승이 제자의 초상에 심상(心喪)을 입지만 대상(大祥)이 지나면
즉시 정상생활로 돌아와야 됨을 확인하였으니 공자는 아들 이(鯉)가
죽었을 때보다 더 슬퍼해서는 안 되고 또한 안연의 아버지보다 더
슬퍼해서는 안 되므로 즉각 거문고를 타서 정상생활로 돌아갔음을
확인했으니 오해가 없기를 바란다.

3-37-1 孔子가 與門人으로 立할새 拱而尚右하신대
二三子가 亦皆尚右하거늘 孔子가 曰二三子之嗜學也여
我則有姊之喪故也라 하신대 二三子가 皆尚左하니라.

『공자가 문인으로 더불어 서 있을 때 두 손을 겹쳐 모음에, 오른 손을 위로 하신대, 두세 명의 제자가 또한 모두 오른손을 위로 하거 늘 공자가 말씀하시기를, 두세 명의 제자가 배우기를 좋아함이여 나 는 곧 누이의 상복을 입고 있는 까닭이라고 하신대 두세 제자가 모 두 왼손을 위로 하니라.』

◉ 이 장은 공수(拱手)할 때에 길(吉)한 일에는 왼손을 위로 하고, 흉(凶)한 일에는 오른손을 위로 하는 예절을 밝혔다.

공(拱)은 공수(拱手)인데 두 손을 겹쳐 모으는 것으로 길사(吉事) 는 양(陽)을 숭상하니 왼손을 위로 하고, 흉사(凶事)는 음(陰)을 숭 상하니 오른손을 위로 한다. 기(嗜)는 즐겨 좋아함이고, 자상(姉喪) 은 누이의 상복을 입는 것으로 형제자매는 부장기(不杖期)의 복을 입는데 시집간 누이는 대공(大功) 9월의 복을 입는다.

3-38-1 ─────────── 孔子가 蚤作하사 負手曳杖하사 消搖於門하사
歌曰泰山이 其頹乎인저 梁木이 其壞乎인저
哲人이 其萎乎인저 旣歌而入하사 當戶而坐하시거늘
子貢이 聞之하고 曰泰山이 其頹則吾將安仰이며
梁木이 其壞하며 哲人이 其萎면 則吾將安放고
夫子가 殆將病也이로다 하고 遂趨而入한대

『공자가 일찍 일어나시어 뒷짐을 지시고 지팡이를 끌며 대문에서 거닐다가 노래하여 말씀하시기를, 태산이 그 무너지는저, 대들보가 그 부러지는저, 철인이 그 시드는저, 이미 노래하시고 들어가시어 방

문 앞에 앉으시거늘, 자공이 듣고 말하기를, 태산이 그 무너지면 우리는 장차 어디를 우러르며, 대들보가 그 부러지며 철인이 그 시들면 우리는 장차 어디에서 본받을고, 부자가 가까운 장래에 병이 나리로다 하고 드디어 빠른 걸음으로 들어간대』

　☯ 이 장은 공자가 서거하심에 제자들이 장사 지내는 예절을 기술하였으니 성인(聖人)의 마지막 모습을 자세히 밝혔다.

　작(作)은 일어남이고, 부수(負手)는 두 손을 뒤로 젖히어 마주 잡아 뒷짐을 지는 것이며, 소요(消搖)는 소요(逍遙)와 같으니 거니는 것이다. 태산(泰山)은 동악(東嶽)으로 노나라와 제(齊)나라의 사이에 있고, 양목(梁木)은 대들보이며, 위(萎)는 시들어 위축됨이다. 안(安)은 어찌, 방(放)은 본받음이고, 태(殆)는 가까운 것이다.

　공자가 그 죽음을 예언하시니 놀라운 정신력이 아닐 수 없도다.

3-38-2 ──────────────────────── 夫子가 曰賜야 爾來何遲也요
夏后氏는 殯於東階之上하니 則猶在阼也오
殷人은 殯於兩楹之間이니 則與賓主夾之也오
周人은 殯于西階之上하니 則猶賓之也니라
而丘也는 殷人也러니 予는 疇昔之夜에
夢坐奠於兩楹之間하니 夫明王이 不興이라니
而天下가 其孰能宗予리오 予가 殆將死也라
하시고 蓋寢疾七日而沒하시다.

『부가가 말씀하시기를 사야, 네가 옴이 어찌 늦었는고, 하나라 왕

조는 동쪽 계단 위에다가 빈소를 설치하니 곧 섬돌계단의 주인자리에 있는 것같이 함이고, 은나라 사람은 대청의 양쪽 기둥의 사이에 빈소를 설치하였으니 손님과 주인이 더불어 곁에서 부축함이고, 주나라 사람은 서쪽 계단 위에 빈소를 설치하니 곧 서쪽 계단의 손님자리에 있는 것같이 함이니라. 그런데 구는 은나라 사람이거니 내가 지난 저녁의 밤에 대청의 양쪽 기둥의 사이에 앉아서 폐백을 받는 꿈을 꾸었으니 대저 밝은 왕이 일어나지 아니하는데 천하에 그 누가 나를 능히 우러러 받들리오. 내가 가까운 장래에 죽으리라 하시고, 대개 누워서 앓은 지 7일 만에 돌아가시다.』

◉ 이 절은 공자가 꿈에 대청의 중앙에 앉아 폐백을 받은 것으로 머지않아 죽게 될 것을 예감하시고 앓아누우신 지 7일 만에 서거하셨음을 밝혔다.

래(來)는 자공이 제(齊)나라에 사신으로 갔다가 돌아옴이고, 유(猶)는 같음이며, 조(阼)는 섬돌세단으로 주인이 사용하는 계단이다. 양영(兩楹)은 대청 동서에 있는 두 개의 큰 기둥이며, 협(夾)은 곁에서 부축함이고, 주석(疇昔)은 지난 저녁이요, 전(奠)은 음식과 폐백을 받음이다. 명왕(明王)은 밝은 왕이요, 종(宗)은 우러러 받드는 것이며, 침질(寢疾)은 누워서 앓음이다.

죽은 지 3일이 되어 대렴을 해서 입관(入棺)하고 빈소를 설치함에 하나라는 아직도 집의 주인으로 받들었고, 은나라는 주인과 손님의 중간자로 받들었고, 주나라 사람은 손님으로 받들었으니, 하나라는 인도(人道)를 확립하여 진실을 숭상하고, 은나라는 지도(地道)를 확립하여 질박을 숭상하며, 주나라는 천도(天道)를 확립하여 문채를 숭상하는 까닭에 각각 그 대우함이 달랐던 것이나 이미 죽었다고 공인하는 것은 모두 똑같은 것이다.

또한 성인(聖人)의 꿈은 진실하여 살아서 현실적으로 고귀한 대접을 받을 수 없다면 죽어서 받게 될 것으로 해몽(解夢)하시니 성인의 생각은 모두 진실로 가득함을 여기에서 확인할지어다.

3-38-3 ──────────────────── 孔子之喪에 門人이 疑所服한대
子貢이 曰昔者에 夫子之喪顔淵에
若喪子而無服하시며 喪子路에 亦然하시니
請喪夫子하여 若喪父而無服이니라.

『공자의 상을 당함에 문인이 소정의 상복을 의심한대, 자공이 말하기를 옛날에 부자가 안연의 상을 당할 때 마치 아들의 상을 당한 것처럼 하셨으나 상복이 없으시며, 자로의 상을 당함에도 또한 그렇게 하셨으니 청컨대 부자의 상을 당하여 마치 아버지의 상을 당한 것같이 하되 상복이 없어야 하니라.』

◉ 이 절은 공자의 제자들이 스승을 위하여 심상(心喪) 3년의 복을 입은 예절을 기술하였으니 앞에 3-2-1에서 스승의 복을 밝혔다.

의(疑)는 의심함이고, 소복(所服)은 소정(所定)의 상복이며, 상(喪)은 모두 초상을 당함이다.

자공이 스승의 상을 당하여 제자의 도리로 심상(心喪) 3년의 복을 입자고 결의하였으니 예절에 합당하다.

전배들은 공자의 제자들이 조복(弔服)을 입고 삼으로 만든 띠, 즉

질(経)을 했다고 하였으나 옳지 않다. 만일 조복(吊服)을 입으면 조문객(吊問客)에 지나지 않게 되고, 질(経)만 하면 복상(服喪) 가운데 시마(緦麻)만도 못한 가벼운 것이 되므로 결국 아버지의 상을 당한 것처럼 하는 것과는 크게 어그러지게 되는 것이다.

3-38-4 ──────────── 孔子之喪에 公西赤이 爲志焉하되 飾棺하고 牆置翣하며 設披하니 周也요 設崇하니 殷也며 綢練設旐하니 夏也라.

『공자의 상에 공서적이 기록하되 속널에 옷칠을 하여 장식하고, 무덤 속에 담을 쌓고 큰 그림부채를 설치하며, 상여에 펄럭이는 천으로 긴 조각들을 달았으니 주나라에서 비롯하고, 큰 이빨모양을 그려 부치니 은나라에서 비롯하며, 흰 천으로 깃대를 감싼 거북뱀의 기를 세우니 하나라에서 비롯하였다.』

◑ 이 절은 공자의 묘와 상여에 대한 기록을 인용하여, 묘는 주나라의 제도를 따르고, 상여도 하·은·주 3대를 종합한 당시의 제도를 따랐음을 밝혔다.

공서(公西)는 성이고, 적(赤)은 이름이니, 자(字)는 자화(子華)인데 공자의 제자이다. 지(志)는 기록함이요, 식관(飾棺)은 속널에 옷칠을 함이며, 장치삽(牆置翣)은 앞에 3-9-1에서 이미 해설하였으니 주나라의 묘장(墓葬)제도이다. 피(披)는 흩어져 휘날리는 것이니 상여의 상층부에 펄럭이도록 좁고 긴 천조각들을 매달아 5색 구름옷을

입은 것을 상징하였다. 숭(崇)은 숭아(崇牙)로 상여의 하층부에 큰
이빨모양의 길쭉한 육각형의 그림을 붙여 용(龍)의 이빨을 상징하여
용이 여의주(如意珠)를 물고 하늘로 날아감을 상징하였다. 도(綢)는
감싸 묶는 것이고, 련(練)은 흰 천이니 깃대를 흰 천으로 감싸는 것
이고, 조(旐)는 거북과 뱀을 그린 기로 후군(後軍)을 표시하는 깃발
인데 죽은 사람의 혼백(魂魄)만은 뒤에 남아 천천히 가기를 갈망하
는 뜻이다.

하나라는 인도(人道)의 진실을 추구하므로 영혼(靈魂)이 천천히
가기를 소원하였고, 은나라는 지도(地道)의 질박을 숭상하므로 용이
여의주를 물고 하늘을 날듯이 자유자재한 해방을 소원하였으며, 주나
라는 천도(天道)의 문채를 숭상하여 5색 구름의 아름다운 옷을 입고
찬연히 빛나기를 소원하였으니, 모두 사람이 소원하는 바이기에 오늘
날까지 상여를 이렇게 꾸미는 것인즉, 곧 시대를 초월한 예절이다.

3-38-5 ──────────────── 子張之喪에 公明儀가 爲志焉하되
褚幕丹質하고 蟻結于四隅하니 殷士也라.

『자장의 상에 공명의가 기록하되 상여에 널을 덮는 장막을 붉은
바탕으로 하고 검은 천으로 네 모서리에 묶으니 은나라 선비의 상여
니라.』

◉ 이 절은 가난한 선비의 상여는 당시에도 화려한 주나라의 예절
을 행하지 못하고, 질박한 은나라의 예절을 따를 수밖에 없었음을 공

자의 상여에 비교하여 기록하였다.

자장(子張)은 앞에 3-26-1에서 이미 해설하였고, 저막(褚幕)은 상여에 관을 덮는 장막이고, 단질(丹質)은 붉은 바탕의 천이며, 의(蟻)는 의상(蟻裳)이니 검은 치마로 곧 주름을 잡은 검은 천이고, 은사(殷土)는 은나라 선비의 상여라는 뜻이다.

이것은 붉은색과 검은색으로 용(龍)을 상징하는 질박한 상여인데 후세에도 가난한 선비는 썼으니 집안의 형편에 따를 뿐이다.

3-39-1 ────────── 子夏가 問於孔子하되 曰居父母之仇인댄 如之何이니고 夫子가 曰寢苫枕干하야 不仕하며 弗與共天下也하며 遇諸市朝인댄 不反兵而鬪하니라.

『자하가 공자에게 물어 말하기를 부모의 원수를 처치할 때에는 어떻게 해야 됩니까? 부자가 말씀하시기를 거적자리에서 자고, 창과 방패를 베며, 벼슬을 하지 않으며, 천하를 함께하지 아니하며, 우연히 시장이나 관공서에서 만나거든 돌아가서 병기를 가져오지 않고 싸우니라.』

◉ 이 장은 친족을 살해한 원수를 처치하는 예절을 기술하였으니 어버이를 죽인 원수는 반드시 고발하여 의법 처단해서 복수할 것을 밝혔다.

거(居)는 처치(處置)함이니 법관이 죄질을 살피고 법률에 정한 형량을 분별하여 벌을 주어 처분함이다. 부모지구(父母之仇)는 어버이를 죽인 원수이고, 침점(寢苫)은 거적자리에서 자는 것이며, 침간(枕干)은 방패와 창을 베는 것이다. 시(市)는 시장이요, 조(朝)는 관공

서를 뜻하며, 불반병(不反兵)은 앞에 1-27-1에서 이미 해설하였으
니 즉각 잡아서 형사고발함이다.

　자식의 도리는 억울하게 죽은 어버이의 원수를 갚아 그 원한을 풀
어 주는 것이므로 죽고 살기로 나서서 적극 범인을 추적하여 반드시
잡아서 사법부에 고발하여 국법에 의해 처치해야 된다.

3-39-2 ──────────────── 曰請問居昆弟之仇인댄 如之何니이까
曰仕하되 弗與共國하며 銜君命而使하면
雖遇之라도 不鬪니라 曰請問居從父昆弟之仇인댄
如之何니이까 曰不爲魁오 主人이 能則執兵而陪其後니라.

　『말하기를 청하여 묻건대 형제를 죽인 원수를 처치할 때에는 어떻
게 합니까? 말씀하시기를 벼슬을 하되 나라를 함께하지는 않으며, 임
금의 명령을 받들어 사신이 되면 비록 뜻밖에 만났을지라도 싸우지
아니하니라. 말하기를 청하여 묻건대 종부형제를 죽인 원수를 처치할
때에는 어떻게 합니까? 말씀하시기를 수괴는 되지 않고 상주가 감당
하면 병기를 들고 그 뒤를 따라가니라.』

　◉ 이 절은 형제나 4촌형제를 죽인 원수를 처치하는 예절을 자공
의 질문에 대한 공자의 말씀으로 해설하였다.

　곤제(昆弟)는 형제(兄弟)이고, 함(銜)은 머금는 것이니 곧 받드는
것이며, 시(使)는 사신의 임무를 수행함이다. 종부곤제(從父昆弟)는
종형제(從兄弟)로 곧 4촌형제이며, 괴(魁)는 수괴(首魁)로 주모자이

고, 주인(主人)은 죽은 사람의 부모 또는 자녀나 아내인 상주(喪主)이다. 능(能)은 일을 감당함이고, 배(陪)는 따르며 거들어 줌이요, 기후(其後)는 주인의 뒤이다.

살피건대 앞에 1-27-1에서는 형제의 원수도 불반병(不反兵)이라고 하였거늘 여기에서는 언급이 없는바 그것은 아마도 형제의 연령이 50세를 기준으로 그 이전에는 자녀가 어리기 때문에 형제가 불반병(不反兵)하여 복수하고, 그 이후에는 자녀가 장성했기 때문에 그 자녀들에게 복수의 1차적 책임이 있으므로 형제는 벼슬을 하여 임금의 명령을 우선적으로 받들게 함인즉, 상황의 차이를 이해하기 바란다.

3-40-1 ──────────────── 孔子之喪에 二三子가 皆絰而出하니
群居則絰이요 出則否니라.

『공자의 상에 두세 제자가 모두 삼으로 만든 띠를 두르고 외출하거늘 붕우가 함께 모여 살 때에는 곧 삼으로 만든 띠를 두르고 나아갈 때에는 곧 아니 하니라.』

◉ 이 장은 상장(喪葬)의 지나친 행동을 기술하였으니 이 절은 스승의 상에 심상(心喪)하는 제자들이 간단한 상장(喪章)을 다는 것은 예절은 아니지만 가능할 수도 있으나 외출할 때는 떼야 함을 밝혔다.

이삼자(二三子)는 제자를 지칭하고, 질(絰)은 삼으로 꼬아서 만든 띠로 머리에 쓰는 수질(首絰)과 허리에 띠는 요질(要絰)이 있으니 평상복에 이것을 상장(喪章)으로 함이며, 출(出)은 외출이다. 군거(群

居)는 붕우들이 모여 함께 사는 것이고, 부(否)는 아니 하는 것이다.

심상(心喪)은 마음으로 슬퍼하는 것인즉, 본래 상복을 입지 않은 것이므로 비록 간단한 상장(喪章)이라도 표시하면 안 된다. 그러나 마음을 다스리기 위하여 꼭 상장을 표시하려면 제자들이 함께 모여 살 때는 가능하지만 외출할 때에는 절대로 안 되는 것이다. 왜냐하면 앞에 3-36-2에서 합당하지 않은 물건으로 상복을 만들면 차라리 상복이 없는 것만도 못하다고 하였기 때문이다. 상장(喪章)은 상복 대신으로 평복에 붙인 상중(喪中)의 표지이기 때문에 상복과 같은 뜻임을 알아야 한다.

전배들은 군거(群居)를 붕우의 상에 모인 조문객이라 하고, 질(経)을 시마(緦麻)의 상복이라고 하였으나 옳지 않다. 조문객이 어찌 상복을 입을 것이며, 붕우(朋友)에게는 본래 상복이 없거늘 어찌 감히 시마(緦麻)의 상복을 입겠는가?

3-40-2 ———————————————————————— 易墓는 非古也니라.

『묘에 풀을 베는 것은 옛날 제도가 아니다.』

◉ 이 절은 조상의 산소를 지나치게 가꾸는 것을 기술하여 조상의 묘에 풀을 베는 것은 사람마다 저절로 우러나온 마음에 맡길 뿐이나 지나치게 아름답고 화려하게 다듬는 것이 아님을 밝혔다.

이(易)는 전적으로 일을 삼아 다스려 수리함이니, 이묘(易墓)는 조상의 산소에 사초(莎草)와 벌초(伐草)를 전적으로 일삼아 함이고,

고(古)는 옛날에 제도로 정한 예절이다.

　사람의 자식으로 조상의 묘에 풀이 우거지거나 봉분이 무너진 것을 보면 스스로 마음이 편안치 못하여 낫과 삽을 들고 가서 다듬는 것이지, 예로부터 묘를 가꾸어야 된다는 예법이 있어서 마지못해 하는 일이 아니다.

3-40-3 ──────────────────────────── 子路가 曰吾聞諸夫子하니
喪禮는 與其哀不足而禮有餘也론
不若禮不足而哀有餘也며
祭禮는 與其敬不足而禮有餘也론
不若禮不足而敬有餘也라 하시다.

『자로가 말하기를 나는 부자에게 들으니 상례는 그 슬픔이 부족하고, 예절이 남음이 있는 것보다는 예절이 부족하고, 슬픔이 나머지가 있는 것만 같지 못하며, 제례는 그 공경이 부족하고 예절이 나음이 있는 것보다는, 예절이 부족하고 공경이 남음이 있는 것만 같지 못하다고 하셨다.』

　◐ 이 절은 형식적인 예절이 지나친 것보다는 내용적인 마음이 지나치는 것이 차라리 낫다고 하였으니 지나친 형식주의는 예절이 아님을 밝혔다.

　상례(喪禮)는 헤어지는 것을 슬퍼함이 기본인데 슬퍼하지는 않고 장례절차만 엄수하는 것은 인정(人情)이 각박한 행위이고, 제례(祭

禮)는 귀신을 공경하는 것이 기본인데 공경하지는 않고 제물만 풍성하게 지내는 것은 정신이 천박한 행사이다. 그러므로 가정의 형편이 어려워서 예절이 부족한 점은 이해할 수 있거니와 사람이 어리석어서 슬픔과 공경심이 부족한 것은 차마 볼 수 없는 것이다.

3-40-4 ──────────────── 曾子가 吊於負夏하거늘 主人이 旣祖하고
塡池어늘 推柩而反之하야 降婦人而后에 行禮한대
從者가 曰禮與아 曾子가 曰夫祖者는 且也니
且胡爲其不可以反宿也리오.

『증자가 부하 땅에서 조문을 하거늘 주인이 이미 길제사인 조전을 거행하고 제상차림을 거두어 끝냈거늘 밖으로 향한 널을 밀어 안쪽으로 물려서 부인을 내려오게 한 이후에 조문의 예를 행한대, 따르는 사람이 말하기를 예절입니까? 증자가 말하기를 대저 길제사를 조라고 하는 것은 머뭇거린다는 뜻이니 머뭇거림에 어찌하여 그 돌아가 하룻밤을 자지 못하리오.』

◑ 이 절은 예절의 의식만을 지나치게 주장하는 것은 인정(人情)의 두터움을 해칠 수 있는 까닭에 다양한 상황에 융통성이 있어야 함을 밝혔다.

부하(負夏)는 위(衛)나라의 땅이고, 주인(主人)은 상주(喪主)이며, 조(祖)는 발인(發靷)하기 전날 신시(申時)에 전(奠)을 올리고 가시는 길에 편안하기를 기원하는 길제사인데, 이때에 구(柩)를 바깥쪽으

로 놓고 사람들은 집 안에서 밖을 향하여 선다. 전(塡)은 전(奠)이
고, 지(池)는 철(徹)이니 제상을 거두어 끝냄이며, 반지(反之)는 구
(柩)를 물려서 안쪽으로 옮기는 것이니 조문(弔問)을 받을 때의 원
위치로 되돌림이요, 강부인(降婦人)은 부인을 조문받을 때의 위치로
내려오게 함이며, 행례(行禮)는 증자의 조문을 받는 예절이다. 종자
(從者)는 증자를 따라 함께 간 사람이요, 저(且)는 머뭇거림이고, 반
숙(反宿)은 임금이 사신(使臣) 등을 보낼 때에 그 전날 오후에 먼
길에 안녕을 기원하여 도성에서 길제사인 조전(祖奠)을 베풀어 주면
사신은 그 음식을 먹고 집으로 돌아가 하룻밤을 자고, 그다음 날 오
전에 출발하는 예절이다.

3-40-5 ──────────────── 從者가 又問諸子游하야 曰禮與아
子游가 曰飯於墉下하고 小歛於戶內하고
大歛於阼하고 殯於客位하고 祖於庭하고
葬於墓는 所以卽遠也라 故喪事는 有進而無退하니라
曾子가 聞之하고 曰多矣乎인저 予出祖者니라.

『따라간 사람이 또 자유에게 물어 말하기를 예절입니까? 자유가
말하기를 북쪽 들창문 아래서 반함하고, 방문 안에서 소렴하고, 섬돌
계단 위에서 대렴하고, 서쪽에 손님의 자리에다 빈소를 설치하고, 마
당에서 길제사 지내고, 묘에 장사 지내는 것은 멀리 나아가는 원리이
다. 그러므로 상례의 행사는 나아감은 있어도 뒤로 물러감은 없느니
라. 증자가 듣고 말하기를 다양한진저. 나의 조문은 저승길 떠나는
제사보다 중요하니라.』

◯ 이 절은 상례에서도 인사(人事)가 소중함을 기술하였으니 죽어서 저승에 보내는 것이 급한 일이 아니라 이승에서 인사를 받고 떠나는 것이 원한이 없는 것임을 밝혔다.

자유(子游)는 성이 언(言)이고 이름은 언(偃)이며, 증자보다 한 살이 많은 공자의 제자이고, 반(飯)은 반함(飯含)이니 사망한 날에 복(復)하고, 상주(喪主)를 세워 호상(護喪)을 정하여 부고(訃告)를 한 다음에 주검을 목욕시키고 습의(襲衣)를 입히며 전(奠)을 올리고 반함(飯含)을 하나니 쌀과 동전을 죽은 사람의 입에 넣어 입을 채우는 것인데 빈 입으로 보내지 않으려는 뜻이다. 용(牖)은 북쪽의 들창문이고, 소렴(小斂)은 죽은 다음 날에 시신을 옷과 이불로 싸는 것인데, 가로로 세 줄, 그리고 세로로는 한 줄로 묶을 수 있도록 하되, 묶지는 않으니 아직 살아나기를 기다림이다. 대렴(大斂)은 소렴(小斂)의 다음 날에 다시 옷과 홑이불로 소렴한 겉에다 더 싸는 것인데 가로는 다섯 매듭, 세로는 세 매듭으로 묶어서 입관(入棺)하는 것이다. 빈(殯)은 빈소(殯所)인데 입관(入棺)하여 발인(發靷)할 때까지 구(柩)를 안치한 곳으로 옛날에는 벽돌이나 흙을 쌓아서 덮었다. 즉(卽)은 나아감이요, 다(多)는 다양한 방법이니 융통성이 있음이고, 출(出)은 뛰어남이니 출륜(出倫), 출류(出類)의 뜻인바, 여출조자(予出祖者)는 나의 조문예절이 길제사의 조전(祖奠)보다 중요한 측면이 있다는 말이다.

살피건대 내일 길을 떠나기로 했어도 특별한 손님이 오면 만나서 송별인사를 해야지 어찌 길제사를 지냈다고 조문을 받지 않겠는가? 더욱이 증자는 어진 학자이고, 멀리 외국인 노(魯)나라에서 천 리를 멀다 하지 않고 찾아왔거늘, 잠시 구(柩)의 위치를 옮기지 못하겠는가? 반가운 사람을 만나는 기쁨을 사람이나 귀신이나 다를 것이 없는 것이다.

따라서 자유(子游)는 예절의 원칙을 논하여 예법의 존엄성을 주장하고, 증자는 예절의 존엄성을 인정하면서도 상황에 따라 융통성이 있어 인간의 정의(情誼)를 다하는 권도(權道)를 말했으니 증자는 예절을 달통한 군자인저!

전배들은 다(多)를 좋다는 것으로 해석하여 마치 증자가 자유의 주장에 승복한 것처럼 해석하였으나 출(出) 자를 이해하지 못한 오역이다.

3-40-6 ——————————— 曾子는 襲裘而吊하고 子游는 裼裘而吊하더니
曾子가 指子游而示人하야 曰夫夫也로 爲習於禮者아
如之何其裼裘而吊也오 主人이 旣小斂하고 袒하고
括髮이라거늘 子游가 趨而出하야 襲裘帶絰而入한대
曾子가 曰我過矣로다 我過矣로다 夫夫가 是也라

『증자는 가죽등거리에 마고자를 입고 조문하고, 자유는 가죽등거리를 입고 조문하더니 증자가 자유를 가리키며 사람에게 보여 말하기를, 저이가 저러고도 예절에 익숙하다고 할까? 어찌하여 가죽등거리를 입고 조문하는가. 상주가 이미 소렴하고 왼쪽 소매를 벗어 매고 머리를 묶었다고 하거늘, 자유가 빠른 걸음으로 나아가 가죽마고자를 입고 허리띠와 수질을 하고 들어온대, 증자가 말하기를 내가 지나쳤도다, 내가 지나쳤도다, 저이가 저러는 것이 옳도다.』

◑ 이 절은 사람이 죽어서 소렴(小斂)을 하기 전에는 조복(吊服)을 입지 않고 다만 검소한 평상복으로 가서 살아나기를 바라는 주인

의 마음을 위로하는 것이 예절임을 밝혔다.

습구(襲裘)는 가죽등거리(소매가 없는 윗옷) 위에 천으로 만든 마고자를 입어 아름다운 가죽등거리를 감춘 것이고, 석구(裼裘)는 가죽등거리의 아름다움을 보이기 위하여 겉에 입은 마고자를 벗은 것이다. 부부(夫夫)의 앞에 자는 대명사 주어요, 뒤에 자는 대명사 술어이며, 단(袒)은 웃옷 왼쪽 소매를 벗어 매는 것이요, 괄발(括髮)은 처음 어버이가 죽으면 관(冠)을 벗고 머리를 풀어 산발(散髮)을 했다가 소렴(小斂)을 하면 삼으로 머리를 묶고 성복(成服)할 때까지 있는 의식이다. 대(帶)는 요질(要絰)이고, 질(絰)은 수질(首絰)이니, 이른바 조장(吊章)은 상장(喪章)보다 가늘다.

상주(喪主)가 아직 성복(成服)도 안 했는데 조문객이 먼저 조장(吊章)을 다는 것은 미안한 일이다. 초상에 즉시 조문한 사람은 현재의 평상복으로 가서 죽은 사람이 살아나기를 기원해야 옳기에 겉에 입는 상의(上衣)만 벗고 조문하고, 소렴(小斂)을 하였으면 상장(喪章)을 표시하고 조문하는 것이 예절이니, 증자(曾子)가 자유(子游)의 철두철미한 예절지식을 칭찬하였다.

3-40-7 —————————————— 子夏가 旣除喪而見하거늘 予之琴하신대

和之而不和하며 彈之而不成律이러니

作而曰哀未忘也어니와 先王制禮라 而弗敢過也로이다

子張이 旣除喪而見하거늘 予之琴하신대

和之而和하며 彈之而成律이러니

作而曰先王制禮라 不敢不至焉이로이다.

『자하가 이미 상복을 벗고 뵈거늘 공자가 거문고를 주신대 가락을
맞추려고 하여도 조화하지 아니하며, 거문고를 타도 곡조를 이루지
못하더니, 일어나서 말하기를 슬픔을 아직 잊지는 못하오나 선왕이
제정한 예절이므로 감히 지나치게는 않겠나이다. 자장이 이미 상복을
벗고 뵈거늘, 공자가 거문고를 주신대 가락을 맞추니 조화하고 거문
고를 타니 곡조를 이루더니 일어나서 말하기를 선왕이 제정한 예절
이므로 감히 이르지 아니하지 못하나이다.』

◉ 이 절은 슬픔이 지나치거나 모자람이 없이 조절해야 됨을 밝혔다.

제상(除喪)은 3년복(三年服) 이하의 상복(喪服)을 벗는 탈복(脫
服)이니 여러 가지 관계에 따라 슬픔의 정도가 다를 수 있다. 현(見)
은 공자를 뵘이고, 여(予)는 주는 것이며, 작(作)은 일어남이고, 과
(過)는 상기(喪期)를 초과함이요, 지(至)는 상기에 이름이다.

자하는 슬픔이 지나쳐서 상복을 벗고도 슬픔을 잊지 못하여 음악
을 즐길 수 없고, 자장은 슬픔이 부족하여 상복을 벗자마자 음악을
즐기니, 이러한 차이는 현실의 다양한 인간관계 속에서 없을 수 없으
나 선왕의 예절을 준수하여 스스로 조절하는 것이 어진 행실이다.

3-40-8 ──────────────── 司寇惠子之喪에 子游가 爲之麻衰牡麻絰한대
文子가 辭하야 曰子는 辱與彌牟之弟로 游하고
又辱爲之服하니 敢辭하노이다 游가 曰禮也니라.

『사구 혜자의 상에 자유가 삼베로 만든 상복을 입고 수삼으로 엮

은 수질을 한 대, 문자가 사양하여 말하기를 그대는 욕되게도 미모의
아우와 더불어 교유하고, 또 욕되게도 그를 위하여 상복을 입으니 감
히 사양하노이다. 자유가 말하기를 예절입니다.』

◑ 이 절은 고의적으로 예절을 어겨서 사람을 깨우치는 충격요법
을 기술하였다.

사구(司寇)는 법무장관이고, 혜자(惠子)는 자유(子游)의 친구이며,
마최(麻衰)는 삼베로 만든 상복이요, 모마질(牡麻絰)은 수삼으로 엮
은 수질(首絰)과 요질(腰絰)이니, 모두 무거운 상복으로 친구가 입을
수 없는 것이다. 문자(文子)는 위(衛)나라 장군으로 혜자(惠子)의 형
이며, 사(辭)는 사양함이고, 미모(彌牟)는 문자(文子)의 이름이다. 예
야(禮也)는 고의적으로 예가 아닌 것을 예절이라고 주장한 말이다.

자유(子游)는 친구의 죽음을 조상(吊喪)하는 조문객임에도 상제
(喪制)의 옷을 입고 있으면서 예절이라고 주장하니 필시 다른 뜻이
있는 것이다.

3-40-9 ─────── 文子가 退하야 反哭하거늘 子游가 趨而就諸臣之位한대

文子가 又辭하야 曰子가 辱與彌牟之弟로 游하고

又辱爲之服하고 又辱臨其喪하니 敢辭하노이다

子游가 曰固以請하니다 文子가 退하야

扶適子하야 南面而立하고 曰子가 辱與彌牟之弟로

游하고 又辱爲之服하고 又辱臨其喪하니

虎也는 敢不復位아 한대 子游가 趨而就客位하니라.

『문자가 물러가 반곡하거늘 자유가 빨리 걸어서 여러 신하의 자리로 나아간대, 문자가 또 사양하여 말하기를, 그대가 욕되게도 미모의 아우와 더불어 교유하고, 또 욕되게도 그를 위하여 상복을 입고, 또 욕되게도 그 상여에 임하니 감히 사양하노이다. 자유가 말하기를 진실로 요청합니다. 문자가 물러가 맏아들을 붙들어 남쪽으로 향하여 세우고 말하기를, 그대가 욕되게도 미모의 아우와 더불어 교유하고, 또 욕되게도 그를 위하여 복을 입고, 또 욕되게도 그 상여에 임하니, 호는 감히 상주로 복위하지 않으리오 한대, 자유가 빠른 걸음으로 조문객의 자리에 나아가니라.』

◉ 이 절은 고의적으로 예절을 계속 어긴 결과 마침내 반성하여 깨닫게 했음을 밝혔다.

반곡(反哭)은 장사 지내고 혼백을 모시고 집으로 돌아와 사당에서 곡함이요, 고이청(固以請)은 고청(固請)으로 진실로 요청함이니, 곧 두 번 요청함이다. 적자(適子)는 혜자(惠子)의 정실부인이 낳은 맏아들이며, 남면이립(南面而立)은 여러 사람을 향하여 공개적으로 세움이요, 호(虎)는 적자(適子)의 이름이고, 복위(復位)는 후계자의 자리에 다시 오르는 것이다.

살피건대 혜자의 죽음에 정실부인이 낳은 맏아들 호(虎)를 후계자로 세웠으나 나이가 어려서 상례를 주관하지 못하므로 문자(文子)가 장성한 서자(庶子)로 바꾸니 자유(子游)가 종법(宗法)에 어긋남을 비판하면서 패례(悖禮)를 무례(無禮)로 항의하므로 문자가 잘못을 깨닫고 어린 맏아들을 붙들어 세우고 복위(復位)를 선언하여 정통을 이었다.

자유(子游)가 친구의 적자(嫡子)를 그 후계자로 세우기 위하여 용

감하게 무례한 행동을 하면서 말없이 깨우친 노력은 붕우유신(朋友
有信)의 표본이로다.

3-40-10────────將軍文子之喪에 旣除喪而后에 越人이 來吊하거늘
主人이 深衣練冠으로 待於廟하되 垂涕洟한 대
子游가 觀之하고 曰將軍文氏之子가
其庶幾乎인저 亡於禮者之禮也라도 其動也가 中이로다.

『장군 문자의 상에 이미 상복을 벗은 이후에 월나라 사람이 조문
을 오거늘 주인이 심의와 연관으로 사당에서 기다리되 눈물을 흘린
대 자유가 보고 말하기를, 장군 문 씨의 아들이 그 거의 한진저, 예
법에 없는 예절이라도 그 행동이 적중하도다.』

◐ 이 절은 지나치게 늦게 조문함에 주인이 처신하는 절도를 기술
하였다.

월인(越人)은 월나라 사람이고, 주인(主人)은 문자(文子), 즉 미모
(彌牟)의 아들이며, 심의(深衣)는 평상시의 예복(禮服)으로 아래에
심의편(深衣篇)이 있다. 연관(練冠)은 깨끗한 비단으로 만든 관이고,
대(待)는 맞이하지 않고 기다리는 것이니 조문(吊問)을 받는 예절이
며, 수체이(垂涕洟)는 소리 없이 눈물만 흘림이다.

상례(喪禮)에 조문(吊問)은 대상(大祥) 직전까지 있고, 일단 제복(除
服)을 하면 조문하거나 받는 예절이 없는 것이다. 그러나 멀리 월나라
사람이 위(衛)나라에까지 오느라고 늦었으니 어찌하겠는가? 장군 문자

의 아들이 깨끗한 평상의 예복으로 사당에서 기다려 조문을 받되 곡
(哭)은 하지 않고 눈물만 흘렸으니 멀리 찾아와 조문한 성의도 받아들
이고, 또한 이미 제복(除服)하여 평상생활로 돌아왔음도 보였으니, 비록
예절에 없는 예절이지만 그 행동이 절도에 적중한 것이다.

3-41-1 ────────────────── 幼에 名하며 冠에 字하며
五十에 以伯仲하며
死에 諡가 周道也니라.

『어린이에게는 이름을 부르고, 관례를 함에 자를 부르며, 50세에는
백씨 중씨로 부르며, 죽음에 시호를 부름이 주나라의 도이다.』

☯ 이 장은 인간의 존엄성을 기술하였으니 죽은 사람을 극진히 대
우하여 최고로 높이는 상례가 주(周)나라에 이르러 완벽하게 갖추었
음을 밝혔다.

유(幼)는 19세 이하의 어린이를 일컫고, 관(冠)은 20세가 되어 관
례를 한 성인(成人)이며, 백중(伯仲)은 형제의 순서이니 백씨(伯氏),
중씨(仲氏)이며, 시(諡)는 시호(諡號)이다.

살피건대 『서경(書經)』에 고종융일(高宗肜日) 편이 있는 것으로
보아 은(殷)나라 중엽부터 시호(諡號)제도가 생겼으나 주(周)나라
이전에는 살아서의 호(號)를 죽어서도 계속 썼으며, 주나라에 이르러
자(字)와 시(諡)가 일반화되었으니 인간존엄의 극치이다.

『삼으로 만든 띠는 가득히 충만한 것이다.』

◑ 이 절은 상복(喪服)에 수질(首経)과 요질(要経)을 하는 까닭을 밝혔다.

질(経)은 수질(首経)과 요질(要経)이니 무거운 상복에는 삼으로 꼬아서 만들고, 가벼운 상복에는 삼베로 접어서 만든다. 실(實)은 가득히 충만함이니 슬픔이 가슴에 충만하여 터질 것만 같으므로 요질(要経)을 가슴에 매고, 또 슬픔이 머리에 충만하여 깨질 것만 같으므로 수질(首経)을 머리에 매어 보호하는 것이다.

이것은 사람의 죽음을 슬퍼하는 것이 인간의 존엄성을 구현하는 길임을 설파한 것이다.

『집의 한가운데에 있는 방을 파서 시신을 목욕시키고 부뚜막을 허물어 발을 나란히 펴느니라.』

◑ 이 절은 죽은 사람을 목욕시키고 수의(壽衣)를 입힘에 깨끗이 하고 반듯하게 해야 되는 중요성을 갈파하였다.

굴(掘)은 굴착하여 파는 것이고, 중류(中霤)는 집의 한가운데 있는 빗물받이이며, 욕(浴)은 시신을 목욕시킴이니 데운 물로 충분히 머리 감고 목욕시켜서 그 물이 마당바닥을 판 구덩이에 모이게 함이다. 조(竈)는 부뚜막이니 수의(壽衣)를 입히고 염(斂)을 할 때에 방이 좁으면 부뚜막을 헐어서라도 철족(綴足)하라는 것으로 철족(綴足)은 발을 나란히 붙여서 펴라는 말이다.

집의 토지신(土地神)이 머무는 마당의 중류(中霤)를 파고, 밥을 하는 부뚜막을 허무는 일은 작은 일이고, 시신을 목욕시키고 수의를 입히는 일은 큰일이라는 뜻이니, 인간의 마지막보다 중요한 것은 없다는 뜻이다.

3-41-4 ——————————————————————— 及_급葬_장하야 毁_훼宗_종躐_렵行_행하야
出_출于_우大_대門_문함은 殷_은道_도也_야니 學_학者_자가 行_행之_지하니라.

『장례에 미쳐 사당을 헐고 담장을 넘어 대문으로 나아감은 은나라의 도니 학자가 행하니라.』

◉ 이 절은 운구(運柩)함에 지장이 있으면 사당의 담고 헐고 넘어갈 수 있음을 기술하였으니 운구차(運柩車)의 존엄성을 밝힌 것이다.

훼종(毁宗)은 종묘의 담을 헐어 내는 것이니, 은(殷)나라는 빈소(殯所)를 사당의 뜰에 만들었기 때문에 장례에 미쳐 구거(柩車)가 크면 사당의 서쪽 담장을 헐고 나아갔으며, 엽행(躐行)은 담을 건너가는 것이며, 학자(學者)는 예절을 배워 장례의 존엄성을 아는 사람이다. 그러므로 앞에 1-25-14에서 장례는 진흙탕 길도 피하지 않고 곧게 간다고 하였다.

 ──────────────────────────────── 子柳之母가 死커늘 子碩이 請具한대

子柳가 曰何以哉오 子碩이 曰請粥庶弟之母하니다

子柳가 曰如之何其粥人之母하야 以葬其母也리오

不可니라 旣葬하고 子碩이 欲以賻布之餘로 具祭器한 대

子柳가 曰不可니라 吾聞之也하니 君子는

不家於喪이라 하니 請班諸兄弟之貧者하라.

『자류의 어머니가 죽거늘 자석이 상사의 기구를 마련하여 갖추기를 청한대, 자류가 말하기를 무슨 방법으로 하리오. 자석이 말하기를 서모에게서 난 아우의 어머니를 팔기를 청합니다. 자류가 말하기를 어찌 그렇게 남의 어머니를 팔아서 그 어머니를 장사 지내리오. 옳지 않으니라. 이미 장사 지내고 자석이 부의금과 베의 나머지로 제기를 마련하여 갖추려고 한대, 자류가 말하기를 옳지 않으니라. 나는 들으니 군자는 초상 중에 가정살림을 않는다고 하니 청컨대 형제의 가난한 사람에게 나누어 주어라.』

  ◯ 이 절에서는 존엄한 장례식은 숭고한 정신으로 해야지 구차한 방법으로 하면 결단코 안 됨을 밝혔다.

  자류(子柳)는 노(魯)나라 숙중피(叔仲皮)의 아들이고 자석(子碩)의 형이며, 구(具)는 마련하여 갖춤이요, 육(粥)은 돈을 받고 첩으로 파는 것이다. 가(家)는 가정살림을 함이고, 어상(於喪)은 초상을 치르는 가운데이며, 반(班)은 반(頒)과 같이 나누어 줌이다.

  예절의 고귀함은 하늘땅의 도덕(道德)을 받들고, 인간의 윤리(倫理)를 지키는 숭고한 정신이 있는 까닭인데, 만일 부도덕하고 반인륜적인 방법으로 상구(喪具)와 제기(祭器)를 마련한다면 어떻게 고귀

한 상례와 제례가 되겠는가? 자류(子柳)는 어질도다. 경제적으로 가
난하면서도 고귀한 정신으로 그 어머니의 장례를 거행하였으니 자류
는 어질도다.

3-41-6 ──────────── 君子가 曰謀人之軍師하다가 敗則死之하며
謀人之邦邑하다가 危則亡之니라.

『군자가 말하기를 사람의 군단과 사단을 지휘하다가 패전하면 죽
으며, 사람의 나라와 읍을 다스리다가 위태로우면 죽으니라.』

◉ 이 절은 책임의 존엄성을 밝혔으니 국가의 중책을 맡으면 책임
을 완수하는 것이 예절이다.

모(謀)는 계책을 세워 지도하고 다스림이요, 인(人)은 인민 또는
국민이며, 군(軍)은 군단(軍團)이고, 사(師)는 사단(師團)이니 군단
장이나 사단장은 패전하면 죽음으로 속죄하여야 된다. 방(邦)은 지방
국가이고, 읍(邑)은 도시이니, 제후(諸侯)나 읍장(邑長)은 위급한 사
태에 죽음으로 책임을 다해야 된다.

도덕(道德)으로 권리를 보장하고, 윤리(倫理)로 의무를 이행하고,
예절로 책임을 완수하는 것을 이상으로 하는 유교(儒敎)의 왕도정치
(王道政治)는 생명을 바쳐 인(仁)을 완성하고, 의(義)를 취하는 충
(忠)을 최고의 가치로 삼는다.

3-41-7 ━━━━━━━━━━━ 公叔文子가 升於瑕丘하거늘 蘧伯玉이 從하니
文子가 曰樂哉라 斯丘也여 死則我欲葬焉하노라
伯玉이 曰吾子가 樂之하면 則瑗은 請前하노라.

『공숙문자가 하구에 오르거늘 거백옥이 따르니 문자가 말하기를 좋도다, 이 언덕이여! 죽으면 내가 묻히고자 하노라. 백옥이 말하기를 우리 장군이 좋아하면 곧 원은 먼저 가기를 청하니다.』

◐ 이 절은 관직(官職)의 존엄성을 밝혔으니, 관직은 국가와 인민을 위하여 봉사하는 것이 본분이고, 권력을 개인영달의 도구로 이용해서는 안 된다.

공숙문자(公叔文子)는 앞에 3-40-8에서 이미 해설하였으니 곧 위(衛)나라 장군으로 이름이 발(拔)이며, 하구(瑕丘)는 위나라에 있는 산의 이름이요, 거백옥(蘧伯玉)은 위나라 대부(大夫)로 이름이 원(瑗)인데 공자가 칭찬하는 어진 사람이다. 요(樂)는 좋아함이고, 전(前)은 먼저 하산(下山)하여 돌아가겠다는 뜻이다.

한 나라의 장군으로 국토를 수호하여 인민의 생명과 재산을 보호할 책임이 있는 사람이 자기의 묘지에만 관심이 있는 것을 보고 거백옥이 실망하여 함께하지 않을 결의를 보였으니 거백옥은 어질도다.

3-42-1 ━━━━━━━━━━━ 弁人이 有其母死而孺子泣者라거늘
孔子가 曰哀則哀矣나 而難爲繼也로다
夫禮는 爲可傳也하며 爲可繼也니 故로 哭踊有節이니라.

『변땅에 사람이 그 어머니가 죽음에 어린이처럼 흐느끼는 사람이 있다고 하거늘 공자가 말씀하시기를 슬퍼함은 곧 슬퍼함이나 계속 울기가 어려우리로다. 대저 예절은 전달할 수 있어야 하며 계속할 수 있어야 하니 그러므로 소리를 내서 곡하고 뜀에 절도가 있느니라.』

☯ 이 장은 예절의 중요성을 기술하였으니 예절은 공개적인 것으로 남이 들을 수 있고 볼 수 있게 해야 됨을 밝혔다.

변(弁)은 땅이름이고, 유자읍(孺子泣)은 어린이처럼 속으로 흐느끼며 우는 것이니 오래 울면 지쳐서 목소리가 나지 않게 된다. 계(繼)는 계속함이요, 전(傳)은 전달이니 슬픔을 눈으로 보게 하고 귀로 듣게 하여 사람에게 전달함이며, 용(踊)은 벽용(辟踊)으로 지극한 슬픔을 이기지 못하여 앉은 자리에서 뜀이다.

어버이가 죽었을 때 속으로 흐느끼는 것도 슬퍼하는 것이지만 그렇게 하면 오래 계속 울지 못하고 또한 남에게 전달도 되지 않기 때문에 예질로 정하지 않았으니 예설로 곡(哭)함은 울음소리를 길게 내서 절도가 있게 하였다.

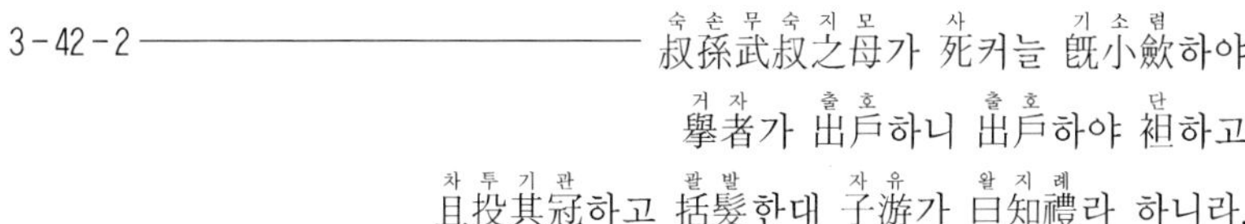

3-42-2 ──────────────── 叔孫武叔之母가 死커늘 旣小斂하야 擧者가 出戶하니 出戶하야 袒하고 且投其冠하고 括髮한대 子游가 曰知禮라 하니라.

『숙손무숙의 어머니가 죽거늘 이미 소렴하여 들어 주는 사람이 문을 나아가니, 문을 나와서 왼쪽 소매를 벗어 매고 또 그 관을 벗고 머리를 삼으로 묶으니 자유가 말하기를 예절을 안다고 하리오 하니라.』

☯ 이 절은 예절에 있어서 때와 장소가 중대함을 기술하였다.

숙손무숙(叔孫武叔)은 춘추시대 노(魯)나라의 대부(大夫)로 이름이 주구(州仇)이며, 거자(擧者)는 소렴에 시신을 들어 돕는 사람이고, 뒤에 출호(出戶)는 숙손무숙이 방문을 열고 나온 것이요, 단(袒)과 괄발(括髮)은 앞에 3-40-6에서 이미 해설하였으며, 투기관(投其冠)은 그 관을 벗어 던짐이다.

상례에 처음 죽으면 유가족은 모두 관(冠)과 겉옷을 벗고, 머리를 풀며, 웃옷의 섶을 끼우고, 화려한 장식을 떼는 것이다. 그리고 소렴(小斂)을 하면 상주는 그 방에서 웃옷의 왼쪽 소매를 벗어 매며, 삼으로 머리를 묶는데 이것을 단(袒)과 괄발(括髮)이라 한다.

예절이 이러함에도 숙손무숙이 소렴을 할 때까지 관(冠)을 벗고 머리를 풀지 않았고 또 문을 나와서 단(袒)과 괄발(括髮)을 하므로 자유가 예절을 모른다고 비웃었으니 예절은 그 때와 장소가 아주 중대함을 알아야 한다.

3-42-3 ─────────────────────────── 扶君하되 卜人師가 扶右하고
射人師가 扶左하나니 君薨에 以是로 擧하니라.

『임금을 곁부축하되 점치는 사람의 무리가 오른쪽을 곁부축하고, 활 쏘는 사람의 무리가 왼쪽을 곁부축하나니 임금이 승하함에 이 사람들로 드느니라.』

☯ 이 절은 예절에 있어서 사람과 위치가 중대함을 밝혔다.

부(扶)는 기동이 자유롭지 못한 이의 겨드랑이를 붙들어 걸음을 돕는 곁부축이요, 복인(卜人)은 점치는 사람이니 복서관(卜筮官)이며, 사(師)는 무리이다. 야인(射人)은 임금을 호위하는 사람이고, 이시(以是)는 이 사람들이 이런 방식으로 함이며, 거(擧)는 시신을 들어 옮긴다는 말이다.

임금을 곁부축함에는 예절에 정한 사람이 정한 위치에서 해야지 아무나 함부로 접근할 수 없게 하여 책임의 존엄성을 밝혔으니 살았을 때처럼 죽은 사람의 시신도 똑같이 존엄하게 들어야 한다.

3-42-4 ——————————————————— 從母之夫와 舅之妻가 二夫人과
相爲服을 君子가 未之言也니 或曰同爨緦라 하니라.

『이모의 남편과 외숙의 아내가 이질과 생질 두 그 사람과 서로 상복을 입음을 군자가 언급하지 않으니 어떤 사람이 말하기를 한솥에 밥을 먹었으면 시마의 상복을 입는다고 하니라.』

☯ 이 절은 예절에 상복이 없는 사이라도 특별한 정의(情義)가 있으면 상복을 입을 수 있음을 밝혔다.

종모(從母)는 어머니의 자매(姉妹)로 곧 이모(姨母)이고, 구(舅)는 어머니의 형제로 곧 외숙(外叔) 또는 외삼촌이다. 이(二)는 이모부(姨母夫) 또는 이숙(姨叔)에 대한 이질(姨姪)과 외숙모(外叔母)에 대한 생질(甥姪)의 둘이요, 부(夫)는 대명사이며, 동찬(同爨)은 한솥

에 밥을 먹음이니 한집에 같이 산 것이다.

성왕(聖王)이 상복제도(喪服制度)를 정함에 함께 공동체생활을 하여 익히 보고 들은 기억과 깊이 느낀 정분과 직접 관련한 의리(義理)를 기초로 만들었기 때문에 어려서부터 함께했던 친척에게는 상복을 입지만 어른이 되어 각각 살았던 사람은 상복을 입지 않게 하였다. 그러므로 형제는 서로 부장기(不杖期)의 상복을 입는데도 시숙(媤叔)과 형수(兄嫂), 제수(弟嫂)는 서로 상복이 없고, 외숙(外叔)과 생질(甥姪), 그리고 이모(姨母)와 이질(姨姪) 사이에는 서로 소공(小功) 5월의 상복이 있으나 외숙모와 생질 그리고 이모부와 이질 사이에는 서로 상복이 없는 것이다.

그럼에도 세간에서 외가(外家)에서나 이모댁(姨母宅)에서 함께 살았거나 또는 자기 집에서 함께 살았다면 그 정분을 생각하여 비록 예법에는 없지만 시마(緦麻) 3월의 상복을 입어야 된다는 것이니 마치 형수가 죽음에 소공(小功) 5월의 복을 입는 의리와 같은 것이다.

3-43-1 喪事는 欲其縱縱爾요 吉事는 欲其折折爾니
故로 喪事는 雖遽라도 不陵節하고 吉事는 雖止라도 不怠니
故로 騷騷爾則野하고 鼎鼎爾則小人이니 君子는 蓋猶猶爾니라.

『상사는 그 급히 서두르고자 할 뿐이요, 길사는 그 천천히 하고자 할 뿐이니, 그러므로 상사는 비록 급하더라도 절차를 무시하지 아니하고, 길사는 비록 고요할지라도 게으르지 아니하니, 그러므로 급히 서둘러 어수선하면 촌스럽고, 천천히 하여 느즈러지면 소인이니 군자

는 대개 적절히 알맞게 할 뿐이니라.』

　　◯ 이 장은 알맞은 절도의 중요성을 기술하였으니 예식거행에 있어서 진행속도와 때를 맞추어야 함을 밝혔다.

　　종종(縱縱)은 급히 서두르는 모양이고, 제제(折折)는 천천히 하는 모양이며, 거(遽)는 급함이요, 능절(陵節)은 절차를 무시하고 건너뜀이다. 지(止)는 고요함이며, 소소(騷騷)는 서둘러 어수선한 모양이고, 정정(鼎鼎)은 천천히 하여 느즈러진 모양이며, 유유(猶猶)는 빠르지도 늦지도 않게 적절히 알맞은 모양이다.

　　예식을 거행하는 속도는 해와 달이 운행하듯이 자연의 변화속도와 일치하도록 멈춤도 없고 급히 건너뜀도 없게 하여야만 가장 안정한 가운데 끊임없이 변화하는 절도를 이룩할 수 있다.

3-43-2 ──────────────────────── 喪具는 君子가 恥具하나니
一日二日而可爲也者는 君子가 不爲也니라.

『초상에 쓰는 기구는 군자가 미리 마련하여 갖추는 것을 부끄러워하나니 하루나 이틀에 만들 수 있는 것은 군자가 준비하지 않느니라.』

　　◯ 이 절은 상구(喪具)를 미리 마련한 것은 죽음을 기다리는 것으로 비쳐질 수 있음을 경계하였다.

　　상구(喪具)는 초상에 쓰는 기구니 관(棺)과 수의(壽衣) 또는 상여(喪輿) 등이고, 구(具)는 앞에 3-41-5에서 이미 해설하였으며, 일

일이일(一日二日)은 짧은 기간이다.

왕제(王制) 편을 살피건대 상구(喪具)를 제조함에 60세는 해로 예비하고, 70은 철로 예비하고, 80은 달로 예비하고, 90은 날로 수리하며, 오직 소렴과 대렴의 홑이불과 묶는 끈은 죽은 다음에 만든다고 하였으니, 갑자기 닥친 일에 예비가 전혀 없는 것도 지혜롭지 못한 일이다. 따라서 대강의 재료는 미리미리 모아 두면 완성품을 만들기가 아주 빠를 것이다.

3-43-3 ─────────── 喪服에 兄弟之子를 猶子也는 蓋引而進之也요
              嫂叔之無服也는 蓋推而遠之也며
              姑姊妹之薄也는 蓋有受我而厚之者也니라.

『상복에 형제의 아들을 아들같이 하는 것은 대개 이끌어 당겨서 가까이함이요, 형수와 시동생은 상복이 없는 것은 대개 밀어서 멀리함이며, 고모와 언니와 누이는 가볍게 하는 것은 대개 우리에게 받아다 두텁게 할 사람이 있게 함이니라.』

◑ 이 절은 상복(喪服)을 조절하여 알맞게 제정하는 원칙을 밝혔다.

형제의 아들인 조카와 장남(長男)을 제외한 여러 아들은 똑같이 부장기(不杖期)의 자최복(齊衰服)을 입으니 조카를 이끌어 당겨서 아들처럼 가까이함이고, 형수, 제수와 시숙(媤叔)은 서로 상복이 없으니 다니며 문안하는 예절이 없기 때문에 밀어서 멀리함이며, 고모와 누나와 누이동생은 시집을 가지 않았을 때에는 자최부장기(齊衰

不杖期)의 상복을 입지만 시집을 갔으면 가벼운 대공(大功) 9월의 상복을 입으니 그 까닭은 고숙(姑叔), 자형(姉兄), 매제(妹弟)가 우리의 상복을 넘겨받아 더욱 무거운 자최장기(齊衰杖期)의 상복을 입는 까닭이다.

생각건대 조카를 아들과 똑같게 함은 형제의 우애를 도모함이고, 형수·제수와 시숙(媤叔)이 서로 상복이 없음은 부부(夫婦)의 화목을 도모함이며, 고모·누나·누이동생이 시집가면 상복을 가볍게 입는 것은 친정(親庭)보다 시집을 소중하게 여기라는 뜻인즉, 각각 그 정체성(正體性)을 확립하는 방법이다.

3-43-4 ──────────────────────── 
食^식於^어有^유喪^상者^자之^지側^측이어든 未^미嘗^상飽^포也^야니라.

『상복을 입은 사람의 곁에서 먹거든 일찍이 배부르지 아니하니라.』

◑ 이 절은 상복 입은 사람을 특별히 배려하여 그 곁에서는 음식도 알맞게 조절하여 배부르게 먹지 말아야 함을 밝혔다.

3-43-5 ──────────────────────── 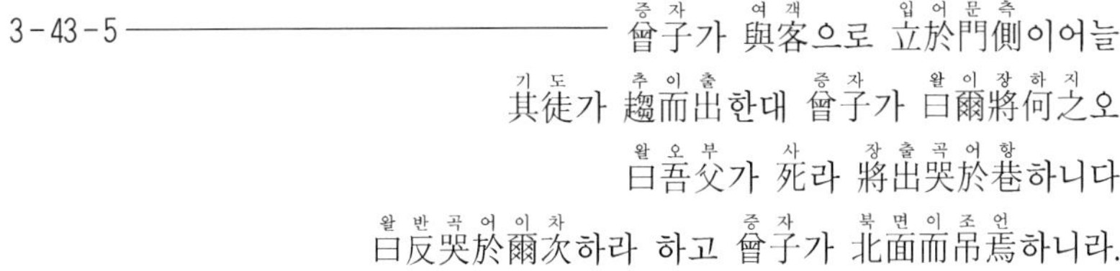
曾^증子^자가 與^여客^객으로 立^입於^어門^문側^측이어늘
其^기徒^도가 趨^추而^이出^출한대 曾^증子^자가 曰^왈爾^이將^장何^하之^지오
曰^왈吾^오父^부가 死^사라 將^장出^출哭^곡於^어巷^항하니다
曰^왈反^반哭^곡於^어爾^이次^차하라 하고 曾^증子^자가 北^북面^면而^이吊^조焉^언하니라.

『증자가 손님과 더불어 문 옆에 서 있거늘 그 학도가 빠른 걸음으로 나아간대 증자가 말하기를, 너는 장차 어디를 가려는가? 말하기를 우리 아버지가 돌아가셨다고 하므로 장차 나아가 거리에서 곡을 하렵니다. 말하기를 돌아가 네가 머문 방에서 곡하라 하고 증자가 북쪽으로 향하여 조문하니라.』

◑ 이 절은 객지(客地)에서 부음(訃音)을 들으면 즉각 자기가 머물고 있는 방으로 가서 상(喪)을 당한 것을 발표하고 곡(哭)해야 됨을 밝혔다.

기도(其徒)는 그 학도로 증자의 제자를 지칭하며, 항(巷)은 길거리요, 차(次)는 머물러 자는 방이고, 북면(北面)은 북쪽으로 향함이니 상례(喪禮)에 상주(喪主)는 동쪽에 서서 서쪽을 향하고, 조문객은 남쪽에 서서 동북쪽을 향한다고 하였다. 이것은 객지에 있는 사람이 어버이의 부음을 들으면 자기가 유숙하고 있는 방에서 곡하여 발상하고, 고향집으로 달려가야 함을 가르친 것이다.

3-43-6 ──────── 孔子가 曰之死而致死之는 不仁而不可爲也며
之死而致生之는 不知而不可爲也니 是故로
竹不成用하며 瓦不成味하며 木不成斲하며
琴瑟張而不平하며 竽笙備而不和하며
有鍾磬而無簨虡하니 其曰明器는 神明之也니라.

『공자가 말씀하시기를 죽음에 죽은 사람으로 인정하여 보내는 것

은 어질지 못하므로 할 수 없으며, 죽음에 산 사람으로 인정하여 보내는 것은 지혜롭지 못하므로 할 수 없으니, 이런 까닭으로 대나무 그릇에 노끈으로 선을 둘러 완성하지 않고 쓰며, 질그릇에 물결의 무늬를 넣어 완성하지 않고 맛을 보며, 나무에 무늬를 조각하여 완성하지 않고 쪼개며, 거문고와 비파의 줄을 걸어도 평평하지 아니하며, 큰 생황과 작은 생황을 갖추어도 불지 아니하며, 종과 경쇠가 있어도 북 다는 틀과 쇠북틀설주가 없으니 그것을 말하여 저승에서 쓰는 기구라고 함은 신성하고 깨끗한 정신으로 인식하여 보냄이니라.』

☯ 이 절은 죽은 사람을 초상 침에 인간적이면서도 지혜롭게 생각을 조절하여 신명(神明)으로 대우해야 됨을 밝혔다.

지(之)는 전치사 어(於)와 같고, 치(致)는 인정하여 송치(送致)함이며, 불인(不仁)은 비인간적으로 각박하게 대함이고, 부지(不知)는 비지성적으로 어리석게 대함이다. 죽(竹)은 죽기(竹器)요, 불성(不成)은 제대로 모양을 갖추어 장식하지 않음이니, 화려하지 않게 한다는 뜻이다. 용(用)은 쓰는 것이고, 미(味)는 조미(調味)하여 맛을 봄이며, 착(斲)은 쪼개고 써는 것이다. 장(張)은 현(絃)을 걸어 팽팽하게 함이요, 우(竽)는 큰 생황(笙簧)이며, 화(和)는 불어서 화음을 내는 것이다. 순(簨)은 북 다는 틀이요, 거(虡)는 쇠북틀설주이며, 명기(明器)는 장사 지낼 때에 무덤에 시체와 함께 묻어 저승에서 사용케 하는 여러 가지 기물이고, 신명(神明)은 신성하고 깨끗한 정신이다.

죽은 사람을 죽었다고 인정하여 저승의 세계가 없다고 단정하면 인간의 종말이 너무도 비참한 죽음이 되며, 죽은 사람을 살았다고 인정하여 저승의 세계가 있다고 단정하면 인간의 종말이 아주 즐거운 저승길이 된다. 그러므로 죽음을 너무도 비참하게 생각하면 인간허무주의에 빠져서 각박한 사회로 돌아가고, 이와 반대로 죽음을 아주 즐겁게 생각하면 저승지상주의에 빠져서 천박한 속세로 전락한다.

따라서 유교(儒敎)의 장례식은 죽음에 지극히 슬퍼하면서도 저승이 있다고 생각하여 죽은 사람을 장사 지냄에 저승에서 쓸 기구를 묘에 묻어 주지만, 그러나 그 명기(明器)는 미완성의 질박한 기구로 하여 신성하고 깨끗한 정신만을 담아서 이승의 그릇과 저승의 그릇을 확실히 구별하였던 것이니, 곧 슬픔으로 인간성을 모두 발휘하고, 질박한 명기(明器)로 지성(知性)의 신명(神明)을 드날리게 하였다.

3-43-7 ——————————— 有子가 問於曾子하야 曰問喪於夫子乎아
曰聞之矣하니 喪欲速貧하며 死欲速朽라 하시니라 有子가
曰是非君子之言也로다 曾子가 曰參也는 聞諸夫子也니라
有子가 又曰是非君子之言也로다 曾子가 曰參也는 與子游로
聞之하니라 有子가 曰然가 然則夫子가 有爲言之也로다 曾子가
以斯言으로 告於子游한대 子游가 曰甚哉라 有子之言이 似夫子也여
昔者에 夫子가 居於宋하실새 見桓司馬가 自爲石槨하되
三年不成하니 夫子가 曰若是其靡也여 死不如速朽之愈也라
하시니 死之欲速朽는 爲桓司馬하야 言之也니라.

『유자가 증자에게 물어 말하기를 벼슬을 잃음에 대하여 부자에게 들었는가? 말하기를 들었나니 벼슬을 잃음에는 속히 가난해지고자 하며, 죽음에는 속히 썩고자 한다고 하시니라. 유자가 말하기를 이것은 군자의 말씀이 아니로다. 증자가 말하기를 삼은 부자에게서 들었노라. 유자가 또 말하기를 이것은 군자의 말씀이 아니로다. 증자가

말하기를 삼은 자유와 함께 들었느니라. 유자가 말하기를 그런가? 그렇다면 부자가 까닭이 있어서 하신 말씀이로다. 증자가 이 말로 자유에게 알린대 자유가 말하기를 심하도다. 유자의 말이 부자와 비슷함이여! 옛날에 부자가 송나라에 머무실새 환퇴국방부장관이 자기의 석곽을 만들되 3년이 되어도 완성하지 못한 것을 보시고 말씀하시기를 이와 같이 그 사치함이여! 죽어서 빨리 썩어 버림의 좋음만 같지 못하니라 하시니 죽어서 속히 썩어 버리고자 함은 환퇴 국방장관을 위하여 말씀하신 것이니라.』

◐ 이 절은 벼슬을 잃거나 죽음에 대한 예절을 기술하였으니 벼슬을 잃고도 아주 부유하게 사는 것보다는 차라리 가난하게 사는 것이 청렴한 행실이고, 죽은 시체를 길이 썩지 않도록 튼튼하게 하는 것보다는 차라리 빨리 썩도록 질박하게 관과 묘를 만드는 것이 인민을 사랑하는 행동임을 밝혔다.

문(問)은 문(聞)이고, 상(喪)은 벼슬을 잃은 것이며, 속빈(速貧)은 벼슬을 잃으면 봉록이 끊어지기 때문에 청렴한 사람은 즉시 가난하게 되는 것이요, 속후(速朽)는 인민의 노동력을 아껴서 검소 질박한 관곽(棺槨)과 작은 무덤으로 장사 지내기 때문에 인민을 사랑하는 관료는 즉시 썩어 버리게 되는 것이다. 삼(參)은 증자의 이름이고, 환사마(桓司馬)는 송(宋)나라 환퇴(桓魋)로 국방장관의 자리에 있었으며, 미(靡)는 사치하고 화려함이다.

권력을 통하여 재물을 모으고 개인의 영달을 꾀하는 것은 부정부패한 무리로서 만고에 추악한 냄새를 남기는 것이다. 그러므로 차라리 청렴하고 검소하여 만대에 아름다운 향기를 남기는 것만 같지 못한 일이다.

3-43-8 ──────────────────────────── 南宮敬叔이 反할새 必載寶而朝한대
夫子가 曰若是其貨也면 喪不如速貧之愈也라
하니 喪之欲速貧은 爲敬叔하야 言之也라.

『남궁경숙이 돌아올 때에 반드시 보화를 싣고 조회한대 부자가 말
씀하시기를, 이와 같이 그 뇌물을 모은다면 벼슬을 잃음에 속히 가난
함의 좋음만 같지 못하니라 하시니, 벼슬을 잃음에 빨리 가난해지고
자 한다는 것은 경숙을 위하여 언급하심이니라.』

◐ 이 절은 뇌물을 받아 벼슬을 잃은 뒤에도 부자로 사는 것은 사
회적 지탄을 받는 것임을 밝혔다.

남궁경숙(南宮敬叔)은 춘추시대 노(魯)나라 대부(大夫) 맹희자(孟僖
子)의 아들 중손열(仲孫閱)이고, 반(反)은 벼슬을 잃고 노나라를 떠났
다가 뒤에 귀국한 것이며, 화(貨)는 뇌물을 받아 재화를 모음이다.

3-43-9 ──────────────────────────── 曾子가 以子游之言으로 告於有子한대
有子가 曰然하다 吾固曰非夫子之言也로다 曾子가
曰子何以知之오 有子가 曰夫子制於中都하실새 四寸之棺과
五寸之椁하시니 以斯로 知不欲速朽也하며 昔者에 夫子가
失魯司寇하시고 將之荊하실새 蓋先之以子夏하시고
又申之以冉有하시니 以斯로 知不欲速貧也니라.

『증자가 자유의 말로써 유자에게 알린대 유자가 말하기를, 그러하
다. 내가 진실로 말하기를 부자의 말씀이 아니라고 하였다. 증자가

말하기를 그대는 어떻게 알았는가? 유자가 말하기를 부자가 중도에서 예법을 제정하실 때에 4촌(寸)의 속널과 5촌의 겉널로 하시니 이로써 빨리 썩게 하고자 아니 하심을 알았으며, 옛날에 부자가 노나라 법무장관의 벼슬을 잃으시고, 장차 형 땅으로 가실 때에 대개 자하로써 앞장을 서게 하시고, 또 염유로써 거듭하게 하시니, 이로써 빨리 가난하고자 아니 하심을 알았느니라.』

　◑ 이 절에서는 유자(有子)가 공자의 관곽제도(棺椁制度)와 천하유세대책(天下遊說對策)을 보고 주검이 썩지 않기를 바라고 여행에 궁핍하지 않기를 희망함을 알게 된 사실을 기술하였다.

　중도(中都)는 노(魯)나라의 도시로 정공(定公) 9년 공자가 51세에 중도재(中都宰)가 되어 1년만에 4방의 모범도시로 만들었다. 형(荊)은 남쪽의 형주(荊州) 지역이요, 선(先)은 앞장서는 것이고, 신(申)은 거듭함이며, 자하(子夏)는 경제에 밝은 지혜가 있는 제자이고, 염유(冉有)는 안전을 도모하는 무략(武略)이 있는 제자이니, 공자가 두 제자를 앞장세워서 경제문제와 안전문제를 해결한 사실이 있다.

　정당한 봉록을 받아 알뜰하게 살면서 재산이 늘었다면 어찌 가난하기를 바랄 것이며, 사회정의에 알맞게 관곽(棺椁)을 만들었다면 어찌 빨리 썩기를 바라겠는가? 물질적으로 지나침은 오히려 부족함만 같지 못한 것이다.

3-43-10　陳莊子가 死커늘 赴於魯한대 魯人이 欲勿哭하니 繆公이 召縣子而問焉한대 縣子가 曰古之大夫는 束脩之問으로도 不出竟하니 雖欲哭之인들 安得而哭之리요.

『진장자가 죽거늘 노나라에 부고를 전한대, 노나라 사람이 임금에게 곡하지 말게 하고자 하니 목공이 현자를 불러서 물은대, 현자가 말하기를 옛날의 대부는 포개어서 묶은 포를 가지고 문안함으로도 국경을 나아가지 아니하니 비록 곡을 하려고 한들 어찌 얻어서 곡을 하리오.』

◐ 이 절은 외국의 대부가 죽었다는 부고가 왔을 때 국가에서 공식적인 분향소를 설치하고 곡을 할 수는 없으나 적당히 조절하여 사적인 분향소는 설치할 수 있음을 밝혔다.

진장자(陳莊子)는 제(齊)나라 대부(大夫)로 이름이 백(伯)이며, 부(赴)는 부고(赴告)니 부고(訃告)와 같고, 목공(繆公)은 노나라 말기의 임금이요, 현자(縣子)는 예법을 안다고 소문이 난 사람이다. 속수지문(束脩之問)은 포개어서 묶은 포(脯)를 가지고 가서 문안을 드림이니 가벼운 교제(交際)관계를 뜻하며, 경(竟)은 경(境)이고, 안득(安得)은 어찌 얻어서이니 그러한 교제도 있을 수 없다는 말이다.

3-43-11 —————————— 今之大夫는 交政於中國하나니 雖欲勿哭이나 焉得而弗哭이리오 且臣은 聞之하니 哭有二道하야 有愛而哭之하며 有畏而哭之하니다 公이 曰然하다 然則如之何而可오 縣子가 曰請哭諸異姓之廟하노이다 於是에 與哭諸縣氏하니라.

『오늘날의 대부는 가운데 나라에서 서로 만나 정치를 하나니, 비록 곡을 하지 말고자 하지만 어찌 능히 곡을 아니 하리오. 또한 신은 들으니 곡에는 두 가지 이유가 있어서 사랑하여 곡함도 있으며 두려워서 곡함도 있나이다. 공이 말하기를 그러하다. 그러면 어떻게 해야 되겠는고? 현자가 말하기를 다른 성씨의 사당에서 곡을 하기를 청하노이다. 이에 더불어 현씨의 사당에서 곡을 하니라.』

☯ 이 절은 공식적인 예절은 아니지만 현실적으로 부득이한 경우에 개인적으로 다른 나라 대부의 죽음에 곡한 사실을 기술하였다.

교정(交政)은 서로 만나 정치를 함이고, 중국(中國)은 가운데 나라로 문화중심국이며, 도(道)는 이유이고, 애(愛)는 사랑하는 사람이 죽어서 떠남이요, 외(畏)는 홀로 남아 외롭게 살 일을 두려워함이다.

노(魯)나라 임금이 제(齊)나라 대부(大夫)의 죽음에 공식적으로 곡(哭)하는 예절은 없지만 제(齊)나라는 강대국이고, 노(魯)나라는 약소국이므로, 제나라의 정치실력자의 죽음에 앞날의 국제정세의 변화가 두려운 까닭에 이성(異姓)의 사당에 가서 곡(哭)하여 나라의 체통을 세우고, 개인적인 애도(哀悼)도 표하여 지혜롭게 사태를 수습한 것은 예악(禮樂)으로 다스리는 왕도정치(王道政治)에서는 있을 수 없는 치욕이지만, 무력(武力)과 술수(術數)로 다스리는 패도정치(覇道政治)에서는 살아남기 위한 수단이다.

3-43-12 ——————————— 仲憲이 言於曾子하야 曰夏后氏는 用明器하니
示民無知也요 殷人은 用祭器하니 示民有知也며
周人은 兼用之하니 示民疑也니라 曾子가

曰其不然乎인저 其不然乎인저 夫明器는 鬼器也요
祭器는 人器也니 夫古之人이 胡爲而死其親乎리오.

『중헌이 증자에게 주장하여 말하기를, 하나라 왕조는 명기를 쓰니 인민에게 영혼은 지각이 없음을 보임이요, 은나라 사람은 제기를 쓰니 인민에게 영혼은 지각이 있음을 보임이며, 주나라 사람은 아울러 쓰니 인민에게 영혼의 지각이 의심스러움을 보임이니라. 증자가 말하기를 그것은 그렇지 않은저! 그것은 그렇지 않은저! 대저 명기는 귀신의 그릇이고, 제기는 사람의 그릇이니, 대저 옛날의 사람이 어찌 그 어버이가 죽었다고 생각함에서 하리오.』

◐ 이 절은 죽은 영혼(靈魂)은 지각(知覺)이 없고도 있는 것임을 기술하였으니 앞에 3-43-6에서 이미 해설하였다.

중헌(仲憲)은 공자의 제자 원헌(原憲)이고, 명기(明器)는 앞에 4-43-6에서 이미 해설하였으니 과학문명이 발달하거나 가정형편이 좋으면 좋게 만들고, 그렇지 않으면 질박하게 만드는 것인데, 중헌(仲憲)이 이것을 시대적으로 분류함은 잘못이다. 무지(無知)는 죽은 영혼(靈魂)에게는 생동(生動)하는 지각(知覺)이 없어서 고사목(枯死木)과 같은 것이요, 유지(有知)는 죽은 사람의 영혼(靈魂)도 살았을 때와 똑같이 지각(知覺)이 있어서 모든 것을 인식(認識)하고 기억하고 추리하고 판단할 수 있는 것이다. 의(疑)는 죽은 사람의 영혼(靈魂)이 지각(知覺)이 있는지 없는지 확인할 수 없으므로 결국 의심으로 남겨 두어야 된다는 것이다. 귀기(鬼器)는 귀신이 저세상에서 사용하는 그릇이고, 이사(而死)는 어사(於死)로 죽어서 지각(知覺)능력이 없다고 생각함에의 뜻이다.

인간의 죽음은 자연과학적인 변화를 기초로 판단하지만 그러나 상장(喪葬)의 예절은 자녀의 지극한 마음을 기초로 제정하지 않을 수 없는 것이니, 왜냐하면 현실적으로 사람의 죽음은 부모와 자녀를 이승과 저승으로 갈라놓는 엄청난 아픔과 슬픔을 남기기 때문에 이를 해결하기 위해서는 자연과학적인 변호보다도 사회과학적인 변화가 더욱 중대한 과제로 떠오르는 것이다.

3-43-13─────────────────── 公叔木이 有同母異父之昆弟가 死커늘
問於子游한대 子游가 曰其大功乎인저
狄儀가 有同母異父之昆弟가 死커늘 問於子夏한 대
子夏가 曰我未之前聞也하나 魯人則爲之齊衰라 하거늘
狄儀가 行齊衰하니 今之齊衰는 狄儀之問也니라.

『공숙목이 어머니는 같고 아버지가 다른 형제가 있어 죽거늘 자유에게 물으니 자유가 말하기를 그 대공 9월의 상복을 입을진저, 적의가 어머니는 같고 아버지가 다른 형제가 있어 죽거늘 자하에게 물은대 자하가 말하기를 내가 예전에 듣지 못했으나 노나라 사람들은 그런 경우에 자최부장기의 상복을 입는다고 하거늘 적의가 자최부장기의 상복을 입으니 오늘날의 자최부장기는 의적의 질문에서 나온 것이니라.』

◉ 이 절은 어머니는 같고 아버지가 다른 형제의 상복제도는 예경(禮經)에 없으나 친형제처럼 살았으면 형제의 상복인 자최부장기(齊

衰不杖期)의 복을 입고, 친형제 간보다는 차이가 있게 살았으면 대공
(大功) 9월의 복을 입는 것이 적절함을 밝혔다.

공숙목(公叔木)은 위(衛)나라 공숙문자(公叔文子)의 아들이고, 동
모이부지곤제(同母異父之昆弟)는 어머니가 전남편의 자식을 데리고
개가(改嫁)하여 새 남편 사이에 낳은 자식들과 의부(義父) 집에서
함께 사는 성이 다른 형제인데, 만일 어머니가 혼자 나가서 개가하여
같이 살지 않았다면 본래 상복이 없는 것이나, 데리고 가서 함께 살
았다면 그 은혜와 정의(情誼)에 따라 알맞은 상복을 입을 수 있다.

3-43-14 ─────────────── 子思之母가 死於衛커늘 柳若이 謂子思하야
日子는 聖人之後也라 四方이 於子乎에 觀禮니
子蓋愼諸인저 子思가 日吾何愼哉리오 吾聞之하니
有其禮라도 無其財면 君子弗行也며 有其禮하고
有其財라도 無其時면 君子弗行也니 吾何愼哉리오.

『자사의 어머니가 위나라에서 죽거늘 유약이 자사에게 일러 말하
기를 그대는 성인의 후예라 사방이 그대에게서 예절을 보나니 그대
는 대개 신중할진저! 자사가 말하기를 내가 어찌 신중하리오. 나는
들으니 그 예절이 있어도 그 재물이 없으면 군자가 행하지 아니하며,
그 예절이 있고 그 재물이 있어도 그 시간이 없으면 군자가 행하지
아니하나니 내가 어찌 신중하리오.』

◐ 이 절은 상례(喪禮)는 가정의 형편에 따름을 밝혔다.

자사(子思)의 모(母)는 이(鯉)의 아내이고 공자의 며느리이며, 위(衛)나라에서 죽은 것은 이(鯉)가 죽은 뒤에 개가(改嫁)하여 갔다가 죽은 것이다. 유약(柳若)은 위(衛)나라 사람이요, 신(愼)은 신중하게 예법절차와 물질을 갖추어서 성대하게 장사지냄이다.

3-43-15 ──────── 縣子瑣가 曰吾聞之하니 古者에는 不降하야 上下가 各以其親하더니 滕伯文이 爲孟虎하여 齊衰하니 其叔父也며 爲孟皮하야 齊衰하니 其叔父也니라.

『현자 쇄가 말하기를 나는 들으니 옛날에는 등급을 따라 내리 깎지 아니하여 임금이나 신하가 각각 그 친척에 대한 상복을 입더니 등나라 임금 문이 맹호를 위하여 자최부장기의 상복을 입으니, 그의 숙부이며 맹피를 위하여 자최부장기의 상복을 입으니, 그의 숙부이니라.』

◉ 이 절은 주(周)나라의 상례(喪禮)에서 처음으로 벼슬의 등급에 따라 상복(喪服)을 강쇄(降殺)하는 제도가 생겼음을 기록하였으니 천자와 제후는 3년복만 입고, 대부(大夫)는 기년복(期年服) 이상만 입고, 선비는 5복(五服)을 모두 입게 하였음을 밝혔다.

쇄(瑣)는 현자(縣子)의 이름이고, 고(古)는 은(殷)나라 시대이며, 강(降)은 강쇄(降殺)로 벼슬의 등급에 따라 상복(喪服)을 깎아 내려서 입지 아니함이다. 상(上)은 임금이고, 하(下)는 신하이며, 친(親)은 친척의 상복이다. 등(滕)은 나라 이름이요, 백(伯)은 백작(伯爵) 임금이며, 문(文)은 이름이고, 자최(齊衰)는 자최부장기의 상복이다.

고대에는 귀천의 신분에 상관이 없이 모두 그 친척의 상복을 입었으나, 주(周)나라에 이르러 친척이 많아졌기 때문에 천자와 제후는 정치에 힘쓰도록 3년복만 입고, 그 이외는 일체 입지 않으며, 대부(大夫)는 기년복(期年服) 이상만 입고, 그 이하는 일체 입지 않고 행정에 전념토록 했던 것이다.

그럼에도 등(滕)나라 임금이 숙부(叔父)의 상복을 두 번씩이나 입으니 예절이 아님을 지적하였다.

3-43-16 ──────────────── 后木^{후목}이 曰喪^{왈상}을 吾聞諸縣子^{오문저현자}하니
曰夫喪^{왈부상}은 不可不深長思也^{불가불심장사야}니 買棺^{매관}하되
外內^{외내}를 易^이라 하니 我死則亦然^{아사즉역연}하라.

『후목이 말하기를 상례에 대하여 나는 현자에게 들었나니 말하기를 대저 상례는 깊고 길게 생각하지 않을 수 없는 것이니, 널을 사되 외면과 내면을 다듬으라고 하니 내가 죽거든 곧 또한 그렇게 하라.』

◑ 이 절은 관(棺)을 사서 쓰되 안팎이 고르게 다듬어진 것을 선택하라고 당부하였다.

사람이 죽어서 3일 만에 입관(入棺)하니 나무나 칠이 아직 마르지 아니하여 틀어지고 벗겨지기 때문에 전문목수가 잘 말려서 만들어 파는 관(棺)을 사서 쓰는 것이 더욱 튼튼하니 앞에 3-7-1에서 말한 내용을 깊이 생각하기 바란다.

曾子가 曰尸未設飾일새 故로 帷堂하니
小斂而徹帷하니라 仲梁子가 曰夫婦方亂일새
故로 帷堂하니 小斂而徹帷라 하니라.

『증자가 말하기를 주검에 아직 장식을 베풀지 못하니, 그러므로 대청에 휘장을 치나니 소렴을 하고서 휘장을 치우니라. 중량자가 말하기를 남편과 아내의 방소가 어지러우니, 그러므로 대청에 휘장을 치나니 소렴을 하고서 휘장을 철거하니라.』

◉ 이 절은 사람이 죽음에 소렴(小斂)을 할 때까지 대청에 휘장을 쳐서 다른 사람에게 시신을 보이지 않는 이유를 기술하였다.

시(尸)는 시신(屍身)이니 주검이고, 식(飾)은 장식을 하여 꾸미는 것이며, 부부(夫婦)는 유가족의 내외요, 방(方)은 방소(方所)로 앉은 자리이며, 란(亂)은 질서가 없음이다.

증자는 시신을 목욕시키고 수의(壽衣)를 입히며 홑이불로 덮어서 장식을 하지 않았기 때문에 남에게 주검의 추한 모습을 보이기 싫어서 휘장을 친다고 하였고, 중량자는 유가족들이 남녀 내외의 구별이 없이 아무렇게나 앉아서 슬피 울기 때문에 그 난잡함을 보이기 싫어서 휘장을 친다고 하였으니 모두 옳은 말이지만, 가장 중요한 이유는 시신(屍身)에게 바람을 막아 주기 위함이다. 시신이 바람을 맞으면 부풀어 오를 위험이 있는바, 마치 아기를 낳으면 바람을 막아 주는 이치와 같다.

3-43-18──────────────── 小斂之奠을 子游는 曰於東方이라 하고
曾子는 曰於西方이니 斂斯席矣라 하니
小斂之奠이 在西方은 魯禮之末失也인저.

『소렴할 때에 올리는 술과 음식을 자유는 말하기를 시신의 동쪽에 차린다고 하고, 증자는 말하기를 시신의 서쪽에 차리니 이 자리에서 소렴한다고 하니, 소렴할 때에 올리는 술과 음식이 시신의 서쪽에 있게 함은 노나라 예절의 말기에 법도를 잃은 것인저.』

◑ 이 절은 소렴(小斂)의 전(奠)을 시신(屍身)의 동쪽에 차리는 것이 주(周)나라의 예절이지만 춘추 말기에 노(魯)나라에서는 시신의 서쪽에 차렸음을 밝혔다.

무릇 동쪽은 주인(主人)의 자리이고, 서쪽은 손님의 자리이니, 대렴(大斂)을 해서 입관(入棺)한 다음에야 죽은 사람을 손님으로 대우하는 것이므로 소렴을 할 때에는 주인으로 대우함이 마땅하다. 그러나 장소가 비좁고 구조가 불편할 때에는 어찌하겠는가? 형편에 따라 조절해도 무방한 작은 문제이다.

3-43-19──────────────── 縣子가 曰綌衰繐裳이 非古也니라.

『현자가 말하기를 가는 칡베의 상복과 가늘고 성긴 베로 만든 상복이 옛날의 제도가 아니니라.』

☯ 이 절은 상복(喪服)은 모두 질긴 삼베, 즉 마포(麻布)로 만드는 것이 옛날의 제도이지만 경우에 따라 칡베나 가늘고 성긴 삼베로 만들어 쓸 수도 있음을 밝혔다.

격최(綌衰)는 가는 칡베로 만든 상복이고, 세상(繐裳)은 가늘고 성긴 베로 만든 치마의 상복이니, 모두 가볍고 약해서 오래 입을 수 없는 것이다.

살피건대 상복은 자주 빨아서 입는 옷이 아니므로 옷감이 튼튼해야 되지만 경제적 여력이 없으면 값싼 것으로 만들어 조심해서 입어도 된다.

3-43-20 ──────────────────── 子浦가 卒커늘 哭者가 呼滅한대
子皐가 曰若是野哉아 한대 哭者가 改之하니라.

『자포가 졸하거늘 곡하는 사람이 멸을 부른대 자고가 말하기를 이와 같이 촌스러운가 하니 곡하는 사람이 고치니라.』

☯ 이 절은 곡(哭)할 때에 죽은 사람의 이름을 부르는 것은 예절이 아님을 밝혔다.

자포(子浦)는 이름이 멸(滅)이고, 자고(子皐)는 공자의 제자 고시(高柴)이다. 야(野)는 변방에 살아 예법을 몰라서 촌스러움이고, 개(改)는 뉘우치고 이름을 부르지 않음이다.

3-43-21 ———————— 杜橋之母之喪에 宮中에 無相하더니 以爲沽也라 하니라.

『두교의 어머니의 초상에 집안에 돕는 사람이 없더니 사서 쓴다고 말하니라.』

◉ 이 절은 초상을 당하면 집안사람들은 정신이 없이 슬퍼하기 때문에 반드시 다른 사람의 도움을 받아 예절을 갖추고 정성을 다해야 됨을 밝혔다.

두교(杜橋)는 사람 이름이고, 궁중(宮中)은 집안이며, 상(相)은 일을 맡아 돕는 사람이니 상가(喪家)에 호상(護喪), 집사(執事) 등 여러 일꾼이며, 고(沽)는 시장에서 물건을 사다가 쓰는 것이다.

시장에서 사다가 쓰는 것은 집에서 만드는 것보다 편리하겠지만 그러나 자기의 깨끗한 정성은 들이지 못한 것이므로 무성의로 비쳐질 수 있다.

3-43-22 ———————— 夫子가 曰始死에 羔裘玄冠者는 易之而已라 하시니 羔裘玄冠으로 夫子는 不以弔하시니라.

『부자가 말씀하시기를 처음 죽음에 염소가죽옷과 검은 관을 한 사람은 바꾸어 입어야 할 따름이라고 하시니 염소가죽옷과 검은 관으로 부자는 조문하지 않으시니라.』

◉ 이 절은 관복(官服)을 입고 조문하지 않는 예절을 기술하였으니 관복(官服)은 정치와 행정을 하는 옷이지 조문하는 옷이 아니다.

고구(羔裘)는 새끼 양의 가죽으로 만든 웃옷이고, 현관(玄冠)은 검은 색에 붉은빛을 띤 관으로 모두 대부(大夫)의 관복(官服)이며, 역(易)은 사복(私服)으로 갈아입는 것이니 곧 심의(深衣)를 입는 것이다.

살피건대 문병(問病)은 관복을 입고 가며, 조문은 사복(私服)을 입고 가나니, 상례(喪禮)는 흉례(凶禮)이고 또한 초상집에는 도울 일 이 많으므로 관복을 입고 도울 수 없는 까닭이다.

3-43-23 ———————— 子游가 問喪具한대 夫子가 曰稱家之有亡니라 子游가 曰有無에 惡乎齊잇가 夫子가 曰有라도 毋過禮하고 苟亡矣면 斂首足形하야 還葬하되 縣棺而封이라도 人이 豈有非之者哉리오.

『자유가 상사의 기구를 물은대 부자가 말씀하시기를 가정의 재산 이 있고 없음에 비례(比例)하니라. 자유가 말하기를 재산의 있고 없 음에 따르면 어떻게 가지런히 하리잇가. 부자가 말씀하시기를 재산이 있더라도 예법제도를 넘어가지 말고, 진실로 재산이 없으면 머리와 발의 형체를 거두어서 빨리 장사 지내되, 널을 매달아 들고 가서 묻 더라도 사람이 어찌 비난하는 자가 있으리오.』

☯ 이 절은 상사(喪事)에 기구(器具)는 가정의 재산 정도에 비례 (比例)하여 알맞게 하는 것임을 기술하였으니 재산이 많아도 예법제 도를 넘지 말고, 재산이 없으면 예절의 중요한 절차만이라도 갖추어 서 전체적으로 사회의 형평성을 유지해야 됨을 밝혔다.

상구(喪具)는 상사(喪事)에 쓰는 기구(器具)로 수의(壽衣), 널, 상여, 명기(明器), 묘의 봉분과 비석 등이고, 칭(稱)은 저울질이니 가정의 형편에 따라 알맞게 함이며, 유(有)는 유산(有産)이요, 무(亡)는 무(無)이니 무산(無産)이다. 제(齊)는 가지런함이니 형평성이고, 선(還)은 빨리함인데, 선장(還葬)은 장례기간을 지키지 못하고 입관(入棺)한 다음에 빨리 장사 지냄이며, 현(縣)은 매다는 것인데, 현관(縣棺)은 상여(喪輿)가 없어서 관(棺)을 묶어 장대에 매달아 운구(運柩)함이고, 봉(封)은 널을 묻고 무덤을 만드는 것이다.

가정형편이 어려워 예물(禮物)과 의식절차를 갖추지 못한 사람에게 부의(賻儀)를 하고 위로는 못할망정 그 누가 비난을 하겠는가? 세상을 원망하고 신세를 한탄할 뿐이다.

3-43-24 ──────────────── 司士賁이 告於子游하야 曰請襲於牀하노라
子游가 曰諾한대 縣子가 聞之하고 曰汰哉라
叔氏가 專以禮로 許人이로다.

『사사 분이 자유에게 알리며 말하기를 평상에서 염습하기를 청하노라. 자유가 말하기를 그러라고 한대 현자가 듣고 말하기를 분수에 넘치도다. 숙씨가 제 마음대로 예절을 사람에게 허락하도다.』

◉ 이 절은 예절에 대한 물음에 예절을 근거로 대답하여야 됨을 기술하였으니 만일 자의적으로 판단해서 말하면 분수에 넘친 행동임을 밝혔다.

사사(司士)는 관직의 이름이고, 분(賁)은 사사(司士)의 이름이며,

습(襲)은 염습(歛襲)으로 사람이 죽으면 침상을 철거하고 주검을 땅에 두었다가 복(復)을 하여도 살아나지 않으면 시신을 목욕시키고 평상에 옮겨서 시신을 거두어 습의(襲衣)를 입히고 홑이불로 덮는 것이다. 약(諾)은 승낙하는 말로 '네', '응', '그래'이고, 태(汰)는 분수에 넘치는 것이다. 숙씨(叔氏)는 자유를 지칭한 말로 백(伯), 중(仲), 숙(叔)의 형제 서열을 나타내는 호칭법이며, 전(專)은 자기의 마음대로 함이고, 허(許)는 허락함이다.

예법은 성왕(聖王)이 제정한 것으로 아무나 함부로 결정할 수 없는데도 자유가 성왕의 예법임을 밝히지 않고 마치 성왕인 것처럼 마음대로 결정하기 때문에 현자가 비난하였다. 물론 염습은 평상 위에서 하는 것이 예법이므로 자유의 대답이 틀린 것은 아니지만 먼저 '예법에 보면'이라는 전제가 있어야 되는 것이니 학자는 여기에서 예법에 대한 언급을 신중히 할지어다.

3-43-25 ──────────────────── 宋襄公이 葬其夫人하되 醯醢百甕하니 曾子가 曰既曰明器矣어늘 而又實之로다.

『송나라 양공이 그 부인을 장사 지내되 식초와 젓을 담은 일백 단지를 묻으니 증자가 말하기를 이미 명기라고 하거늘 또 채우도다.』

☯ 이 절은 명기(明器)에는 내용물을 채우지 않고 빈 그릇으로 묻어야 함을 밝혀 송양공의 어리석음을 비난했다.

송양공(宋襄公)은 춘추시대 5패(五覇)의 한 사람이고, 혜(醯)는

식초요, 해(醢)는 소금으로 담은 젓이다. 명기(明器)는 귀신의 그릇
이므로 신명한 정성을 담아야지 물질을 담는 것이 아니다.

 孟獻子之喪에 司徒가 旅歸四布한대
夫子가 曰可也라 하시다.

『맹헌자의 상에 사도가 멀리서 온 조문객에게 4포(布)씩을 되돌려
준대 부자가 말하기를 옳다고 하시다.』

◯ 이 절은 초상에 부의금을 받아서 쓰고도 남은 돈이 있으면 멀
리서 오신 조문객에게 노잣돈으로 되돌려 주거나 또는 빈한한 사람
에게 기부해서 은덕을 베풀어야 함을 밝혔다.

맹헌자(孟獻子)는 춘추시대 노(魯)나라의 대부(大夫)이고, 사도
(司徒)는 여기에서 가신(家臣)을 지칭하며, 여(旅)는 멀리서 온 조문
객들이요, 포(布)는 주(周)나라의 화폐이다.

부의금(賻儀金)은 초상 치는 경비에 보태라는 뜻이지 살림에 보태
쓰라는 돈이 아니므로 부의금을 받아 초상 치고 남음이 있으면 마땅
히 사회에 환원시켜야 하므로 조문객에게 여비를 주고, 가난한 사람
을 구제하고, 자선단체에 기증하는 것이 옳다.

 讀賵을 曾子가 曰非古禮也니 是再告也니라.

『수레와 말을 부의한 내용을 영결식 때에 읽는 것을 증자가 말하기를 옛날의 예절이 아니니 이것은 두 번 고유함이니라.』

◑ 이 절은 장례용 수레와 말을 부의(賻儀)한 내용을 영결식 때에 다시 고유(告由)한 것은 옛날의 예절이 아님을 기술하여 반복할 필요가 없음을 밝혔다.

봉(賵)은 장례용 수레와 말을 부의(賻儀)한 것이니, 독봉(讀賵)은 발인(發靷)하기 위하여 견전(遣奠)할 때에 읽는 것이다.

예절에는 반복이 없고, 귀신에게는 두 번 알림이 없나니, 불성실한 행동이 되는 까닭이다. 이미 수레와 말을 부의록(賻儀錄)에 기록했으면 사람과 귀신이 모두 알고 있는 내용이므로 다시 강조할 필요가 없는 것이다.

3-43-28 ──────────────── 成子高가 寢疾이어늘 慶遺가 入請하야
曰子之病이 革矣니 如至乎大病이면 則如之何오.

『성자고가 질병으로 누웠거늘 경유가 들어가서 청하여 말하기를 그대의 질병이 심하니 큰 병에 이르면 어떻게 하리오.』

◑ 이 절은 묘지도 적절한 곳을 택하여 장묘(葬墓)에 있어서 사람을 해침이 없어야 함을 기술하였으니 다음 절과 함께 살피기 바란다.

성자고(成子高)는 제(齊)나라의 대부(大夫) 국백고보(國伯高父)니, 성(成)은 시(諡)이며, 경유(慶遺)는 경봉(慶封)의 겨레이고, 혁(革)

은 극심함이요, 대병(大病)은 큰 병이니 곧 죽는다는 말을 꺼리어 표
현한 것이다.

3-43-29————————————— 子高가 曰吾聞之也하니 生有益於人也하며
死不害於人이라 하니 吾縱生無益於人이나
吾可以死害於人乎哉아 我死則擇不食之地而葬我焉하라.

『자고가 말하기를 나는 들으니 살아서는 사람에게 도움이 있어야
하며, 죽어서는 사람에게 해치지 아니한다고 하니, 나는 비록 살아서
사람에게 도움이 없었으나, 내가 죽어서 사람에게 해치게 하리오. 내
가 죽으면 경작해 먹지 않은 땅을 골라서 나를 장사 지내도록 하라.』

◉ 이 절은 묘지(墓地)는 경작(耕作)이 불가능한 땅을 선택하는
것이 인민을 사랑하는 고귀한 정신임을 밝혔으니 앞에 3-41-7에서
의 공숙문자(公叔文子)와 비교하면 성자고(成子高)의 현명함을 알
수 있다.
종(縱)은 비록, 불식지지(不食之地)는 논이나 밭으로 개간하여 곡
식을 심어 먹을 수 없는 땅이니 곧 경작할 수 없는 경사지고 토질이
척박한 지역이다.

3-43-30————————————— 子夏가 問諸夫子하야 曰居君之母와
與妻之喪하니까 居處言語飮食이 衎爾니라.

『자하가 부자에게 물어 말하기를 임금의 어머니와 아내의 상에 거처합니까, 거처하고 말하고 음식을 먹음이 온화할 뿐이니라.』

◑ 이 절은 임금을 위한 상복은 방상(方喪)이므로 임금의 어머니와 임금의 부인을 위한 상복도 상복만 입는 복상(服喪)임을 기술하였으니 앞에 3−2−1의 방상(方喪)을 참고하기 바란다.

간(衎)은 신실하고 온화함이니 아픔이나 슬픔은 없는 것으로 은혜와 의리가 깊지 않은 까닭이다.

이 문장은 상(喪) 다음에 부자왈(夫子曰)이 생략되었다.

3−43−31 

賓客이 至하야 無所館이라거늘
夫子가 曰生於我乎館하고
死於我乎殯이라 하시다.

『빈객이 이르러 여관을 정할 데가 없다고 하거늘 부자가 말씀하기를 살아서는 우리 집에다 여관을 정하고, 죽어서는 우리 집에다 빈소를 설치하라고 하시다.』

◑ 이 절은 붕우(朋友)의 의리(義理)를 기술하였으니 살아서나 죽어서나 벗이 멀리 찾아오면 먹이고 재워 주는 의리가 있음을 밝혔다.

3−44−1 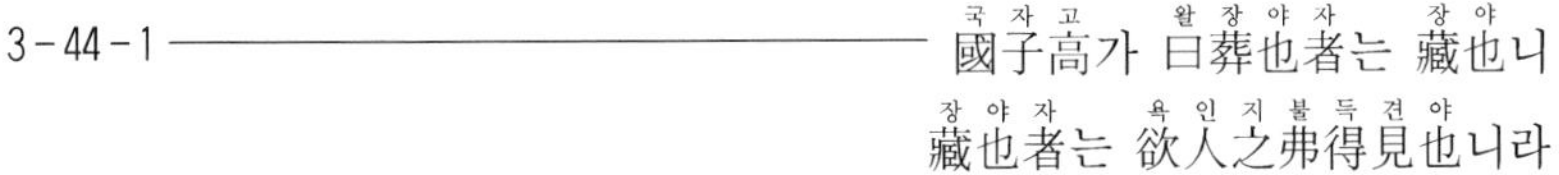

國子高가 曰葬也者는 藏也니
藏也者는 欲人之弗得見也니라

시고 의족이식신
是故로 衣足以飾身하며
관주어의 곽주어관
棺周於衣하며 椁周於棺하며
토주어곽 반양수지재
土周於椁하니 反壤樹之哉아

『국자고가 말하기를 장례를 치르는 것은 감추는 것이니, 감춘다는 것은 사람이 볼 수 없게 하고자 함이니라. 이런 까닭으로 수의(壽衣)는 족히 몸을 장식할 수 있게 하며, 속널은 수의에 둘러싸게 하며, 겉널은 속널에 둘러싸게 하며, 흙은 겉널에 둘러싸게 하니, 도리어 흙을 모아 봉분을 만들고 나무를 심을 것이냐.』

☯ 이 장은 상례(喪禮)의 다양한 뜻을 기술하였으니 예법정신의 본질을 확인하고 구체적인 절도를 찾아 완벽을 기하였다.

국자고(國子高)는 앞에 3-43-28에서 이미 해설하였고, 장(藏)은 매장(埋藏)함이요, 식신(飾身)은 수의(壽衣)를 입히고 홑이불로 묶음이며, 주(周)는 주회(周回)니 둘러싸는 것이다. 반(反)은 도리어, 양(壤)은 흙을 모아 봉분(封墳)을 만듦이고, 수(樹)는 나무를 묘지 주변에 심어 표지를 함이다.

국자고(國子高)는 시신을 남에게 보이지 않으려고 튼튼하게 매장하여 묘를 쓰는 뜻은 알았지만 묘를 보호하기 위하여 봉분을 만들고 나무를 심는 효자의 마음은 알지 못했으니 주(周)나라의 예절정신을 통달하지 못한 현실주의자라고 하겠다.

3-44-2 ─────────────
공자지상 유자연래관자 사어자하씨
孔子之喪에 有自燕來觀者가 舍於子夏氏하니
자하 왈성인지장인여 인지장성인야 자하관언
子夏가 曰聖人之葬人與아 人之葬聖人也니 子何觀焉고

『공자의 상에 연나라로부터 와서 참관하는 사람이 자하 씨의 집에 머물러 있으니, 자하가 말하기를 성인이 사람을 장사 지내는가? 사람이 성인을 장사 지내니 그대는 무엇을 보려는가?』

◉ 이 절은 훌륭한 사람의 장례식에 참관(參觀)을 할 수 있고, 또 구경하는 사람에게 형편에 따라 숙식(宿食)을 제공하는 것이 예절임을 밝혔다.

연(燕)은 동북지역에 있는 나라이름이고, 관(觀)은 조문객은 아니지만 관심을 가지고 구경하는 것이며, 사(舍)는 머물러 먹고 자는 것이다.

성인이 사람을 장사 지내면 예법을 갖추어 볼만한 점이 있겠지만 사람이 성인을 장사 지냄에는 예법을 제대로 갖추지 못하여 볼만한 점이 없다는 것은 자하가 겸손하게 대우하는 말이다.

3-44-3 ────────── 昔者에 夫子가 言之하사대 曰吾見封之若堂者矣며 見若坊者矣며 見若覆夏屋者矣며 見若斧者矣러니 從若斧者焉이라 하시니 馬鬣封之謂也니 今에 一日而三斬板而已封하니 尙行夫子之志乎哉인저

『옛날에 부자가 말씀하시되 말씀하시기를 내가 봉분이 사방으로 축대를 쌓은 것을 보았으며, 제방처럼 둑을 쌓은 것을 보았으며, 큰 지붕을 덮듯이 밋밋한 것을 보았으며, 마치 도끼처럼 좁고 날카롭게 흙을 쌓은 것을 보았으니, 도끼처럼 좁고 날카롭게 흙을 쌓은 것을 따르리라 하시니, 봉분을 좁게 말갈기로 함을 일컬음이니 이제 하루에 세 번 거푸집널을 떼어서 봉분을 마치니 거의 부자의 뜻을 실행

함인저』

◐ 이 절은 봉분(封墳)을 쌓은 형태를 기술하였으니 거대하게 만드는 것보다는 검소질박하게 만드는 것이 예절의 기본정신임을 밝혔다.

봉(封)은 봉분(封墳)이니 묘(墓)에 물이 스며들지 않도록 묘의 주변에 흙을 쌓아 언덕처럼 만드는 것이다. 당(堂)은 건물의 사방에 축대를 쌓아서 흙을 채워 높이는 것이고, 방(坊)은 제방처럼 묘의 위와 옆으로 흙을 쌓아 둑을 만드는 것이며, 부하옥(覆夏屋)은 큰 지붕을 덮은 모양처럼 묘를 중심으로 좌우와 전면이 완곡하게 경사지도록 함이며, 부(斧)는 도끼를 세운 것처럼 폭이 좁고 끝이 날카롭게 담벽을 만드는 것이다. 종(從)은 따르라는 말이고, 마렵(馬鬣)은 말갈기니 좁고 낮은 모양이며, 금(今)은 공자의 장례일이요, 참(斬)은 떼는 것이며, 판(板)은 형판(型板)이니 거푸집널인데 담을 쌓을 때 먼저 판자를 양쪽에 대고 그 속에 진흙을 채워서 다지는 도구이다. 이(已)는 마침이고, 상(尙)은 거의이니, 공자의 묘에 봉분이 좁고 낮은 것은 제자들이 부자의 뜻을 받들었기 때문이다.

3-44-4 —————————————————————— 婦人은 不葛帶하니라.

『부인은 칡베띠를 아니 하니라.』

◐ 이 절은 부인은 허리띠가 튼튼해야 됨을 기록하였으니 『의례(儀禮)』에 부인의 요대(要帶)는 수삼으로 만들어 짧게 맨다고 하였다.

부인(婦人)은 안상주로 초상에 일을 많이 하는 사람이고, 갈대(葛

帶)는 칡베로 만든 허리띠로 삼베보다 약하다.

　졸곡(卒哭)에 바깥상주는 삼띠를 버리고 칡띠를 매며, 수질(首絰)
은 바꾸지 않고 그대로 쓴다. 그러나 안상주는 삼띠를 그대로 매면서
수질(首絰)만 칡으로 바꾸어 쓴다. 그리하여 소상(小祥)에 연복(練
服)으로 바꾸어 입을 때에 남자는 수질을 버리고 여자는 요질(要絰)
을 버리니 3년복 이상에 해당하는 일이고, 대공(大功) 이하는 졸곡에
모두 칡으로 바꾼다.

3-44-5 ──────────────────────── 有薦新이어든 如朔奠이니라.

（유 천 신　　여 삭 전）

『새로운 음식을 올림이 있거든 초하루에 전(奠)을 올리듯이 하니라.』

　☯ 이 절은 빈소(殯所)나 궤연(几筵)에 새로운 음식을 올리는 절
차를 기술하였다.

　천(薦)은 특별한 물건을 올리는 간소한 제사이고, 신(新)은 철에
따라 새로 나온 음식물이며, 삭전(朔奠)은 장사 지내기 전에 초하루
가 되면 빈소에 술과 밥을 올리는 간단한 제사인데 대부(大夫) 이상
은 초하루와 보름날에 모두 지내고, 선비는 초하루에만 지내는바 각
각 상복을 입고 제자리에 서서 곡(哭)을 하고 의식을 거행한다.

3-44-6 ──────────────────────── 既葬하고 各以其服으로 除니라.

（기 장　　각 이 기 복　　제）

『이미 장사 지내고 각각 그 상복제도로 상복을 벗으니라.』

◑ 이 절은 이미 장사 지내고 세월이 흐르면 각각 상복기간이 끝남에 따라 스스로 상복을 벗는 것이 예절임을 밝혔다.

기복(其服)은 5복(五服)에 해당하는 상복 입는 기간이니 3년복, 기년복(期年服), 9월, 5월, 3월의 복이 있는데 무릇 상복을 입을 때에는 무거운 상복부터 입고 벗을 때에는 가벼운 상복부터 벗으므로 이미 장사 지냈으면 3월복부터 스스로 상복을 벗고 평상복으로 갈아입어야 하는 것이다.

3-44-7 ──────────────────────────────── 池를 視重霤라 하니라.

『영구차의 물받이 통은 건물의 물받이 통을 견주어 본받는다고 하니라.』

◑ 이 절은 영구차(靈柩車)의 장식은 살아서 살던 집의 규모에 비례(比例)함을 기술하였다.

지(池)는 영구차의 지붕에 설치한 물받이 통이고, 시(視)는 견주어 본받음이요, 중(重)은 홈통으로 속이 뚫어진 원통이며, 류(霤)는 지붕의 처마에 설치하여 빗물을 모으는 물받이이다.

물받이의 홈통은 천자와 제후의 궁궐은 네 개이고, 대부(大夫)의 집은 앞과 뒤에 두 개이며, 선비의 집은 전면에 한 개이니 영구차의 물받이도 신분에 따라 같은 수로 하여야 됨을 밝혔다.

3-44-8 ──────── 君이 卽位하면 而爲椑하야 歲一漆之하야 藏焉하나라.

『임금이 즉위하면 널을 만들어 해마다 한 번 옻칠을 하여 보관하니라.』

◉ 이 절은 임금이 즉위하면 이관(杝棺)이나 재궁(梓宮)을 미리 준비하여 뜻밖의 변고에 대비해야 됨을 밝혔다.

벽(椑)은 임금의 관(棺)이고, 장(藏)은 감추어 보관함이다.

국장(國葬)은 존엄하므로 모든 물건을 완비해야 되기 때문에 피나무나 가래나무로 널을 미리 만들어 보관토록 하되 해마다 한 번씩 칠을 하여 미완성을 뜻하게 하였다.

3-44-9 ──────── 復에 楔齒와 綴足과 飯과 設飾과 帷堂을 並作하느니라.

『처음 죽어서 영혼을 부르는 복을 할 때에 주검의 이를 벌림과 발을 잇대어 묶음과 주검의 입에 물릴 쌀과 주검을 목욕하고 입힐 옷, 홑이불과 대청에 설치할 휘장을 아울러 만드니라.』

◉ 이 절은 사람이 처음 죽으면 당일에 거행할 의식절차를 아울러 준비하는 것이 예절임을 기술하였다.

복(復)은 사람이 처음 죽음에 그 웃옷을 들고 지붕에 올라가서 북쪽을 향하여 "아무개의 영혼은 돌아오시오"라고 세 번 외치고 그 옷을 시신의 가슴 위에 덮어서 살아나기를 바라는 의식이다. 설치(楔

齒)는 염습(殮襲)을 하기 전에 입에 낟알을 물리기 위하여 시체의 이를 벌리는 일이며, 철족(綴足)은 시신의 발을 잇대어 끈으로 매는 것인데 사람이 죽으면 몸이 식어서 굳어지는 까닭에 처음 죽어 복(復)할 때에 살아나기를 바라면서도 또한 염습(殮襲)하기 좋게 시신의 체형을 미리 바로잡아서 살아나지 않을 때를 대비하는 것이다. 반(飯)은 반함(飯含)할 쌀을 깨끗이 씻어 불리는 일이며, 식(飾)은 시신에게 입힐 습의(襲衣)와 홑이불이요, 유당(帷堂)은 앞에 3-43-17에서 이미 해설하였다.

3-44-10 ──────────────────────── 父兄은 命赴者니라.

『아버지와 형은 부고하는 사람에게 시키느니라.』

◉ 이 절은 집안에 초상이 나면 아버지와 형이 일가친지에게 부고(訃告)해야 되는 예절을 기술하였다.

명(命)은 명령하여 시킴이고, 부(赴)는 앞에 3-43-10에서 이미 해설하였다.

예절에 사람이 죽으면 그 아들이 호상(護喪)을 정해서 부고(訃告)하게 하는데, 만일 어린 아들이나 아우가 죽었을 때에는 그 아버지나 형이 사람을 시켜서 부고를 할 책임이 있음을 밝혔다.

3-44-11 ──────────────────────── 君은 復於小寢과 大寢과

소조 태조 고문 사교
小祖와 大祖와 庫門과 四郊하니라.

『임금은 처음 승하함에 대궐의 편전과 정전, 종묘의 고조 이하와 태조의 침과 대궐의 바깥문과 사방의 교외에서 영혼을 부르는 복을 하니라.』

☯ 이 절은 임금이 승하하여 초혼(招魂)의 복(復)을 하는 곳을 기술하였으니 사람은 죽음에 그 영혼이 살아서 활동하던 곳으로 돌아감을 알 것이다.

소침(小寢)은 임금이 평상시에 기거하는 편전(便殿)이고, 대침(大寢)은 임금이 공식행사를 하는 대궐의 정전(正殿)이니 로침(路寢)이라고도 한다. 소조(小祖)는 고조(高祖) 이하의 사당에 있는 침전(寢殿)이요, 태조(大祖)는 천자의 시조(始祖)나 제후(諸侯)의 태조(太祖)를 모신 사당의 침전(寢殿)이며, 고문(庫門)은 천자궁(天子宮)에 다섯 궁문의 하나이고, 제후궁(諸侯宮)의 외문(外門)이며, 사교(四郊)는 도읍의 사방에 있는 가까운 교(郊) 지역이다.

이 지역은 모두 임금이 평상시에 거처하며 왕래한 곳인즉, 죽어서 영혼도 이곳에 머물러 있으므로 다른 데서 부를 필요가 없는 것이다.

상 불 박 전 야 여　　제 육 야 여
3-44-12─────────────────喪不剝奠也與는 祭肉也與인저

『상사에 제물을 올림에 상보를 벗기지 아니함은 제사 지내는 고기인저』

◑ 이 절은 상사(喪事)에 행사는 거의 밖에서 거행하므로 음식물을 깨끗이 차리고 상보로 덮어서 먼지가 묻지 않도록 유의하여야 됨을 밝혔다.

박(剝)은 덮은 상보를 벗김이니 준비과정에서는 상보를 덮어 두었다가 행사 직전에 덮개를 열거나 상보를 벗기고 제사를 지내라는 뜻이다.

무릇 제사는 첫째가 깨끗함이고, 둘째가 정성이니 제물이 깨끗하지 못하면 정성이 어디에 깃들 것인가?

3-44-13ㅡㅡㅡㅡㅡㅡㅡㅡㅡㅡㅡ 旣殯하고 旬而布材與明器하니라.

『이미 빈소를 설치하고 10일 동안 재목과 저승의 기구를 널어 말리느니라.』

◑ 이 절은 대렴(大斂)하여 입관(入棺)한 다음에는 장례준비를 하여야 됨을 밝혔다.

순(旬)은 10일이고, 포(布)는 분포니 널어서 말리는 것이요, 재(材)는 곽(槨)과 상여 등을 만드는 재목이며, 명기(明器)는 앞에 3-43-12에서 이미 해설하였다.

3-44-14ㅡㅡㅡㅡㅡㅡㅡㅡㅡㅡㅡ 朝奠은 日出하고 夕奠은 逮日하니라.

『아침에 올리는 제사밥상은 해 뜰 녘에 하고, 저녁에 올리는 제사
밥상은 해 질 녘에 하니라.』

◑ 이 절은 초상에 아침저녁으로 전(奠)을 올리는 시간을 밝혔으
니 죽은 사람을 살아 있는 사람처럼 받드는 원리이다.

조전(朝奠)은 아침상식(上食)이요, 석전(夕奠)은 저녁상식이며, 체
(逮)는 미치는 것이니, 체일(逮日)은 해가 서산에 이름이다. 무릇 해
가 있으면 밝고, 밝으면 깨끗이 할 수 있는 것이다.

3-44-15 ──────────────────────── 父母之喪에 哭無時하며
使하면 必知其反也니라.

『아버지와 어머니의 상에는 곡함에 때가 없으며, 사신이 되면 반
드시 그 돌아옴을 알리느니라.』

◑ 이 절은 어버이의 상복을 입으면 무한히 슬퍼해도 되고, 또 나
라를 위하여 복무할 수 있지만 곧 돌아와야 됨을 기술하였다.

대저 곡(哭)하는 절도는 빈소(殯所)를 설치하기 전에는 울음소리
가 그치지 않고, 빈소를 이미 설치하면 아침저녁으로 상식(上食)할
때에 울며, 졸곡(卒哭)이 이미 지나면 초하루와 보름에 아침 상식할
때에 곡하는 것이나 어버이가 그리워 슬픔이 지극하면 무시로 곡할
수 있는 것이다. 또한 소상(小祥)이 지나서는 나라를 위하여 중요한
책임을 맡아 사신까지도 될 수 있지만, 그러나 그 임무를 완수하면

즉시 돌아와서 어버이의 영전에 알려야 하는 것이다.

3-44-16 ──────────────────────── 練에 練衣는 黃裏하고 縓緣하며

『소상에 빨아 입는 상복은 중의에 안감을 노란색 천으로 하고, 얕은 붉은색으로 깃과 소매에 선을 두르며』

◑ 이 절은 소상복(小祥服)에 대한 구체적 내용을 기술하였으니 다음 절과 이어진 문장이다.

연(練)은 죽은 지 1주기가 된 소상(小祥)이요, 연의(練衣)는 소상에 입는 상복이니 곧 1년 동안 입은 상복을 빨아서 입는 옷이다. 황리(黃裏)는 속에 입는 중의(中衣)의 안감을 노란색 천으로 함이요, 전(縓)은 얕은 붉은색이며, 연(緣)은 옷 끝에 선을 두르는 것인데 곧 중의(中衣)의 깃과 소매에 얕은 붉은색 선을 두르는 것이다.

이것은 상복을 빨아서 색이 바랬지만 속마음은 진실하고 예절을 끝까지 지킨다는 뜻이다.

3-44-17 ──────────────────────── 葛要絰하며 繩屨無絇하며

『칡베로 만든 허리띠를 매며, 짚신을 신되 신 끝에 매달린 장식은 없으며』

◑ 이 절은 앞 절에 이어 소상복에 갖추는 요질(要絰)과 신을 기록하였다.

갈요질(葛要絰)은 소상에 매는 남자의 허리띠로 앞에 3-44-4의 부인과 다름을 확인하기 바라며, 승구(繩屨)는 소상에 신은 신으로 새끼를 꼬아서 만든 짚신이다. 구(絇)는 신코를 꾸민 것인데 신 끝에 달린 장식이다.

대저 초상에 상주는 관구(菅屨)를 신으니 곧 엄짚신으로 왕골이나 띠로 짚신처럼 만들되 총을 드문드문 따고 흰 종이로 총돌기를 감아서 만든다. 이에 졸곡이 되면 참최는 추구(麤屨)로 바꾸어 신으니 곧 엉성한 짚신이며, 자최는 소구(疏屨)를 신으니 이것은 삼으로 성기게 만든 짚신이며, 모두 신코를 꾸미는 장식이 없다.

이것은 처음 초상을 당함에는 걸을 힘이 없어서 약한 소재로 신을 만들었으나 점점 기력을 회복하므로 튼튼한 신발로 바꾸어 기운을 되찾는다는 뜻이다.

3-44-18 ——————————————————————————————— 角^각瑱^전하며

『뿔로 귀막이를 하며』

◑ 이 절은 앞 절에 이어 소상에는 뿔로 귀막이의 장식을 하는 것을 밝혔다.

각(角)은 뿔이고, 전(瑱)은 귀막이를 하는 것이다.

이것은 두 가지 뜻이 있으니 소상 전에는 슬픔이 커서 외부의 소

리가 들리지 않으므로 귀막이가 필요 없으나 소상 뒤에는 마음이 안
정하여 밖에 소리가 들리기 시작하기 때문에 귀를 막을 필요가 있으
며, 길사(吉事)에는 옥으로 귀막이 장식을 하는 것이므로 이제 소상
이 되었으니 흉사(凶事) 중에 약간 길사(吉事)로 변화시킬 때가 되
었음을 인정하는 것이다.

3-44-19──────────── 鹿裘를 衡長袪하니 袪하고 裼之가 可也니라.

『사슴가죽옷을 가로와 길이를 확대하고, 소매를 걷어 올리니 소매
를 걷어 올리고, 등거리를 입음이 옳으니라.』

◑ 이 절은 앞 절에 이어 소상이 지나면 상복 속에 가죽 옷을 든
든히 입어서 체온을 유지토록 하여야 됨을 밝혔다.

록구(鹿裘)는 사슴가죽옷이니 겨울옷이요, 횡(衡)은 횡(橫)과 같
으니 가로이며, 장(長)은 옷의 길이이다. 거(袪)는 가죽옷의 소매를
걷어 올려서 팔을 따뜻하게 함이니 모두 1년 동안 초췌한 상주(喪
主)의 몸을 따뜻하게 하려는 배려이다. 석(裼)은 앞에 3-40-6에서
이미 해설하였다.

학자는 여기에서 초상으로부터 소상까지는 죽은 사람을 위주로 슬
퍼하고, 소상으로부터 대상까지는 산 사람을 위주로 건강을 보살피는
예절정신을 인식하여 소상의 의미가 중대함을 깨닫기 바란다.

有殯에 聞遠兄弟之喪하면 雖緦라도 必往이니 非兄弟면 雖隣이라도 不往이니라.

『빈소가 있는데 먼 곳에 사는 형제의 상을 들으면 비록 시마복이라도 반드시 가나니 형제가 아니면 비록 이웃이라도 가지 아니하니라.』

◐ 이 절은 집에 빈소(殯所)가 있을 때에 다른 초상집에 조문을 가지 않는 것이 원칙이지만 집안의 형제가 죽으면 조문을 가야 됨을 밝혔다.

원(遠)은 거리가 먼 곳이고, 시(緦)는 시마(緦麻) 3월의 상복인데 이것은 8촌형제, 즉 3종(三從) 형제의 상복이니 곧 고조(高祖)가 같은 형제로 그 정의와 도리가 각별한 사이이다.

所識이면 其兄弟之不同居者라도 皆吊하니라.

『아는 바이면 그 형제가 함께 살지 않는 사람이라도 모두 조문하니라.』

◐ 이 절은 평소에 얼굴을 아는 사람이 죽거나 상을 당하면 조문하는 것이 예절임을 밝혔다.

소식(所識)은 서로 얼굴을 알고 지내는 사람이 죽거나 상(喪)을 당함이고, 기형제(其兄弟)는 서로 알고 지내는 사람의 형제이며, 동거(同居)는 한집에서 같이 사는 것이다.

유교(儒敎)의 조문의례(吊問儀禮)는 5륜(五倫)의 인간관계를 기초로
해서 그 이웃과 아는 사이로 확대됨으로써 흉사(凶事)에 많은 사람이
조문하고 왕래 교류하는 사회화합의 길을 열었으니 깊이 생각하라.

3-45-1 ──────────────── 天子之棺은 四重하야 水兕革棺을 被之하되
其厚三寸이요 枇棺一과 梓棺二니 四者를 皆周니라.

『천자의 속널은 네 겹으로 하여 물소와 외뿔 난 들소의 가죽으로
속널을 입히되 그 두께가 3촌(寸)이요, 피나무 속널이 하나이고, 가
래나무 속널이 둘이니 네 개를 모두 둘러싸니라.』

◑ 이 장은 천자(天子)의 상례(喪禮)에 대한 중요사항을 기술하였
으니 일반인은 사용할 수 없는 것이다.

사중(四重)은 네 겹이고, 수(水)는 수우(水牛)니 물소이며, 시(兕)
는 외뿔 난 들소이다. 물소가죽과 외뿔 난 들소의 가죽은 내습력(耐
濕力)이 강하므로 이것으로 가죽 속널을 붙여서 만드는 것이니, 피
(被)는 두 가지 가죽을 합하여 붙이는 것이요, 후(厚)는 가죽 속널의
두께이다. 이관(枇棺)은 피나무 속널이고, 재관(梓棺)은 가래나무 속
널이니 모두 내습력이 강한 재목으로 앞에 3-44-8에서 이미 해설
하였고, 사(四)는 가죽 속널 밖에 피나무 속널을 하고, 또 그 밖에는
가래나무 속널이 두 개이니 모두 네 겹의 속널이요, 주(周)는 앞에 3
-44-1에서 이미 해설하였다. 오직 바깥널인 곽(槨)은 둘러싸지 아
니하나니, 아래에는 인(茵: 요)을 깔고, 위에는 항석(抗席: 먼지를

막기 위하여 널을 덮는 자리)을 덮는 까닭이다.

3-45-2 ──────────────── 棺束은 縮二衡三이니 衽은 每束에 一이니라.

『속널의 결속은 세로가 둘이고, 가로가 셋이니, 짤뚝허리는 매 결
속마다 하나씩이니라.』

◓ 이 절은 속널을 만듦에 널조각을 붙여서 조립하는 방법을 기술
하였으니 못을 박아 봉쇄하지 않고 해체가 가능하도록 조립하여 짤
뚝허리로 결속시켜서 만일 널 속에 주검이 되살아나서 두드리면 저
절로 널이 열리게 함을 밝혔다.

속(束)은 결속(結束)함이고, 축(縮)은 세로, 횡(衡)은 가로이며, 임
(衽)은 짧은 나무로 양쪽 끝은 크고 가운데는 작게 만들어 마치 삼
각형 두 개가 붙어 있는 ⊠ 모양인데 두 널판자가 결합하는 곳을 같
은 모양으로 파서 끼워 붙이는 짤뚝허리이다.

3-45-3 ──────────────── 柏椁은 以端이니 長이 六尺이니라.

『잣나무로 만든 바깥 널은 우수리로 하니 길이가 6척이니라.』

◓ 이 절은 천자(天子)의 곽(椁)은 잣나무로 만들되 속널을 넣고
도 우수리가 6척이 남도록 여유가 있어야 됨을 기술하였다.

백(柏)은 잣나무요, 단(端)은 단수(端數)이니 우수리 또는 덤인데
일정한 수치보다 여분이 있는 것이며, 장(長)은 우수리의 길이이며,
6척은 양쪽에 3척씩 공간을 둠이다.

전배들은 단(端)을 머리로 보았으니 전혀 뜻이 통하지 않은 오역
이기에 내가 바로잡았으니 살피기 바란다.

3-45-4 ──────────────────── 天子之哭諸侯也에 爵弁経紂衣니라.

『천자가 제후의 죽음에 곡함에는 회색고깔에 삼베로 띠를 하고,
검은 옷을 입으니라.』

◉ 이 절은 천자(天子)가 제후(諸侯)의 죽음에 분향소를 설치하고
곡(哭)할 때에 입는 조복(弔服)을 기술하였다.

작(爵)은 참새의 색깔로 곧 회색이고, 변(弁)은 고깔모자이며, 질
(経)은 삼베로 만든 수질(首経)이요, 치(紂)는 치(緇)니 검은색이다.

살피건대 제후(諸侯)가 훙(薨)하여 천자에게 부고(訃告)를 전하는
사신이 오면 천자국에서는 분향소를 설치하여 곡(哭)하고 조의를 표
함에 동성(同姓) 제후는 태묘(太廟) 내에서 하고, 이성(異姓) 제후는
태묘 밖에서 하나니 앞에 3-32-2를 참고하기 바란다. 특히 『주례
(周禮)』에 왕이 제후의 죽음에 조문함에는 변질(弁経), 시최(緦衰)의
조복(弔服)을 입는다고 하였으나 여기에서는 직접 조문을 가지 않고
임시로 분향소를 설치하여 멀리 조의를 표하기 때문에 검은 옷으로
바꾸었다.

3-45-5 ── 或이 曰使有司哭之라 하니라.

『어떤 때는 말하기를 책임자로 하여금 곡하게 한다고 하니라.』

　☯ 이 절은 간혹 천자가 책임자에게 대신으로 곡(哭)을 하도록 시킬 수 있음을 기술하였으니 천자에게 중대한 일이 있거나 질병이 있을 경우이다.

　유사(有司)는 공경(公卿)으로 외교의전을 담당한 각료급이다.

3-45-6 ── 爲之하야 不以樂食이니라.

『제후의 죽음을 애도하여 음악과 음식을 하지 않으니라.』

　☯ 이 절은 앞에 두 절의 분향소에서 곡을 하였으면 천자가 제후의 죽음을 애도하여 음악연주와 음식 먹는 모임을 주최하지 아니함을 밝혔다.

　위지(爲之)는 애도를 표하기 위함이고, 악(樂)은 음악이요, 식(食)은 음식이다.

　천자가 제후를 추모하여야 제후가 천자를 사모하는 것이다.

3-45-7 ──────────────────────────────── 天子之殯也엔 菆塗龍輴하야 以椁하고
加斧于椁上하고 畢塗屋이 天子之禮也니라.

『천자의 빈소에는 풀로 천자의 상여를 두껍게 덮어서 바깥 널을
만들고, 바깥 널의 위에 좁고 뾰족한 도끼처럼 풀을 쌓아 두터운 지
붕을 완성하여 마침이 천자의 상례이니라.』

◉ 이 절은 천자(天子)의 빈궁(殯宮)을 만드는 제도를 기술하였으
니 천자의 장례는 7개월이 되어야 하므로 장기적인 대책이 필요함을
밝혔다.

찬(菆)은 초빈(草殯)이니 풀로 덮어 빈소를 만드는 것이고, 도(塗)
는 두껍게 쌓은 모양이며, 용순(龍輴)은 용을 그린 긴 통나무 두 개
를 밑에 깔고 상여처럼 만든 천자의 빈궁(殯宮) 밑에 까는 상여이다.
부(斧)는 앞에 3-44-3에서 이미 해설하였고, 필(畢)은 완성하여 마
침이며, 도옥(塗屋)은 풀을 두껍게 쌓아 초가집의 지붕처럼 만드는
것이다.

전배들이 찬(菆)과 도(塗)와 부(斧)의 뜻을 알지 못하여 괴상하게
해석한 것을 내가 처음으로 바로잡았으니 살피기 바란다.

3-45-8 ──────────────────────── 唯天子之喪에 有別姓而哭이니라.

『오직 천자의 상에 성씨를 분별하여 곡함이 있느니라.』

◉ 이 절은 천자국의 모든 관혼제(冠昏祭)와 조정행사가 관직을
기준으로 좌석을 배열하지만 오직 천자의 죽음에 조상(吊喪)할 때에
는 동성(同姓)과 이성(異姓)을 기준으로 곡(哭)하는 자리를 만들어
야 함을 밝혔다.

이것은 상복(喪服)은 혈연(血緣)을 기준으로 하고, 관복(官服)은 작위(爵位)를 기준으로 하는 까닭이니 오해가 없기를 바란다.

3-45-9 ──────────── 魯哀公이 誄孔丘하야 曰天不遺耆老하야

莫相予位焉하니 嗚呼哀哉라 尼父여

『노나라 애공이 공구에게 시호를 내려 말하기를 하늘이 늙은이를 남기지 아니하여 나의 임금 자리를 돕지 못하게 하니 오호라, 슬프도다, 이보여』

◉ 이 절은 오직 천자(天子)만이 시호(諡號)를 내릴 수 있음을 기술하기 위하여 노나라 애공(哀公)이 공자에게 내린 이보(尼父)라는 시호는 무효임을 선언하였다.

뢰(誄)는 시(諡)를 내림이고, 구(丘)는 공자의 이름인데 시장(諡狀)이므로 이름을 썼다. 상(相)은 돕는 것이요, 이보(尼父)는 본래 중니(仲尼)라는 공자의 자(字)에 보(父)라는 남자의 미칭(美稱)을 붙여 공자의 시호로 내린 것이다.

당시에 자하(子夏) 등의 제자들이 이 시호를 거부하여 말하기를 애공(哀公)이 공자가 살아서는 등용하지 않고 그 죽음에 감히 제후로서 천자의 권능인 시호를 내림은 모두 예절이 아님을 지적하고, 그 시호를 받아들이지 아니하였으니 옳은 일이다.

살피건대 『춘추좌전(春秋左傳)』에도 이 뢰문(誄文)이 있는데, 그 내용이 조금 다른바, 그 문투로 보아 여기에 있는 경문(經文)이 조금

겸손하여 원문에 가까운 듯하다.

3-46-1 ──────────────────────── 國亡이어든 大縣邑公卿大夫士가
皆厭冠으로 哭於泰廟三日하고 君은
不擧니 或曰君은 擧而哭於后土니라.

『나라가 망하거든 큰 고을과 큰 도읍의 공·경·대부·선비가 모두 상복으로 태묘에서 3일 동안 곡을 하고, 임금은 거동하지 않으니 어떤 사람이 말하기를 임금은 거동하여 땅에서 곡을 한다고 하니라.』

◉ 이 장은 제후국(諸侯國)의 임금과 관료들의 다양한 의전을 기술하였으니 여기에서는 나라가 망하는 날에 취할 행동을 밝혔다.

국(國)은 제후의 나라이고, 대현(大縣)은 주현(州縣)이며, 대읍(大邑)은 제후국의 도읍(都邑)이다. 엽관(厭冠)은 앞에 2-3-2에서 이미 해설한 상관(喪冠)이니 나라를 잃었으므로 상복(喪服)을 입은 것이고, 태묘(泰廟)는 천자국의 태묘(太廟)이며, 군(君)은 나라를 잃은 제후이다. 거(擧)는 거동(擧動)하여 행차(行次)함이고, 후토(后土)는 땅이다.

살피건대 지방국가가 전쟁이나 변란으로 망하면 그 공경과 대부와 선비는 상복을 입고 중앙정부의 태묘(太廟)에 가서 곡(哭)하여 천자의 구원(救援)을 호소하고, 그 임금은 감히 천자국에 오지 못하고 땅에서 곡(哭)하여 국가를 수호하지 못한 책임을 뉘우치게 하였으니, 여기에서 임금은 국토를 사수(死守)할 책임이 있고, 대부(大夫)는 인

민을 보호할 책임이 있으며, 선비는 국법제도를 지킬 책임이 있는 것
을 알아야 한다.

3-46-2 ─────────────────────────────── 孔子는 惡野哭者하시니라.

『공자는 들판에서 곡하는 사람을 미워하시니라.』

　◑ 이 절은 나라와 가정을 잃고 천자국에 호소할 면목도 없어서
길에서 방황하며 곡(哭)하는 사람은 동정도 받지 못한다는 사실을
기술하였다.
　오(惡)는 미워함이고, 야곡자(野哭者)는 종묘(宗廟)와 가묘(家廟)
를 잃고 떠돌아다니며 들판에서 곡하는 딱한 사람이니 무책임한 임
금과 관료를 누가 동정하겠는가?

3-46-3 ─────── 未仕者는 不敢稅人이니 如稅人인댄 則以父兄之命이니라.

『일하지 않은 사람은 감히 사람에게 답례품을 주지 못하니 만약에
사람에게 답례품을 증정할진댄 곧 아버지나 형님의 명령으로 하니라.』

　◑ 이 절은 사람에게 보답하는 물건은 반드시 자기의 노력으로 해
야 됨을 밝혔다.
　사(仕)는 사(事)와 같으니 일을 하여 소득을 얻는 것이며, 탈(稅)

은 가지고 있는 것을 풀어서 보답으로 주는 유(遺)인데, 유(遺)는 앞에 1-22-1에서 이미 해설하였으니 가지고 있던 물건을 답례품으로 무상 증여함이다.

스스로 일하여 구입한 물건은 마음대로 남에게 줄 수 있지만 부모나 형에게서 받은 물건은 반드시 그 허락을 받아서 남에게 주는 것이 도리이다.

3-46-4 ───────────────────── 士가 備入而后에 朝夕踊하니라.

『선비가 갖추어 들어온 이후에 아침저녁에 곡하고 뛰니라.』

◉ 이 절은 임금이 승하했을 때 신하들이 아침저녁으로 곡용(哭踊)하는바, 곡(哭)은 들어와 자리에 앉은 순서로 시작하지만, 용(踊)은 하급관료까지 모두 갖추어 들어온 뒤에 함께해야 됨을 밝혔다.

대저 곡(哭)을 하여 슬픔이 극도에 이르면 저절로 뛰는 것이니, 예절은 시작은 각각 하여도 극치에서 끝내는 것은 일제히 함께하는 것을 숭상한다.

3-46-5 ───────────── 祥而縞하며 是月에 禫하고 徙月에 樂하니라.

『대상이면 흰 관에 흰 선을 두른 옷을 입으며, 이달에 회색의 담복을 입고, 달을 넘겨 음악을 연주하니라.』

　☯ 이 절은 대상(大祥)을 지내고 정상생활로 복귀하는 절도를 기술
하였으니 흉복(凶服)에서 길복(吉服)으로, 슬픔에서 기쁨으로 애써 전
환하려고 노력해야 됨을 밝혔는바, 모든 예절은 끝냄이 있는 것이다.

　상(祥)은 대상(大祥)이니 2주기(二周期)가 됨이요, 호(縞)는 호관
(縞冠) 비의(紕衣)로 흰 관에 흰 선을 두른 옷을 대상일(大祥日)에
입는다. 시월(是月)은 대상을 지낸 달이고, 담(禫)은 담제(禫祭)를
지낼 때에 입는 담복(禫服)이니 회색의 비단옷이고, 사월(徙月)은 달
을 넘기는 것이요, 악(樂)은 음악을 연주함이니 정상생활을 뜻한다.

　살펴건대 이 경문(經文)으로 보면 대상(大祥)을 지낸 달에 또 담
제(禫祭)를 지내고 달을 넘겨 정상생활로 돌아간다고 하였으니 기년
복(期年服)에는 11월에 연(練)하고, 13월에 대상(大祥)하고 15월에
담(禫)하지만 3년복(三年服)에는 25월에 대상(大祥)하고 이달에 담
(禫)까지 마치는 것을 알 수 있다.

　이것은 예절이 부족한 것은 보태 주고, 남는 것은 잘라 내는 조절
능력을 보임이니, 일이란 촉박하면 마음이 충동하고, 늦어지면 몸이
게을러지기 때문에, 안정 속에 경건함을 잃지 않기 위하여 스스로 조
절한 것이다.

3-46-6 ─────────────────────────── 君은 於士에 有賜帟이니라.

『임금은 선비의 죽음에 작은 장막을 하사함이 있느니라.』

　☯ 이 절은 임금이 선비의 장례식에 사용할 천막을 내려 주는 예

절을 기술하였다.

역(帟)은 작은 장막 또는 천막이니 대부(大夫) 이상은 집에 갖추어 있으므로 내리지 않고, 선비는 가난하여 없기 때문에 장례식에 햇볕과 비와 바람을 막기 위한 천막을 내려 주는 것이다.

전배들은 이 장막의 용도를 빈소(殯所)를 덮기 위한 것이라고 하였으나 옳지 않다. 빈소는 이미 초빈(草殯)으로 지붕을 하였거늘 그 위에 다시 천막을 칠 이유가 없다.

4. 단궁(檀弓) 하(下)

편명해제는 앞에 단궁(檀弓) 상(上)을 보라.

4-1-1 ──────────────────────── 君之適長殤은 車三乘이요
公之庶長殤은 車一乘이요
大夫之適長殤은 車一乘이니라.

『임금의 맏아들로 자란 어린 죽음은 파견하여 맞이하는 수레가 3대이고, 제후의 여러 아들로 자란 어린 죽음은 파견하여 맞이하는 수레가 1대이고, 대부의 맏아들로 자란 어린 죽음은 파견하여 맞이하는 수레가 1대이니라.』

◉ 이 장은 장례의식에 대한 여러 가지의 절도를 기술하였으니 특히 신분에 대한 차별성을 강조하였다.

군(君)은 나라를 다스리는 임금이고, 공(公)은 공(公), 후(侯), 백(伯), 자(子), 남(男)의 작위가 있는 제후를 총칭한다. 적(適)은 적자(適子)이니 정실부인이 낳은 맏아들이고, 장상(長殤)은 16세에서 19세까지의 죽음이니 자란 어린 죽음인데 대공(大功) 9월의 복을 입는다. 대저 미성년자의 죽음은 상(喪)이라고 하지 않고 상(殤)이라고 하여 12세로부터 15세까지의 죽음을 중상(中殤: 가운데 어린 죽음)이라 하며 역시 대공 9월의 복을 입고, 8세부터 11세까지의 죽음을

하상(下殤: 아래 어린 죽음)이라고 하며 소공(小功) 5월의 복을 입는데, 7세 이하의 죽음은 복을 입지 않고 날로써 달을 바꾸며, 출생한 지 3개월이 안 되면 상(殤)으로 인정하지 아니한다. 거(車)는 견거(遣車)이니 영구차에 앞서 가면서 영혼을 묘지로 마중하도록 파견하는 매우 작은 수레로 사람이 앞뒤에서 들고 가며, 발인제(發靷祭)의 음식을 조금 싣고 가서 장사 지낼 때에 겉널 속에 넣어 준다. 서(庶)는 서자(庶子)로 적장자(嫡長子) 이외의 모든 아들을 총칭하나니 예절에서의 적자와 서자를 정실(正室)의 아들과 첩(妾)의 아들로 분류하여 해석해서는 안 된다.

이것은 어린 영혼(靈魂)이 저승길을 떠남에 외롭지 않게 하기 위하여 특별히 명기(明器)를 만들어 앞에 가면서 영혼을 마중하도록 특별 파견한 수레니 그 의미가 심장하도다.

4-1-2 ───────────────── 

公之喪에 諸達官之長이 杖하니라.

『제후의 상에 여러 보고하는 관청의 책임자는 지팡이를 짚으니라.』

◐ 이 절은 임금의 죽음에 그 조정의 직속기관장은 지팡이를 짚을 정도로 애도할 의리가 있음을 밝혔다.

달관(達官)은 직접 전달하는 관청이고, 장(長)은 책임자이며, 장(杖)은 상장(喪杖)이다.

중앙의 각부장관과 지방의 감사가 지팡이를 짚으면 그 이외의 관료는 지팡이가 없는 것을 알 수 있다.

4-1-3 ── 君이 於大夫에 將葬할새 吊於宮하고
及出하야 命引之하면 三步則止니
如是者가 三이면 君이 退하나니라.
朝亦如之하며 哀次에 亦如之니라.

『임금이 대부의 상에 장사 지내기 위하여 떠나는 것을 이별하여 보낼 때에는 빈궁에서 조위하고, 상여가 출발함에 미쳐 인도하라고 명령하면 세 걸음을 가서 곧 멈추나니, 이와 같이 하는 것이 세 번이면 임금이 물러가니라. 조상의 사당에 뵈고 떠날 때에도 또한 그와 같이 하며, 슬픈 곳을 지남에 또한 그와 같이 하니라.』

☯ 이 절은 상여가 조상이나 임금이나 정든 곳을 떠날 때에는 세 걸음을 가서 한 번 멈추기를 세 번 하고 떠나는 삼보일지(三步一止)의 운구법(運柩法)을 기술하였다.

대부(大夫)는 대부의 상(喪)이요, 장(將)은 보냄이니, 장장(將葬)은 곧 송장(送葬)으로 장사 지내기 위하여 상여가 떠나는 것을 이별하여 보냄이다. 궁(宮)은 빈궁(殯宮)이요, 출(出)은 상여가 출발함이며, 인(引)은 인도(引導)함이다. 삼보즉지(三步則止)는 상여가 헤어지기 섭섭하여 세 걸음을 가서는 곧 멈춤이니 발길이 잘 떨어지지 않음을 상징하고, 삼(三)은 세 번 반복함이다. 조(朝)는 조조(朝祖)니 죽은 사람이 발인(發靷)하기 전에 조상의 사당에 이별을 알리는 예절로 구(柩)를 조상의 사당 앞으로 옮겨 전(奠)을 올리고 곡(哭)한 다음에 발인할 장소로 떠날 때와 발인하여 집을 떠날 때이며, 애차(哀次)는 슬픈 곳을 지나감이니 헤어지기 섭섭한 사람이나 집 또는 지역을 지나갈 때이다.

4-2-1───────────────── 五十^{오십}에 無車者^{무거자}는 不越疆而吊人^{불월강이조인}하니라.

『50세에 수레가 없는 사람은 국경을 넘어가서 사람을 조문하지 않으니라.』

◉ 이 장은 조상(吊喪)과 문병(問病)에 대한 여러 가지 예절을 기술하였으니, 여기에서는 50에 체력이 쇠퇴하기 시작하므로 먼 길을 감당키 어려운 까닭에 차가 없으면 직접 가지 말고 다른 방법을 택하라고 하였다.

강(疆)은 국경이나 또는 지방의 경계이다.

4-2-2 ───────────── 季武子^{계무자}가 寢疾^{침질}이어늘 蟜固^{교고}가 不說齊衰而入見^{불탈자최이입견}하야
曰斯道也^{왈사도야}가 將亡矣^{장망의}로다 士^사는 唯公門^{유공문}에 說齊衰^{탈자최}라 하니라
武子^{무자}가 曰不亦善乎^{왈불역선호}아 君子^{군자}는 表微^{표미}라 하니라
及其喪也^{급기상야}하야 曾點^{증점}이 倚其門而歌^{의기문이가}하니라.

『계무자가 질병을 앓아눕거늘 교고가 자최의 상복을 벗지 않고 들어가 보면서 말하기를, 이 도가 장차 망하리로다. 선비는 오직 임금의 문에만 자최의 상복을 벗고 들어간다고 하니라. 무자가 말하기를 또한 좋지 않으리오. 군자는 은미한 이치를 표창하여 드러낸다고 하

니라. 그 죽음에 미쳐 증점이 그 대문에 기대어 노래를 하니라.』

　☯ 이 절은 난신적자(亂臣賊子)의 죽음에 조상(弔喪)하지 않음과 상복(喪服)을 입고 출입할 수 없는 곳은 오직 임금이 거처하는 대궐의 문임을 기술하였다.

　계무자(季武子)는 춘추시대에 노(魯)나라 대부(大夫)로서, 권력을 독천한 계손숙(季孫夙)이니 임금을 능가하는 실권을 가졌기 때문에 그 집에 들어가는 사람이 마치 대궐에 들어가듯이 조심하였다. 교고(蟜固)는 노나라의 용기 있는 선비이고, 탈(說)은 탈(脫)이며, 사도(斯道)는 상복을 입고 대궐에 들어가지 아니하는 유도(儒道)의 예절이고, 장망(將亡)은 장차 망한다는 말로 사람들이 계무자의 집에는 대궐처럼 생각하여 상복을 입고 감히 들어오지 못한다는 뜻이다. 표미(表微)는 은미(隱微)한 이치를 표창하여 뚜렷하게 나타냄이요, 증점(曾點)은 증자(曾子)의 아버지 성명이니, 자(字)가 석(晳)이다.

　임금을 능가한 권력을 휘두르며 나라를 어지럽힌 난신적자(亂臣賊子)에게 교고(蟜固)는 상복을 입고 문병하여 계무자는 임금이 아니고 신하임을 경고하였고, 증점(曾點)은 그 문에 기대어 노래를 불러서 권력을 농단하여 사리사욕을 채우고 부정비리를 일삼은 탐관오리의 죽음은 슬퍼할 일이 아니라 기뻐할 일임을 깨우쳤으니, 계무자는 결단코 예장(禮葬)감이 아니고 매장(埋葬)감임을 엄중히 심판하였다.

　학자는 여기에서 나라를 어지럽힌 권력자의 죽음에 조상(弔喪)하는 것이 얼마나 부끄러운 행위인지를 똑똑히 알아야 한다. 왜냐하면 전배들은 여기에서 도리어 증점(曾點)이 폐례(廢禮)한 것을 비웃었다고 해석하였으니 짧은 식견으로 어찌 깊은 속을 엿보겠는가?

4-2-3 ─────────────── 大夫가 吊어든 當事而至則辭焉이니라

吊於人하고는 是日에 不樂이니라

婦人은 不越疆而吊人이니라

行吊之日에는 不飮酒食肉焉이니라.

『대부가 조문하거든 상주가 일을 하고 있는데 이르면 잠깐 기다리라고 말씀을 드리니라. 사람에게 조문하고는 이날에 음악을 아니 하니라. 부인은 국경을 넘어가서 사람에게 조문하지 아니하니라. 조문을 행한 날에는 술을 마시거나 고기를 먹지 않으니라.』

◯ 이 절은 조문을 하는 자세를 기술하였으니 마땅히 경건하게 애도하는 마음을 하루 동안 간직하라고 하였다.

대부(大夫)는 높은 관료요, 당사(當事)는 상주(喪主)가 소렴·대렴 등의 일을 하는 것이며, 사(辭)는 일이 끝날 때까지 잠시 기다려 달라는 말씀이다. 상가(喪家)에서는 주검을 염습(殮襲)하는 일보다 중대한 것이 없으므로 아무리 높은 사람이 왔어도 경건하게 기다려야 되는 것이다. 부인은 체력이 약하므로 앞에 4-2-1에서처럼 국경을 넘어가서 조문하지 않으며, 술과 고기를 먹는 것은 죽은 사람에게 미안한 일이다.

4-2-4 ─────────────── 吊於葬者는 必執引하고 若從柩及壙하얀 皆執綍하니라.

『장례식에 조문하는 사람은 반드시 상여 줄을 잡고, 만약 영구차

를 쫓아 무덤구덩이에 미쳐서는 모두 널줄을 잡으니라.』

　◐ 이 절은 장례식에 협조사항을 기술하였으니 조문한 사람은 실
질적으로 운구(運柩)와 하관(下棺)에 도움을 주어야 됨을 밝혔다.
　장(葬)은 장례식이요, 인(引)은 상여 줄이니 상여의 앞과 뒤로 줄
을 매서 이끌고 잡아당기면서 상여의 안전한 운행을 돕는 줄이고, 광
(壙)은 널을 묻기 위하여 무덤에 흙을 파낸 구덩이이며, 불(綍)은 널
의 밑에 줄을 넣어 양쪽에서 들어 하관(下棺)하는 널줄이다.
　이것은 죽은 사람의 마지막 가는 길에 직접 몸으로 돕는 일이니
죽은 사람이나 산 사람이 모두 감동할 일이다.

4-2-5 ───────────────────── 喪에 公이 吊之어든 必有拜者니
　　　　　　　雖朋友州里舍人이라도 可也니 吊曰寡君이
　　　　　　　承事라 하면 主人이 曰臨이라 하니라.

『상사에 임금이 조문하거든 반드시 절하여 조문받을 사람이 있어
야 하니 비록 벗이나 고을과 마을에서 심부름을 하는 사람이라도 괜
찮으니 조문함에 수행원이 말하기를 우리 임금이 조문하는 일을 받
들라고 하면 주인이 말하기를 임하소서 하니라.』

　◐ 이 절은 임금이 조문할 때에 마침 상주가 없으면 연고자가 대
신 임금을 맞이하여 조문을 받아야 함을 밝혔다.
　상(喪)은 초상으로부터 대상(大祥) 때까지이며, 배자(拜者)는 조

문객을 맞이하여 절하고 조문을 받을 사람이다. 사인(舍人)은 심부름을 하는 사람이니 신분이 낮은 남자이고, 조왈(弔曰)은 임금의 수행원이 하는 말이요, 승사(承事)는 조문하는 일을 받들라는 뜻이다. 주인(主人)은 임시로 상주(喪主)의 역할을 하는 사람이고, 임(臨)은 조상(弔喪)의 위치에 올라 임하라는 말이다.

무릇 임금은 한가롭게 기다릴 수 없으므로 외출한 주인을 대신하여 친척이나 친구 또는 고을이나 마을의 관계자가 대신하여 조문을 받아야 되는 것이다.

4-2-6 ──────────────────── 君이 遇柩於路하면 必使人으로 弔之니라.

『임금이 길에서 우연히 영구차를 만나면 반드시 사람을 시켜서 조문하니라.』

◉ 이 절은 임금에게는 모든 사람의 슬픔을 위로할 책임이 있음을 기술하였다.

우(遇)는 우연히 만남이고, 인(人)은 임금을 수행하는 관료이다.

4-2-7 ──────────────────── 大夫之喪에 庶子는 不受弔니라.

『대부의 상에 작은아들은 조문을 받지 못하니라.』

☯ 이 절은 대부(大夫) 이상의 상사(喪事)에는 오직 적장자(嫡長子)만이 조문을 받는 예절을 기술하였다.

서자(庶子)는 앞에 4-1-1에서 이미 해설하였다. 대부 이상은 생활에 여유가 있어 적장자(嫡長子)가 항상 집에 있을 수 있기 때문에 조문객을 직접 맞이하라는 뜻이다.

4-2-8 ──────────────────────────── 妻之昆弟로 爲父後者가 死면
哭之適室하되 子가 爲主하야 袒免哭踊이어든
夫가 入門右하야 使人으로 立於門外하여
告來者어든 狎則入哭이니 父가 在어든
哭於妻之室이요 非爲父後者어든 哭諸異室이니라.

『아내의 오빠나 동생으로 장인의 후계자가 된 사람이 죽으면 큰 방의 마당 가운데서 곡하되, 아들이 주인이 되어 웃옷소매를 벗어 매고 관 끝을 떼며 곡하여 뛰거든 남편이 문의 오른쪽으로 들어와 사람으로 하여금 문밖에 서게 하여 조문 온 사람을 알리거든 친근하면 들어와서 곡하게 하니 아버지가 계시거든 아내의 방에서 곡하고 장인의 후계자가 아니거든 다른 방에서 곡하니라.』

☯ 이 절은 처남이 죽었다는 부고(訃告)를 받고 즉시 가서 조문할 수 없을 때에 집에서 곡하는 절도를 기술하였다.

처지곤제(妻之昆弟)는 곧 처남이고 부후자(父後者)는 장인의 후계자이며 적실(適室)은 집의 몸채에 있는 큰 방의 앞마당이다. 자(子)

는 죽은 사람의 생질(甥姪)이며, 주(主)는 외숙(外叔), 즉 외삼촌의 분향소에 주인의 역할을 함이다.

부(夫)는 죽은 사람의 자형이나 매제이고, 문우(門右)는 손님의 길을 뜻하며, 압(狎)은 친근한 사람이요, 부(父)는 아내의 시아버지 이며 이실(異室)은 작은 방이다.

살펴건대 외삼촌과 생질의 사이에는 소공(小功) 5월의 상복이 있지만, 처남과 자형·매형의 사이에는 무복(無服)이므로 분향소의 주인을 아들로 세웠으니 처가(妻家)의 장인과 장모의 상에 사위는 시마(緦麻) 3월의 복을 입지만, 외가(外家)의 외할아버지와 외할머니의 상에 외손자는 소공(小功) 5월의 복을 입으니 사위보다 외손자의 복이 무거운 것이다.

4-2-9 ──────────────── 有殯에 聞遠兄弟之喪하면 哭于側室하고 無側室이어든 哭于門內之右니 同國則往哭之니라.

『빈소가 있는데 먼 곳에 사는 형제의 죽음을 들으면 옆방에서 곡하고 옆방이 없거든 대문 안의 오른쪽에서 곡하니 같은 나라면 가서 곡하니라.』

☯ 이 절은 집에 빈소가 있으면 외국에 사는 형제의 죽음에 조문을 가지 못함을 기술하였으니 빈소를 지키는 일이 중대한 까닭인바, 앞에 3-44-20에서의 경우와 비교하기 바란다.

측실(側室)은 옆방이니 건물의 모퉁이에 있는 방이고, 문내(門內)

는 마당이고, 우(右)는 마당의 서쪽이니 곧 손님의 자리이다.

4-2-10 ──────────────── 子張이 死어늘 曾子가 有母之喪이러니
齊衰而往哭之한대 或이 曰齊衰는
不以吊라 하니 曾子가 曰我가 吊也與哉아

『자장이 죽거늘 증자가 어머니의 상복을 입고 있더니 자최의 상복을 입고 가서 곡한대, 어떤 사람이 말하기를 자최의 상복을 입고는 조문하지 않는다고 하니 증자가 말하기를 내가 조문했느냐.』

☯ 이 절은 특별한 경우에 자최의 상복을 입고도 조상(吊喪)할 수 있음을 기술하였다.

자장(子張)은 전손사(顓孫師)로 공자의 제자인데 증자보다 두 살이 많으며, 자최(齊衰)는 3년복이다.

본래 예법에 3년복을 입으면 조문을 가지 않으나 특별히 형제와 같은 벗이 죽었을 때에는 조상(吊喪)할 수 있음을 증자가 실증하였으니 증자는 이미 어머니의 장례를 마쳤으며, 자장(子張)과는 각별히 친근한 벗이요, 더욱이 자장은 진(陳)나라 사람으로 노(魯)나라에 아는 사람이 없었기 때문에 증자가 가서 돕지 않을 수 없었던 것이다. 인생의 관계는 복잡다단하며 일률적으로 논할 수 없는 바가 있으므로 획일적으로 평가해서는 안 되나니 상도(常道)와 권도(權道)가 다름을 알기 바란다.

4-2-11 ──────────────────────── 有若之喪에 悼公이 弔焉하거늘 .

子游가 擯하되 由左하니라

『유약의 죽음에 도공이 조문하거늘 자유가 손님을 안내하되 왼쪽을 말미암으니라.』

◑ 이 절은 상가(喪家)에서 조문객을 안내한 사람은 조문객의 동쪽에서 안내하는 것임을 밝혔다.

유약(有若)은 공자의 제자로 증자보다 3살이 많았고, 도공(悼公)은 노(魯)나라 임금으로 애공(哀公)의 아들이며, 빈(擯)은 주인 쪽에서 손님을 안내하는 집사이고, 개(介)는 손님 쪽에서 손님을 안내하는 수행원이니 주인은 왼편, 즉 동쪽에 위치하고, 손님은 오른편, 즉 서쪽에 위치하므로, 빈(擯)은 주인을 대신하는 까닭에 항상 손님의 동쪽에서 인도하고, 개(介)는 손님의 서쪽에서 인도하는 것이다.

4-3-1 ──────────────────────── 齊가 穀王姬之喪이어늘 魯莊公이 爲之大功이러니

或이 曰由魯嫁故로 爲之服姉妹之服이라 하며

或이 曰外祖母也故로 爲之服이라 하다.

『제나라가 왕희의 죽음을 알리거늘 노나라 장공이 그를 위하여 대공 9월의 복을 입었더니 어떤 사람은 말하기를 노나라를 말미암아 시집을 갔으므로 누이의 상복을 입었다고 하며, 어떤 사람은 말하기를 외조모이므로 외할머니의 상복을 입었다고 하니라.』

◉ 이 장은 상복(喪服)의 존엄성을 기술하였으니 상복을 입음에 그 정체성을 명확히 밝히고 애도하는 마음에 철저해야 되는 것이다.

고(穀)는 고(告)의 오기이고, 왕희(王姬)는 주(周)나라의 공주로 노(魯)나라에서 혼인식을 주관하여 제(齊)나라 양공(襄公)에게 시집을 갔으니 『춘추(春秋)』에 보면 장공(莊公) 원년(元年) 여름에 노나라로 와서 10월에 제나라로 시집을 갔다가 다음 해 7월에 졸(卒)하였으니 자세한 내용은 내가 역주한 『새 시대를 위한 춘추(春秋)』 상권 제3권 장공(莊公) 3-1-3, 4, 7과 3-2-7을 보라.

노(魯)나라 장공(莊公)은 이름이 동(同)이니 아버지는 제(齊)나라 양공(襄公)에게 살해당한 환공(桓公)이요, 어머니는 제나라 양공의 딸인 문강(文姜)이다. 따라서 장공은 왕희(王姬)가 시집갈 때에 형제 항렬의 오빠로서 혼주(婚主)의 역할을 하였고, 또 어머니 문강으로 보면 외할머니뻘이 되는데 예법에 시집간 누이의 복은 대공 9월이고, 외할머니의 복은 소공 5월이다.

노나라 장공은 정체성이 없는 상복을 입었으니 있을 수 없는 일이다. 첫째, 천자(天子)와 제후(諸侯)는 3년복만 입고 기년복(期年服) 이하는 입지 않으므로 대공 9월의 복은 입을 필요가 없으며, 둘째, 왕희(王姬)는 천자의 공주로서 그 혼인에 잠시 혼주(婚主)가 되었을 뿐 친형제가 아니므로 누이의 상복을 입을 이유가 없으며, 셋째, 제(齊)나라 양공(襄公)은 비록 외할아버지이나 이미 장공의 아버지 환공(桓公)을 살해한 원수요, 또한 어머니 문강(文姜)이 손둔(遜遁)하였기 때문에 외가(外家)의 관계가 해소되어 외조모의 복을 입을 근거가 없는 것이다.

그럼에도 노나라 장공은 복수하여 치욕을 씻을 계책은 세우지 않고 강대국을 두려워하여 상복까지 입으니 한심하다.

4-3-2 ──────────── 晉獻公之喪에 秦穆公이 使人으로 吊公子重耳하고
且曰寡人은 聞之하니 亡國이 恒於斯하며 得國이
恒於斯라 하니 雖吾子가 儼然在憂服之中이라도
喪亦不可久也며 時亦不可失也니 孺子는 其圖之하라.

『진나라 헌공의 상에 진나라 목공이 사람으로 하여금 공자 중이에
게 조위하고, 또한 말하기를 과인은 들으니 나라를 잃음도 항상 이러
한 때에 하며, 나라를 얻음도 항상 이러한 때에 한다고 하니 비록 우
리 그대가 엄연히 아버지의 상복을 입는 기간 중에 있을지라도 상복
을 또한 오래 입고만 있을 수 없으며, 시기를 또한 잃어버릴 수 없나
니 상속할 아들은 그 도모하라.』

◉ 이 절로부터 아래 세 절은 상복(喪服)은 인간 순수본성의 상징
임을 기술하였으니 공자중이(公子重耳)의 사실로써 증명하였다.

진(晉)나라 헌공(獻公)은 여희(驪姬)를 총애하여 태자(太子) 신생
(申生)을 살해하고 술수로 괵(虢)나라와 우(虞)나라를 멸망시킨 임
금으로『춘추(春秋)』에 보면 희공(僖公) 9년 9월 갑자(甲子)일에 졸
(卒)하였다. 진(秦)나라 목공(穆公)은 서쪽 지역에서 군사력을 증강
한 임금이며, 공자중이(公子重耳)는 헌공의 아들로 태자 신생의 죽음
을 보고 43세에 적(狄)으로 망명한 지 5년에 헌공이 죽었다. 이 사실
은 내가 역주(譯註)한『새 시대를 위한 춘추(春秋)』상권 5-5-1;
5-9-5, 6; 5-10-3, 5; 5-15-12; 5-24-5 등을 참조하라. 사
(斯)는 임금이 죽은 시기이고, 우복(憂服)은 어버이의 상복이며, 유
자(孺子)는 적장(嫡長)을 이을 사람이니 곧 후계자이며, 도(圖)는 도

모(圖謀)하라는 말로 군사적 지원을 하겠다는 뜻이다.

4-3-3 ──────── 以告舅犯한대 舅犯이 曰孺子는 其辭焉하라
喪人은 無寶요 仁親을 以爲寶니
父死之謂何요 又因以爲利면
而天下가 其孰能說之리오 孺子는 其辭焉하라.

『장인 자범에게 알린대 장인 자범이 말하기를 상속할 아들은 그
사양해야 하리라. 어버이의 상복을 입은 사람은 보배로운 것이 없고,
어버이를 사랑하는 것을 보배로 삼나니, 아버지가 죽은 것을 무엇이
라고 하는가? 또한 그로 인하여 이익을 챙긴다면 저 천하에 그 누가
능히 해명하리오. 상속할 아들은 그 사양해야 하리라.』

◉ 이 절은 어버이가 죽어 상제(喪制)가 된 사람은 오로지 어버이를
사랑하는 순수한 마음을 간직하는 것이 최고의 가치임을 기술하였다.

구(舅)는 장인이고, 범(犯)은 자범(子犯)이니 중이(重耳)의 장인
호언(狐偃)의 자(字)이다. 사(辭)는 사양함이고, 상인(喪人)은 상제
(喪制)로 어버이의 초상을 당하거나 아버지가 죽고 승중(承重)한 조
부모(祖父母)의 상을 당한 사람이다. 친(親)은 어버이요, 하(何)는
무엇이니, 즉 다함이 없는 흉화(凶禍)라는 뜻이며, 인(因)은 기인이
니 어버이의 죽음으로 인함이고, 설(說)은 설명하여 해설함이다.

어버이의 죽음을 기화로 이익을 도모하는 것은 상복(喪服)의 순수
성을 해치는 사악한 행위임을 밝힌 자범(子犯)은 어질도다. 자범은

어질도다.

4-3-4 ──────────────── 公子重耳가 對客하야 曰君이 惠吊亡臣重耳하니
身喪父死라 不得與於哭泣之哀하야 以爲君憂하니다
父死之謂何요 或敢有他志하야 以辱君義아 하고
稽顙而不拜하며 哭而起하되 起而不私하니라.

『공자중이가 손님에게 대답하여 말하기를 임금이 은혜롭게 망명한 신하 중이에게 조위를 표하니 이 몸이 망명해서 아버지가 죽으므로 곡하며 슬퍼하는 자리에 함께하지 못하여 임금에게 걱정을 끼쳤나이다. 아버지가 죽음을 무엇이라고 합니까? 혹시라도 감히 다른 뜻을 두어 임금의 의로움을 욕되게 하리까 하고, 이마를 땅에 대고 머리를 조아리면서 절하지 않으며, 곡하고 일어나되 일어나서 사사롭게 이야기하지 아니하니라.』

◑ 이 절은 상제(喪制)가 오로지 슬퍼만 하고 다른 생각이 없는 모습을 기술하였으니 지극히 슬퍼하는 사람은 주변에 손님이 있는 것도 잊어버리기 때문에 인사도 제대로 못 하는 것이다.

군(君)은 진(秦)나라 목공(穆公)을 지칭하고, 혜(惠)는 은혜로움이며, 망신(亡臣)은 망명한 신하요, 상(喪)은 망(亡)과 같고, 타지(他志)는 나라를 얻을 뜻이고, 계상(稽顙)은 앞에 2-5-1에서 이미 해설하였으며, 사(私)는 사사로운 면담이다.

조문을 받음에 먼저 손님에게 절하고 계상(稽顙)하여 슬퍼함은 통상

적인 감정의 발로이고, 먼저 계상(稽顙)하여 슬퍼하고 다음에 손님에게
절함은 상주가 조문받는 예절인데, 공자중이는 망명한 아들로서 후계자
가 아니므로 조문받을 자격이 없는 까닭에 곡만 하고 절은 하지 않았
으니, 대부(大夫) 이상은 후계자만 조문받는 예절을 지킨 것이다.

4-3-5 ──────────────────────────── 子顯이 以致命於穆公한대

穆公이 曰仁夫인저 公子重耳여

夫稽顙而不拜하니 則未爲後也로다

故로 不成拜하니 哭而起는 則愛父也요

起而不私는 則遠利也로다.

『자현이 목공에게 이르러 복명한대 목공이 말하기를 어질도다, 공
자중이여! 대저 이마를 땅에 대고 머리를 조아리면서도 절하지 않으
니 곧 후계자가 되지 못함이로다. 그러므로 절하여 인사를 끝내지 아
니하니 곡하고 일어남은 곧 아버지를 사랑함이요, 일어나서 사사로이
만나지 아니함은 곧 이익을 멀리함이로다.』

◯ 이 절은 목공(穆公)이 공자중이의 뜻을 정확히 파악하고 칭찬
한 내용이다.

자현(子顯)은 목공이 조문사절로 보낸 사신의 자(字)이고, 치(致)
는 지(至)와 같으며, 명(命)은 복명(復命)이니 돌아와서 보고함이다.
후(後)는 후계자요, 불성배(不成拜)는 절하여 인사를 끝내지 아니함
인데 곧 임금의 죽음에 후계자가 조문을 받아야지 자기는 조문을 받

을 자격이 없다는 뜻이다.

춘추시대 이후로 임금의 죽음에 왕자의 난이 빈번히 일어났으니 모두 인간성을 상실하고, 권력에 눈이 어두워, 골육(骨肉)이 서로 싸운 역덕패륜(逆德悖倫)으로 만세에 지탄을 받는 것인즉, 상복(喪服)을 입고 형제간에 싸워서는 안 된다.

4-4-1 ─────────── 帷殯은 非古也니 自敬姜之哭穆伯으로 始也니라.

『빈소에 장막을 치는 것은 옛날의 제도가 아니니 경강이 그 남편 목백을 곡함으로부터 비롯한 것이니라.』

◉ 이 장은 상례의 여러 가지 기구와 절도에 대한 의미를 기술하였으니 여기에서는 빈소에 휘장을 치고 곡하게 함은 청상과부의 극단적인 행동을 방지하기 위함임을 밝혔다.

유빈(帷殯)은 빈소에 구(柩)를 가리는 장막, 가리개, 병풍 등을 치는 것이요, 경강(敬姜)은 목백(穆伯)의 부인이고, 목백(穆伯)은 노(魯)나라 대부(大夫) 계도자(季悼子)의 아들 공보정(公甫靖)이다.

무릇 빈소에서 곡할 때에는 그 휘장을 걷어 올리고 구(柩)를 향하여 곡을 하는 것이 옛날의 예법이거늘 경강(敬姜)이 젊어서 남편 목백(穆伯)이 죽으므로 이미 부부유별(夫婦有別)의 윤리를 지키기 위하여 휘장을 치고 곡하니 뒤에 사람들이 본받았는데 상황에 따를 일이다.

생각하건대 모든 사람에게 획일적으로 장막을 치고 곡하게 하는 것은 죽은 사람을 멀리하는 것이므로 안 되고, 다만 지나치게 슬퍼하

여 걷잡을 수 없는 젊은 부인에게는 극단적인 상황을 막기 위하여
장막을 쳐도 무방할 것이다.

4-4-2 ──────────────── 喪禮는 哀戚之至也로되 節哀하야
順變也니 君子는 念始之者也라.

『상례는 슬픔이 지극하되 슬픔을 조절하여 차례로 변하게 하는 것
이니 군자는 새롭게 시작하는 것을 생각하는 것이다.』

◉ 이 절은 상례(喪禮)의 슬픔 조절기능을 서술했으니 극단적 슬
픔을 조절하여 차례로 변화시켜서 상주(喪主)의 몸과 정신을 해치지
않도록 의례절차마다 새롭게 시작하여야 됨을 밝혔다.

지(至)는 지극함이고, 절(節)은 조절이니, 절애(節哀)는 곡(哭)함
에 호흡을 끊어서 우는 것이요, 용(踊)함에 앉아서 뛰는 것이며, 벽
(擗)함에 팔을 굽혀서 가슴을 침이다. 순변(順變)은 차례로 점점 변
화함이니 사망일에는 관(冠)과 겉옷을 벗고 머리를 풀고 맨 발을 하
며, 다음 날 소렴(小斂)을 하면 머리띠를 매고 한쪽 어깨를 벗어 매
며 또 그다음 날 대렴(大斂)을 하고는 성복(成服)하여 상복을 입으
며, 졸곡(卒哭)에는 울음을 그치고, 소상(小祥)에는 연복(練服)을 입
으며, 대상(大祥)에는 담복(禫服)을 입는 것이다. 시(始)는 비롯하여
새롭게 시작함이니 차례로 거행하는 의례절차마다 지난 생각을 버리
고 새로운 몸과 마음으로 예절을 거행함이다.

4-4-3 ──────────────── 復은 盡哀之道也니 有禱祠之心焉하니라
望反諸幽는 求諸鬼神之道也라
北面은 求諸幽之義也니라.

『죽은 사람의 혼을 부름은 슬픔을 다하는 방법이니 사당에 기도하는 마음이 있느니라. 저승에서 돌아오기를 희망함은 귀신을 찾는 방법이므로 얼굴을 북쪽으로 향하고 혼을 부름은 저승에서 찾으려는 뜻인 것이다.』

◑ 이 절은 사람이 죽음에 살아나기를 바라는 것이 인간 사랑의 극치임을 기술하여 저승보다 이승에서 함께 살고자 하는 고귀한 뜻을 밝혔다.

복(復)은 사람이 처음 죽음에 그 혼(魂)을 부르는 것이고, 진애(盡哀)는 죽음을 슬퍼하는 극치이며, 도사(禱祠)는 조상신(祖上神)에게 살아나기를 기도(祈禱)함이다. 망(望)은 소망함이고, 반(反)은 혼령이 되돌아옴이며, 유(幽)는 저승이니 사후(死後)의 세계요, 저(諸)는 지어(之於)의 합자(合字)이고, 북(北)은 음방(陰方)으로 귀신의 세계를 뜻한다.

죽은 사람을 애도(哀悼)하는 극치는 살아나기를 바라는 것밖에 더 있겠는가. 어린이가 집에 어버이가 없으면 아버지 어머니를 부르면서 찾는 것처럼, 돌아오라고 간절한 마음을 표현하는 방법이 바로 복(復)이다. 따라서 사람이 죽었는데 찾지도 않고 바로 죽었다고 인정하여 장사 지내는 것은 사람을 사랑하는 지극한 마음이 메마른 현상이다.

4-4-4 ─────────── 拜하고 稽顙은 哀戚之至隱也니 稽顙은 隱之甚也니라.

『절하고 이마를 땅에 댐은 슬픔이 지극히 고통스러운 것이니 이마를 땅에 댐은 고통이 심한 것이니라.』

◉ 이 절은 내면의 슬픔을 표현하는 방법 가운데 계상(稽顙)이 가장 큰 고통을 표현하는 것임을 밝혔다.

은(隱)은 고통(苦痛)이니 속이 쓰리고 아파서 견디기 어려운 것이다.

상례(喪禮)에서 자기의 슬픔을 표현하는 절도는 입으로 곡(哭)하고 눈물을 흘리고 콧물이 나오고 발로 뛰고 손으로 가슴을 치며 절하고 돈수(頓首)하거나 계상(稽顙)하는 것인데 상제(喪制)가 조문객에게 절하고 계상(稽顙)하는 것이 슬픔을 표현하는 극치임을 여기에서 확인할 일이다.

4-4-5 ─────────── 飯用米貝는 弗忍虛也니 不以食道也요 用美焉爾니라.

『반함에 쌀과 동전을 쓰는 것은 차마 입안을 비우지 못함이니 음식을 먹게 하려는 방법이 아니요, 아름답게 할 따름이니라.』

◉ 이 절은 반함(飯含)의 목적을 기술하였다.

반(飯)은 반함(飯含)이니 사람이 죽으면 입을 벌리게 하는 설치(楔齒)를 하고 목욕을 시켜서 수의(壽衣)를 입히며 반함(飯含)을 하는 것이니, 이것은 이를 악물어 한을 품은 모양을 하지 않도록 배려함인

데 이때에 입안이 비어 있으면 마치 먹고 싶어서 입을 벌리고 있는
인상이므로 비록 먹지는 못하더라도 쌀과 돈으로 입안을 가득 채워서
보기 좋게 할 뿐이니 효자는 깊이 생각할 일이다. 패(貝)는 고대의 화
폐이고, 허(虛)는 빈 입이며, 식도(食道)는 먹고 사는 길이다.

4-4-6 ──────────────── 銘은 明旌也니라 以死者는 爲不可別已일새
　　　　　　　　　　故로 以其旌識之니 愛之라 斯錄之矣하며
　　　　　　　　　　敬之라 斯盡其道焉耳니라.

『명정은 죽은 사람의 관직과 성명을 밝히는 깃발이니라. 죽은 사
람은 구별할 수 없게 되는 까닭에 그러므로 그 깃발로써 식별하니
죽은 사람을 사랑하므로 이에 그 관직과 본관 성명을 기록하며, 죽은
사람을 공경하므로 이에 그 영구(靈柩)가 가는 길에 쫓음을 다할 뿐
이니라.』

　◑ 이 절은 명정(銘旌)의 뜻을 서술하였다.

　명(銘)은 명정(銘旌)이니 사람이 죽으면 붉은 비단에 흰 글씨로
죽은 사람의 관직과 성명을 한 줄로 써서 초상집 처마에 세우고, 상
여가 나갈 때에는 상여 앞에 들고 간다. 명(明)은 신분을 밝힘이고,
정(旌)은 세로로 된 깃발이며, 별(別)은 구별, 식(識)은 식별이니 죽
은 사람은 입관(入棺)했기 때문에 식별할 수 없는 것이다. 록(錄)은
기록이니 관직과 성명을 기록하여 뚜렷이 밝히고, 진기도(盡其道)는
영구(靈柩)가 가는 길을 끝까지 쫓아가서 마침내 하관(下棺)하고 그

위에 덮은 다음 흙으로 묻는 것을 뜻한다.

4-4-7 ─────────────────────── 重은 主道也니 殷主는 綴重焉하고
周主는 重을 徹焉하니라.

『임시신주는 신령을 머무르게 하는 방법이니 은나라의 신주는 임
시신주를 잇대고, 주나라의 신주는 임시신주를 철거하니라.』

☯ 이 절은 임시신주(臨時神主)와 신주(神主)의 제도에 대하여 서
술하였다.

　중(重)은 거듭의 뜻이니 혼백(魂帛)이 있음에도 또다시 대렴하여
입관(入棺)한 뒤에 신령을 머물게 하도록 3척(尺)의 나무로 만든 임
시신주(臨時神主)를 빈소 앞에 세웠다가 장사 지내고, 평토제(平土
祭)를 지낼 때에 정식으로 신주(神主)를 만들면 철거한다. 주(主)는
신주(神主)로 죽은 사람의 관직과 성명을 기록하여 신령이 머물러
있는 자리로 삼는데 위패(位牌) 또는 위판(位版)이라고도 한다. 철
(綴)은 잇대는 것이니 신주를 임시신주와 잇대어 놓은 것이고, 철
(徹)은 철거하여 땅에 묻는 것이다.

　중(重)은 마당이나 야외에다가 빈소(殯所)를 만들었을 때에 그 죽
은 사람의 신분을 확인하기 위함인즉, 이미 장사 지내고 새로 신주를
만들었으면 철거함이 마땅하다.

奠以素器는 以生者有哀素之心也라

唯祭祀之禮는 主人이 自盡焉爾니

豈知神之所饗이리오 亦以主人이 有齊敬之心也니라.

『죽은 사람에게 음식을 올림에 흰 그릇으로 함은 살아 있는 사람에게 너무도 슬퍼서 예절을 갖추지 못하는 마음이 있기 때문이니라. 오직 제사의 예절은 주인이 스스로 마음을 다할 뿐이니 어찌 귀신이 흠향하는 바를 알리오. 또한 주인이 정신을 가지런히 하여 공경하는 마음이 있어야 하니라.』

◎ 이 절은 상례(喪禮)는 흉례(凶禮)이므로 전(奠)을 올릴 때에 흰 그릇을 사용하고, 제례(祭禮)는 길례(吉禮)이므로 제사(祭祀)를 지낼 때에 아름다운 그릇을 사용하는 것이니 이것은 모두 상주(喪主)와 제주(祭主)의 마음을 표한 것임을 밝혔다.

전(奠)은 주(酒), 과(果), 포(脯) 등의 간소한 음식을 귀신에게 올리는 것이며, 천(薦)은 특별한 음식을 질박하게 바치는 것인즉 모두 시동(尸童)도 없고 또 연회(燕會)도 없는 약식제사(略式祭祀)인데 상식(上食)이라고도 한다. 소기(素器)는 흰 그릇이니 백자(白瓷) 또는 백사기(白沙器)이며, 생자(生者)는 유가족이고, 애소(哀素)는 너무나 슬퍼서 예절을 갖추지 못하는 소박함이요, 제사(祭祀)는 정식제사(正式祭祀)이니, 제(祭)는 인격신에게 갖은 음식을 바침이고, 사(祀)는 자연신(自然神)에게 드림이다. 주인(主人)은 제주(祭主)와 주부(主婦)이고, 자진(自盡)은 스스로 모두 갖춰서 빠짐이 없는 것이며, 향(饗)은 흠향(歆饗)이니 귀신이 잡숫는 것이요, 재경(齊敬)은 정신을 가지런히 통일하여 귀신을 공경함이다.

　귀신이 제사음식을 먹는지는 알 수 없지만 제사 지내는 정성(精誠)은 확실히 먹는 것인즉, 이 절의 말로 인하여 귀신이 먹는 것을 의심하지 말지어다.

4-4-9 ──────────── 辟踊은 哀之至也니 有筭은 爲之節文也니라.

『사람이 죽음에 자기의 가슴을 두드리고 발을 구르는 것은 슬픔이 지극한 것이니 계산함이 있는 것은 절도가 있고 문채를 내기 위함이니라.』

　☯ 이 절은 벽용(辟踊)의 뜻을 해설하였다.

　벽(辟)은 벽(擗)이니 손으로 자기의 가슴을 어루만지며 치는 것이요, 용(踊)은 앉아서 발뒤꿈치로 땅바닥을 문지르다가 뛰는 것이다. 산(筭)은 수를 계산함이니, 1용(踊)은 3도(跳)인데 3용(踊)을 1절(節)로 하여 선비는 어버이가 죽었을 때에 3일 동안 3번 벽용(辟踊)하니 그 일정한 정수(定數)가 있어서 몸을 상하지 않게 하였다.

4-4-10 ──────────── 袒括髮은 變也니 慍은 哀之變也요
　　　　　　　　　　　去飾은 去美也니 袒括髮은
　　　　　　　　　　　去飾之甚也라 有所袒하며
　　　　　　　　　　　有所襲은 哀之節也니라.

『왼쪽 소매를 벗고 머리를 묶음은 모습을 다르게 변화하는 것이니 성을 벌컥 내며 가슴을 치고 뛰는 것은 슬픔이 변화한 것이요, 몸에 장식을 떼는 것은 아름다움을 버리는 것이니, 왼쪽 소매를 벗고 머리를 묶음은 장식을 버리는 극치이다. 왼쪽 소매를 벗는 바가 있고, 옷을 겹쳐 입는 바가 있음은 슬픔을 조절함이니라.』

◑ 이 절은 지극한 슬픔에는 그 모양을 다르게 바꾸는 절도를 기술하여, 단(袒)과 괄발(括髮)과 거식(去飾)이 모두 슬픈 마음을 표현하는 방법임을 밝혔다.

변(變)은 평상시와 다르게 모양을 바꾸어 변화를 주는 것이고, 온(慍)은 분노하고 원통함이며, 거(去)는 버리는 것이요, 식(飾)은 몸에 장식하는 물건이다. 습(襲)은 겹쳐 입는 옷이니 곧 상복(喪服)을 입는 것이며, 절(節)은 조절 또는 절도로 사람이 처음 죽었을 때에 그 유가족은 왼쪽 소매를 벗고 머리를 풀었다가 다음 날 소렴(小斂)을 하면 머리를 묶으며, 제3일째에 대렴(大斂)을 하고, 제4일째에 성복(成服)을 하여 상복(喪服)을 입으니 왼쪽 소매를 벗는 단(袒)과 산발(散髮)은 슬픔이 가장 지극한 모습이고, 머리를 묶어 통관, 즉 문(免)을 쓰는 것은 그다음이며, 상복을 입는 것은 또 그다음의 슬픔이니, 이것이 슬픔을 조절하여 점점 줄이는 절도이다.

처음에 극도로 슬퍼했다가 점점 슬픔을 줄이는 것은 예절이고, 처음에는 울지 않다가 며칠이 지난 다음에야 갑자기 슬픔이 북받쳐 비관하는 것은 예절이 아니니, 모름지기 죽은 사람을 위하여 곡(哭)하고, 결단코 산 사람을 위하여 곡(哭)하지 말기 바란다.

弁絰葛而葬은 與神交之道也니
有敬心焉이니라 周人은 弁而葬하고
殷人은 冔而葬하니라.

『고깔에 칡덩굴로 만든 띠를 둘러서 쓰고 장사 지냄은 산신령과 사귀는 길이니 공경하는 마음이 있는 것이니라. 주나라 사람은 고깔을 쓰고 장사 지내고, 은나라 사람은 후관을 쓰고 장사 지내느니라.』

◉ 이 절은 장사 지낼 때에는 산신령을 공경하여 삼으로 만든 수질(首絰)을 칡으로 만들고, 상관(喪冠)도 변(弁)으로 바꾸는 것이 예절임을 밝혔다.

변(弁)은 고깔모자이고, 질갈(絰葛)은 칡덩굴로 만든 띠를 두르는 것이며, 후(冔)는 은나라의 관(冠)이다.

성복(成服)할 때에 수질(首絰)은 삼으로 만든 순수한 흉복(凶服)인데 장례식 때에는 장지(葬地)의 산신령을 배려하여 수질(首絰)을 칡으로 바꾸니 묘지(墓地)에 대한 존경심이 또한 지극하도다.

歠은 主人主婦室老를
爲其病也하야 君이 命食之也니라.

『죽을 마시게 함은 주인, 주부, 집안의 노인을 그 걱정을 하여 임금이 먹이라고 명령한 것이니라.』

◐ 이 절은 상례(喪禮)에 3일을 먹지 않는다는 것은 예절이고, 상제(喪制)에게 탈진하지 않도록 죽을 마시게 함은 임금의 명령임을 밝혔다.

철(歠)은 상제(喪制)에게 성복(成服)하기 전이라도 죽을 마시도록 주변 사람이 권함이고, 주인(主人)은 주상(主喪)이니 아버지나 장자(長子)이며, 주부(主婦)는 죽은 사람의 아내나 장부(長婦)요, 실로(室老)는 집안에 노인이다. 병(病)은 슬픔 속에 허기가 지면 탈진상태에 이르러 정신을 잃을 위험이 있으므로 걱정함이며, 군(君)은 임금으로 전체 인민의 생명을 안전하게 보호할 책임이 있는 것이요, 사(食)는 먹이는 것이다. 예절은 굶으라고 하였으나 임금은 죽을 먹이라고 명령하니 죽은 사람을 슬퍼하는 마음과 산 사람을 보살피는 정신이 아름답기 그지없도다. 그리하여 우리나라는 마을에 초상이 나면 이웃집에서 죽을 끓여 오고 상주에게 먹으라고 권하는 아름다운 풍속이 있었다.

4-4-13 ——————————————————— 反哭升堂은 反諸其所作也라
主婦가 入于室은 反諸其所養也라.

『돌아와서 곡함에 사당에 오르는 것은 그가 일하던 곳을 돌아봄이니라. 주부가 방에 들어가는 것은 그 공양하던 곳을 돌아봄이니라.』

◐ 이 절은 장지(葬地)에서 혼백(魂帛)을 모시고 집으로 돌아와서 곡함에 죽은 사람이 일하던 곳과 공양(供養)하던 곳을 돌아보는 예

절을 기술하였다.

당(堂)은 사당(祠堂)이고, 반저(反諸)의 반(反)은 돌아보는 것이
며, 기(其)는 죽은 사람을 지칭한다. 작(作)은 관례, 혼례, 장례, 제례
를 거행함이며, 실(室)은 시부모가 거처하던 방이요, 양(養)은 공양
(供養)이니 맏아들과 맏며느리가 부모에게 끼니를 올림이다.

장사 지내고 집으로 돌아와서 그 생전의 모습을 회상하면서 그 사
업과 뜻을 계승할 것을 생각함은 지극한 효심(孝心)이다.

4-4-14 ────────────────────────── 反哭之吊也는 哀之至也라
反而亡焉이라 失之矣니
於是에 爲甚하니라.

『돌아와서 곡함에 조문하는 것은 슬픔이 지극함이니라. 사당을 돌
아보아도 없으므로 실망하나니 이에 더욱 심하니라.』

◑ 이 절은 장사 지내고 집에 돌아와서 곡하면 손님이 유가족을
위로하는 예절을 기술하였다.

반이망(反而亡)은 상제가 사당을 돌아보아도 죽은 사람이 없는 것
이고, 실(失)은 찾지 못하여 실망함이며, 심(甚)은 더욱 슬픈 것이다.

반곡(反哭)에 조문하는 절차는 손님이 서쪽 계단으로 올라가서 상
주에게 말하기를 "어찌 하리오" 하면 주인이 계상(稽顙)하고 말하기
를 "이때를 당하여 잃어버리고 다시 볼 수 없으니 애통함이 이에 더
욱 심합니다" 한다. 손님이 조문을 마치고 나가면 주인이 문밖에서

송별하고 대청으로 간다.

4-4-15 ——————————— 殷은 旣封而弔하고 周는 反哭而弔하니
孔子가 曰殷은 已慤하니 吾從周하니라.

『은나라는 이미 무덤을 만들면 조문하고, 주나라는 혼백을 모시고 집에 돌아와서 곡하면 조문하니, 공자가 말하기를 은나라는 소박하니 나는 주나라를 좇으니라.』

◐ 이 절은 은(殷)나라와 주(周)나라의 조문하는 예절에 차이가 있었음을 밝혔다.

봉(封)은 봉분(封墳)이니 널을 묻어 무덤을 만드는 것이요, 각(慤)은 각(殼)이니 소박함이다.

장례식은 죽은 사람을 상여에 싣고 집을 떠나서 산에 묻고 돌아오는 것이니 모두 슬픔 속에서 거행하는 것이나, 땅에 묻을 때와 집에 돌아와 곡할 때가 더욱 애절한 까닭에 조문객이 유가족을 위로하는 것인데, 사람이 죽어서 시신을 파묻기 전에는 사(死)라 하고, 매장하여 집에 시신이 없으면 망(亡)이라고 하나니, 은나라는 사(死)의 끝에 조문하고, 주나라는 망(亡)의 시초에 조문하는바, 은나라의 예절보다 주나라의 예절이 더욱 인간애(人間愛)가 넘친다고 하겠다.

4-4-16 ——————————— 葬於北方北首는 三代之達禮也니 之幽之故也라.

『북쪽에 머리를 북쪽으로 향하여 장사 지내는 것은 3대에 걸쳐 공통예절이니 저세상으로 가는 까닭이니라.』

◉ 이 절은 북산(北山)에 머리를 북쪽으로 향하여 매장하는 것이 하(夏), 은(殷), 주(周) 3대의 공통예절임을 밝혔다.

북방(北方)은 북산(北山)이고, 북수(北首)는 시신의 머리를 북쪽으로 향하게 매장함이며, 3대(三代)는 하(夏), 은(殷), 주(周)의 세 나라 시대요, 달(達)은 공통함이다. 지유(之幽)는 저세상으로 감이니 남쪽은 밝고 따뜻하며 생동하므로 광명(光明)의 현세(現世)로 인식하고, 북쪽은 어둡고 춥고 고요하므로 암흑의 영혼계(靈魂界)로 인식한 것이다. 따라서 임종(臨終)에는 동쪽으로 머리를 향하게 하고, 복(復)함에는 남쪽으로 머리를 향하게 하여 빈소(殯所)에 있을 때까지 계속하니, 차마 귀신으로 대우하지 못하여 산 사람처럼 대우하다가 매장할 때에야 귀신으로 대우한 것이다.

4-4-17 ──────────── 既封하고 主人이 贈이어든 而祝이 宿虞尸니라.

『이미 무덤을 만들고 주인이 폐백을 올리거든 그 축문을 읽는 사람은 우제 지낼 시동을 머물게 하니라.』

◉ 이 절은 장지(葬地)에서 무덤을 만들고 평토제(平土祭)를 지내면 축문을 읽는 집사는 초우제(初虞祭)를 지낼 준비를 해야 됨을 밝혔다.

증(贈)은 무덤을 만들고 처음 제사를 지내는 평토제(平土祭)에 올

린 폐백(幣帛)이요, 축(祝)은 축문(祝文)을 읽는 집례(執禮)이며, 숙
(宿)은 머물게 함이고, 우(虞)는 우제(虞祭)이며, 시(尸)는 시동(尸
童)이다.

　호상(護喪)은 일꾼과 함께 남아서 봉분(封墳)을 완성하고, 축문을
읽는 사람은 유가족과 함께 돌아가서 우제(虞祭) 지낼 준비를 하는
것이다.

4-4-18 ──────────── 旣反哭하고 主人이 與有司로 視虞牲하나니
有司가 以几筵으로 舍奠於墓左하고
反커든 日中而虞하니라.

『이미 돌아와서 곡하고, 주인이 책임자와 더불어 우제의 희생을
살피나니, 유사가 궤연에 차릴 음식으로 묘의 왼쪽에 가서 산신제를
지내고 돌아오거든 해가 하늘에 있을 때 우제를 지내니라.』

　◉ 이 절은 초우제(初虞祭) 지낼 희생(犧牲)으로 산신제(山神祭)를
먼저 지내는 예절을 기술하였다.

　유사(有司)는 우제(虞祭)를 돕는 집사(執事)들이고, 시(視)는 살
펴보는 것이며, 우생(虞牲)은 우제에 쓸 짐승이니 대체로 큰 돼지이
다. 궤(几)는 죽은 사람의 혼백(魂帛)을 모시는 상자이고, 연(筵)은
신령이 앉은 자리이니, 궤연(几筵)은 곧 영좌(靈座)인데 여기에서는
궤연에 차릴 음식을 지칭한다. 석(舍)은 베풀어 두는 것이니 석(釋)
과 같은 뜻이요, 전(奠)은 간소한 제사로 여기에서는 산신제(山神祭)

를 뜻하며, 묘좌(墓左)는 묘의 동쪽이니 묘가 남향이기 때문이고, 일중(日中)은 한낮이지만 여기에서는 해가 있을 때를 뜻한다.

장례(葬禮)는 경황이 없고, 우제(虞祭)는 정식제사이므로, 평토제(平土祭) 음식으로 산신제를 지내지 않고 우제 음식으로 산신제를 지내는 것이니, 산신령을 높이 대우하며 묵은 음식으로 대접하지 않고 깨끗한 음식으로 대접하려는 뜻이다.

4-4-19 ──────────────────────────── 葬日에 虞는 弗忍一日離也니라.

『장사 지내는 날에 우제를 지냄은 차마 하루라도 떠나지 못함이니라.』

◐ 이 절은 장사 지낸 날에 초우제(初虞祭)를 지내는 이유를 해설하였다.

우(虞)는 초우제(初虞祭)로 영혼(靈魂)이 편안히 머무를 자리를 갖추어 주는 제사이고, 이(離)는 집을 떠나 방황함이니 차마 어버이의 영혼이 집을 떠나서 방황하는 것을 볼 수 없어서 우제를 장사 지내고 돌아와 바로 지내는 것이다.

4-4-20 ──────────── 是日也에 以虞로 易奠하니 卒哭에 曰成事라 하니라.

『이날에 우제로써 전드리는 것을 바꾸니 졸곡에 일을 끝냈다고 말하니라.』

◐ 이 절은 초상 때의 간소한 전(奠)을 초우(初虞) 때부터 정식제사로 바꾸는 예절을 밝혔으니, 전(奠)은 시동(尸童)이 없고, 우(虞)는 시동이 있지만 모두 연회가 없는 것이 제(祭)와는 다른 점이다.

졸곡(卒哭)은 3우제(三虞祭)를 지낸 뒤 석 달 만에 정일(丁日)이나 해일(亥日)을 택해 지내는 제사로 이로부터 조석곡(朝夕哭)을 그치며, 성사(成事)는 흉사(凶事)가 끝났다는 말로 졸곡제의 축문(祝文)에 쓴다.

4-4-21 ──────── 是日也에 以吉祭로 易喪祭니 明日에 祔于祖父하니라.

『이날에 길한 제사로 슬픈 제사를 바꾸니 다음 날에 할아버지의 신주 곁에 모시는 제사를 지내니라.』

◐ 이 절은 졸곡(卒哭)부터는 길제(吉祭)임을 기술하였으니 초상을 당하여 매장할 때까지는 상전(喪奠)이요, 초우제(初虞祭)부터는 상제(喪祭)니 모두 슬픈 마음으로 지내는 것이나 졸곡부터는 기쁜 마음으로 지내야 함을 밝혔다.

시일(是日)은 졸곡일(卒哭日)이요, 길제(吉祭)는 길하고 상서로운 행사로 거행하는 제사이며, 상제(喪祭)는 흉악하고 불행한 행사로 거행하는 제사이다. 명일은 졸곡의 다음 날이요, 부(祔)는 부제(祔祭)로 곁에 부쳐서 모시는 제사이고, 조부(祖父)는 사당에 모신 할아버지의 신주(神主)이다.

졸곡제를 지내고 다음 날에 죽은 사람의 신주를 받들고 사당으로

가서 할아버지의 신주 곁에 나란히 붙여 놓고 함께 제사를 지내는
것은 이미 장례식을 마친 것을 알림과 동시에 장차 대상(大祥)을 지
내면 사당으로 들어올 곳임을 예고하는 행사로 마치 아이를 낳아서
삼칠일이 지나고 100일이 되면 할아버지에게 보이는 행사와 같다.

4-4-22 ──────────────────────────── 其變而之吉祭也에 比至於祔는

必於是日也에 接이니

不忍一日을 末有所歸也니라.

『그 슬픔을 바꾸어 길한 제사로 나아감에 연달아 부제(祔祭)에 이
르게 함은 반드시 이 졸곡날에 이어 붙임이니 차마 하루를 돌아갈
곳이 있지 않게 하지 못함이니라.』

☯ 이 절은 졸곡제의 바로 다음 날에 부제(祔祭)를 지낸 이유를
기술하였으니 죽은 사람의 혼백(魂帛)이 지금은 궤연(几筵: 靈座)에
있지만 대상(大祥)이 지나면 사당으로 들어감을 즉각 알리는 행사임
을 밝혔다.

　변(變)은 아침저녁으로 곡을 하지 않음이고, 길제(吉祭)는 졸곡제
(卒哭祭)이며, 비(比)는 연달아 이어서 붙음이요, 시일(是日)은 졸곡
일이다. 접(接)은 사이가 없이 붙어 있는 것이고, 말(末)은 부정사이
며, 귀(歸)는 혼백이 장차 돌아갈 곳이니 사람이나 귀신이나 임시로
거처하면서 장차 돌아갈 곳을 알지 못하면 불안하기 마련이거늘 더
욱이 지금까지는 밤낮으로 슬퍼하며 곡을 하다가 졸곡부터는 아침저

녁으로만 곡을 하고, 상제(喪祭)를 길제(吉祭)로 바꾼다면 어찌 미래에 대한 불안감이 없겠는가. 그리하여 바로 다음 날 부제(祔祭)를 지내서 사당으로 갈 곳이 있음을 알리는 것이다.

4-4-23 ——————————————————— 殷은 練而祔하고 周는 卒哭而祔하니
孔子가 善殷하시니라.

『은나라는 소상을 지내고서 사당의 할아버지 신주 곁에 모시고, 주나라는 졸곡제를 지내고서 사당의 할아버지 신주 곁에 모시니 공자가 은나라의 제도를 좋다고 하시니라.』

◉ 이 절은 은나라와 주나라의 부제일(祔祭日)이 다름을 밝혔다.

연(練)은 소상복(小祥服)이니 곧 소상(小祥)을 뜻하고, 선(善)은 좋다는 말이다.

대저 인도(人道)로 보면 죽은 사람의 영혼을 사람의 곁에 모시는 것이 착한 마음이고, 신도(神道)로 보면 죽은 사람의 영혼을 조상의 곁에 모시는 것이 편안한 이치이니, 인정(人情)의 착함과 신령의 편안함 사이에서 살필 일이다.

4-4-24 ——————————————————— 君이 臨臣喪에는 以巫祝桃茢하며
執戈는 惡之也니 所以異於生也라
喪有死之道焉하니 先王之所難言也니라.

『임금이 신하의 초상집에 임함에는 무당과 축관으로 복숭아나무 가지로 만든 비로 부정함을 쓸게 하며, 창을 드는 것은 흉악한 재앙을 싫어함이니 살았을 때와 다른 방식이다. 초상집에는 죽음의 길이 있나니, 선왕이 말하기 어려운 바이니라.』

◑ 이 절은 임금이 신하의 초상집에 임함에는 깨끗하고 정결하게 청소하는 예절을 기술하였다.

무(巫)는 무당이요, 축(祝)은 축관(祝官)이니 모두 귀신을 접하는 사람이며, 도(桃)는 복숭아나무의 가지로 만든 비요, 열(茢)은 풀로 만들어 부정한 기운을 쓸어 내는 비인데, 모두 귀신이 싫어하는 물건이며, 집과(執戈)는 무사들이 창을 들고 도열함이니, 역시 귀신이 무서워한다. 오(惡)는 싫어함이니 사람을 죽게 하는 흉악한 질병이나 박테리아와 같은 부정한 기운을 싫어함이고, 이(異)는 의전(儀典)제도가 다름이며, 난언(難言)은 알기가 어려운 것이다. 가끔 초상집에 갔다가 죽는 사람이 있는데 여러 사람이 함께 갔지만 왜 그 사람만 죽었는지 알기가 어려운 바가 있다. 이에 무서움을 타지 않게 하기 위하여 밤새도록 불을 피우고 여러 사람들이 상가(喪家)를 지키는 것이다.

4-4-25 ──────────────── 喪之朝也는 順死者之孝心也니
其哀離其室也라 故로 至於祖考之廟而后에
行하나니 殷은 朝而殯於祖하고 周는 朝而遂葬하니라.

『상례에 널을 받들고 조상의 사당에 뵈는 것은 죽은 사람의 효심

을 따르는 것이니, 그것은 그 집을 떠남을 슬퍼함이니라. 그러므로 할아버지의 사당에 이른 다음에 떠나나니, 은나라는 입관하면 조상의 사당에 뵈고 조상의 사당에 빈소를 설치하고, 주나라는 조상의 사당에 뵈고 나아가 장사 지내니라.』

◐ 이 절은 상례(喪禮)에 봉구조조(奉柩朝祖)의 뜻을 기술하였으니 상여가 집을 떠나기 전에 널을 사당으로 옮겨 조상에게 보이고 떠나는 것이 예절임을 밝혔다.

조(朝)는 찾아뵈는 것이니 상례에 구(柩)를 받들고 사당에 가서 조상을 뵈는 조조(朝祖)의 절차가 있다. 실(室)은 사당의 방이며, 수(遂)는 나아감이다. 효자는 집을 나아가고 들어옴에 반드시 찾아뵙고 인사를 하므로 죽어서도 집을 떠남에 찾아뵙고 떠나는 것이 예절이다.

4-4-26 ──────────────────────────── 孔子가 謂爲明器者하시되
知喪道矣니 備物而不可用也니라.

『공자가 장사 지낼 때에 무덤에 함께 묻는 여러 기물을 만든 사람에게 이르시되 상례의 도를 아노니 물건을 갖추나 쓸 수 없는 것이니라.』

◐ 이 절은 무덤 속에 함께 묻는 명기(明器)의 제도에 대하여 기술하였으니 대강 형상만 갖추어야지 정교하게 만들 필요가 없음을 밝혔다.

명기(明器)는 죽은 사람이 저승에서 쓰도록 여러 가지 기물을 만들어 함께 묻는 부장품이며, 상도(喪道)는 상례(喪禮)의 원칙이며, 비물(備物)은 물건의 모양만 대강 갖추는 것이고, 불가용(不可用)은 사람이 사용할 수 없도록 조악하게 만든다는 뜻이다. 만일 정교하게 만들어 사람이 사용할 수 있는 것을 묻는다면 인력과 재화의 낭비일 뿐만 아니라 도굴의 근심이 있을 것이다.

4-4-27 ─────────── 哀^애哉^재라 死^사者^자而^이用^용生^생者^자之^지器^기也^야여 不^불殆^태於^어用^용殉^순乎^호哉^재아

『슬프도다, 죽은 사람에게도 산 사람의 그릇을 쓰게 함이여, 순장을 쓰게 함에 거의 가깝지 않은가?』

☯ 이 절은 공자가 산 사람이 쓰는 그릇과 똑같이 명기(明器)를 만드는 것을 비판한 내용이다.

태(殆)는 거의 가까운 것이고, 순(殉)은 순장(殉葬)이니 장례에 그를 추종하던 사람, 동물, 애용하던 기물 따위를 죽은 이의 곁에 같이 묻는 것이다.

어리석은 사람들은 귀신의 그릇과 사람의 그릇이 서로 다른 것임을 알지 못하고, 명기(明器)를 정교하게 만들려고 하지만 이것은 저 세상과 이세상이 전혀 다른 곳임을 알지 못한 망상일 뿐이며, 만일 순장(殉葬)을 한다면 이것은 극악무도(極惡無道)한 범죄행위이며 용서할 수 없는 것이다.

其曰明器는 神明之也라 塗車芻靈이
自古有之하니 明器之道也라
孔子가 謂爲芻靈者를 善이라 하시고
謂爲俑者를 不仁이니 不殆於用人乎哉아 하시다.

『그 명기라고 말하는 것은 정신적인 의미이므로 흙을 칠해 만든
수레와 풀을 묶어 만든 인형이 옛날로부터 있으니 저승에서 쓰는 그
릇의 법도이다. 공자가 풀을 묶어 인형을 만드는 것을 좋다고 하시고
나무로 인형을 만드는 것을 어질지 못하니 사람을 쓰는 데 거의 가
깝지 않으냐라고 하시다.』

◎ 이 절은 명기(明器)는 오로지 정신적인 의미로 하기 때문에 정
교하게 만들면 오히려 고상한 뜻을 상실하고 어리석은 망상으로 전
락함을 밝혔다.

신명(神明)은 고상한 정신적인 의미요, 도거(塗車)는 흑을 칠해
만든 엉성한 수레이고, 추령(芻靈)은 풀을 묶어 만든 조잡한 인형(人
形)이며, 고(古)는 고대사회인바, 선(善)은 정신적으로 고상한 뜻을
살렸다는 말이고, 용(俑)은 나무를 깎아서 만든 허수아비로 눈과 코
와 입을 만들었기 때문에 사람의 모양과 흡사한 것이다.

예절의 고상한 정신적 의미를 숭상하던 하(夏), 은(殷), 주(周)의
고대사회에서는 정교하게 만든 명기(明器)가 없었으나 춘추의 혼란
시대에 인간의 정신이 황폐화하여 속물로 전락하니 오로지 물질적
가치만을 숭상하여 정교하게 만든 허수아비까지 등장하므로 공자가
순장(殉葬)의 출현을 두려워하여 엄중히 비판하였다.

穆公이 問於子思하야 曰爲舊君하야
反服이 古與아 子思가 曰古之君子는
進人以禮하고 退人以禮하니
故로 有舊君反服之禮也라 今之君子는
進人하되 若將加諸膝하고 退人하되
若將隊諸淵하나니 毌爲戎首가
不亦善乎아 又何反服之禮之有리잇고

『목공이 자사에게 물어 말하기를 옛 임금을 위하여 돌아와서 상복을 입음이 옛날 예법이니까? 자사가 말하기를 옛날의 군자는 사람을 예절로써 벼슬에 오르게 하고, 사람을 예절로써 물러가게 하더니, 그러므로 옛 임금을 위하여 돌아와서 상복을 입는 예절이 있었노라. 오늘의 군자는 사람을 벼슬에 오르게 함에 마치 장차 무릎에 올려놓을 듯이 하고, 사람을 물러가게 하되 마치 장차 못에 떨어뜨리듯이 하나니, 침략군의 우두머리가 되지 않은 것이 또한 착하지 않은가. 또한 어찌 돌아와서 상복을 입는 예절이 있으리오.』

◉ 이 장은 상례(喪禮)에 대한 여러 가지 제도를 실례로 들어 서술하였으니 대체로 상황의 조건에 따라 다르게 행동하는 원리를 밝혀 허례허식을 비판하였다.

목공(穆公)은 노(魯)나라 임금이니 애공(哀公)의 증손(曾孫)이요, 구군(舊君)은 옛날 직접 섬기던 임금이 죽은 것이며, 반복(反服)은 그 나라로 돌아가서 상복(喪服)을 입는 것이며, 고(古)는 옛날의 예법이다. 군자(君子)는 임금을 지칭하고, 추(隊)는 추(墜)이고, 융수(戎首)는 전쟁을 일으킨 침략군의 우두머리니 곧 반란의 수괴이다.

예절은 도덕적 진실과 윤리적 가치를 아름답게 표현하는 절도이므로 임금과 신하의 사이가 도덕적으로 진실했고, 윤리적으로 가치가 있었다면 천리를 멀다 하지 않고 돌아와서 상복을 입을 것이며, 만일 도덕적으로 진실하지 못했고 윤리적으로 가치가 없었다면 지척에서도 상복을 입지 않을 것이니, 내용이 없는 허례허식은 예로부터 인정할 수 없는 것이다.

4-5-2 ──────────────────── 悼公之喪에 季昭子가 問於孟敬子하야
日爲君何食고 敬子가 曰食粥이
天下之達禮也라 하도다.

『도공의 초상에 계소자가 맹경자에게 물어 말하기를 임금의 초상을 당하여 무엇을 먹는가? 경자가 말하기를 죽을 먹는 것이 천하의 공통예절이라고 하도다.』

◑ 이 절은 공경대부(公卿大夫)가 임금의 초상에 상복(喪服)을 입은 때로부터 장례식 때까지 죽을 먹는 예절을 기술하였다.

도공(悼公)은 노(魯)나라 애공(哀公)의 아들이고, 소자(昭子)는 계강자(季康子)의 증손(曾孫)이며, 경자(敬子)는 맹무백(孟武伯)의 아들이니 이름이 첩(捷)이다. 위군(爲君)은 임금의 죽음을 애도하기 위함이고, 식죽(食粥)은 죽을 먹는 것이니 일반적으로 사람이 죽음에 3년복을 입은 상주(喪主)는 3일을 굶다가 성복(成服)을 한 다음에 비로소 죽을 먹고, 졸곡(卒哭)에 거친 밥을 먹으며, 소상(小祥)에 비

로소 채소와 과일을 먹기 시작하여, 대상(大祥)에 술과 고기를 먹는
것이므로 장사 지내기 전에는 죽을 먹는 것이 천하의 공통예절이다.

4-5-3 ──────── 오삼신자지불능거공실야 사방 막불문의
吾三臣者之不能居公室也는 四方이 莫不聞矣니

면 이 위 척 즉 오 능 무 내 사 인
勉而爲瘠하여 則吾能이라도 毋乃使人으로

의 부 불 이 정 거 척 자 호 재 아 즉 식 사
疑夫不以情居瘠者乎哉아 我則食食하리라.

『우리 세 집의 신하가 노(魯)나라 임금의 신하로 처신할 수 없는 것
은 사방이 듣지 않음이 없나니, 힘써서 상례를 지켜 파리하게 되도록 곧
내가 잘할지라도 이에 사람들로 하여금 저들이 진정으로 파리하게 거처
한 것이 아니라고 의심하지 않겠는가. 나는 곧 밥을 먹으리라.』

☯ 이 절은 맹경자(孟敬子)가 앞 절에 이어 허례허식(虛禮虛飾)의
무의미함을 밝힌 말인데, 나라의 권력을 전천(專擅)한 난신적자(亂臣
賊子)가 스스로 무례(無禮)함을 자인하였다.

삼신(三臣)은 노나라 환공(桓公)의 자손으로 중손(仲孫), 숙손(叔孫),
계손(季孫) 씨의 3가(三家)인데 춘추시대에 노나라의 권력을 나누어
장악하여 임금을 능가하는 정치세력을 세습적으로 행사한 부도덕하고
반윤리적인 난신적자(亂臣賊子)들이었다. 공실(公室)은 제후(諸侯)의
궁궐이고, 척(瘠)은 파리함이니 슬픔 속에 죽만 먹기 때문에 몸이 파
리하게 됨이며, 정(情)은 진정(眞情)이요, 사(食)는 밥이다.

계소자(季昭子)는 간교하게 기군망상(欺君罔上)할 방편을 노리고,
맹경자(孟敬子)는 무군극상(無君克上)의 길을 꾀한 역신(逆臣)들이

니 성토하여 제거해야 마땅하거늘 예절을 어찌 감히 논하리오.

4-5-4 ──────────────────── 衛^위司^사徒^도敬^경子^자가 死^사커늘 子^자夏^하가 吊^조焉^언하되
主^주人^인이 未^미小^소斂^렴이어늘 絰^질而^이往^왕하고
子^자游^유가 吊^조焉^언하되 主^주人^인이 旣^기小^소斂^렴이라거늘
子^자游^유가 出^출絰^질하야 反^반哭^곡한대 子^자夏^하가 曰^왈聞^문之^지也^야與^여아
曰^왈聞^문諸^저夫^부子^자하니 主^주人^인이 未^미改^개服^복則^즉不^불絰^질이라 하시니라.

『위나라 사도경자가 죽거늘 자하가 조문하되 주인이 아직 소렴을
안 했거늘 수질을 하고 가고, 자유가 조문하되 주인이 이미 소렴을
했다고 하거늘 자유가 밖으로 나와서 수질을 하고 돌아와서 곡한대,
자하가 말하기를 그렇게 하는 예절을 들었는가. 말하기를 부자에게
들었나니 주인이 소렴하여 옷을 고치지 않았으면 수질을 하지 않는
다고 하시니라.』

◑ 이 절은 소렴(小斂) 전에는 평상복으로 조문하고, 소렴 후에는
조복(吊服)을 입고 조문하는 예절을 기술하였으니 앞에 3-40-6을
참조하기 바란다.
　사도(司徒)는 본래 관명(官名)인데 씨(氏)로 삼은 것이고, 부자
(夫子)는 공자이다. 사람이 의식(儀式)을 갖추지 않으면 또한 성실성
이 부족한 것으로 비쳐지나니 의식절차를 자세히 살필지어다.

4-5-5 ──────────────────────── 曾子가 曰晏子는 可謂知禮也已니

恭敬之有焉이로다 有若이 曰晏子는 一狐裘를

三十年하며 遣車를 一乘하며 及墓而反하니라.

『증자가 말하기를 안자는 예절을 안다고 말할 수 있나니 공경심이 있는 듯하도다. 유약이 말하기를 안자는 한 벌의 여우가죽옷을 30년간 입으며, 장사 지낼 때에 발인제에 쓴 희생을 싣는 수레가 한 대이며, 묘지에 미쳐서 조문객과 헤어지고 돌아오니라.』

☯ 이 절은 아무리 공경심이 있어도 지나치게 검소 질박하면 예절법도가 아님을 기술하여 예절은 정신과 물질이 서로 어울려야 됨을 밝혔다.

안자(晏子)는 춘추시대 제(齊)나라 대부(大夫)로 이름은 영(嬰)이요, 자는 평중(平仲)인데 검소질박을 숭상하여 공자의 예악정치(禮樂政治)를 비판하였다. 공경(恭敬)은 안영이 대인관계에서 사람을 공경하는 생활예절이요, 견거(遣車)는 앞에 4-1-1에서 이미 해설하였으니, 안영이 그 아버지의 장사 때에 발인제(發靷祭), 즉 견전(遣奠)에 쓴 희생(犧牲)을 싣는 수레인데 이것이 한 대라면 정승의 아버지 장사로는 적었다는 뜻이다. 급묘(及墓)는 매장하여 무덤을 만든 것이고, 반(反)은 조문객을 보내고 집으로 돌아감인데 앞에 4-4-15를 참고하라.

안영이 검소 질박한 공경심만을 극단적으로 주장하여 의례(儀禮)를 무시하고, 그 절차와 형식을 생략하며, 그 물질과 노력을 아껴서 폐지하였으니, 이것은 활달하고 번듯한 선비의 예절이 아니고 구차하

고 인색한 수전노(守錢奴)의 추태이다. 무릇 예절은 집안의 형편에
따르므로 가난하고 천하여 어쩔 수 없이 간소하게 함은 동정의 여지
라도 있지만, 안영이 강대국의 정승으로 세 임금을 섬기면서 그 아버
지의 장례에 이와 같이 각박하게 묻었으니 어찌 세상에 모범이 되는
아름다운 행실이라고 하겠는가? 증자는 다만 안영이 공경심이 있음
을 조금 인정하였으나 유약(有若)이 그 의례를 파괴한 행위를 비판
하였으니 일면(一面)의 평가와 전체적인 평가가 다를 수 있다.

4-5-6 ──────────────────────── 國君은 七个라 遣車七乘이요

大夫는 五个라 遣車五乘이니

晏子가 焉知禮리오.

『나라의 임금은 일곱 개이므로 견거가 7대이고, 대부는 다섯 개이
므로 견거가 5대이니 안자가 어찌 예절을 안다고 하리오.』

◑ 이 절은 앞 절에 이어 유약(有若)이 신분에 따라 견거(遣車)의
수가 예절에 있음에도 안영이 어긴 사실을 증명하였다.

칠개(七个)는 희생(犧牲)의 고기를 포장한 보따리가 일곱 개라는
말이고, 언(焉)은 어찌이다. 무릇 희생(犧牲)의 하체(下體) 부분의
네 다리를 조금씩 포장하여 견거(遣車)에 싣고 가서 겉널 속에 묻는
것인즉, 사람이 멀리 떠날 때에 음식을 보자기에 싸서 주는 것과 같
은 뜻이다. 선비는 견거(遣車)가 삼승(三乘)인데, 안영은 예절의 일
반적 규범인 선비의 예절도 갖추지 않았으니 너무 각박한 것이다.

4-5-7 ───────────────── 曾子가 曰國無道에 君子가 恥盈禮焉하나니
國奢則示之以儉하고 國儉則示之以禮하니라.

『증자가 말하기를 나라에 도덕이 없음에 군자가 예식을 넘치게 함
을 부끄러워하나니 국민이 사치하면 검소함으로 시범을 보이고, 국민
이 검소하면 예식으로 시범을 보이느니라.』

◉ 이 절은 증자가 무도(無道)한 난세(亂世)에 허례허식(虛禮虛飾)
이나 사치풍조를 바로잡기 위해서는 먼저 검소 질박한 풍속을 일으
키고, 다음에 예절을 가르쳐야 됨을 밝혔다.

무도(無道)는 도덕과 윤리가 없는 것이요, 영례(盈禮)는 예식(禮
式)을 넘치게 함이니, 곧 내용은 없고 형식만 지나치게 추구하는 허
례허식이며, 사(奢)는 사치하고 방종함이니 개인주의의 악덕이요, 검
(儉)은 검소 질박함이니 공동체 사회의 미덕(美德)이다.

개인주의의 악덕으로는 도저히 도덕윤리를 일으키기 어렵고 오직
공동체 사회의 미덕으로 예절을 일으켜야 나라에 윤리와 도덕을 밝
힐 수 있는 것임을 여기에서 확인할지어다.

4-5-8 ───────────────── 國昭子之母가 死커늘 問於子張하야
曰葬이 及墓하야 男子婦人이 安位요
子張이 曰司徒敬子之喪에 夫子가 相하시되
男子는 西鄕하고 婦人은 東鄕이니라.

『국소자의 어머니가 죽거늘 자장에게 물어 말하기를 장례식의 행렬이 묘지에 미쳐서 남자와 부인이 어디에 자리하리오. 자장이 말하기를 도경자의 초상에 부자가 도우시되 남자는 서쪽을 향하고 부인은 동쪽을 향하니라.』

◑ 이 절은 장례 행렬이 묘지에 도착하여 상여가 머무름에 남자와 여자가 서는 위치를 기술하였으니, 상례(喪禮)는 처음부터 끝까지 남자는 시신의 동쪽에서 서향하고, 여자는 시신의 서쪽에서 동향하는 것이 예절임을 밝혔다.

국소자(國昭子)는 제(齊)나라 대부(大夫)이고, 장(葬)은 장례식의 행렬이며, 묘(墓)는 묘지이다. 안(安)은 어찌이고, 부자(夫子)는 공자이며, 상(相)은 예식의 진행을 돕는 사람이요, 향(鄕)은 향(向)이다. 남자(男子)는 초상집의 남자들과 남자 조문객이요, 서향(西鄕)은 상여를 중심으로 그 동쪽에 서서 서쪽을 향하는 것이며, 부인(婦人)은 초상집의 부인들과 여자 조문객이며, 동향(東鄕)은 상여를 중심으로 그 서쪽에 서서 동쪽을 향하는 것이다. 모름지기 장례식의 행렬은 가까운 유가족부터 상여를 따르고, 조문객은 그 뒤에 서는 것이니, 이 대열을 어지럽히지 않은 것이다.

4-5-9 ──────────────────── 曰噫라 毋하라 曰我喪也는 斯沾이니 爾가 專之하야 賓爲賓焉하고 主爲主焉이라 하거늘 婦人이 從男子하야 皆西鄕하니라.

『말하기를 으아, 하지 말라고 하면서 말하기를 우리 집의 초상은 이에 엿볼지니, 그대가 오로지 도와서 조문객은 손님의 자리인 서쪽에 서고, 주인은 주의 자리인 동쪽에 서게 하라고 하거늘 부인이 남자를 좇아 모두 서쪽을 향하니라.』

◑ 이 절은 남녀의 평등권이 빈주(賓主)의 평등권보다 우선함에도 국소자(國昭子)가 남녀의 평등권을 무시하고 빈주의 평등권을 우선한 무례(無禮)를 비판하였다.

희(噫)는 감탄사이고, 무(毋)는 금지하는 말이며, 첨(沾)은 첨(覘)이니 엿보는 것이다. 전(專)은 오로지 도와서 진행함이고, 위빈(爲賓)은 손님이 되는 것이니 서쪽 자리에 서는 것이며, 위주(爲主)는 주인이 되는 것이니 동쪽 자리에 서는 것이다. 부인(婦人)은 초상집의 부인들이요, 남자(男子)는 초상집의 남자들이다.

남자와 여자의 배합(配合)은 하늘이 정한 것이고, 주인과 손님의 교제(交際)는 사람이 맺은 것이므로, 남녀의 평등이 빈주(賓主)의 평등보다도 더욱 중대한 가치이다. 그러므로 남녀와 빈주(賓主)가 함께 있을 때에는 남녀의 평등을 먼저 밝히고, 빈주(賓主)는 부득이 주종(主從)관계로 차별할 수밖에 없는 것이다. 예절의 근본원리가 이러함에도 아첨배들은 집안의 여자를 무시하고 손님을 우대하여 주인과 손님의 평등을 먼저 밝히고, 남선녀후(男先女後)로 남녀를 차별하였으니 무도난륜(無道亂倫)의 억지이다.

4-5-10 —————————————— 穆伯之喪에 敬姜이 晝哭하고

〔문백지상〕 〔주야곡〕
文伯之喪에 晝夜哭한 대
〔공자〕 〔왈지례의〕
孔子가 曰知禮矣라 하시다.

『목백의 죽음에 경강이 낮에 곡하고, 문백의 죽음에 밤낮으로 곡한대, 공자가 말씀하시기를 예절을 알도다 하시다.』

◑ 이 절은 남편의 죽음에는 낮에만 곡하고, 아들의 죽음에는 밤낮으로 곡함이 예절임을 밝혔다.

목백(穆伯)은 경강(敬姜)의 남편이요, 문백(文伯)은 경강(敬姜)의 아들이니 과부(寡婦)가 밤에 우는 것은 오해의 소지가 있기 때문에 낮에만 곡하고, 어머니는 밤에 울어도 자식을 잃은 순수한 모정(母情)으로 이해하기 때문에 예절이다.

4-5-11 ──────────── 文伯之喪에 敬姜이 據其牀而不哭하며
日昔者에 吾有斯子也하야 吾以將爲賢人也라
吾未嘗以就公室하더니 今及其死也하야
朋友諸臣이 未有出涕者요 而內人이
皆行哭失聲하니 斯子也가 必多曠於禮矣夫인저

『문백이 죽음에 경강이 그 평상을 짚고 울지 않으며 말하기를, 옛날에 내가 이 아들을 가졌을 때에 나는 장차 어진 사람이 되리라고 생각했으므로 나는 일찍이 대궐에 함께 가지 않았더니 이제 그가 죽음에 미쳐 붕우와 여러 신하들은 눈물을 흘리는 사람이 있지 않은데

나인들은 모두 가면서 통곡을 하고 목을 놓아 우니 이 아들이 반드
시 예절에 매우 태만하였는저.』

　❂ 이 절은 조문객의 애도하는 정도를 보고 죽은 사람의 덕을 알
수 있음을 밝혔다.

　거(據)는 짚는 것이고, 상(牀)은 시상(尸牀)이니 시신을 안치한
평상이며, 불곡(不哭)은 실망과 자책감에 기가 막혀 울음도 안 나온
다는 뜻이다.

　유(有)는 가진 것이니 임신함이요, 오이(吾以)의 이(以)는 생각함
이니 태교(胎教)를 했다는 뜻이며, 이취(以就)의 이(以)는 함께이고,
공실(公室)은 노나라 임금의 대궐로 계씨(季氏)는 노나라 임금과 동
성(同姓)이므로 경강(敬姜)이 대궐에 찾아가 인사할 수 있는 것이다.
내인(內人)은 궁중의 나인이며, 행곡(行哭)은 조문을 하고 돌아가면
서 우는 것이고, 광(曠)은 게을리하여 태만함이다.

　어진 사람은 예절을 지켜 공명정대하므로 붕우와 여러 신하들에게
신의가 있고, 어리석은 사람은 예절에 태만하여 사사로운 감정으로
순종하는 사람만을 가까이하는데 그러한 사실이 조문객의 눈물로 확
인되는 까닭에 마침내 속일 수 없는 것이다.

4-5-12 ──────────────────── 季康子之母가 死커늘 陳褻衣한대 敬姜이
曰夫人이 不飾이면 不敢見舅姑나니 將有四方之賓이
來어늘 褻衣를 何爲陳於斯오 命徹之하다.

『계강자의 어머니가 죽거늘 평상복을 진열한대 경강이 말하기를
부인이 꾸미지 아니하면 감히 시아버지와 시어머니를 뵙지 못하나니
장차 사방에서 손님이 오고 있거늘 평상복을 무엇 하려고 여기에다
진열하리오. 철거하라고 명령하였다.』

◑ 이 절은 염습(殮襲)할 때에 여자의 속옷이나 평상복은 밖에 진
열하지 않는 것이 예절임을 밝혔다.

진(陳)은 염(斂)할 때에 죽은 사람에게 입힐 옷을 진열함이고, 설
의(褻衣)는 속옷이나 평상복이며, 경강(敬姜)은 계강자(季康子)의 종
조모(從祖母)이다. 불식(不飾)은 꾸미지 않음이니 평상복차림이요,
빈(賓)은 조문객이며, 철(徹)은 철거함이다.

대저 상례(喪禮)에서 죽은 사람에게 습의(襲衣)를 입힘에 반드시
당(堂) 앞의 동쪽 벽 아래에 탁자를 놓고 그 위에 진열하도록 하였
으니 공개적으로 확인하기 위함이다. 따라서 공개하기에 부적절한 옷
은 구태여 공개할 필요가 없는 것이다.

4-5-13 ──────────────── 有子가 與子游로 立見孺子慕者하고
有子가 謂子游하야 曰予壹不知夫喪之踊也하야
予欲去之久矣러니 情在於斯가 其是也夫인저

『유자가 자유와 함께 서서 어린이가 어버이를 사모하는 것을 보고
유자가 자유에게 일러 말하기를 나는 한결같이 저 상례의 뛰는 것을
알지 못하여 내가 버리고 싶은 지가 오래더니 그 참뜻이 여기에 있

었던가. 그것이 옳은진저.』

◐ 이 절은 사람이 죽음에 3일 동안 매일 한 번씩 가슴을 치며 뛰는 벽용(擗踊)의 예절은 어린이가 어버이를 사모하여 펄떡펄떡 뛰는 데서 나온 것임을 밝혔다.

유자(孺子)는 어린이요, 모(慕)는 어버이와 떨어지지 않으려고 슬피 울며 발을 동동 구르는 것이며, 일(壹)은 오로지 한결같음이고, 거(去)는 제거함이다. 정(情)은 진정(眞情)이니 참뜻이요, 사(斯)는 어린이가 우는 모양이며, 시(是)는 옳은 것이다. 무릇 사람에게 있어서 가장 슬픈 일은 어버이를 잃은 것이니 어린이는 어버이가 잠깐 외출만 하여도 떨어지지 않으려고 발을 구르며 울거늘 하물며 어버이가 죽어서 이 세상을 영원히 떠나감에 어찌 가슴을 치고 뛰지 않으리오.

4-5-14 ─────────────────────────── 子游가 曰禮有微情者하며
有以故興物者니 有直情而徑行者는
戎狄之道也요 禮道則不然하니라.

『자유가 말하기를 예절에는 참뜻을 감추는 것이 있으며, 짐짓 일으키기 위한 물건도 있는 것이니, 직감하여 느낀 대로 지름길로 행함이 있는 것은 오랑캐와 야만인의 행동원리요, 예절의 행동원리는 그렇지 아니하니라.』

◐ 이 절은 앞 절에 이어 자유(子游)가 상례(喪禮)의 벽용(擗踊)

은 절도가 있으므로 어린이가 제 마음대로 하는 것과는 다름을 밝혔
으니 앞에 4-4-9를 참조하기 바란다.

미(微)는 은미(隱微)하게 함이고, 고(故)는 고의적으로 함이며, 흥물
(興物)은 마음을 일으켜 생각하게 하는 물건이다. 직정(直情)은 직감
(直感)하여 느끼는 진정(眞情)이고, 경행(徑行)은 지름길로 나아가 빨
리 행함이며, 융적(戎狄)은 성왕(聖王)의 예절문화가 미치지 못한 미개
인이요, 예도(禮道)는 질서와 조화를 아름답게 갖추는 행동원리이다.

예절이란 지나친 것은 덜어 내고 모자란 것은 보태서 일정한 수량
과 통일된 절도가 있는 것이므로 벽용(擗踊)은 모두 모여서 나란히
뛰다가 함께 그치는 예절이고, 어린이가 우는 것은 서로 각각 울어서
어지럽고 소란스러워 정신을 잃게 되는 것이다.

자유(子游)의 이 말은 앞 절에 유자(有子)의 논리를 부정한 것이
아니고 그것을 조절해야 됨을 강조한 것이니 오해 없기를 바란다.

4-5-15 ──────────────── 人이 喜則斯陶하고 陶면 斯咏하고 咏하면
斯猶하고 猶면 斯舞하니라 舞어든
斯慍하나니 慍하면 斯戚하고 戚하면
斯歎하고 歎하면 斯辟하고 辟하면
斯踊矣니 品節斯를 斯之謂禮니라.

『사람이 기쁘면 이에 기분이 좋고, 기분이 좋으면 이에 노래를 하
고, 노래를 하면 이에 느즈러지고, 느즈러지면 이에 춤을 추니라. 춤
을 추었거든 이에 성이 나나니 성이 나면 이에 슬프고, 슬프면 이에

탄식하고, 탄식하면 이에 가슴을 치고, 가슴을 치면 이에 발을 구르고 뛰나니 이러함을 가지런히 정리하여 차등을 정한 것을 이에 일컬어 예절이라고 하니라.』

☯ 이 절은 인간의 보편적인 심정(心情)의 변화과정을 정리하여 등차(等差)의 절도를 규정한 것이 예절임을 변증하였다.

도(陶)는 기분이 좋음이고, 유(猶)는 몸의 긴장이 풀리어 느즈러져서 느릿느릿함이며, 온(慍)은 분노하여 성냄이고, 척(戚)은 슬픈 것이다. 품(品)은 가지런히 정리하여 종합적으로 비교해서 그 차이와 등급을 정함이고, 절(節)은 조절해서 절도가 있게 함이다.

사람이 어버이가 살아 계신 것을 기뻐하면 기분이 좋아서 노래를 부르고, 여유작작(餘裕綽綽)하여 춤을 추는 것이다. 그러나 이토록 즐겁던 어버이가 죽으면 이에 사무치게 사모하다가 분노하게 되고, 분노해도 살아나지 않으면 절망하여 슬퍼하다가 탄식하며 답답한 가슴을 치고 마침내 발을 구르며 뛰는 것이다. 이러한 심정(心情)의 변화과정을 종합적으로 분류 비교하여 등급의 차이를 정해서 절도 있게 만들었으니 예절은 인류의 보편적인 규범이다.

전배들은 이 절이 살았을 때와 죽었을 때의 심경변화를 서술한 것임을 알지 못하고 무사온(舞斯慍)을 삭제하거나 억지로 해석하였는데 내가 바로잡았으니 살피기 바란다.

4-5-16 ──────────────── 人은 死를 斯惡之矣나니 無能也면
斯倍之矣라 是故로 制絞衾하며

509

^{설 루 삽} ^{위 사 인 물 오 야}
設褸翣하야 爲使人勿惡也니라.

『사람은 죽음을 이에 싫어하나니 능통함이 없으면 이에 버리는 것이다. 이런 까닭에 염습할 때 시체를 묶는 베와 이불을 제작하며, 널의 앞뒤에 물쑥꼬리를 매단 불삽과 운삽을 설치하여 사람으로 하여금 싫어하지 말도록 하니라.』

◐ 이 절은 앞 절에 이어 예절은 사람이 싫어하고 꺼리는 바를 감추고 좋아하며 가까이하도록 아름답고 화려하게 장식하여 제도화하는 것도 있음을 밝혔으니 자기가 느끼는 감정대로 하는 것은 오랑캐의 행동방식임을 반증하였다.

오(惡)는 죽음을 무서워하여 싫어함이고, 무능(無能)은 죽은 사람이 스스로 움직이는 능력이 없는 것처럼 영혼(靈魂)의 신통한 능력이 없는 것이며, 패(倍)는 패(背)이니 버리는 것이다. 제(制)는 제도화함이고, 교(絞)는 교포(絞布)로 염습(殮襲)할 때 시체를 묶는 마포(麻布)이며, 루(褸)는 물쑥을 엮어 꼬리처럼 만들어 삽(翣)의 끝에 늘어뜨린 것이요, 삽(翣)은 부채처럼 만든 4각형의 깃발로 널의 앞에는 불(己己)처럼 생긴 불삽(黻翣)을 그려 무한한 힘을 가진 추진체임을 상징하고, 널의 뒤에는 구름모양의 운삽(雲翣)을 그려서 용이 하늘을 날듯이 구름을 뒤로 뿜으며 하늘로 솟구쳐 올라감을 상징하였다.

죽은 사람에게 고운 옷으로 깨끗하게 단장하여 널에 넣고 용(龍)처럼 신통하게 하늘로 솟구쳐 저승으로 가는 영혼이 있거늘 누가 죽은 사람을 싫어하고 함부로 내다가 버리겠는가?

4-5-17 ──────────────── 始死에 脯醢之奠이요 將行에 遣而行之하고
旣葬而食之하나니 未有見其饗之者也로되
自上世以來로 未之有舍也니 爲使人勿倍也라
故로 子之所刺於禮者는 亦非禮之訾也니라.

『처음 죽음에 포와 젓갈의 음식으로 전을 드리고, 장차 상여가 나감에 희생을 포장하여 마중하는 수레에 실어 보내고, 이미 장사 지냄에 제사를 지내서 먹이나니, 아직까지 그 제사를 받아 잡수시는 것을 본 사람이 있지 않으나 상고시대로부터 이래로 폐지함이 있지 않으니, 사람들로 하여금 시체를 버리지 말도록 하기 위한 것이다. 그러므로 그대가 예절에 대하여 비난한 바는 또한 예절의 결점이 아니니라.』

◉ 이 절은 앞 절의 결론으로서 예절은 사람으로 하여금 사랑과 공경심을 일으키기 위하여 고의적으로 제도화(制度化)한 것도 있음을 논술하였다.

견(遣)은 견전(遣奠)하여 견거(遣車)에 실어 보냄이요, 사(食)는 평토제(平土祭)와 우제(虞祭)를 지냄이며, 사(舍)는 폐지함이고, 패(倍)는 바로 앞 절에서 해설하였다. 자(子)는 유자(有子)를 지칭하고, 자(刺)는 비난함이며, 자(訾)는 결점이다.

자유(子游)는 제사 지냄에 귀신이 흠향(歆饗)하는 것을 보지 못한 것으로 마치 귀신의 실체가 없는 것처럼 논리를 전개하였으나 이것은 옳지 않다. 귀신은 본래 음양(陰陽)의 기운이 작용하는 오묘한 조화(造化)의 실체이므로 비록 눈에는 보이지 않지만 신통하게 만물을 주체하는 존재로서 정성이 있으면 이르고 정성이 없으면 이르지 않

는 것이니 오해하지 말지어다.

4-6-1────────────────── 吳가 侵陳하야 斬祀殺厲하고
師還出竟이라거늘 陳大宰嚭가 使於師한 대
夫差가 謂行人儀하야 曰是夫也가 多言하니
盍嘗問焉이리오 師必有名이니 人
之稱斯師也者가 則謂之何오.

『오나라가 진나라를 침략하여 사당에 나무를 베며, 질병을 앓은 사람을 죽이고, 군사를 돌려 국경 밖으로 나아간다고 하거늘, 진나라 태재 비가 군사에게 사신으로 가서 항의한대, 오나라 임금 부차가 행인 의에게 일러 말하기를 이 사나이가 말이 많으니 어찌 일찍이 따지지 않으리오. 군사는 반드시 명분이 있나니 사람이 이 군사를 지칭한 명분이 곧 무엇이라고 일컬을까.』

◉ 이 장은 명분(名分)과 실질(實質)이 일치하지 않은 것은 예절이 아님을 기술하였으니 모름지기 예절이란 명실상부(名實相符)해야 됨을 밝혔다.

노(魯)나라 애공(哀公) 원년에 오(吳)나라 군사가 진(陳)나라를 침략하였으며, 참사(斬祀)는 사당의 나무를 베는 것이고, 살려(殺厲)는 질병을 앓은 사람을 죽이는 잔인무도한 행위이다. 선(還)은 돌아감이요, 경(竟)은 국경이며, 태재(大宰)는 재상을 지칭하는 벼슬이름이고, 비(嚭)는 사람 이름이다. 부차(夫差)는 오나라 임금의 이름이니 합려(闔廬)의 아들로 즉위한 지 2년 만에 초(楚)나라와 가까이하

는 진(陳)나라를 침략하여 동남지역의 세력 확장을 꾀하였다. 행인(行人)은 외교사신을 접대하는 관직의 이름이요, 의(儀)는 사람 이름이며, 부(夫)는 태재비를 지칭하고, 다언(多言)은 항의하는 말이 많음이다. 합(盍)은 하불(何不)의 합자(合字)이고, 문(問)은 신문함이니 따져서 물어 옳고 그름을 밝힘이며, 명(名)은 대의명분이니 전쟁의 이유요, 위지하(謂之何)는 진(陳)나라에 죄가 있는 것이 분명하다는 사실을 되물어 밝히는 문체이다.

4-6-2————————— 太宰嚭가 曰古之侵伐者는 不斬祀하며
不殺厲하며 不獲二毛하더니 今斯師也는
殺厲與한 대 其不謂之殺厲之師與리오 한 대
曰反爾地하며 歸爾子하면 則謂之何오
曰君王이 討敝邑之罪하시고 又矜而赦之하시면
師與에 有無名乎아

『태재비가 말하기를 옛날에 침략하고 정벌하는 군대는 사당에 나무를 베지 않으며, 질병을 앓은 사람을 죽이지 않으며, 반백의 노인을 포로로 잡아가지 아니하더니, 이제 이 군사는 질병을 앓은 사람을 죽인대 그 질병을 앓은 사람을 죽인 군사라고 일컫지 않으리오. 말하기를 너희 땅을 되돌려 주고 너희 인민을 보내 주면 어떤 군사라고 일컬을까. 말하기를 군왕이 우리 읍의 죄를 성토하시고 또한 불쌍하여 용서하시면 군사에 이름이 없음이 있으리오.』

◉ 이 절은 앞 절에 이어 실질이 있으면 반드시 합당한 이름이 있

음을 서술하였으니 군사의 아름다운 이름은 도덕과 윤리를 지킨 데
서 나옴을 밝혔다.

　이모(二毛)는 머리털이 희고 검은 두 가지로 곧 반백(斑白)의 노
인이요, 자(子)는 포로로 잡은 신민(臣民)이다.

　살펴건대 태재비(大宰嚭)는 오(吳)나라 부차(夫差)의 신하로서 춘
추시대에 활약한 인물이거늘 여기에서 진(陳)나라의 신하로 등장하
였으니 아마도 기록한 사람이 행인의(行人儀)와 태재비를 혼동하여
바꾸어 쓴 것으로 보아야 할 것이다. 왜냐하면 태재(大宰)라는 벼슬
은 진(陳)나라에는 없고 오(吳)나라에 있는 벼슬이고, 또 비(嚭)라는
이름자가 같은 사람이 동시에 두 나라에서 태재벼슬자리에 같이 있
기는 매우 어려운 까닭이다.

4-6-3───────────────────── 顔丁이 善居喪하니 始死엔 皇皇焉하야
如有求而弗得하고 及殯엔 望望焉하야
如有從而弗及하고 旣葬엔 慨焉하야
如不及其反而息하니라.

　『안정이 부모의 상복을 잘 입었나니 어버이가 처음 죽음에는 마음
이 조급하여 허둥지둥하야 마치 찾아도 얻지 못함이 있는 듯이 하고,
빈소를 설치함에 미쳐서는 돌아보지 않고 급히 떠나듯이 하여 마치
쫓아가도 미치지 못함이 있는 것처럼 하고, 이미 장사 지냄에는 슬퍼
서 탄식하여 마치 그 돌아옴에 미치지 못하여 그치는 것처럼 하니라.』

◑ 이 절은 어버이의 초상에 상복을 입는 정신적 자세를 기술하였으니 형식과 내용이 일치한 것을 찬양하였다.

안정(顔丁)은 노(魯)나라 사람이고, 황황(皇皇)은 황황(遑遑)이니 황급하여 경황이 없어서 허둥지둥하는 모양이며, 구(求)와 득(得)은 어버이가 소생하기를 추구함이다. 망망(望望)은 뒤도 돌아보지 않고 급히 떠나가는 모양이요, 종(從)과 급(及)은 어버이를 찾아 함께하려고 함이며, 개(慨)는 슬퍼서 탄식함이고, 반(反)은 어버이가 돌아오는 때이며, 식(息)은 멈추어 쉬면서 기다림이다.

어버이가 죽은 지 3일 동안은 오로지 소생(蘇生)하여 부활(復活)하기만을 추구하고, 이미 입관(入棺)하여 빈소(殯所)를 설치하면 곁을 지키며 따라가서 함께하려고 노력하며, 이미 장사 지내면 슬퍼서 탄식하며 기다리듯이 하니, 진실로 어버이를 사모하는 효자라고 하겠다.

4-6-4 ──────────── 子張이 問하여 曰書云高宗이 三年不言이라가
言乃讙이라 하니 有諸이니까 仲尼가 曰胡爲其不然也리오
古者에 天子가 崩이어든 王世子가 聽於冢宰를 三年하더니라.

『자장이 물어 말하기를 『서경』에 고종이 3년간 말을 안 하다가 말을 하므로 이에 즐거워하였다니 그런 사실이 있었나이까. 중니가 말씀하시기를 어찌해서 그가 그렇게 아니 하리오. 옛날에 천자가 승하하거든 왕세자가 총재에게 들음을 3년간 하더니라.』

◑ 이 절은 어버이의 상을 당하여 3년복을 입은 사람은 세상일에

대한 말을 하지 않는 것이 예절임을 밝혔다.

서(書)는 『서경(書經)』이니 열명(說命) 상편에 고종(高宗)이 아버지의 상에 3년간 말을 하지 않았다는 경문(經文)이 있다. 고종(高宗)은 이름이 무정(武丁)인데 아버지 소을(小乙)에게서 왕위를 이어받아 부열(傅說)을 등용해서 나라를 중흥하였다. 환(讙)은 국민이 기뻐함이요, 왕세자(王世子)는 천자의 적자(適子)로 곧 태자(太子)이며, 청(聽)은 보고를 받음이고, 총재(冢宰)는 수상(首相)이니 천자가 승하하면 태자는 거상(居喪)하고 3년 동안 정치와 행정을 총재가 대행하는 체제로 바뀐다는 뜻이다.

4-6-5―――――――――――知悼子가 卒하야 未葬이어늘 平公이 飮酒할새

師曠李調가 侍하야 鼓鍾하더니 杜蕡가 自外來하야

聞鍾聲하고 曰安在오 曰在寢이니라 杜蕡가 入寢하야

歷階而升하야 酌하야 曰曠아 飮斯하라

又酌하야 曰調야 飮斯하라 又酌하야 堂上에

北面坐하야 飮之하고 降하야 趨而出한대

『지도자가 졸하여 아직 장사 지내지 아니하였거늘 평공이 술을 마실새 악사 광과 이조가 임금 곁에서 모시고 북과 종을 치더니 두궤가 밖으로부터 와서 종소리를 듣고 말하기를 어디에 있는가. 말하기를 침전에 있노라. 두궤가 침전으로 들어가 계단을 지나 올라가서 술을 잔에 부어 말하기를 광아 이것을 마셔라. 또 술을 잔에 부어 말하기를 조야 이것을 마셔라. 또 술을 잔에 부어 당상에 북향하여 앉아

마시고 내려와서 빠른 걸음으로 나간대..』

　　◐ 이 절은 대부(大夫)의 죽음에 아직 장사 지내지 않았을 때 임금이 술을 마시고 음악을 즐기는 것은 예절이 아님을 지적하였다.

　　지도자(知悼者)는 춘추 말기에 진(晉)나라의 대부(大夫)로 이름이 앵(罃)이고, 평공(平公)은 진(晉)나라 임금으로 이름이 표(彪)이며, 사광(師曠)은 악관장(樂官長)이요, 이조(李調)는 평공과 친근한 신하이며, 두궤(杜蕢)는 궁중의 요리담당관이다. 안(安)은 어디, 침(寢)은 침전(寢殿)이니 곧 정전(正殿)이고, 작(酌)은 술잔에 술을 담은 것이며, 음사(飮斯)는 이 벌주(罰酒)를 마시라는 것이다.

4-6-6

　　平公이 呼而進之하야 曰蕢야
　　曩者에 爾心이 或開予니라
　　是以로 不與爾言하니 爾飮曠은 何也오
　　曰子卯엔 不樂이요 知悼者가 在堂하니
　　斯其爲子卯也가 大矣거늘 曠也는 太師也로되
　　不以詔할새 是以로 飮之也로이다.

『평공이 불러서 나오라고 하여 말하기를 궤야 아까는 너의 마음이 혹시 나를 간할까 하여 이래서 너와 더불어 말을 안 했나니 네가 광에게 마시게 함은 무슨 뜻인고? 말하기를 갑자일과 을묘일에는 음악을 연주하지 않고, 지도자가 빈소에 있으니 이는 그 갑자일과 을묘일이 됨이 중대하거늘 광이 악관의 책임자로되 아뢰지 않으므로 이래서 마시게 하였나이다.』

◐ 이 절은 앞 절에 이어 사광(師曠)이 악사장(樂師長)으로서 음악을 연주할 수 없는 날에 연주하였으므로 벌주를 마시게 하였음을 밝혔다.

진(進)은 앞으로 나오게 함이고, 낭자(曩者)는 조금 전에 아까이며, 개(開)는 간(諫)하여 개발함이다. 자묘(子卯)는 걸(桀)이 을묘일(乙卯日)에 죽고, 주(紂)가 갑자일(甲子日)에 죽었기 때문에 꺼리는 날이라고 하여 임금이 음악을 연주하지 않는 관습이며, 재당(在堂)은 재빈(在殯)으로 임금은 경대부(卿大夫)가 죽음에 장사 지낼 때까지는 고기를 먹지 않고 졸곡(卒哭)까지는 음악을 연주하지 않는 예절이 있다. 태사(太師)는 악관장(樂官長)이요, 조(詔)는 알리는 것이니 곧 음악을 연주하지 않는 날을 임금에게 알림이다.

4-6-7──────────────────── 爾飮調는 何也오 曰調也는 君之褻臣也니
爲一飮一食하야 忘君之疾할새 是以로 飮之也니이다.

『네가 조에게 마시게 함은 무슨 뜻인고? 말하기를 조는 임금의 친근한 신하이니 한 번 마시고 한 번 먹기 위하여 임금의 꺼리는 날을 잊어버렸으므로 이래서 벌주를 마시게 하였나이다.』

◐ 이 절은 앞 절에 이어 임금에게 형식과 명분이 있음에도 내용과 실질을 갖추도록 측근에서 간하지 못한 책임을 물었음을 밝혔다.

설신(褻臣)은 임금에게 낯이 익은 친근한 신하요, 질(疾)은 꺼리는 일이니 형식과 내용이 어긋나고 명분과 실질이 어그러지는 것이다.

4-6-8───────────────── 爾飮은 何也오 曰蕢也는 宰夫也로되
非刀匕를 是共하고 又敢與知防하니 是以로 飮之也니다.

『네가 마신 것은 무슨 뜻인고? 말하기를 궤는 요리담당관이로되 칼을 들고 요리하는 곳이 아닌 자리를 이에 함께하고, 또한 감히 더불어 막을 줄을 알게 하였으니 이래서 벌주를 마셨나이다.』

☯ 이 절은 아무리 내용과 실질이 좋아도 자기의 직분을 벗어난 행위는 예절에 어긋난 것임을 밝혔다.

　재부(宰夫)는 궁중에 요리담당관이요, 도(刀)는 큰 칼이고, 비(匕)는 작은 칼이니 칼을 들고 요리하는 장소를 뜻하며, 공(共)은 함께 같이함이고, 지방(知防)은 막을 줄을 알게 함이니 곧 임금의 잘못을 간쟁(諫爭)하여 막아서 바른길로 섬기는 신하의 직분을 깨우친 것이다.

4-6-9───────────────── 平公이 曰寡人이 亦有過焉하니
酌而飮寡人하라 杜蕢가 洗而揚觶하거늘
公이 謂侍者하야 曰如我死라도
則必毋廢斯爵也한대 至于今에 旣畢獻하고
斯揚觶하야 謂之杜擧라 하니라.

『평공이 말하기를 과인이 또한 허물이 있나니 술잔에 술을 담아 과인에게 마시게 하라. 두궤가 술잔을 씻어 술을 담아 술잔을 들어 올리거늘 공이 가까이 모시는 사람에게 일러 말하기를 만약에 내가

죽더라도 곧 반드시 이 술잔을 폐지하지 말라고 한대, 오늘날에 이르기까지 이미 술잔 드리기를 마치고 이에 술잔을 들어 올리니 두궤가 들어 올리는 술잔이라고 하니라.』

◑ 이 절은 술자리를 마치면서 마지막 술잔을 높이 들어 반성하는 예절이 생긴 사실을 기술하였다.

세(洗)는 술을 권할 때 먼저 술잔을 씻는 것이 예절이며, 양(揚)은 높이 들어 올리는 것으로 거(擧)와 같고, 치(觶)는 주발모양의 사기그릇으로 향음주례(鄕飮酒禮)에서 쓰는 술잔이다. 폐(廢)는 폐지함이요, 작(爵)은 입구가 넓고 발이 세 개가 달린 제기(祭器) 술잔이며, 헌(獻)은 주인이 손님에게 술잔을 올리는 것이다. 두거(杜擧)는 두궤가 올리는 벌주(罰酒)라는 말이니 술자리의 과오나 실수를 반성하며 벌주를 마신다는 뜻이다.

4-6-10 ──────────────────── 公叔文子가 卒하거늘 其子戊가 請諡於君하야 曰日月이 有時라 將葬矣니 請所以易其名者하니다.

『공숙문자가 졸하거늘 그 아들 무가 시호를 임금에게 청하여 말하기를 해와 달은 때가 있으므로 장차 장사 지내려고 하오니 그 이름을 바꿀 바를 청하니다.』

◑ 이 절은 대부(大夫)의 죽음에 시호(諡號)를 청하는 시기와 절

차를 기술하였다.

공숙문자(公叔文子)는 위(衛)나라의 대부(大夫)로 이름이 발(拔)이며, 시(謚)는 왕으로부터 사대부(士大夫)에 이르기까지 죽은 뒤에 그 공적을 평가하여 임금이 주는 시호(謚號)로 이름을 대신하여 사용한다. 군(君)은 영공(靈公)이요, 시(時)는 장사 지내는 길(吉)한 때이며, 역(易)은 바꾸는 것이다.

4-6-11 ————————————君이 曰昔者에 衛國이 凶饑어늘
夫子가 爲粥하야 與國之餓者하니
是不亦惠乎아 昔者에 衛國이 有難이어늘
夫子가 以其死로 衛寡人하니 不亦貞乎아
夫子가 聽衛國之政하되 脩其班制하야
以與四隣으로 交하야 衛國之社稷이 不辱케 하니
不小乂乎아 故로 謂之夫子를 貞惠文子로 하라.

『임금이 말하기를 옛날에 위나라가 흉년이 들어 굶거늘 부자가 죽을 끓여 도성의 굶주린 사람에게 주었으니 이것은 또한 혜택을 베푼 것이 아닌가. 옛날에 위나라가 어려운 일이 있었거늘 부자가 그 죽음으로써 과인을 호위하니 또한 정절을 지킨 것이 아닌가. 부자가 위나라의 정사를 듣고 처리하되 그 반열과 절제를 다듬어 사방의 이웃나라와 더불어 교류하여 위나라의 사직이 욕되지 않게 하니 또한 문화가 아닌가. 그러므로 부자를 일컬어 정혜문자로 하라.』

◉ 이 절은 앞 절에 이어 시호(謚號)를 제정하는 방법을 기술하였

으니 역사적인 사실에 기초하여 구체적인 공적을 밝혀 명실상부(名實相符)하게 지어야 된다.

혜(惠)는 대부(大夫)에게 알맞은 업적이니 천자(天子)는 덕(德)을 기리고, 제후(諸侯)는 공(功)을 기리며, 대부(大夫)는 혜(惠)를 기리고, 선비는 은(恩)을 기리는 것이 정당한 직분수행으로 평가한다. 난(難)은 환난(患難)이니 노(魯)나라 소공(召公) 20년 가을에 도적이 위(衛)나라 임금의 형 공맹집(公孟縶)을 살해하는 사건이 일어나서 영공(靈公)이 사조(死鳥)땅으로 피난하였다. 청(聽)은 보고를 듣고 처리함이며, 수(脩)는 개수(改修)함이고, 반(班)은 반열이니 조직편제요, 제(制)는 절제니 절도가 있는 체제이다.

4-6-12 ─────────── 石駘仲이 卒하니 無適者하고 有庶子六人이어늘
卜所以爲後者하니 曰沐浴佩玉則兆라 한 대
五人者가 皆沐浴佩玉하거늘 石祁子가
曰孰有執親之喪而沐浴佩玉者乎아 하고 不沐浴佩玉하니
石祁子가 兆라 하거늘 衛人이 以龜爲有知也라 하니라.

『석태중이 졸하니 정실이 낳은 장남이 없고, 여러 아들 6인이 있거늘 거북점을 쳐서 후계자를 정하고자 하니 점괘에 말하기를 목욕하고 옥을 허리에 차게 하면 조짐이 있으리라 한대 다섯 사람은 모두 목욕하고 옥을 허리에 차거늘 석기자가 말하기를 그 누가 어버이의 상복을 입는 예절을 지키면서 목욕하고 옥을 허리에 찬 사람이 있는가 하고, 목욕과 옥을 차지 아니하니, 석기자가 길하다고 하거늘

위나라 사람이 거북이 신령하게 아는 방법이 있다고 하였다.』

　　◉ 이 절은 예절을 지키는 형식으로 마음에 간직한 내용을 헤아리
는 판단법을 기술하였으니 속이 성실하면 겉으로 나타나는 것이다.
　　석태중(石駘仲)은 위(衛)나라 대부(大夫)이고, 복(卜)은 거북점이며,
후(後)는 뒤를 이을 후계자이다. 조(兆)는 길흉(吉凶)을 판단할 수 있
는 조짐이요, 집(執)은 지키는 것이며, 지(知)는 신령하게 아는 것이다.
　　거상(居喪) 중에는 몸에 장식을 하지 않고 목욕도 하지 않는 것이니
오직 목욕을 할 수 있는 경우는 앞에 1-25-2에서 이미 해설하였다.

4-6-13 ──────────────── 陳子車가 死於衛어늘 其妻가 與其家大夫로
謀以殉葬하야 定而后에 陳子亢이 至하거늘
以告하야 曰夫子가 疾하야 莫養於下할새 請以殉葬하노라.

『진자거가 위나라에서 죽거늘 그 아내가 그 집을 관리하는 신하
대부와 더불어 순장에 대하여 논의해서 결정한 다음에, 진자항이 이
르거늘 알리며 말하기를 부자가 질병을 앓을 때에 아래에서 봉양할
사람이 없으므로 순장하기를 청하노라.』

　　◉ 이 절은 가슴속에 간절한 뜻이 있어도 예절을 어겨서는 안 됨
을 서술하였으니 아무리 죽은 사람을 편안히 봉양하고 싶어도 예법
에 없는 순장(殉葬)을 해서는 안 됨을 밝히기 위하여 여자의 욕망으
로 서두를 열었다.

진자거(陳子車)는 제(齊)나라의 대부(大夫)이고, 가대부(家大夫)는 가신(家臣)의 우두머리이며, 순장(殉葬)은 추종하던 사람이나 동물을 죽여서 묘지에 함께 묻는 것이다. 진자항(陳子亢)은 곧 공자의 제자 자금(子禽)인데 진자거(陳子車)와 형제간이며, 부자(夫子)는 남편을 지칭하고, 하(下)는 집안의 하인(下人)이니 위(衛)나라에서 병이 들어 죽었기 때문에 집안의 하인들이 봉양하지 못했다는 말이다.

4-6-14 ──────────────────── 子亢이 曰以殉葬이 非禮也니 雖然이나
則彼疾當養者는 孰若妻與宰리오 得已인댄 則吾欲已어니와
不得已인댄 則吾欲以二子者之爲之也하노라 於是에 弗果用하다.

『자항이 말하기를 순장은 예절이 아닌 것이니 비록 그러하나 곧 그 질병에 마땅히 봉양할 사람은 그 누가 아내와 가신장만 같으리오. 그만두기로 합의할진댄 곧 그만두고자 하려니와, 그만두기로 합의하지 않을진댄 곧 내가 두 분으로써 순장을 하고자 하노라. 이에 순장을 실행하여 쓰지 못하였다.』

◉ 이 절은 앞 절에 이어 순장(殉葬)은 비례(非禮)임을 선언하였다.
재(宰)는 앞 절의 가대부(家大夫)로 곧 가신장(家臣長)이며, 득(得)은 더불어 합의를 얻음이고, 이자(二子)는 아내와 가신장이며, 과(果)는 실행함이요, 용(用)은 순장하려고 정한 사람을 쓰는 것이다.
진자항(陳子亢)이 집안에서 순장(殉葬)을 못 하게 막았으니 어질고 정의로운 군자(君子)로다.

4-6-15 ──────────── 子路가 曰傷哉로다 貧也여 生無以爲養하며
死無以爲禮也로다 孔子가 曰啜菽飮水이나
盡其歡을 斯之謂孝요 斂首足形하야
還葬而無椁이나 稱其財를 斯之謂禮니라.

『자로가 말하기를 근심이로다. 가난이여, 살아서는 공양을 하지 못하며, 죽어서는 예절을 하지 못하도다. 공자가 말씀하시기를 콩을 먹고 물을 마시지만 그 기쁨을 다하는 것을 이에 효도라고 하고, 머리와 발의 형체를 거두어 대렴을 하여 빨리 장사 지냄에 겉널이 없어도 그 집의 재산에 알맞게 하는 것을 이에 예절이라고 일컬으니라.』

◉ 이 절은 가난이 사람의 생활을 곤궁하게 하지만 그러나 사람의 도리와 예절을 지키지 못하게 하는 것은 아님을 서술하였으니 앞에 3-43-23에서 이미 해설하였다.

철숙(啜菽)은 콩죽을 마시는 것이니 가난함을 상징하고, 선장(還葬)은 입관(入棺)하여 바로 장사 지냄이며, 칭(稱)은 저울질을 함이니 정비례함이며 집안의 재산 정도에 정비례한다는 뜻이다.

4-7-1 ──────────── 衛獻公이 出奔하더니 反於衛할새 及郊하야
將班邑於從者而后에 入이라 하거늘
柳莊이 曰如皆守社稷이면 則孰執羈靮而從이며
如皆從이면 則孰守社稷이리오 君反其國而有私也니
毋乃不可乎아 한대 弗果班하니라.

『위나라 헌공이 출국하여 망명하더니 위나라로 돌아올 때에 교외에 미쳐 장차 추종자들에게 읍을 나누어 준 다음에 도성으로 들어간다고 하거늘 류장이 말하기를 만약에 모두 사직을 지킨다면 누가 말굴레고삐를 잡고 따르며, 만약에 모두 따른다면 누가 사직을 지키리오. 임금이 그 나라로 돌아오면서 사사로운 마음을 두니 이에 옳지 못하지 않으리오 한대, 읍을 나누어 주는 것을 실행하지 아니하니라.』

◐ 이 장은 사심(私心)으로 하는 것은 예절이 아님을 서술하였으니 예절은 도덕과 윤리를 아름답게 하는 원리이므로 순수한 도덕심을 상실하고 사리사욕(私利私欲)을 가지면 진실이 아니다.

위(衛)나라 헌공(獻公)은 이름이 간(衎)으로 대부(大夫)들에게 배척당하여 노(魯)나라 양공(襄公) 14년에 제(齊)나라로 망명했다가 12년 만에 복귀하였다. 반읍(班邑)은 읍을 나누어 주어서 포상함이고, 종자(從者)는 망명지에서 추종하는 신하요, 류장(柳莊)은 위나라의 사관(史官)이며, 기(羈)는 말굴레, 적(靮)은 고삐이며, 사(私)는 국가의 공법(公法)이 아니고 임금의 사심(私心)이라는 뜻이다.

임금이 국가를 경영하면서 사심(私心)으로 다스리는 것은 예절을 허무는 일이니 나라의 지도자는 경계할지어다.

4-7-2 ──────────────────────── 衛有大史하야 日柳莊이라 寢疾할새
公이 日君疾이 革하거든 雖當祭라도
必告하라 公이 再拜稽首하야 請於尸하야
日有臣柳莊也者는 非寡人之臣이요 社稷之臣也니
聞之死라 請往이라 하고 不釋服而往하야

遂以襚之하고 與之邑裘氏와 與縣潘氏하야 書
而納諸棺하고 曰世世萬子孫이 毋變也라 하니라.

『위나라에 태사가 있어 류장이라고 하는데 질병을 앓아눕거늘 임
금이 말하기를 그의 질병이 위독하거든 비록 제사를 지내고 있을 때
를 당해도 반드시 보고하라고 하여 임금이 제사를 지내다가 부고를
받고 재배하고 머리를 땅에 대며 시동에게 청하여 말하기를 신하로
있는 류장이라는 사람은 과인의 신하가 아니고 사직의 신하인데 죽
었다는 부고를 받았으므로 조문 가기를 청하나이다 하고 제복도 벗
지 않고 가서 마침내 제복을 벗어서 주검 옷으로 주고 구씨읍과 현
반씨읍을 주면서 증서를 만들어 널에 넣고 말하기를 대대로 일만 자
손이 변하지 말라고 하니라.』

☯ 이 절은 지나치게 정(情)을 베풀어 보편성을 잃은 것은 예절이
아님을 밝혔다.

태사(大史)는 류장(柳莊)의 벼슬이고, 공(公)은 위(衛)나라 임금
헌공(獻公)이며, 군(君)은 류장을 지칭한다. 왕(往)은 조문(吊問)을
감이고, 수(襚)는 주검에 입히는 옷을 주는 것이며, 구씨(裘氏)와 현
반씨(縣潘氏)는 모두 읍명(邑名)이다.

임금이 제사를 지내다가 중간에 제복(祭服)도 벗지 않고 조문을
가는 것은 비례(非禮)요, 임금의 제복(祭服)을 벗어서 신하의 주검
옷으로 주는 것은 패례(悖禮)이며, 읍(邑)을 증여하는 문서를 널에다
가 넣은 것은 무례(無禮)니, 지나친 행동으로 예절을 어기면 도리어
무례방자한 사람이 될 뿐만 아니라 죽은 사람도 욕이 되는 것이다.

4-7-3 ─────────── 陳乾昔이 寢疾하야 屬其兄弟而命其子尊己하야
日如我死어든 則必大爲我棺하야 使吾二婢子로
夾我하라 陳乾石이 死커늘 其子가 日以殉葬이
非禮也어늘 況又同棺乎아 하고 弗果殺하니라.

『진간석이 질병을 앓아눕거늘 그 형제를 모이게 하고, 그 아들 존기에게 명령하여 말하기를, 만약에 내가 죽을 것 같으면 반드시 나의 널을 크게 만들어서 나의 두 여종으로 하여금 나를 곁에서 부축하게 하라. 진간석이 죽거늘 그 아들이 말하기를 순장을 하는 것이 예절이 아니거늘 하물며 또한 널을 함께하겠는가 하고 죽이라는 것을 실행하지 아니하였다.

◯ 이 절은 널을 함께하는 순장(殉葬)은 잔인무도한 패륜이므로 비록 아버지의 유언이라도 거부하는 것이 당연함을 밝혔으니 앞에 4-6-14를 참조하라.

촉(屬)은 회합(會合)하여 모임이고, 비자(婢子)는 여자종이며, 협(夾)은 곁에서 부축함이니 여자종을 죽여서 널에 같이 묻으라는 것은 춘추시대 인간타락의 극치이다.

예의도덕에 반하는 아버지의 명령은 슬기롭게 묵살함이 현명한 일이니 아버지를 죄악으로부터 구출하는 도리이다.

4-7-4 ─────────── 仲遂가 卒于垂라거늘 壬午에 猶繹하되
萬入去籥한대 仲尼가 日非禮也라 卿卒不繹하더니라.

『중수가 수 땅에서 졸했다고 하거늘 임오일에 오히려 파제를 지내되 만무대열이 들어오거늘 피리를 버리게 한대 중니가 말하기를 예절이 아니다. 경이 졸하면 파제를 지내지 아니하더니라.』

◉ 이 절은 작은 예절을 지키려다가 큰 예절을 어기는 것을 비판하였다.

중수(仲遂)는 노(魯)나라 장공(莊公)의 아들로 동문양중(東門襄仲)이며 노나라의 경(卿)이다. 수(垂)는 제(齊)나라의 지명(地名)이고, 임오(壬午)는 정식제사를 신사(辛巳)일에 이미 지냈다는 뜻이며, 역(繹)은 종묘에서 제사를 지낸 다음 날에 또 간단하게 제물(祭物)을 차려 제사 지내고 시(尸)와 빈객(賓客)과 집사(執事)를 대접하는 행사인데 은(殷)나라 시대에는 융제(肜祭)라고 하였고, 주(周)나라 때에는 역제(繹祭)라고 하였으며, 집안에는 파제(罷祭)라고 하였는데 곧 제사의 뒤풀이이다.

만(萬)은 만무(萬舞)로 문무(文舞)와 무무(武舞)를 비롯하여 모든 춤을 갖추어 추는 악무(樂舞)의 대열이요, 약(籥)은 피리이니 가장 흥겨운 소리를 내는 악기라는 뜻으로 문무(文舞)를 출 때에 왼손에 잡는다.

종묘에서 정식제사를 이미 지내고 다음 날 간소한 역제(繹祭)를 지내는 것은 작은 예절이요, 나라의 경(卿)이 외국에서 죽어 송상(送喪)하는 일은 큰 예절이니 역제(繹祭)를 중지하고 송상(送喪)에 전력하는 것이 당연하다.

살펴건대 문무(文武)는 왼손으로 약(籥: 피리)을 잡고, 오른손으로 적(翟: 꿩 깃털 기)을 잡기 때문에 약무(籥舞) 또는 우무(羽舞)라고도 일컬으며, 무무(武舞)는 왼손으로 간(干: 방패)을 잡고 오른

손으로 척(戚: 도끼)을 잡기 때문에 간무(干舞) 또는 척무(戚舞)라
고도 하는데, 만무(萬舞)는 본래 모든 춤을 전부 추는 것이나 종묘제
례에서는 문무(文舞)와 무무(武舞)만을 추는 까닭에 이것을 만무(萬
舞)라고 일컬었으니 의전상의 악무(樂舞)를 모두 갖추었다는 뜻이지
오직 문무와 무무만을 일컬어 만무라고 하는 것이 아님을 이해하기
바란다.

4-7-5 ─────────── 季康子之母가 死커늘 公輸若이 方小러니
歛에 般이 請以機로 封한대 將從之어늘
公肩假가 曰不可하니 夫魯에 有初하니라.

『계강자의 어머니가 죽거늘 공수약이 바야흐로 어리더니 하관함에
반이 기계로 하관할 것을 청한대 장차 따르려고 하거늘 공견가가 말
하기를 옳지 않으니 대저 노나라에 처음으로 했던 일이 있느니라.』

◉ 이 절은 기계를 사용하여 하관(下棺)하는 것은 인정(人情)에
어긋나는 각박한 일임을 서술하였다.

계강자(季康子)는 앞에 4-5-12에서 이미 보았고, 공수(公輸)는
성(姓)이요, 약(若)은 이름인데 토목기능사이며, 방소(方小)는 바야
흐로 나이가 어리다는 뜻이다. 렴(歛)은 관(棺)을 묘혈(墓穴)에 내리
는 것이요, 반(般)은 약(若)의 집안사람이며, 기(機)는 반(般)이 고
안한 새로운 기계로 이동이 가능한 수레 위에 기중기(起重機)를 장
착하여 그것이 회전하여 움직이는 기관(機關)을 통해 물건을 옮기거

나 들어서 내리는 기능을 하는 기계로 전한다. 봉(封)은 폄(窆)이니
하관(下棺)하여 장사 지냄이요, 공견가(公肩假)는 예절에 밝은 사람
이고, 유초(有初)는 옛날부터 하던 방식이 있다는 말이다.

4-7-6 —————————— 公室은 視豊碑하고 三家는 視桓楹이니라.

『제후의 집은 큰 비석을 모방하고, 3가의 집은 우체국을 표시하는
기둥을 모방하니라.』

☯ 이 절은 노(魯)나라에서 옛날부터 사용하던 하관(下棺)하는 전
통적 방식을 밝혔다.

공실(公室)은 노(魯)나라 임금의 집이고, 시(視)는 견주어 본받아
모방함이며, 3가(三家)는 앞에 4-5-3에서 이미 해설하였다. 환(桓)
은 우정(郵亭: 우체국 표시판)이고, 영(楹)은 기둥이니 시환영(視桓
楹)은 하관(下棺)틀의 기둥이 우체국을 표시하는 기둥에 견준다는
뜻이다.

살피건대 전통적인 하관(下棺) 방법은 묘혈(墓穴)의 양쪽에 네 개
의 기둥을 세우고 기둥의 끝을 파서 도르래를 설치한 다음에 거기에
불(紼: 상여 줄)을 걸어 한쪽 끝은 널에 묶고 한쪽 끝은 사람들이
잡아 어깨에 메고 기둥을 등져서 북소리를 울리며 점점 뒷걸음질로
널을 광중(壙中)으로 내리는 것인데 널이 크고 무거울수록 하관틀의
기둥이 커야 되는 까닭에 천자와 제후는 큰 비석처럼 거대한 나무틀
을 세우고, 대부(大夫)와 선비는 우체국표시판 같은 기둥을 세우니

안전을 위한 배려이다. 특히 여기에서 주목할 일은 널을 등지고 상여 줄을 잡아 메고 점점 뒷걸음질로 널을 내리는 점이다. 이는 사람들이 널을 내리지 않으려는 뜻을 보임이며, 만일 양쪽 사람들이 서로 마주 향하여 널을 보면서 앞으로 가며 하관(下棺)한다면 이것은 이미 묻 겠다는 뜻을 보이는 것으로 사람으로서 차마 못 할 일이다.

4-7-7 ──────────────────── 般아 爾以人之母로 嘗巧인댄
　　　　　　　　　　　　　　則豈不得以하리오 其毋以嘗巧者乎를
　　　　　　　　　　　　　　則病者乎아 噫라 한대 弗果從하니라.

『반아 네가 사람의 어머니로 기계의 정교함을 시험할진댄 어찌할 데를 얻지 못리오. 그 기계의 정교함을 실험할 곳이 없음을 곧 고민 하는 것이냐, 으아, 한대 따르기로 한 것을 실행하지 못하니라.』

◐ 이 절은 앞 절의 결론으로 새로운 하관(下棺) 방법을 사용하는 것은 예절을 어기는 행위이며, 또한 기계를 사용하여 묻는 것은 장례 의 존엄성을 해치고, 더욱이 새로운 기계의 기능을 시험하기 위하여 엄숙한 장례식을 사심(私心)으로 이용하는 것은 도저히 있을 수 없 는 일임을 밝혔다.

상(嘗)은 시험함이요, 교(巧)는 기교(機巧)이니 기계의 정교함이며, 부득이(不得以)는 할 데를 얻지 못하는 것으로 곧 시험할 곳이 없겠 느냐는 뜻이니, 어디에 시험할 곳이 없어서 여기에서 시험하느냐 꾸짖 은 것이다. 무(毋)는 무(無)와 같고, 병자(病者)는 고민하는 것이며,

종(從)은 앞에 4-7-5에서 장종지(將從之)의 종(從)을 지칭한다.

4-8-1 —————————— 戰于郎할새 公叔禺人이 遇負杖入保者하야 息하며
日使之雖病也하며 任之雖重也나 君子가 不能爲謀也며
士가 弗能死也면 不可하니라 我則旣言矣라 하고
與其隣重汪踦로 往하야 皆死焉커늘 魯人이
欲勿殤重汪踦어늘 問於仲尼한대 仲尼가 日能執干戈하야
以衛社稷하니 雖勿欲殤也나 不亦可乎아

『노나라 낭 땅에서 전쟁을 할 때에 공숙우인이 지팡이를 짚고 성
안의 보호구역으로 들어온 사람을 만나 탄식하며 말하기를 인민을
부림이 비록 고통스러우며, 인민에게 세금의 부담이 비록 무거우나,
군자가 능히 적군을 막으려고 도모하지 않으며, 선비가 능히 죽기로
싸우지 않으면 옳지 않으니라. 나는 곧 이미 말을 했느니라 하고, 그
이웃에 동자 왕기와 더불어 가서 모두 죽거늘, 노나라 사람이 동자
왕기를 어린 주검으로 장사 지내지 않으려고 하거늘 중니에게 물은
대, 중니가 말하기를 능히 방패와 창을 잡고 사직을 호위하였으니 어
린 주검으로 하려고 않은 것이 또한 옳지 않은가.』

☯ 이 장은 공(公)과 사(私)를 분별하는 예절을 기술하였으니 여기
에서는 국가를 지키기 위하여 전사(戰死)한 사람은 비록 미성년자라도
성인(成人)의 상례(喪禮)로 장사 지내는 것이 예절임을 변증하였다.

전우랑(戰于郎)은 노(魯)나라 애공(哀公) 11년 봄에 제(齊)나라
국서(國書)가 군사를 이끌고 노나라에 침입하였다. 공숙우인(公叔禺

人)은 소공(昭公)의 아들 공위(公爲)이고, 부장입보자(負杖入保者)는
삶에 지쳐서 지팡이에 의지하고 제(齊)나라 군사를 피하여 도성 안
의 보호구역으로 들어온 피난민이며, 식(息)은 탄식함이다. 사(使)는
사역(使役)이니 전쟁에 복무함이고, 임(任)은 부담하는 세금이며, 인
동(隣重)은 이웃의 동자(童子)이니 10세의 소년이요, 상(殤)은 어린
주검이니 곧 하상(下殤)으로 와관(瓦棺)을 쓰고 상복도 관건수질(冠
巾首絰)이 없이 소공(小功) 5월의 복으로 장사를 지내니, 물상(勿殤)
은 곧 20세 이상의 어른 주검으로 대우하여 정식 상례(喪禮)로 장사
지내려는 것이다.

공자가 비록 10세의 소년이라도 국가를 지키기 위하여 전사했으면
성인(成人)의 상례(喪禮)로 장사 지내는 것이 옳다고 단언하였으니
공적(公的)인 직무를 능히 수행한 사람은 나이에 상관없이 어른으로
인정해야 되는 까닭이다.

4-8-2 —————————— 子路가 去魯할새 謂顔淵하야 曰何以贈我오
曰吾聞之也하니 去國則哭于墓而后에 行하고
反其國엔 不哭하고 展墓而入이니라
謂子路하야 曰何以處我오 子路가 曰吾聞之也하니
過墓則式하며 過祀則下니라.

『자로가 노나라를 떠날 때에 안연에게 일러 말하기를 무엇으로 나
를 보내 주려는고? 말하기를 나는 들으니 나라를 떠남에는 조상의
묘에서 곡한 다음에 떠나고, 그 나라로 돌아옴에는 곡하지 않고 묘를

살펴보고 들어온다고 하니라. 자로에게 일러 말하기를 무엇으로 나를 머물러 살게 하려는고? 자로가 말하기를 나는 들으니 조상의 묘를 지나가면 수레에서 일어나 경의를 표하고, 사당을 지나가면 수레에서 내린다고 하니라.』

    ◑ 이 절은 개인에게 있어서 조상의 묘와 사당을 지키는 것은 공명정대한 도덕적 과제임을 기술하였으니 효도(孝道)는 인간애(人間愛)를 실천하는 기본이기 때문이다.

    증(贈)은 증별(贈別)이니 떠나는 사람에게 시문(詩文)이나 물건을 선사함이고, 전묘(展墓)는 성묘(省墓)하여 벌초(伐草)를 함이며, 처(處)는 처심(處心)이니 마음에 두고 잊지 않게 함이요, 사(祀)는 사당이다.

    어진 이가 서로 이별함에 각각 길이 잊지 못할 말로 선물을 하니 아름답기 그지없도다.

4-8-3 ──────── 工尹商陽이 與陳棄疾로 追吳師할새 及之러니
陳棄疾이 謂工尹商陽하야 曰王事也라
子가 手弓而可니라 手弓이라거늘 子가 射諸인저
射之하야 斃一人하고 韔弓이라거늘 又及하야
謂之한대 又斃二人하니 每斃一人에 揜其目하고
止其御하야 曰朝不坐하며 燕不與니 殺三人이
亦足以反命矣니라 孔子가 曰殺人之中에 又有禮焉이니라.

『공윤 상양이 진기질과 더불어 오나라 군사를 추격할 때에 다달아

미치니 진기질이 공윤 상양에게 일러 말하기를 왕의 사업이므로 그
대가 손수 활을 잡아야 옳으니라. 손에 활을 잡았다고 하거늘 그대가
활을 쏠진저 하니 명중하여 한 사람을 쓰러져 죽게 하고 활을 활집
에 넣었다고 하거늘 또 다달아 미쳐서 일러 말한대 또 두 사람을 쓰
러져 죽게 하니, 매번 한 사람을 쓰러져 죽게 함에 그는 눈을 가리고
그 마차를 멈추게 하여 말하기를 조정에서 앉지 못하며, 조정의 연회
에 참여하지 못하니 세 사람을 죽임이 역시 돌아가 복명하기에 충분
하다고 하였다. 공자가 말씀하시기를 사람을 죽이는 가운데서 또한
예절이 있도다.』

　◉ 이 절은 부도덕한 공식행사에 정의로운 개인행동을 평가하였으
니 포악한 임금이 일으킨 불의한 전쟁에 살육전을 전개하는 것은 예
절이 아님을 선언하였는바, 초(楚)나라 영공(靈公)은 임금을 시해하
고 정권을 찬탈하여 안으로 강직한 대부(大夫)들을 죽이고 밖으로
이웃나라를 침략하여 빼앗는 영토 확장에만 전념하면서 인민을 포악
하게 다스리므로 마침내 재위 13년 만에 살해당했는데, 그의 만행은
『춘추(春秋)』 소공(昭公) 원년부터 13년조에 낱낱이 기록되어 있다.
　공윤(工尹)은 초(楚)나라의 벼슬 이름이니 공업청장(工業廳長)이
요, 상양(商陽)은 사람 이름이며, 진기질(陳棄疾)은 초나라 공자(公
子) 기질(棄疾)이 아니고 진(陳)나라 사람의 이름이며, 왕(王)은 주
(周)나라 천자가 아니라 초나라 영공(靈公)을 지칭한다. 수궁(手弓)
은 손으로 활을 잡는 것이고, 석(射)은 명중함이며, 창궁(韔弓)은 활
을 활집에 넣은 것이니 사람을 죽일 의사가 없다는 뜻이다. 조(朝)는
조정회의(朝廷會議)로 로문(路門) 밖의 정식조정회의는 대부(大夫)
이하가 모두 서서 하지만, 침전(寢殿)에서의 조정회의는 경대부(卿大

夫)는 당상(堂上)에 앉고, 선비 이하는 당 아래에 서는 것이요, 연
(燕)은 연회(燕會)로 조정에서 술과 음식을 먹는 잔치인데 대체로
경대부(卿大夫)만 당상에 앉아서 술을 마시는 것이므로, 공윤 상양이
자기는 경대부(卿大夫)가 아님을 밝히는 말이다. 반명(反命)은 명령
을 실행하고 돌아와서 보고함이요, 살인(殺人)은 사람을 죽이는 것이
니 곧 전쟁이 아니라 잔악한 살인행위라는 뜻이며, 유례(有禮)는 인
간을 사랑하고 생명을 존중하는 도덕심이 있다는 말이다.

　살피건대 포악한 임금이 일으킨 침략전쟁에 협력하는 것은 악을
돕는 일이고, 또 정당한 명분이 없는 전쟁에 살육전(殺戮戰)을 전개
하는 것은 무고한 사람을 죽이는 살인행위로서, 하늘과 인류가 함께
분노할 사건이다. 따라서 초나라 공윤 상양이 비록 영공(靈公)의 명
령에 따라 출동은 하였지만 사람을 죽이지 않으려고 노력한 것은 인
류의 양심(良心)으로 평가해 마땅하다. 독자는 여기에서 부도덕하고
패륜적인 국가의 공식행사에서 개인적인 지성(知性)을 가지고 슬기
롭게 처신하는 법을 배울지어다.

4-8-4 ——————————————— 諸侯가 伐秦할새 曹桓公이 卒于會하거늘

諸侯가 請舍한대 使之襲하다.

『제후가 진나라를 정벌할 때에 조나라 선공이 회합하는 곳에서 졸하거
늘 제후가 3리를 후퇴하기를 청한대 그들로 하여금 염습하게 하였다.』

　● 이 절은 도덕적인 공식행사에 무례한 개인행동을 비판하였으니

아무리 뜻이 좋아도 전체적인 대의목적을 망각하면 안 된다.

제후(諸侯)는 노(魯)나라 성공(成公) 8년 여름 5월에 주(周)나라 도읍에서 진후(晉侯), 노후(魯侯), 제후(齊侯), 송공(宋公), 위후(衛侯), 정백(鄭伯), 조백(曹伯), 주인(邾人), 등인(滕人)이 모여 진(秦)나라를 정벌하였다. 환공(桓公)은 선공(宣公)의 오기이며, 회(會)는 회합(會合)하여 전쟁하는 곳이요, 사(舍)는 3리(里)를 후퇴하여 휴전(休戰)함이며, 습(襲)은 염습(殮襲)이니 3일에 대렴(大斂)까지 마침이다.

연합군이 강대국을 정벌하여 싸움에 조(曹)나라 선공(宣公)이 질병으로 죽은 것은 비록 안타까운 일이나 그렇다고 제후들이 전선에서 3리(里)를 후퇴하여 대렴(大斂)을 마칠 때까지 3일간이나 휴전하면서 애도를 표하는 것은 긴박한 전쟁터에서 정벌의 대의목적을 망각한 어리석은 개인행동으로 비판받아 마땅하다.

전배들은 이 경문(經文)을 해석하여 제후들이 직접 염습(殮襲)을 한 것을 비난했다고 하였으나 옳지 않다. 당당한 문화국의 제후들이 어찌 예절에 없는 염습을 했겠는가? 3일간의 염습할 시간을 주었을 뿐이다.

4-8-5 ──────────────────────── 襄公이 朝于荊할새 康王이 卒커늘
荊人이 曰必請襲하노라 魯人이 曰非禮也니라
荊人이 强之하거늘 巫가 先拂柩한대 荊人이 悔之하다.

『양공이 형주에 조회를 할새 초나라 강공이 졸하거늘 형주의 사람이 말하기를 반드시 염습하기를 요청하노라. 노나라 사람이 말하기를

예절이 아니다. 형주의 사람이 강청하거늘 무당이 먼저 복숭아나무 가지로 널을 쓸어 깨끗이 하니 형주의 사람이 후회하였다.』

  ☯ 이 절은 주인과 손님의 직분을 어기고 공(公)과 사(私)를 혼동한 것은 모두 예절이 아님을 기술하였으니 초(楚)나라 임금의 주검을 노(魯)나라 임금에게 염습하라는 것은 패례(悖禮)이고, 노나라 임금이 염습하면서 초나라 임금을 신하로 대하는 것은 무례(無禮)이니 앞에 4-4-24를 참고하라.

  양공(襄公) 28년 11월에 초(楚)나라에 조회 갔는데 다음 달에 강공(康公)이 졸하였으니 『춘추(春秋)』에 기록되어 있다. 형(荊)은 형주(荊州)인데 초(楚)나라가 강성하여 이 지역을 거의 병합하여, 쇠약한 주(周)나라를 무시하고 오만 방자하게 제후를 호령하면서 왕(王)을 자칭하므로 일컫은 이름이다. 강왕(康王)은 초(楚)나라 임금으로 이름이 소(昭)인데 본래 주(周)나라의 제후이므로 강공(康公)이라고 해야 마땅하거늘 이미 초나라가 왕을 자칭하였음을 증거하였다. 청습(請襲)은 천자의 주검에 견주어 제후로 하여금 염습하게 함이고, 비례(非禮)는 제후는 제후의 죽음에 조문사절을 보내고 직접 조문하지 않는 예절에 어긋난다는 뜻이다. 강(强)은 세 번을 청하는 강청(强請)이고, 무(巫)가 먼저 불구(拂柩)한 것은 임금이 신하의 죽음에 직접 조문할 때의 예절이며, 회(悔)는 초나라 사람들이 강공(康公)을 천자로 높이려다가 도리어 노나라 양공(襄公)의 신하로 전락하게 된 것을 뉘우침이다.

4-8-6 ────────── 滕成公之喪에 使子叔敬叔으로 吊하고 進書한대
子服惠伯이 爲介하니 及郊하야 爲懿伯之忌하야 不入이라거늘
惠伯이 曰政也라 不可以叔父之私로 不將公事라 하고 遂入하다.

『등나라 성공의 상사에 자숙경숙으로 하여금 조문하고 조문편지를
전하게 한대 자복혜백이 부사가 되니 교외에 다달아 의백의 기일이
라고 하여 들어가지 않겠다고 하거늘 혜백이 말하기를 정치외교사무
인지라 숙부의 사사로운 일로 공적인 일을 거행하지 않음은 옳지 않
다고 하니 마침내 들어갔다.』

◉ 이 절은 사적(私的)인 가정의 일로 공적(公的)인 국가사업을
늦추지 못하는 예절을 기술하였으니 선공후사(先公後私)의 논리이다.
등(滕)나라 성공(成公)은 노(魯)나라 소공(昭公) 3년 정월에 졸하
여 여름에 숙궁(叔弓)이 조문사절로 갔다고 『춘추(春秋)』에 기록되
어 있다. 자숙경숙(子叔敬叔)은 곧 숙궁(叔弓)이고, 진서(進書)는 노
나라 임금의 조문하는 글을 전하여 올리는 것이며, 자복혜백(子服惠
伯)은 이름이 초(椒)인데 노나라 환공(桓公)의 후손으로 숙궁(叔弓)
의 13종숙(從叔)이며, 개(介)는 정사(正使)를 수행하여 보좌하는 부
사(副使)요, 교(郊)는 등나라의 교외이다. 의백(懿伯)은 혜백초(惠伯
椒)의 숙부(叔父)이고, 기(忌)는 기일(忌日)이니 곧 죽은 날이며, 입
(入)은 등나라의 도성으로 들어가서 조문함이요, 정(政)은 국가의 정
치외교사무이다. 숙부(叔父)는 의백(懿伯)을 지칭하고, 사(私)는 사
가(私家)의 기일(忌日)을 말하며, 장(將)은 거행함이요, 수입(遂入)
은 마침내 도성에 들어가서 조문했다는 뜻이다.

예절에 집안의 제삿날에는 조문을 가지 않으니 제사는 길사(吉事)
이고, 상례(喪禮)는 흉사(凶事)이기 때문이다. 그러나 임금의 명령을
받드는 사람은 멸사봉공(滅私奉公)의 책무가 있으므로 오직 공사(公
事)만을 수행하는 것이 정도이다.

4-8-7 ──────────────────────── 哀公이 使人으로 吊蕢尙한대
遇諸道하야 辟於路하며 畫宮而受吊焉하거늘

『애공이 사람으로 하여금 궤상에게 조문하게 한대 길에서 잡인의
통행을 금지하고, 집의 평면도를 그려 놓고 조문을 받거늘』

◑ 이 절은 공적(公的)인 조문을 사적(私的)으로 길에서 받는 것
은 예절이 아님을 기술하였다.

애공(哀公)은 노(魯)나라 임금이고, 우(遇)는 우연히 만남이며, 벽
(辟)은 벽제(辟除)로 잡인의 통행을 금지함이요, 획궁(畫宮)은 금을
그어서 집의 평면도를 그리는 것이다. 이것은 편의주의의 극치로 집
에까지 수고롭게 가지 않고 우연히 만난 곳에서 조문인사를 끝내는
것이다.

4-8-8 ──────────────────── 曾子가 曰蕢尙이 不如杞梁之妻之知禮也로다
齊莊公이 襲莒于奪할새 杞梁이 死焉이어늘
其妻가 迎其柩於路而哭之哀하더니

『증자가 말하기를 궤상이 기량의 아내가 예절을 아는 것만도 못하
도다. 제나라 장공이 거나라 저우읍의 좁은 길로 습격을 할 때에 기
량이 죽거늘 그 아내가 그 널을 길에서 맞아 슬프게 곡을 하더니』

◑ 이 절은 앞 절에 이어 궤상(蕢尙)이 예절을 모르는 것을 비판
하였다.

기량(杞梁)은 제(齊)나라 대부(大夫)요, 습(襲)은 갑자기 습격함
이며, 거(莒)는 거나라이며, 우(于)는 저우읍(且于邑)이고, 탈(奪)은
좁은 길인데 노(魯)나라 양공(襄公) 23년 10월에 제(齊)나라 장공
(莊公)이 거(莒)나라를 습격하였다고 『춘추(春秋)』에 기록되어 있다.

4-8-9 ──────────────────────────── 莊公이 使人으로 吊之한대
對하야 曰君之臣이 不免於罪인댄
則將肆諸市朝而妻妾執하려니와
君之臣이 免於罪인댄 則有先人之敝廬가
在하니 君無所辱命이리다.

『장공이 사람으로 하여금 조문하게 한대 대답하여 말하기를 임금
의 신하가 죄를 면하지 못할진댄 곧 장차 시장과 조정에 진열하여
아내와 첩을 체포하려니와 임금의 신하가 죄에서 벗어날진댄 곧 선
조가 살던 허름한 집이라도 있으니 임금에게 명령을 욕되게 한 바가
없으리이다.』

◑ 이 절은 임금이 보낸 조문사자는 초상집에서 조문을 받는 것이 임금을 공경하는 예절임을 밝혀 궤상(蕢尙)의 무례는 곧 임금의 명령을 욕되게 한 것임을 꾸짖었다.

죄(罪)는 전쟁에서 승리하지 못하고 죽은 죄이며, 사(肆)는 죄인의 시체를 진열함이요, 집(執)은 죄인의 가족을 체포함이다. 선인(先人)은 돌아가신 부모와 조상이고, 욕명(辱命)은 명령을 욕되게 함이니 곧 길거리에서 조문을 받음이다.

살피건대 기량(杞梁)의 아내는 임금이 길로 보낸 조문사자(吊問使者)를 초상집에서 맞이하여 조문을 받음으로써 그 임금의 명령을 높이고 그 남편을 영광스럽게 했거늘 궤상(蕢尙)은 임금이 집으로 보낸 조문사자를 우연히 길에서 맞아 조문을 받음으로써 그 임금의 명령을 욕되게 하고 그 어버이를 천하게 하였으니 형식을 무시하고 안일과 방종에 사로잡힌 결과이다.

4-9-1────────── 孺子䵮之喪에 哀公이 欲設撥하야 問於有若한대
有若이 曰其可也니 君之三臣도 猶設之하니다
顔柳가 曰天子는 龍輴而椁幬하고 諸侯는 輴而設幬하되
爲楡沈故로 設撥이어늘 三臣子가 廢輴而設撥하니
竊禮之不中者也니 而君이 何學焉이니고

『어린 아들 돈의 죽음에 애공이 발을 치고자 하여 유약에게 물은대 유약이 말하기를 그것을 설치해도 되니 임금의 세 신하도 오히려 설치했나이다. 안류가 말하기를 천자의 널은 용을 그린 긴 통나무 두

개를 밑에 깔아 풀로 바깥 널을 만들어 휘장을 덮고, 제후는 긴 통나무 두 개를 밑에 깔아 수레휘장을 덮되 느릅나무의 즙이 생기므로 발을 치거늘, 세 신하들은 긴 통나무 두 개를 밑에 까는 것을 폐지하면서 발을 치니 예절을 훔침이 적절치 못한 것인데 임금이 어찌 본받으리오.』

◐ 이 장은 후세의 상례(喪禮)에 대한 잡설을 기술하였으니 춘추 말기에 예절이 무너지니 각각 편리한 방법으로 변화시킴에 사치와 방종이 극심하였음을 밝혔는데 여기에서는 남의 잘못을 본받으면 안 됨을 지적함이었다.

유자(孺子)는 적장(嫡長)을 이을 어린 아들이고, 돈(驐)은 애공(哀公)의 아들이며, 발(撥)은 발렴(撥簾)이니 빈소(殯所)를 가리기 위하여 짚이나 풀을 엮어서 발을 치는 것인데, 전배들은 상여 줄 즉 불(紼)이라고 하였으나 옳지 않기에 내가 바로잡는다. 3신(三臣)은 3가(三家)이고, 용순이곽(龍輴而椁)은 앞에 3-45-7에서 이미 해설하였고, 주(幬)는 수레휘장을 덮는 것이며, 유침(楡沈)은 느릅나무의 즙처럼 끈적끈적한 물기가 생긴 것이요, 절(竊)은 절취하여 훔친 것이다. 부중(不中)은 적절치 않음이고, 학(學)은 본받아 실행함이니 예절이 아니므로 본받을 일이 못 된다는 말이다.

대개 발을 치는 것은 격리시킨다는 뜻이 있기 때문에 빈소(殯所)에 발을 쳐서 격리시키는 것은 효자의 마음에 편치 못함이 있는 것이니 살피기 바란다.

　悼公之母가 死커늘 哀公이 爲之齊衰한대
有若이 曰爲妾은 齊衰가 禮與아 公이 曰吾는
得已乎哉인저 魯人이 以妻我이니라.

『도공의 어머니가 죽거늘 애공이 그를 위하여 자최복을 입은대 유약이 말하기를 첩을 위한 상복은 자최복을 입는 것이 예절입니까? 공이 말하기를 나는 그만둘진저 하였으나 노나라 사람이 나의 아내라고 하니라.』

◑ 이 절은 잡설에 현혹하여 예절을 어기는 것은 현명한 행동이 아님을 기술하였다.

도공(悼公)은 이름이 녕(寧)으로 애공(哀公)의 서자(庶子)인데 적장(嫡長)이었어도 돈(欝)이 일찍 죽었기 때문에 세자(世子)가 되었다. 도공(悼公)의 모(母)는 곧 애공(哀公)의 첩(妾)이요, 자최(齊衰)는 첩의 아들이 세자(世子)가 되었으므로 그 어머니를 처(妻)로 높여 처상(妻喪)에 남편이 자최기년복(齊衰期年服)을 입은 것이나 천자(天子)와 제후(諸侯)는 기년복(期年服) 이하는 입지 않으므로 애공이 입는 것은 예절이 아니다. 처아(妻我)는 나에게 아내가 된다는 뜻이니 곧 나의 아내라는 말이다.

애공이 노나라 사람의 아첨하는 말을 듣고 예절을 어겼으니 어리석기 그지없다.

　季子皐가 葬其妻할새 犯人之禾라거늘

申祥이 以告하야 曰請庚之하라

子皐가 曰孟氏가 不以是로 罪予하며

朋友가 不以是로 棄予하나니 以吾爲邑長於斯也라

買道而葬이면 後難繼也니라.

『계자고가 그 아내를 장사 지낼 때에 남의 곡식을 밟고 가거늘 신상이 알리며 말하기를 청컨대 보상하여 갚으라고 하니 자고가 말하기를 맹씨가 이로써 나를 문책하지 않으며, 벗이 이로써 나를 버리지 아니하나니 내가 여기에 읍장으로 있는 까닭에 길을 사서 장사를 지내면 이후에는 상여가 계속 지나가기 어려우니라.』

◉ 이 절은 상여(喪輿)는 통행료가 없음을 밝혔으니 상여가 지나가면서 밟은 곡식에 대하여 변상하지 않는 것이 예절임을 기술하였는바, 귀신이 가는 길에 돕지는 못할망정 피해보상을 요구하는 것은 너무 각박한 행동이기 때문이다.

계자고(季子皐)는 고시(高柴)로 공자의 제자인데 이때에 맹씨(孟氏)의 읍장(邑長)으로 있었으니 앞에 3-36-1을 참고하라. 범(犯)은 길이 좁아서 벗어남이고, 화(禾)는 곡식이며, 경(庚)은 보상하여 줌이다. 매도(買道)는 지나가는 길을 사는 것이니 곧 통행료를 지불함이고, 후난계(後難繼)는 뒤에는 계속 지나갈 수 없다는 것이다.

만일 읍장(邑長)이 상여가 지나가는 길이 좁아서 약간 침범한 논밭의 곡식의 피해를 보상한다면 이것이 선례(先例)가 되어 그 길을 사지 않고는 상여가 지나가지 못하는 현상이 일어날 터인즉, 상여(喪輿)가 자유자재로 가지 못하게 되는 결과를 초래한 책임을 어찌할 것인가?

　사람이 죽어서 마지막 가는 길에 상여꾼이 밟은 곡실을 아까워하여 보상을 요구하는 것은 인정(人情)에 어긋나는 것이니 오히려 죽은 사람을 애도하고 편히 가도록 돕는 것이 인사(人事)의 마땅한 예의이다. 따라서 한 고을의 읍장(邑長)은 아름답고 두터운 풍속을 일으켜야지 야비하고 각박한 습속을 선도(先導)해서는 안 되므로 계자고(季子皐)의 사려 깊은 처신은 치하해 마땅하다.

4-9-4 ──────────── 仕而未有祿者는 君有饋焉曰獻이라 하며
使焉曰寡君이니 違而君薨이어든 弗爲服也니라.

『벼슬을 하여도 봉록이 있지 않은 사람은 임금이 음식을 내림이 있을진댄 말하기를 드린다고 하며, 사신이 될지라도 말하기를 저희 임금이라고 하나니 떨어져 있다가 임금이 승하하거든 상복을 입지 않으니라.』

　◑ 이 절은 실직(實職)의 봉록(俸祿)이 없는 명예직(名譽職)의 관료는 임금의 신하(臣下)가 아니라 손님(賓客)이므로 그 처신이 조금 다름을 기술하였다.

　사(仕)는 고시(考試)에 합격하여 관리가 될 수 있는 자격을 인정받거나 자문에 응하는 사람이며, 녹(祿)은 관작(官爵)의 등급에 따라 지급하는 봉록(俸祿)이다. 궤(饋)는 음식을 공급함이요, 헌(獻)은 음식을 드리는 것이니 임금의 공궤(供饋)는 하사품(下賜品)이고, 봉헌(奉獻)은

정상품(呈上品)이니, 신하에게는 하사하고 손님에게는 정상(呈上)한다.
과군(寡君)은 저희 임금이라는 말이니 자기를 낮추는 말이요, 위(違)는
거리가 멀리 떨어진 것이며, 복(服)은 상복(喪服)이다.

4-9-5 ──────────────────────────── 虞而立尸하고 有几筵이니라.

『우제를 지내면서는 시동을 세우고 혼백을 모시는 상자와 신령이
앉은 자리가 있느니라.』

◉ 이 절은 우제(虞祭)의 예절을 기술하였으니 앞에 4-4-17, 18
을 참조하기 바란다.

장사 지내기 전에는 살아나기를 바라는 마음으로 살아 있는 사람
으로 섬기기 때문에 영좌(靈座)를 설치하지 않으나 이미 장사 지내
고 초우(初虞)를 지낼 때에는 죽은 사람으로 섬기는 까닭에 시동(尸
童)을 세우고 궤연(几筵)을 설치하여 정식 제사를 지내야 한다.

4-9-6 ──────────────── 卒哭而諱는 生事畢而鬼事가 始已니라.

『졸곡을 하고서 이름을 피하는 것은 산 사람으로 섬김을 마치고,
귀신으로 섬김이 시작하기 때문이라.』

◉ 이 절은 졸곡(卒哭)에 산 사람으로 섬기는 예절을 마치고 귀신

으로 섬기는 시초가 됨을 기술하였으니 앞에 4-4-20을 참고하기
바란다.

휘(諱)는 일상대화에서 죽은 사람의 이름자를 피하여 읽지 않는
것이니 귀신의 이름을 높이는 뜻이다.

4-9-7 ──────────────────── 旣卒哭하고 宰夫가 執木鐸하여
以命于宮하야 曰舍故而諱新이니
自寢門으로 至于庫門이니라.

『이미 졸곡하고 조정의 의식을 관장하는 신하가 목탁을 들고, 궁
중에 명령하여 말하기를 옛날에 피했던 이름을 버리고, 새로운 이름
을 피하라고 하나니 침문으로부터 고문에 이르니라.』

◑ 이 절은 임금이 승하하여 졸곡을 지나면 그 임금의 이름자를
일상의 언어생활에서 피할 것을 공지하는 예절을 기술하였다.

재부(宰夫)는 주(周)나라 천관(天官)으로 조정의 의식을 담당한
신하이며, 목탁(木鐸)은 쇠로 만든 종의 내부에 나무로 만든 울림대
가 있는 딱따기요, 사(舍)는 버리는 것이고, 고(故)는 오랫동안 휘
(諱)했던 이름자이니 곧 고조(高祖)의 아버지 이름자이며, 신(新)은
새로 죽어서 졸곡을 지낸 아버지의 이름인데 나라에 휘(諱)가 많으
면 언어생활에 불편을 초래하므로 사당에 위패를 모신 고조(高祖)까
지만 휘(諱)하고 사당에서 위패를 옮긴 분의 이름은 피하는 것을 중
지하는 것이다. 침문(寢門)은 로침(路寢)으로 들어가는 문이고, 고문
(庫門)은 궁궐로 들어가는 첫 번째 문이니 고문(皐門)이라고도 한다.

4-9-8 ─────────────── 二名은 不偏諱하니 夫子之母는 名이 徵在일새
言在不稱徵하시며 言徵不稱在하시니라.

『두 자 이름은 한쪽 자를 피하지 아니하니 부자의 어머니는 이름
이 징재이므로 재를 말함에 징을 일컫지 않으시며, 징을 말함에 재를
일컫지 않으시니라.』

◉ 이 절은 휘법(諱法)을 기술하였으니 공자의 어법(語法)으로 실
례를 들었다.

이명(二名)은 두 글자로 지은 이름이고, 편(偏)은 한쪽의 글자를
뜻한다. 징재(徵在)는 공자의 어머니 이름이므로 공자가 평생 징재
(徵在)라는 말을 하지 않았지만 재(在)나 징(徵)을 한 자씩 따로 쓰
는 경우는 많았으니 이것이 두 글자의 이름에 한쪽의 글자는 피하지
않는다는 실증이다.

4-9-9 ─────────────── 軍이 有憂어든 則素服으로 哭于庫門之外니
赴車에 不載櫜韔이니라.

『군사가 패전함이 있거든 곧 소복으로 고문의 밖에서 곡하니 패전
을 보고하는 수레에 갑옷 집과 활집을 싣지 않으니라.』

◉ 이 절은 군사가 전쟁에 패전했을 때에 갖추어야 되는 예절을
기술하였으니 다시 출전할 준비가 있어야 함을 밝혔다.

우(憂)는 전쟁에 패전하여 많은 병사가 죽으므로 그 돌아옴에 근심스럽고 욕된다는 뜻이니, 이기고 돌아오면 즐겁고 편안하므로 개(愷)라고 한다. 소복(素服)은 상복(喪服)이고, 고문(庫門)은 앞에 4-9-7에서 이미 해설하였으며, 부거(赴車)는 달려가서 패전을 보고하는 수레이고, 고(櫜)는 갑옷 집이요, 창(韔)은 활집이니 다시 전선으로 가서 복수설치(復讐雪恥)하기 위하여 갑옷과 활을 갑옷 집이나 활집에 넣지 않고 대기한다는 말이다.

4-9-10 ──────────────── 有焚其先人之室이어든 則三日哭이니
故로 新宮이 火커늘 亦三日哭이라 하니라.

『그 선조의 사당을 불태움이 있거든 곧 3일을 곡하나니 그러므로 새로 지은 사당이 불타거늘 또한 3일을 곡했다고 하니라.』

☯ 이 절은 조상의 사당을 불태우면 3일 동안 곡하는 예절을 기술하였다.

선인지실(先人之室)은 조상의 위패를 모신 사당이나 종묘이고, 3일곡(三日哭)은 3일 동안 곡함이니 몹시 슬퍼하는 것으로 조상을 소홀하게 섬긴 것을 스스로 책망함이다. 신궁(新宮)은 노(魯)나라 성공(成公) 3년 2월 갑자(甲子)일에 선공(宣公)의 종묘에 화재가 일어나니 『춘추(春秋)』는 선공의 위패가 새로 종묘에 들어왔기 때문에 신궁(新宮)이라고 기록하였다.

4-10-1 —————— 孔子가 過泰山側하실새 有婦人이 哭於墓者而哀커늘
夫子가 式而聽之하시고 使子路問之하야
曰子之哭也가 壹似重有憂者로다 하니
而曰然하니라 昔者에 吾舅가 死於虎하며
吾夫가 又死焉하고 今에 吾子가 又死焉하니라
夫子가 曰何爲不去也오 曰無苛政이니라
夫子가 曰小子야 識之하라 苛政이 猛於虎也로다.

『공자가 태산의 옆을 지나가실 때에 부인이 묘에서 곡하는 사람이
있어 슬퍼하거늘 부자가 수레에서 일어나 경의를 표하여 들으시고,
자로로 하여금 묻게 하시되 말씀하시기를 당신의 곡소리가 한결 거
듭하는 근심이 있는 것 같도다 하니 그가 말하기를 그러하니라. 옛날
에 우리 시아버지가 호랑이에게 죽었으며, 우리 남편이 또 죽었고,
이제 우리 아들이 또 죽었느니라. 공자가 말씀하시기를 어찌하여 이
곳을 떠나지 아니하는가? 말하기를 가혹한 정치가 없느니라. 부자가
말씀하시기를 어린 제자야! 기록하라, 가혹한 정치가 호랑이보다도
사나우니라.』

　● 이 장은 도덕과 윤리와 예절이 없는 정치는 맹수보다도 더욱더
무서운 것임을 실증하였으니 타락한 정치는 하층 민중을 극도의 슬
픔으로 몰아넣어서 원한에 사무치게 한다.
　일(壹)은 한결이고, 중(重)은 거듭이며, 이(而)는 그를 지칭하는 3
인칭대명사요, 지(識)는 기록함이다.

魯人에 有周豊也者러니 哀公이 執摯하야 請見之한대
而曰不可라 하니 公이 曰我其已夫인저 하고 使人으로
問焉하야 曰有虞氏는 未施信於民이라도 而民이 信之하며
夏后氏는 未施敬於民이라도 而民이 敬之하니
何施而得斯於民也오 對曰墟墓之間에 未施哀於民이라도 而民이
哀하며 社稷宗廟之中에 未施敬於民이라도 而民이 敬이어늘
殷人이 作誓而民이 始畔하며 周人이 作會而民이 始疑하니
苟無禮義忠信誠慤之心以涖之면 雖固結之인들 民其不解乎아

『노나라 사람에 주풍이란 학자가 있더니 애공이 문인이 되는 예절을 닦고 보기를 청한대 그가 말하기를 할 수 없다고 하니, 공이 말하기를 나는 그것을 그만둘진저 하고, 사람으로 하여금 물어 말하기를 순임금은 인민에게 믿음을 베풀지 않을지라도 그 인민이 신임하며, 우임금은 인민에게 공경을 베풀지 않을지라도 그 인민이 공경하니 무엇을 베풀어야 이것을 인민에게 얻으리오.

대답하여 말하기를 풀 속에 묻혀 제사 지내는 사람도 없는 무덤 사이에 인민에게 슬픔을 베풀지 않을지라도 그 인민이 슬퍼하며, 사직과 종묘 안에서 인민에게 공경을 베풀지 않을지라도 그 인민이 공경하거늘, 은나라 사람이 서약을 하니 그 인민이 배반하기 시작하며, 주나라 사람이 회맹을 하니 그 인민이 의심하기 시작하니, 진실로 예의와 충신과 성실한 마음으로 임함이 없으면 비록 굳게 묶은들 인민이 그 풀지 않으리까.』

☯ 이 절은 예절이 없는 정치는 현인이 피하는 것인데 예절이란 강제규범이 아니고 자율규범임을 서술하여 인간의 본성과 양심(良

心)은 법으로 규제할 수 없음을 밝혔다.

주풍(周豊)은 초야에 숨은 학자이고, 집지(執贄)는 폐백(幣帛)을 가지고 문인(門人)이 되는 예절을 닦음이며, 불가(不可)는 주풍이 애공의 스승이 될 자격이 없다고 사양함이다. 이(已)는 그만둠이고, 유우씨(有虞氏)는 순(舜)임금이요, 하후씨(夏后氏)는 우(禹)임금이다. 고결(固結)은 서약과 회맹(會盟) 또는 법률로 단속함이요, 해(解)는 이탈하여 거부함이다.

대저 사랑하고 공경하며 사양하고 감사하는 예절은 인문주의적 지성인의 자율적인 행동규범이기 때문에 서약이나 회맹(會盟)으로 강요할 수 없으며, 더욱이 법률과 형벌로 강제할 수 없다. 애공(哀公)이 도덕과 윤리에 대한 주견이 없고, 또한 현인을 등용하려는 의지도 없이 한갓 인민의 신임과 존경을 받고자 하니 주풍(周豊)이 인간의 본성과 양심을 살펴 스스로 예의를 지키고 양심을 간직하여 성실하게 정치에 임할 것을 요청하였다.

4-11-1 

『상복을 입음에 살 집을 걱정하지 아니하며, 파리하되 몸을 위태롭게 아니 하니, 상복을 입음에 살 집을 걱정하지 아니함은 사당이 없게 됨이요, 파리하되 몸을 위태롭게 아니 함은 뒤를 이을 사람이 없게 됨이니라.』

◐ 이 장은 예절을 실천함에 있어서 가정 형편에 알맞게 조절하는 것을 기술하였으니 너무 지나치거나 모자람이 없도록 알맞게 현실에 적용해서 예절로 인한 피해가 없어야 됨을 밝혔다.

상(喪)은 상복을 입음이고, 훼(毁)는 상복을 입고 지나치게 슬퍼하여 몸이 파리함이며, 려거(廬居)는 과도한 장례비로 집을 팔아 살 곳이 없어 걱정함이요, 위신(危身)은 지나치게 슬퍼하다가 병이 들어 위독한 것이다. 마침내 집을 팔면 사당이 없게 될 것이며, 끝내 위독하여 죽으면 후사(後嗣)가 없게 될 것이니 어찌 조상을 섬길 수 있겠는가? 그러므로 예절을 거행하는 비용은 가정의 재산 정도에 알맞게 해서 생활이 극도로 군색하게 되거나 몸을 상하게 해서는 안 된다.

4-11-2 延陵季子가 適齊러니 於其反也에
其長子가 死커늘 葬於嬴博之間하더니
孔子가 曰延陵季子는 吳之習於禮者也라 하니
往而觀其葬焉하신대.

『연릉계자가 제나라에 가더니 그 돌아옴에 그 큰아들이 죽거늘 영읍과 안읍 사이에 장사 지내니, 공자가 말씀하시기를 연릉계자는 오나라의 예절에 익숙한 사람이라 하니 가서 그 장례식을 보신대』

◐ 이 절은 집을 떠나 길에서 죽은 사람의 장례에 대한 적절한 절도를 기술하였으니 다음의 절을 보기 바란다.

연릉(延陵)은 지명이고, 계자(季子)는 오(吳)나라 공자(公子) 찰

(札)이니 임금의 자리를 양보하고 연릉에서 살았기 때문에 연릉계자
라고 불렀다. 영(嬴)과 단(博)은 제(齊)나라의 두 읍명(邑名)이며,
습(習)은 익숙하게 숙달함이다.

4-11-3─────其坎深이 不至於泉하며 其歛以時服하며 旣葬而封하니
廣輪이 揜坎하며 其高가 可隱也러니 旣封하고 左袒하야
右還其封하야 且號者三하고 曰骨肉이 歸復于土하니
命也로되 若魂氣則無不之也하며 無不之也라 하고
而遂行한대 孔子가 曰延陵季子之於禮也에 其合矣乎인저

『그 구덩이의 깊이가 샘 줄기에 이르지 아니하며, 당시의 의복으
로 염습하며, 이미 장사 지내고 봉분을 쌓으니 넓이와 둘레가 구덩이
에 바짝 붙으며, 그 높이가 의지할 만하더니, 이미 봉분을 쌓고 왼쪽
어깨의 옷을 벗고 오른쪽으로부터 그 봉분을 한 바퀴 돌아보고 또
목을 놓아 울기를 세 번 하고 말하기를, 뼈와 살은 흙으로 돌아가니
운명이로되 저 혼백의 정기는 곧 가지 못함이 없으며 가지 못함이
없느니라 하고 마침내 떠난대 공자가 말씀하시기를 연릉계자는 예절
에 그 합당한저.』

◑ 이 절은 타국에서 죽어 장사 지낼 때에는 검소 질박하게 하여
무리함이 없어야 됨을 밝혔다.

감(坎)은 시체를 묻을 구덩이로 묘혈(墓穴) 또는 광중(壙中)이라
고 하며, 시복(時服)은 당시에 입은 옷이고, 광(廣)은 봉분(封墳)의

양쪽 끝이 좌우로 벌어진 사이로 곧 봉분의 넓이요. 륜(輪)은 농(壟)을 중심으로 그믐달처럼 묘를 둘러싼 봉분의 둘레이다. 엄(揜)은 가리는 것이고, 은(隱)은 의지하는 것이니 곧 땅에 앉아서 허리를 기댈 만하다는 뜻이요, 좌단(左袒)은 왼쪽 어깨의 옷을 벗어 지극한 슬픔으로 몸에 열(熱)이 나서 참을 수 없음을 보이는 것인데, 좌(左)는 주인을 상징하니 곧 상주(喪主)임을 뜻한다. 우환(右還)은 오른쪽으로 돌아보는 것인데 오른쪽은 손님을 상징하니 곧 아들의 무덤이므로 아버지는 손님처럼 둘러보고 떠나겠다는 뜻이다. 명(命)은 운명(運命)의 한계이고, 혼(魂)은 혼백(魂帛)이니 곧 영혼(靈魂)이며, 기(氣)는 정기(精氣)로서 맑고 깨끗한 정신기운(精神氣運)의 신령체(神靈體)이다. 무불지(無不之)는 죽은 사람의 영혼(靈魂)은 자유로워서 가지 못할 곳이 없다는 말이니 아버지를 따라 집으로 돌아가자는 뜻이다.

대저 양기(陽氣)와 음정(陰精)이 결합하여 정기(精氣)가 응결하면 사람의 형체가 생겨서 정신(精神)의 지각(知覺)을 발휘하고, 양기(陽氣)와 음정(陰精)이 분리되면 양기는 혼(魂)이 되어 하늘로 날아가고 음정은 백(魄)이 되어 땅으로 흩어지는 까닭에 상례(喪禮)에서 먼저 혼은 불러 혼백(魂帛)을 모으며, 장례에서 시체를 땅에 묻은 다음에 혼백을 모시고 집으로 가서 영좌(靈座)를 설치하는 것이다.

이리하여 3년의 상기(喪期)를 마치면 혼(魂)은 신(神)이 되고 백(魄)은 귀(鬼)가 되어 인격신(人格神)의 신령체(神靈體)로 있다가 오래되면 끝내 신(神)은 양기(陽氣)로 환원하고 귀(鬼)는 음정(陰精)으로 복귀하여 자연신이 되는 것이니, 인격신에게는 제(祭)를 지내고 자연신에게는 사(祀)를 지내서 그 신령체를 크고 빛나게 북돋아 길이 명복(冥福)을 누리게 하는 것이므로 연릉계자(延陵季子)가

아들의 시체를 타국 땅에 묻고 그 혼백(魂帛)을 집으로 데려간 것은
어진 행실이다.

4-11-4 ——————————— 邾婁考公之喪에 徐君이 使容居로 來弔含한대
日寡君이 使容居로 坐含하야
進侯玉이라 하고 其使容居以含한대

『주루나라 고공의 상에 서나라 임금이 용거로 하여금 위로하여 조
문하고, 반함하게 한대 말하기를 저희 나라 임금이 용거로 하여금 무
릎 꿇고 반함하여 아름다운 옥을 올리라고 하였다며 그 용거로 하여
금 반함하려 한대』

◐ 이 절은 다음 두 절과 함께 예절은 비록 형편에 따를지라도 참
람하여 분수를 벗어나면 안 되는 것임을 기술하였다.

주루(邾婁)는 앞에 3-17-1에서 이미 해설하였고, 고공(考公)은
주(邾)나라 임금이며, 서(徐)는 나라 이름이요, 군(君)은 임금을 지
칭한다. 용거(容居)는 서나라의 신하이고, 래(來)는 찾아가서 위로함
이며, 좌(坐)는 무릎을 꿇음이며, 함(含)은 반함(飯含)이요, 후옥(侯
玉)은 아름다운 옥이다.

4-11-5 ——————————— 有司가 日諸侯之來辱敝邑者가 易則易하고
于則于하나니 易于雜者는 未之有也니라.

『책임자가 말하기를 제후가 욕되게 우리 도읍에 오는 사람이 쉽고 편안한 사람이면 쉽고 간편하게 행하고, 넓고 큰 사람이면 넓고 크게 갖추나니, 쉽고 편안한 예절과 넓고 큰 예절을 섞는 것이 있지 아니하니라.』

◑ 이 절은 앞 절에 이어 신하가 임금의 예절을 거행하는 것은 분수를 넘은 참람한 행동임을 밝혔으니 제후의 죽음에 외국의 제후와 천자의 사신만이 직접 반함을 할 수 있고, 제후의 사신은 직접 반함할 수 없는 것이다.

유사(有司)는 주(邾)나라의 신하로 예절을 담당한 책임자이고, 이(易)는 이간(易簡)이니 쉽고 간편한 상대로 곧 사신(使臣)이요, 우(于)는 광대(廣大)한 모양으로 넓고 큰 상대로 곧 제후를 뜻하니, 용거(容居)는 사신이기 때문에 제후가 직접 행하는 반함(飯含)의 예절을 감히 행할 수 없다고 거절하였다.

4-11-6 —————————————————— 容居가 對하야 曰容居는 聞之하니
事君하되 不敢忘其君하며 亦不敢遺其祖니
昔에 我先君駒王이 西討할새 濟於河하야
無所不用斯言也하니 容居는 魯人也라 不敢忘其祖니라.

『용거가 대답하여 말하기를 용거는 들으니 임금을 섬기되 감히 그 임금을 잊지 아니하며, 또한 감히 그 조상을 잊어버리지 않으니, 옛날에 우리 먼저 임금 구왕이 서쪽으로 토벌할 적에 황하로 건너가서

이 말씀을 쓰지 않은 곳이 없었나니 용거는 어리석은 사람이므로 감히 그 조상을 잊지 못하니라.』

◒ 이 절은 비록 전통이라도 참람한 예절은 준절히 엄금해야 됨을 밝혔다.

선군(先君)은 먼저 임금이고, 구왕(駒王)은 서(徐)나라의 임금인데 왕(王)을 참칭하였으며, 노(魯)는 노둔(魯鈍)함이다.

용거(容居)가 임금의 무례(無禮)한 명령과 구왕(駒王)의 참란한 전통을 내세워 고공(考公)의 죽음에 반함(飯含)을 하겠다고 고집하니 주(邾)나라의 유사(有司)가 그 참람한 행위를 바로잡지 못하고 묵인한 것을 질타하였다.

4-11-7 ——— 子思之母가 死於衛어늘 赴於子思한대
子思가 哭於廟하니 門人이 至하야
曰庶氏之母가 死커늘 何爲哭於孔氏之廟乎오
子思가 曰吾過矣라 吾過矣라 하고 遂哭於他室하다.

『자사의 어머니가 위나라에서 죽거늘 자사에게 부음을 알린대 자사가 사당에서 곡하니 문인이 이르러 말하기를 서 씨의 어머니가 죽었거늘 어찌하여 공 씨의 사당에서 곡을 합니까? 자사가 말하기를 내가 지나쳤도다, 내가 지나쳤도다 하고 마침내 다른 방으로 가서 곡을 하였다.』

◑ 이 절은 제자가 스승의 지나친 행동을 바로잡은 사실을 기술하였으니 앞 절의 주(邾)나라 유사(有司)의 나약함을 비교하여 밝혔다.

자사(子思)의 모(母)는 앞에 3-43-14에서 해설하였고, 사어위(死於衛)는 백어가 죽은 뒤에 그 아내가 위(衛)나라의 서(庶) 씨에게 개가하여 죽었다는 말이다. 서씨지모(庶氏之母)는 백어가 죽은 뒤에 자사의 어머니가 개가(改嫁)하여 서(庶) 씨의 자식을 낳았다는 뜻이며, 과(過)는 지나치게 슬퍼하여 정신을 잃은 나머지 가모(嫁母)의 상복(喪服)은 본래 자최장기(齊衰杖期)이지만 아버지의 뒤를 이은 장남은 무복(無服)임을 깨닫지 못했다는 말이다.

앞 절의 주(邾)나라 고공(考公)은 나약한 신하로 인하여 제후의 사신(使臣)에게 반함(飯含)을 받는 치욕을 당했고, 이 절의 자사(子思)는 어진 제자로 인하여 가모(嫁母)의 복을 입지 아니하여 아버지를 바로 섬겼으니, 신하와 제자는 임금과 스승을 바르게 받들어야 된다.

4-11-8 ──────────────── 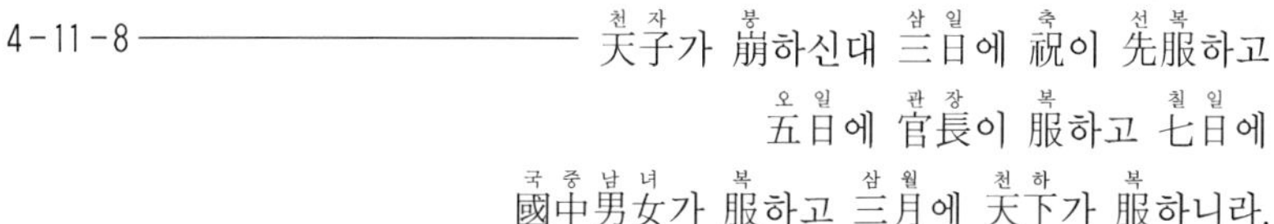

『천자가 승하하시면 3일에 축관이 먼저 상복을 입고, 5일에 기관장이 상복을 입고, 7일에 도성 안에 남녀가 상복을 입고, 3월에 천하가 상복을 입으니라.』

◑ 이 절은 천자가 승하했을 때는 7일에 입관(入棺)하고 빈소(殯

所)를 설하며, 8일에 성복(成服)하지만 지팡이는 먼저 짚는 것임을
밝혔다.

축(祝)은 축관(祝官)이니, 대축(大祝)은 예절을 집행하는 사람이며,
선복(先服)은 상복(喪服)은 아직 입지 않았지만 지팡이를 먼저 짚는
것이다. 본래 상복이란 관대(冠帶)와 의상과 지팡이와 신발을 모두
일컫지만 여기에서는 이미 3일을 굶었기 때문에 상주(喪主)와 예법
진행자가 먼저 지팡이를 짚게 한 것이다. 관장(官長)은 고위 기관장
이고, 국중남녀(國中男女)는 도읍 안에 거주하는 성인(成人)들이며,
천하(天下)는 지방의 제후국을 모두 지칭한다.

여기에서 예절의 실천은 형편에 알맞게 하는 것임을 확인할 것이
니 기관장은 늙었기 때문에 지팡이를 먼저 짚고, 도읍 안에 남녀는
젊기 때문에 그보다도 뒤에 짚는 것이며, 천하 사람은 굶지 않고 술
과 고기만 먹지 않았기 때문에 3개월 뒤에야 체력의 감소를 느껴서
지팡이를 짚는 것이다.

4-11-9 ─────────────────── 虞人이 致百祀之木하야 可以爲棺椁者를
斬之하되 不至者를 廢其祀하며 刎其人하니라.

『산과 늪지대를 관리하는 사람은 일백 제사 지내는 나무를 찾아
속널과 겉널을 만들 만한 것을 베도록 하되 이르지 않은 것은 그 제
사를 폐지하며, 그 사람을 목 베느니라.』

◉ 이 절은 천자의 관곽(棺椁)을 만들 나무로 지정되면 누구도 거

절할 수 없음을 기술하였으니 천자의 관곽(棺椁)은 최고의 목재로
만들어야 됨을 밝혔다.

　우인(虞人)은 산택(山澤)을 관리하는 신하이고, 치(致)는 극치이
니 전 국토를 극단적으로 찾아 살피는 것이며, 백사(百祀)는 모든 여
러 가지 형태의 제사이다. 나무가 크고 오래되면 신령하기 때문에 무
당이나 지역주민이 제사를 지내는 것이다. 관곽(棺椁)은 천자의 관곽
이니 천자가 즉위하면 그 관곽을 만들어 비상할 때를 대비하는 것이
다. 불지자(不至者)는 그 나무에 제사 지내는 사람들이 그 나무를 보
호하기 위하여 방해하는 것이며, 폐(廢)는 폐지함이고, 물(刎)은 목
을 자르는 것이니 엄중히 다스린다는 뜻이다. 이것은 나무의 신령(神
靈)이 비록 신통하고 영험해도 천자의 권위에는 감히 미치지 못한
잡신(雜神)에 불과함을 엄중히 선언한 것이다.

4-11-10───────────齊가 大饑어늘 黔敖가 爲食於路하야
以待餓者而食之하더니 有餓者가 蒙袂輯屨하야
貿貿然來어늘 黔敖가 左奉食하고 右執飮하야
曰嗟라 來食하라 한대 揚其目而視之하고
曰予唯不食嗟來之食라 以至於斯也니라 從而謝焉한 대
終不食而死하니 曾子가 聞之하고 曰微與인저 其
嗟也엔 可去라도 其謝也엔 可食이니라.

『제나라가 큰 기근이 들었거늘 금오가 길에서 음식을 만들어 굶주
린 사람을 대접하여 먹이더니 굶주린 사람이 있어 소매로 얼굴을 가
리고 발을 머뭇거리며, 어릿어릿하듯이 오거늘 금오가 왼손은 밥을

받들고 오른손은 마실 것을 들며 말하기를 아이구머니, 와서 먹으라
고 한대 그 눈을 치켜 올려서 보고 말하기를 나는 오직 아이구머니,
와서 먹으라는 밥을 먹지 않으므로 이 지경에 이르렀느니라. 쫓아가
서 사과한대 끝내 먹지 않고 죽으니 증자가 듣고 말하기를 작은진저,
그 아이구머니 함엔 떠나갈지라도 그 사과함엔 먹어도 되니라.』

　◉ 이 절은 예절관념에 융통성이 없는 것을 비판하였으니 작은 예
절을 고집하다가 큰 생명을 잃으면 안 된다.

　금오(黔敖)는 금(黔)이 성이요, 오(敖)가 이름으로 적선(積善)을
잘하는 제나라 사람이며, 몽메(蒙袂)는 얼굴을 감추려고 소매로 가린
것이고, 집구(輯屨)는 발을 모아 가지 않고 머뭇거림이요, 무무연(貿
貿然)은 어릿어릿하듯이 매우 느린 모양이니 짐짓 초청해 주기를 기
다리고 있는 것이다. 차(嗟)는 아이구머니 하는 깜짝 놀라서 동정하
는 감탄사이고, 래식(來食)은 와서 먹으라는 것이니 거지취급을 한
말이다. 양(揚)은 치켜 올리는 것이요, 사(謝)는 사과(謝過)함이며,
미(微)는 미세(微細)한 작은 일이니 사람은 누구나 상대를 정확히
모를 때에 손님과 거지를 혼동할 수 있으며 즉시 사과하면 너그럽게
용서하는 것이 인정이다.

　사람이 굶주려 죽게 되었어도 호통을 치고 발로 차면서 밥을 주면
지나가는 거지도 먹지 않는 것이나, 직접 밥과 물을 받들고 와서 먹
으라면 짐짓 먹고 살아야 마땅하다.

4-11-11─────── 邾婁定公之時에 有弑其父者라거늘 有司가 以告한대

公이 瞿然失席하야 曰是는 寡人之罪也로다 曰寡人은 嘗學斷斯獄矣러니 臣弑君이어든 凡在官者가 殺無赦하며 子弑父어든 凡在宮者가 殺無赦하니 殺其人하며 壞其室하며 洿其宮而豬焉이니 蓋君은 踰月而后에 擧爵이니라.

『주루나라 정공 때에 그 아버지를 시해한 사람이 있다고 하거늘 책임자가 보고한대 공이 무서워 놀란 듯이 자리를 잃어버리고 말하기를 이것은 과인의 죄로다 하면서 말하기를 과인은 일찍이 이러한 범죄사건을 판결하는 것을 배웠나니 신하가 임금을 시해하거든 무릇 관직에 있는 사람은 죽여서 용서함이 없으며, 아들이 아버지를 시해하거든 무릇 집에 있는 사람은 죽여서 용서함이 없으니 그 사람을 죽이고 그 집을 허물며, 그 집터를 파서 못을 만드나니 대개 임금은 달을 넘긴 다음에 술잔을 드느니라.』

☯ 이 절은 임금을 시해한 난신(亂臣)과 아버지를 시해한 적자(賊子)는 사법(司法)의 심판을 기다릴 것 없이 사람은 누구든지 잡아 죽여서 용서함이 없는 것이 예절임을 밝혔다.

구연(瞿然)은 두려워서 놀라는 모양이고, 실석(失席)은 좌석을 잃어버리는 것이며, 단(斷)은 심리하여 판단함이요, 옥(獄)은 형사재판이다. 재관자(在官者)는 관직에 있는 사람이고, 재궁자(在宮者)는 집에 있는 사람이니 모두 시해현장에 있거나 시해한 범인을 본 사람이다. 오(洿)는 땅을 파서 웅덩이를 만드는 것이요, 저(豬)는 물이 고여서 못이 됨이며, 작(爵)은 술잔이다.

임금을 시해하고 아버지를 시해하는 것은 도덕을 어기고 윤리를 어지럽힌 천하의 가장 큰 죄악이므로 사람은 누구나 분개하여 용서할 수 없는 까닭에 사법부(司法府)의 심판을 기다릴 것 없이 즉각 죽여서 인간의 떳떳한 양심(良心)을 밝히고 사회의 당당한 정의를 드날려야 하는 것이다. 공자가 이러한 사상으로 춘추(春秋)를 엮으니 난신적자(亂臣賊子)가 두려워하였고, 주자(朱子)는 자치통감강목(資治通鑑綱目)을 지어 난신적자(亂臣賊子)가 세운 나라의 정체성(正體性)을 박탈하였다.

4-12-1 ——————————— 晉獻文子가 成室이라거늘 晉大夫가 發焉하더니
張老가 曰美哉라 輪焉이여 美哉라 奐焉이여 歌於斯하며
哭於斯하며 聚國族於斯로다 文子가 曰武也가
得歌於斯하며 哭於斯하며 聚國族於斯하면 是는
全要領하야 以從先大夫於九京也라 하고
北面하야 再拜稽首한대 君子가 謂之善頌善禱라 하니라.

『진나라 헌문자가 살림집을 낙성했다고 하거늘 진나라 대부가 먼저 찾아보더니 장로가 말하기를 아름답도다, 웅장함이여, 아름답도다, 찬란함이여, 여기에서 노래하고 여기에서 곡하며, 여기에 나라의 손님과 겨레를 모으리로다. 문자가 말하기를 무가 여기에서 노래하고, 여기에서 곡하며, 여기에 나라의 손님과 겨레를 모음을 얻으면 이것은 허리와 목을 완전히 하여 저승에서도 돌아가신 아버지와 조상을 좇으리라 하고, 북쪽을 향하여 두 번 절하고 머리를 조아려 땅에 댄대 군자가 이르기를 칭송도 잘했고 기도도 잘했다고 하니라.』

◑ 이 장은 극진한 예절은 사람을 감동케 함을 기술하였으니 여기

에서는 가정의 살림집을 새로 지어서 낙성함에 손님의 축복하는 말과 주인의 기원하는 말로 가정생활의 진정한 의미를 밝혀 사람을 감동케 하였다.

헌문자(獻文子)는 진(晉)나라 대부(大夫) 조무(趙武)의 시호(諡號)이고, 성(成)은 낙성(落成)이며, 실(室)은 살림집이다. 발(發)은 발견(發見)이니 가장 먼저 찾아봄이요, 륜(輪)은 둘레의 규모가 웅장함이고, 환(奐)은 내부의 구조가 찬란함이다. 가(歌)는 기쁘고 즐겁게 살며 번창함이고, 곡(哭)은 여기에서 오래 살다가 죽어서 슬프게 곡하며 초상을 치르는 것이며, 취(聚)는 회합(會合)함이고, 국(國)은 나라의 손님이며, 족(族)은 친족과 외족과 처족이다. 무(武)는 문자(文子)의 이름이고, 요(要)는 허리요, 령(領)은 목이며. 선대부(先大夫)는 문자의 부조(父祖)를 지칭하고, 구원(九京)은 구원(九原)이니 진(晉)나라 도읍의 공동묘지가 있는 땅 이름이다. 북면(北面)은 주인과 손님이 만남에 당(堂)에 올라 모두 북쪽을 향하여 서는 것이 예절이고, 송(頌)은 축복하는 말이요, 도(禱)는 기도(祈禱)하여 재앙을 면하려는 말이니 손님은 축복하고 주인은 기도하였다.

가정집은 사람이 부모형제와 부부자녀가 함께 살면서 관혼상제(冠婚喪祭)의 예식을 거행하고 사상견례(士相見禮)와 향음주례(鄕飮酒禮)를 주체하는 곳이므로 손님은 그 행복을 축원하고 주인은 그 재앙을 물리쳐 불행을 예방하도록 기도(祈禱)하는 것이 당연하다.

4-12-2 ──────── 仲尼之畜狗가 死커늘 使子貢으로 埋之하시며
日吾는 聞之也하니 敝帷를 不棄함은 爲埋馬也요

$$敝蓋를\ 不棄함은\ 爲埋狗也니\ 丘也는\ 貧하야\ 無蓋하니$$
$$於其封也에\ 亦予之席하야\ 毋使其首로\ 陷焉하라\ 하시다.$$

『중니의 기르던 개가 죽거늘 자공으로 하여금 묻게 하시며 말씀하시기를 나는 들으니 해진 휘장을 버리지 아니함은 말을 묻기 위함이고, 해진 수레덮개를 버리지 아니함은 개를 묻기 위함이니, 구는 가난하여 수레덮개가 없으므로 그 묻음에 또한 나의 방석으로 묶어 그 머리로 하여금 흙 속으로 빠짐이 없게 하라고 하시다.』

◐ 이 절은 가정생활에서 사랑이 충만하여 기르는 짐승에게도 사랑이 미쳐야 됨을 기술하였다.

휵(畜)은 기르는 것이고, 폐유(敝帷)는 낡아서 해진 장막이며, 폐개(敝蓋)는 해진 수레의 덮개 또는 포장이요, 함(陷)은 함몰이니 흙 속에 빠지는 것이다.

낡아서 해진 것으로 말과 개에게 은혜를 베푸니 물건을 절도 있게 쓰는 예절이다.

4-12-3 ──────────────── 路馬가 死커든 埋之以帷하나니라.

『임금이 타는 말이 죽거든 휘장으로 묶어서 묻으나니라.』

◐ 이 절은 임금이 타던 말이 죽으면 휘장으로 묶어서 묻는 예절을 밝혔다.

로마(路馬)는 임금이 타는 말이요, 유(帷)는 아직 해지지 않은 휘장이다.
임금은 덕이 높고 재물이 많기 때문에 그 은혜를 베풂이 두터운 것이다.

4-12-4 ─────────────── 季孫之母가 死하야 哀公이 吊焉할새
曾子與子貢이 吊焉한대 閽人이 爲君在하야
弗內也라 曾子與子貢이 入於其廐而脩容焉하야
子貢이 先入이어늘 閽人이 曰鄉者에 已告矣라 하고
曾子가 後入이어늘 閽人이 辟之하다.

『계손의 어머니가 죽어서 애공이 조문할 때에 증자와 자공이 조문한대 문지기가 임금이 계시다고 하여 들이지 아니하므로 증자와 자공이 그 말을 매어 두는 곳으로 들어가 모양새를 다듬어서 자공이 먼저 들어가거늘 문지기가 말하기를 아까 이미 보고했다고 하고, 증자가 뒤에 들어가거늘 문지기가 피하였다.』

◉ 이 절은 초상집에 조문할 때에 앞에 손님이 있으면 밖에서 정숙하게 기다리는 것이 예절임을 기술하였다.

혼인(閽人)은 문지기요, 납(內)은 납(納)과 같으며, 구(廐)는 구치(廐置)니 문밖에 말을 매어 두는 곳으로 곧 대문 앞의 주차장이다. 수용(脩容)은 용모를 다듬는 것이니 정숙하게 기다린다는 뜻이요, 향자(鄉者)는 지난번이니 여기에서는 아까이고, 고(告)는 주인에게 조문객이 이르렀음을 보고함이며, 피(辟)는 피하여 길을 비켜 줌이다.

 ——————————————— 涉內霤한대 卿大夫가 皆辟位하며
公이 降一等而揖之하니 君子가 言之하되
曰盡飾之道는 斯其行者가 遠矣로다.

『대문 안의 낙숫물 떨어진 곳을 지난대 경과 대부가 모두 자리를
피하여 물러서며 공이 한 계단을 내려서 읍을 하니 군자가 말하되
극진히 예절을 닦는 도는 이에 그 통함이 오래라고 말하였다.』

◑ 이 절은 앞 절에 이어 조문을 가서 엄숙하게 밖에서 기다렸다
가 조문의 예절을 다하는 극진한 정성은 사람을 감동시키는 것임을
기술하였다.

섭(涉)은 지나감이요, 내류(內霤)는 대문 안의 낙숫물 떨어진 곳
이며, 진(盡)은 극진한 정성이고, 식(飾)은 인사의 예절을 갖춤이며,
행(行)은 감동하여 서로 통함이며, 원(遠)은 오래되었다는 뜻이다.

사람이 조문을 가서 상갓집에 일이 있으면 기다리지 못하고 갔다
가 나중에 오거나 또는 부의만 전하고 가는데 이것은 극진한 예절이
아니다. 그러므로 문밖에서 정숙하게 기다렸다가 조문을 하는 정성에
모두가 감동하는 것이다.

 ——————————————— 陽門之介夫가 死커늘 司城子罕이 入而哭之哀한대
晉人之覘宋者가 反報於晉侯하야 曰陽門之介夫가 死커늘
而子罕이 哭之哀한대 而民이 說하니 殆不可伐也로이다.

『양문의 문장군인이 죽거늘 사성 자한이 들어가 곡함이 슬프게 한대 진나라 사람으로 송나라를 정탐한 자가 돌아가서 진나라 임금에게 보고하여 말하기를 양문의 무장군인이 죽거늘 저 자한이 곡함이 슬프게 한대 그 민중이 기뻐하니 거의 정벌할 수 없나이다.』

☯ 이 절은 조상(弔喪)하여 곡함이 슬프면 사람을 감동시킨 사실을 변증하였다.

양문(陽門)은 송(宋)나라 도성의 대문 이름이고, 개부(介夫)는 무장하여 성문을 경비한 군인이며, 사성(司城)은 벼슬 이름이요, 자한(子罕)은 악희(樂喜)의 자이며, 첨(覘)은 몰래 형편을 살피는 것이니 곧 정탐이다.

4-12-7 ─────────────── 孔子가 聞之하시고 曰善哉라 覘國乎여
詩云하되 凡民有喪에 扶服救之라 하니
雖微晉而已나 天下에 其孰能當之리오.

『공자가 들으시고 말씀하시기를 착하도다, 나라를 정탐함이여, 시경에 이르되 모든 민중에게 초상이 나면 있는 힘을 다하여 구원했다고 하니 비록 진나라와 같은 힘은 없으나 천하에 그 누가 능히 감당하리오.』

☯ 이 절은 예절의 인간친화력이 국민을 단결시켜서 막강한 국력을 창출한다는 사실을 논증하였다.

시(詩)는 패풍(邶風) 곡풍(谷風) 편이요, 부복(扶服)은 있는 힘을

다한다는 뜻인데 『시경(詩經)』에는 포복(匍匐)으로 되어 있다. 미
(微)는 무(無)와 같고, 진(晉)은 진나라와 같은 강대국의 무력이며,
당(當)은 감당함이다.

4-12-8 ─────────────── 魯莊公之喪에 旣葬하고 而絰로 不入庫門하며
士大夫가 旣卒哭하고 麻로 不入하니라.

『노나라 장공의 상에 이미 장사 지내고 칡덩굴로 만든 띠로 궁궐
의 바깥문에 들어가지 아니하며, 사대부가 이미 졸곡하고 삼베 띠로
들어가지 아니하니라.』

☯ 이 절은 임금과 관료가 상복을 빨리 벗음으로써 국민의 마음을
크게 실망시킨 사실을 기술하였다.

노나라 장공(莊公)은 32년간 재위하다가 죽으면서 아들 자반(子
般)을 세자로 세웠으나 아우 경보(慶父)가 자반을 죽이고 장공의 아
들로 이제 겨우 8세인 민공(閔公)을 세우니 장공이 죽은 지 11개월
만에 장사를 지냈기 때문에 공자가 『춘추(春秋)』에서 그 무도패덕
(無道悖德)을 엄중히 비판하였다. 질(絰)은 민공(閔公)이 아버지 장
공(莊公)의 장례식에 입은 상복(喪服)의 수질(首絰)과 요대(要帶)요,
불입고문(不入庫門)은 민공이 어려서 상복을 감당하지 못하므로 대
궐문에 들어오기 전에 상복을 벗었다는 말이다. 사대부(士大夫)는 노
나라 신하들이고, 마(麻)는 마질(麻絰)이니 역시 상복을 뜻한다.

임금이 죽으면 신하는 3년의 상복을 입는 것이 예절이거늘 어린 임

금이 상복을 입지 않는다고 사대부까지 졸곡을 마친 다음에 상복을 벗고 길복(吉服)으로 갈아입은 것은 임금을 바르게 섬기는 신하의 자세가 아니기 때문에 국민을 실망케 하여 정부를 외면하는 것이다.

4-12-9 ──────────── 孔子之故人은 曰原壤이니 其母가 死커늘
夫子가 助之沐椁한대 原壤이 登木하야 曰久矣라
予之不託於音也여 하고 歌하야 曰貍首之斑然이로소니
執女手之卷然이로다 夫子가 爲弗聞也者而過之하신대
從者가 曰子는 未可以已乎이니까 夫子가 曰丘는 聞之하니
親者는 毋失其爲親也며 故者는 毋失其爲故也니라.

『공자의 오랜 벗은 말하여 원양이니 그 어머니가 죽거늘 부자가 도와서 바깥 널을 다스린대 원양이 널나무에 올라가서 말하기를 오래도다, 내가 음악에 마음을 붙이지 아니함이여 하고 노래하여 말하기를 살쾡이 머리의 무늬처럼 아름다우며, 여자의 손목을 잡은 듯이 부드럽구나. 부자가 듣지 못한 것처럼 지나가신대 따르는 사람이 말하기를 선생은 절교할 수 없나이까? 부자가 말씀하시기를 구는 들으니 친척이라는 것은 그 친척 됨을 잃지 말아야 하며, 오랜 벗이란 것은 그 오랜 벗 됨을 잃지 말아야 한다고 하니라.』

◐ 이 절은 예절을 어기면 오랜 친구까지 실망하는 것임을 밝혔다.

고인(故人)은 오랜 벗이고, 원양(原壤)은 공자의 오랜 벗으로 어려서는 공손하지 않고, 자라서는 일정한 직업도 없이 오래 사는 늙은이라고 공자가 『논어(論語)』에서 밝혔다. 목(沐)은 다스리는 것이요,

탁(託)은 마음을 붙임이며, 이수(貍首)는 살쾡이의 머리로 줄무늬가 있고, 권(卷)은 굽은 곳이니 손목을 지칭하여 바깥 널 나뭇결이 아름답고 부드러움을 상징적으로 표현했다. 이(已)는 그만두는 것이니 절교(絶交)를 말하고, 친자(親者)는 혈연관계로 맺어진 친척이며, 고자(故者)는 오랜 연고로 맺어진 붕우(朋友)이다.

원양(原壤)이 비록 예절을 지키는 사람이 아니지만 그 어머니의 널나무를 보고 어찌 북받치는 감회가 없었겠는가. 그러므로 공자가 용서하였고, 또 비록 원양은 무례하지만 그 어머니의 장례에 참여하여 차마 그 자리에서 문제를 일으켜 절교를 선언하리오. 성인의 도량은 땅처럼 넓어서 때와 장소와 사람을 분별하여 알맞게 처신하는 것이다.

일찍이 공자가 원양을 찾아갔을 때에 원양이 걸터앉아서 일어나지 않으니 공자가 그 무례를 즉각 꾸짖었는바, 사람을 꾸짖을 때도 때와 장소를 살피는 것이다.

4-12-10————————————趙文子가 與叔譽로 觀乎九原하더니
文子가 曰死者를 如可作也인댄 吾誰與歸오.

『조문자가 숙예와 더불어 구원의 공동묘지를 살펴보더니 문자가 말하기를 죽은 사람을 만약에 살릴 수 있을진댄 나는 누구에게 돌아가서 더불으리오.』

◉ 이 절은 관직에 임하여 실망시키지 않을 사람을 역사적으로 평가하였다.

조문자(趙文子)는 진(晉)나라 대부(大夫)로 이름이 무(武)이며,

숙예(叔譽)는 숙향(叔向)이요, 구원(九原)은 앞에 4-12-1에서 이미 해설하였고, 작(作)은 일어나는 것이니 재생(再生)함이요, 귀(歸)는 귀의(歸依)로 돌아가 의지함인데 모두 가정하여 하는 말이다.

4-12-11 ──────────────────────────── 叔譽가 曰其陽處父乎인저
文子가 曰行幷植於晉國하야
不沒其身하니 其知가 不足稱也니라.

『숙예가 말하기를 그 양처보인저. 문자가 말하기를 진나라의 정권을 아울러 뿌리박으려고 행하다가 그 몸을 잘 마치지 못했으니 그 지혜가 칭찬하기에는 부족하니라.』

☯ 이 절은 공경과 사양과 감사함이 없이 권력욕이 많아서 살해당한 사람은 실망스러운 것임을 밝혔다.

양처보(陽處父)는 진(晉)나라 양공(襄公)의 부(傅)이고, 병(幷)은 아울러 하나로 함이요, 식(植)은 부식(扶植)이니 뿌리를 박아 확고하게 세움이다. 불몰기신(不沒其身)은 그 몸의 수명을 잘 마치지 못함이니 양처보는 결국 호사고(狐射姑)에게 살해당했다는 말이다.

4-12-12 ──────────────────────── 其舅犯乎인저 文子가 曰見利하고
不顧其君하니 其仁이 不足稱也니라.

『그 구범인저, 문자가 말하기를 이익을 보고, 그 임금을 돌아보지 않으니 그 박애정신이 칭찬하기에 부족하니라.』

◑ 이 절은 임금이 위급한 때에 자기의 이익을 도모하기 위하여 계략을 쓰는 것은 인인군자(仁人君子)의 도량이 아님을 기술하였다.

구범(舅犯)은 진(晉)나라 문공(文公)의 장인으로 곧 자범(子犯)인데 19년 동안 문공을 따라 망명을 다니다가 진(秦)나라 목공(穆公)의 도움을 받아 진(晉)나라로 들어갈 때에 중이(重耳: 文公)가 황하에 도착하니 자범이 벽(璧: 옥구슬)을 중이에게 주며 말하기를 "신은 말고삐를 잡고 임금을 따라 천하를 돌아다니며 지은 죄가 많았음을 신이 오히려 알고 있는바, 하물며 임금이겠나이까. 이러한 까닭으로 도망가게 하여 주시기를 청합니다" 하니 중이가 말하기를 "만약 앞으로 구씨(舅氏: 子犯)와 더불어 마음을 똑같이 하지 않는다면 깨끗하고 맑게 흐르는 저 물이 보고 있을 것입니다" 하고 옥구슬을 황하 물에 던져서 약속하였다. 그때에 개자추(介子推)가 이것을 보고 수치스럽게 생각하여 이런 사람과 함께 벼슬하지 않겠다며 스스로 강을 건너 숨어 버렸으니 이 사실은 『새 시대를 위한 춘추(春秋)』 상권 제5권 희공(僖公) 24년 조에 5-24-5에서 자세히 해설하였으니 참고하기 바란다. 견리(見利)는 높은 벼슬이고 무거운 봉록이며, 군(君)은 문공(文公)을 지칭하며, 인(仁)은 널리 사랑하는 인간성이다.

 ────────────── 我則隨武子乎인저 利其君하되 不忘其身하며

謀其身하되 不遺其友라 한대 晉人이

謂文子知人이라 하니라.

『나는 곧 수무자인저 그 임금을 이롭게 하되 그 몸을 잊지 않으며,
그 몸을 도모하되 그 벗을 버리지 아니하니라 한 대, 진나라 사람이
문자를 일러 사람을 안다고 하니라.』

◑ 이 절은 인애(仁愛)와 지성(知性)으로 윤리도덕을 지키는 사람
이 사람을 실망시키지 않는 것임을 변증하였다.

아(我)는 조문자(趙文子)이고, 수무자(隨武子)는 수(隨) 땅을 식
읍(食邑)으로 가진 무자(武子)인데 곧 사회(士會)이다. 『좌전(左傳)』
에 말하기를 사회는 그 집안일을 잘 다스리며 임금에게 말함에 진실
을 숨김이 없었다고 하였으니 대개 임금을 이롭게 하고 벗을 잊지
않음은 인애(仁愛)이고, 그 몸을 잊지 않고 도모함은 지혜이다.

 ────────────── 文子는 其中이 退然하야 如不勝衣하며

其言이 吶吶然하야 如不出諸其口하더니

『문자는 그 가운데 몸이 기력이 없어 느른한 모양으로 마치 옷을
이기지 못하듯 하며, 그 말이 더듬더듬하야 마치 그 입에서 나오지
못하듯이 하더니』

◑ 이 절은 조문자(趙文子)의 겸양한 태도를 기술하여 난세에 겸손하고 깨끗하게 살아야 사람을 실망시키지 않음을 밝혔다. 중(中)은 가운데 몸이니 곧 배를 뜻하고, 퇴연(退然)은 기력이 없어 느른한 모양이며, 눌(吶)은 말을 더듬는 것이다.

4-12-15 ——————————— 所擧於晉國管庫之士가 七十有餘家로되
生不交利하며 死不屬其子焉하니라.

『진나라에 창고를 관리하는 선비를 추천한 바가 70여 가로되 살아서 이익을 교환하지 않으며, 죽어서 그 자식을 부탁하지 않으니라.』

◑ 이 절은 조문자(趙文子)가 많은 인재를 나라에 추천했음에도 정직하고 청렴하게 살아서 사람을 실망시키지 않았음을 높이 평가하였다.

거(擧)는 인재를 천거(薦擧)하여 등용케 함이요, 관고(管庫)는 창고를 관리하는 창고지기로 낮은 벼슬아치이며, 교리(交利)는 이익을 교환함이고, 촉(屬)은 부탁함이다.

정직하게 유능한 사람을 나라에 추천하니 임금을 실망시키지 않고 추천한 대가를 요구하지 않으니 선비를 실망시키지 않았도다.

4-12-16 ——————————— 叔仲皮가 學子柳하더니 叔仲皮가 死커늘
其妻는 魯人也라 衣衰而繆絰이러니 叔仲衍에게 以告하야

請繐衰而環絰한대 曰昔者에 吾喪姑姉妹에 亦如斯하니

末吾禁也라 하거늘 退하야 使其妻로 繐衰而環絰하니라.

『숙중피가 자류를 가르치더니 숙중피가 죽거늘 그 아내는 노둔한 사람이라도 자최의 굵은 삼베옷을 입고 두 가닥으로 늘어뜨린 수질과 요대를 하더니 숙중연에게 보고하여 가는 삼베옷을 입고 외가닥으로 늘어뜨린 수질과 요대를 청한대 말하기를 옛날에 우리가 고모와 자매의 상에도 또한 이와 같이 하였으나 우리를 금지시킨 사람이 없었다고 하거늘 물러와서 그 아내로 하여금 가는 삼베옷을 입고 외가닥으로 늘어뜨린 수질과 요대를 하게 하니라.』

☯ 이 절은 아버지를 실망시킨 사실로 정확히 배우지 못한 사람의 아는 척하는 세대의 실망스러움을 기술하였으니 예절은 대강령부터 배우고 반드시 옛날의 예절책을 근거로 삼아야 됨을 밝혔다.

학(學)은 공부를 시킴이고, 자류(子柳)는 숙중피(叔仲皮)의 아들이며, 기처(其妻)는 자류의 아내요, 숙중연(叔仲衍)은 숙중피의 아우이고 자류의 숙부이다. 자최(衣衰)는 자최(齊衰)이니 며느리가 시아버지의 상에 입는 상복이며, 규질(繆絰)은 굵은 삼으로 꼬아서 만든 수질(首絰)과 요대(腰帶)로 두 가닥을 늘어뜨리는데 자최복에 쓴다. 세최(繐衰)는 가늘고 성긴 삼베옷으로 소공(小功) 5월 이하의 상복이고, 환질(環絰)은 가는 삼베로 만든 수질(首絰)과 요대(腰帶)로 외가닥을 늘어뜨리는데 조문(弔問)할 때에 사용하는 조장(弔章)이다.

숙중피는 아들 자류에게 예절을 공부하라고 하였으나 그 아들이 올바른 스승을 찾지 않고 곡학아세(曲學阿世)하는 사이비 예절가에게 배워서 현실세태에 영합함으로써 그 아내가 전통예절을 지키는 것까지 방해하여 결국 그 아버지를 박정(薄情)하게 장사 지냈으니 차라리 예절을 공부시키지 않은 것만도 못하다.

4-12-17 ──────────────── 成人이 有其兄死라도 以不爲衰者러니
聞子皐가 將爲成宰하고 遂爲衰한대 成人이
曰蠶則績이어늘 而蟹有匡하며 范則冠이어늘
而蟬이 有緌하며 兄則死어늘 而子皐가 爲之衰로다.

『성읍에 사람이 그 형이 죽었어도 상복을 입지 않은 이가 있더니 자고가 장차 성읍의 읍장이 된다는 소문을 듣고, 마침내 상복을 입은 대 성읍에 사람이 말하기를 누에가 곧 실을 뽑거늘 저 게가 광주리를 가지며, 벌이 곧 관을 쓰거늘 저 매미가 관끈을 가지며, 형이 곧 죽었다거늘 저 자고가 상복을 입게 하도다.』

❂ 이 절은 내용이 없는 형식적 예절의 실망스러움을 기술하였으니 남에게 보이기 위한 것은 예절의 본의가 아님을 밝혔다.

성(成)은 읍(邑)의 이름이고, 자고(子皐)는 앞에 4-9-3에서 이미 해설하였으며, 재(宰)는 읍장(邑長)이다. 적(績)은 누에가 실을 뽑아 누에고추를 만드는 것이고, 광(匡)은 광(筐)으로 길쌈하는 광주리를 뜻하는데 여기서는 게딱지를 지칭하며, 범(范)은 벌이요, 관(冠)은 벌의 머리에 촉각, 즉 더듬이가 있는 것을 상징함이다. 선(蟬)은 매미이며, 유(緌)는 관끈이니 매미의 입은 긴 대롱 모양으로

이것을 나무에 박고 나무진을 빨아먹기 때문에 마치 관끈처럼 보인 것을 상징하였다. 요컨대 누에가 실을 뽑는 일과 게딱지와는 아무런 상관이 없으며, 벌의 더듬이와 매미의 입은 아무런 연관이 없는 것처럼 형이 죽은 것과 읍장과는 서로 연관이 없는 것이니 읍장으로 인하여 상복을 입는 것은 결코 상복(喪服)의 본의가 아니다.

4-12-18 ──────────── 樂正子春之母가 死커늘 五日而不食하고
曰吾는 悔之하노라 自吾母而不得吾情이면
吾는 惡乎用其情이리오.

『악정자춘의 어머니가 죽거늘 5일을 먹지 않고는 말하기를 나는 뉘우치노라. 나의 어머니로부터 나의 뜻을 얻지 못하면 나는 어떻게 그 뜻을 쓰리오.』

☯ 이 절은 예절을 어기면 스스로 실망스럽게 됨을 밝혔다.

악정자춘(樂正子春)은 앞에 3-15-1에서 이미 해설하였고, 회(悔)는 뉘우침이니 예법에 3일 동안 먹지 않는다고 하였거늘 5일 동안 먹지 않아서 그 예절을 초과하여 어긴 것을 후회함이며, 정(情)은 예절을 지키려는 뜻이다. 대저 어머니의 초상에 예절을 지키려는 뜻을 어긴다면 어디에다가 그 예절을 지키려는 뜻을 쓰겠는가? 군자는 예절을 지키려는 뜻으로 일관하는 것이다.

4-12-19───────────── 歲旱이어늘 穆公이 召縣子而問然하야
日天久不雨할새 吾欲暴尫하노니 而奚若고

『해가 가물거늘 목공이 현자를 불러서 묻는 듯이 말하기를 하늘이 오래도록 비를 내리지 아니할새 나는 파리한 사람들을 햇볕에 쬐게 하고자 하노니 그대는 어떤고?』

◑ 이 절은 하늘의 뜻을 임금이 깨닫지 못하면 하늘이 실망함을 기술하였다.

폭(暴)은 햇볕에 쬐게 함이고, 왕(尫)은 천상바리기인데 파리하고 허약하여 얼굴을 위로 향하는 병이니 곧 하늘의 동정심을 얻어서 비를 오게 하고자 함이다.

4-12-20───────── 日天則不雨而暴人之疾子는 虐이니 毋乃不可與이니까.

『말하기를 하늘이 곧 비를 내리지 아니하는데 사람의 병든 자식을 햇볕에 쬐게 함은 포학이니 이에 옳지 못하지 않으리까.』

◑ 이 절은 하늘의 경고를 깨닫지 못하고 포학한 방법으로 하늘을 감동시키려는 것은 하늘을 더욱 실망시킬 뿐임을 지적했다.

4-12-21───────────────── 然則吾欲暴巫로니 而奚若고

『그러면 나는 무당을 햇볕 쪼이게 하고자 하노니 그대는 어떤가?』

◉ 이 절은 임금이 다시 무당을 통하여 신령의 도움을 받아 비를
내리게 함이 어떠냐고 물었다.

4-12-22 ─────────────────── 曰天則不雨어늘 而望之愚婦人인대
於라 以求之가 毋乃已疏乎이니까.

『말하기를 하늘이 비를 내리지 않거늘 어리석은 부인에게 기대할
진댄 아, 추구함이 이에 너무 소원하지 아니합니까?』

◉ 이 절은 무당은 하늘을 감동시킬 수 없음을 지적하였다.
우부인(愚婦人)은 무(巫)를 지적하고, 오(於)는 감탄사이며, 구(求)
는 추구하는 방법이고, 소(疏)는 우활(迂闊)하여 절실하지 못함이다.

4-12-23 ─────────────────── 徙市則奚若고 曰天子가 崩커든 巷市七日하고
諸侯가 薨커든 巷市三日이니 爲之徙市가 不亦可乎아.

『저자를 옮기면 어떤가. 말하기를 천자가 승하하시거든 골목시장
을 7일간 열고, 제후가 서거하거든 골목시장을 3일간 여니, 비를 오
게 하기 위하여 저자를 옮김이 또한 옳지 않으리오.』

◐ 이 절은 제후가 서거했을 때처럼 저자를 옮겨서 임금이 스스로 책임을 지고 물러날 각오가 있어야 됨을 밝혔다.

사(徙)는 옮김이요, 시(市)는 저자이며, 항시(巷市)는 마을의 골목시장으로 임금이 죽으면 국민이 슬퍼서 파시(罷市)를 하므로 서민들이 일용품을 구하기 위하여 골목에서 임시로 교역을 하는 골목시장이 열리는 것이다.

4-12-24 ─────────────────────── 孔子가 曰衛人之祔也는 離之러니
魯人之祔也는 合之하니 善夫인저.

『공자가 말씀하시기를 위나라 사람이 합장하는 것은 그 사이를 떼더니, 노나라 사람이 합장하는 것은 그 사이를 합치니 좋은진저.』

◐ 이 절은 부부(夫婦)를 합장(合葬)해도 괜찮다는 공자의 말씀을 기록하여 비록 고대의 예절은 아니지만 서민대중에게 있어서 좋은 방법임을 밝혔다.

부(祔)는 부부(夫婦)를 합장(合葬)하는 것인데 앞에 3-23-1에서 주공(周公)의 예법에는 합장법이 없다고 하였으나 춘추시대부터 합장이 유행하였기 때문에 공자도 인정하게 된 것이다. 리(離)는 관(棺)과 관(棺)의 사이를 떼어서 약간 격리함이고, 합(合)은 두 관(棺)을 서로 합쳐서 붙이는 것이니 묘지의 좁고 넓음에 따라서 선택할 일이다. 선부(善夫)는 비록 예법은 아니지만 현실적 여건으로 보아 괜찮다고 인정한 것이다.

서정기(徐正淇, 아호: 躍淵·北岳·勳老)

4·19혁명 선봉 및 민족통일전국학생 성대조직위원장
한국유학연구회 유교사상 편집인
동양문화연구소 연구실장
성균관 전학(典學)
한국청년유도회 회장: 예법(관례, 향음주례, 사상견례)부흥운동 전개
동양문화연구소 부소장 및 소장: 세계 속의 한국학운동 전개
건국대학교 대학원 철학과 박사학위 심사위원
민중유교연합 의장: 한글제사축문 보급운동 전개
성균관유교진흥대책위원회 위원장: 도덕성 회복과 새사람 운동 전개
성균관유교문화연구위원회 위원장, 태학지 번역분과 위원장
민주평화통일 자문위원회 상임위원, 성균관 유교신보 편집인 겸 주간 역임
삼경역주 성균훈로상 수상, 성균관 태학지 번역공로상 수상
현) 동양문화연구소 소장
    (사)한국예절교육협회 상임고문
    김동식 장군 기념사업회 상임고문
    (사)충의무예원 고문

『世界 속의 韓國文化』, 『世界 속의 韓國精神』, 『世界 속의 韓國儒敎』, 『世界 속의 韓國禮節』,
『世界 속의 韓國流風』, 『정통가정의례』, 『민중유교사상』,
『實錄기소설 공자』, 『새 시대를 위한 大學·中庸·禮運』, 『새 시대를 위한 春秋』(上·中·下),
『새 시대를 위한 詩經』(上·下), 『새 시대를 위한 書經』(上·下), 『새 시대를 위한 周易』
(上·下), 『새 시대를 여는 길』, 『根源探索』, 『道學統論』,
『成婚錄』, 『김동식 장군』, 『아침 햇살 영롱한 대나무 열매』,
『하늘로 날아라, 못으로 뛰어라』
훈로 서정기 선생 『유교대전』 41권 외 다수

새 시대를 위한

禮記 1

초판인쇄 | 2011년 8월 4일
초판발행 | 2011년 8월 4일

지 은 이 | 서정기
펴 낸 이 | 채종준
펴 낸 곳 | 한국학술정보㈜
주   소 | 경기도 파주시 교하읍 문발리 파주출판문화정보산업단지 513-5
전   화 | 031) 908-3181(대표)
팩   스 | 031) 908-3189
홈페이지 | http://ebook.kstudy.com
E-mail | 출판사업부 publish@kstudy.com
등   록 | 제일산-115호(2000. 6. 19)

ISBN   978-89-268-2399-6 94150 (Paper Book)
        978-89-268-2400-9 98150 (e-Book)
        978-89-268-2397-2 94150 (Paper Book Set)
        978-89-268-2398-9 98150 (e-Book Set)